KB235855

사유 속의 영화

이 책에 실린 글들을 엮고 옮긴 **이윤영**은 서울대학교 인문대학 미학과 및 같은 과 대학원을 졸업하고 파리 제3대학(소르본 누벨) 영화학과에서 안드레이 타르코프스키의 영화 연구로 박사학위를 받았다. 2006년 9월부터 연세대학교 커뮤니케이션대학원(구舊 영상대학원)에서 영화전공 교수로 재직 중이다. 지은 책으로『영화, 피그말리온의 꿈』등이, 옮긴 책으로 다니엘 아라스의『디테일—가까이에서 본 미술사를 위하여』등이 있다. 주요 논문으로는「미켈란젤로 안토니오니의「일식」과 '죽은 시간'의 모험」「멀리서 바라보기—영화 속의 숭고」「기억, 사회, 영화—알랭 레네의「히로시마 내 사랑」을 중심으로」「스탠리 큐브릭의「샤이닝」에 나타난 공간과 공포」등이 있다.

현대의 지성 136

사유 속의 영화—영화 이론 선집

제1판 제 1쇄   2011년 4월 18일
제1판 제12쇄   2025년 3월 18일

엮은이/옮긴이   이윤영
펴낸이   이광호
펴낸곳   ㈜문학과지성사
등록번호   제1993-000098호
주소   04034 서울 마포구 잔다리로7길 18(서교동 377-20)
전화   02)338-7224
팩스   02)323-4180(편집)   02)338-7221(영업)
전자우편   moonji@moonji.com
홈페이지   www.moonji.com

ISBN   978-89-320-2191-1

이 책의 판권은 엮고옮긴이와 ㈜문학과지성사에 있습니다.
양측의 서면 동의 없는 무단 전재 및 복제를 금합니다.

현대의 지성 136

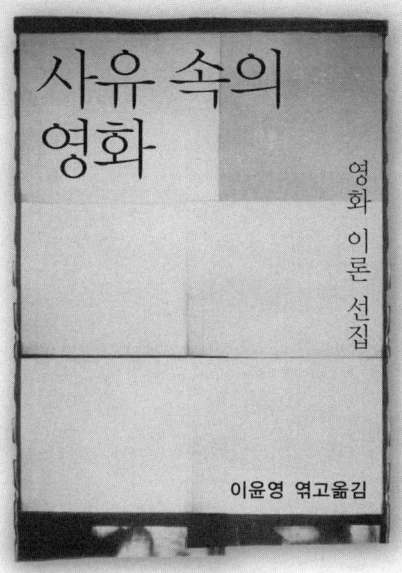

사유 속의
영화

영화 이론 선집

이윤영 엮고옮김

문학과지성사
2011

영화에 대해,
영화를 통해, 영화와 함께 사유한다는 것

1

20세기 거의 전체에 걸쳐 적어도 서구 유럽에서 영화cinéma는 이런 저런 많은 것 중 하나, 다시 말해 하나의 미디어, 하나의 예술, 하나의 기술, 하나의 오락거리와 같은 존재, 요컨대 'n분의 1'의 존재는 아니었다. 그것은 때로 '제7의 예술'이라고 불렸지만, 일곱번째 중요성을 갖는 예술도 아니었다. 영화는 최소한 서구 유럽에서는 예술 일반뿐만 아니라 인문학 전체의 총아였다. 인문학의 주요 분야에서 사유의 '프레임'을 만들었고 이를 통해 사유의 일가一家를 이룬 주요한 인물들이, 각기 영화에 주목하고 이를 대상으로 치밀한 사유를 전개했던 것은 바로 이 때문이다. 이 책에 소개된 글의 저자만으로 한정하면 발터 벤야민, 모리스 메를로-퐁티, 장-프랑수아 리오타르, 질 들뢰즈 등과 같은 철학자, 루돌프 아른하임과 같은 예술심리학자, 에르빈 파노프스키와

6

같은 미술이론가, 앙드레 말로와 같은 작가, 크리스티앙 메츠와 같은 기호학자가 그들이다.

이들의 글은 단순한 '외도'나 현학이 아니었다. 영화에 대해, 영화를 통해, 영화와 함께했던 이들의 사유는 신변잡기나 객담이 아니었다. 이 글 하나하나는 (일단 논문 한 편 정도의 분량으로 제한을 두었기 때문에 길지는 않지만, 이를테면 그다지 높지 않아도 하나의 '우주'를 품고 있는 북한산처럼) 각기 하나의 심연을 품고 있다. 그것은 빌렘 플루서 Vilem Flusser의 표현을 빌리면 온갖 방향에서 '영화의 우주'를 개척한 글들이다. 따라서 정도의 차이는 있어도 영화에 대한 현재의 사유는 여전히 이들이 개척한 사유의 자장 안에 있다고 할 수 있다.

반드시 시대적으로 앞선 것만은 아니지만, 이런 사유가 가능했던 것은 자기 사유의 주된 대상에 대해 영화계 '안'에 있던 사람들──이 책에 수록된 강연에서 들뢰즈가 "유일하게 영화에 대해 실제로 성찰할 능력이 있다"라고 불렀던 사람들──의 치밀한 성찰이 뒷받침되었기 때문이다.[1] 다른 한편으로 이렇게 영화계 '밖'에서 들어오는 심오한 사유와 경쟁하기 위해서는 영화계 '안'의 인물들도 그에 못지않게 심도 있는 논의를 진행하지 않을 수 없었다. 역시 이 책에 소개된 인물로만 한정하자면 세르게이 에이젠슈테인, 앙드레 바쟁, 자크 리베트, 장 나르보니, 장-루이 코몰리, 장-루이 보드리, 장-피에르 우다르, 세르주 다네 등이 이 같은 사유의 폭과 깊이를 보여주었던 인물들이다.

---

1) 영화에 대한 들뢰즈의 기념비적인 두 권의 저작(『영화: 이미지-운동』『영화: 이미지-시간』)을 예로 들면, 이 두 권의 책은 여기에 직간접적으로 인용되는 수많은 영화이론가, 영화비평가, 영화감독의 글들에 '기대서' 가능했던 것이고, 이 글들은 지난 세기 동안 프랑스 영화학계 안팎에서 이루어진 가장 풍요롭고 농밀한 성찰을 증언하고 있다.

영화계 '안'과 '밖'에서 형성된 이 두 흐름의 관계는 어느 한국학자의 표현대로 '유입수流入水'와 '자생수自生水'의 관계로 볼 수 있다. 흔히들 하듯이 문화를 저수지réservoir에 비유한다면, 여기에 고여 있는 물의 출처는 유입수와 자생수 두 가지일 수밖에 없다. 그런데 유입수가 없으면 물이 고여서 정체되거나 혹은 작은 '연못'밖에 될 수 없는 반면, 자생수가 없으면 유입수는 그냥 강처럼 흘러가버릴 뿐 이 책이 증언하는 것과 같은 거대한 사유의 저수지는 만들어지지 않는다. 외부에 열려 있으면서도 '지금 여기'에서 사유해야 한다는 정언명령은 바로 여기서 나오지만, 어쨌거나 서구 유럽에서는 이 모든 사유의 물결이 영화라는 저수지에 함께 모여들었다는 사실 자체에 주목할 필요가 있다.

이 책에서는 빙산의 일각만을 소개하지만, 이런 치밀한 사유가 영화를 중심으로 이루어졌다는 것은 영화가 서구의 주요한 지식인에게 일정 정도 특권적 역할——세르주 다네의 표현을 빌리면 "모든 논쟁에 특권적인 공명상자"——을 했음이 분명하다. 이렇게 해서 벤야민이 자신의 글(2절 끝부분)에서 인용했던 1927년 아벨 강스Abel Gance의 대담한 선언("〔미래에 태어날〕 셰익스피어, 렘브란트, 베토벤은 영화를 하게 될 것이다. 〔……〕 영웅들이 서로 떼밀면서 영화의 문으로 몰려들고 있다")은 최소한 부분적으로는 실현된 셈이다. 영화계 '안'이든 '밖'이든 영화가 오랫동안 인문학의 대상에서 배제된 채 무관심 속에 방치되어 있었고, 어림잡아 1980년대 말경에 시작되어 길어야 20년 남짓한 영화 연구의 역사가 있으며, 최근에 들어서야 산발적이나마 의미 있는 연구가 시작되고 있는 한국의 상황과 여러모로 비교할 만하다.

어떤 의미로는 좋은 저자가 그렇듯이, 좋은 글은 일정 정도 "분류할 수 없는inclassable" 것이다. 예를 들면 롤랑 바르트의 신간서적(『S/Z』『사랑의 단상』『신화학』『패션의 체계』『텍스트의 즐거움』『기호의 제국』『밝은 방』 등)을 받아든 서점주인——아무리 교양 있는 사람이라도——은 매번 이 책들을 어느 서가에 꽂을지 고민에 빠질 것이다. DVD 대여점의 주인은 아마도 새로 들어온 로베르 브레송의 영화(「당나귀 발타자르」「사형수 탈옥하다」「소매치기」「어느 시골 사제의 일기」「무셰트」「돈」「잔다르크의 소송」「아마도 악마가」 등)를 놓고 같은 고민을 할 것이다. 이런 책이나 영화는 일정한 상식——예를 들면 장르 분류——을 넘어서 있고 기존의 '지식'에 포괄되지 않는 독자적 영역을 개척했기 때문이다. (따라서 결국 유일한 해결책은 바르트나 브레송이란 항목을 만들어 이들 책이나 영화를 한곳에 모아놓는 방식이 될 수밖에 없다.) 인식이 일정 부분 재인식이라면, 좋은 글, 좋은 영화는 섬세하고 내밀한 방식으로 이런 재인식에 저항하고 기존의 인식 자체에 창조적인 균열을 내며 사유의 자장 안에서 새로운 충격과 경이를 만들어낸다.

많지 않은 글들이지만, 선집 형태의 책이 흔히들 하듯이 인위적인 틀——앞서 말한 재인식——에 따라 글 전체를 분류하기를 포기하고 단순한 연대기적 배열을 선택한 것은 이 때문이다. 주지하다시피 인위적인 딱지 붙이기étiqueter/labelling는 분명 이해를 도울 수 있으나 그에 못지않은 오해를 불러일으킬 수도 있다. 예를 들면 메를로-퐁티의 글(「영화와 새로운 심리학」)은 별 무리 없이 '영화현상학'으로 분류할 수 있을 것이다. 마찬가지로 메츠의 글(「영화기호학의 몇몇 문제」)은 제목이 명시적으로 표명하는 것처럼 '영화기호학'의 틀 속에 넣을 수 있을 것이다. 그러나 미국의 몇몇 영화학자가 하는 것처럼 아른하임의 글(「영화와 현실」)을 '영화의 형식주의'에, 바쟁의 글(「사진적 이미지의 존재론」)을 '영화의 리얼리즘'에 넣고 분류하는 것은 지나친 단순화의 여지가 있다. 나아가 이런 질문이 제기된다. 들뢰즈의 글(「창조 행위란 무엇인가?」)을 통상적으로 하는 것처럼 '후기구조주의'로 분류한다면, 그것은 이 책에 수록되어 있는 어떤 내용에 준해서인가? 파노프스키의 글(「영화에서 양식과 매체」), 말로의 글(「영화의 심리학 개요」), 리오타르의 글(「反영화」), 다네의 글(「「카포」의 '트래블링」)은 또 어떻게 분류해야 할 것인가? 동어반복이지만 좋은 글이 좋은 글인 것은, 이런 딱지 붙이기에 온 '몸'으로 저항하고 이런 의미에서 쉽게 분류될 수 없기 때문이다.

글은 때로 글 자체로 읽어야 한다. 인위적인 분류나 딱지 붙이기는 (나중에 일정 부분, 혹은 반드시 부정되어야 하는) 초보적 인식의 수준을 넘기 힘들고 거꾸로 이러한 행위가 통찰이나 인식으로 여겨지는 상황——한국적인 '빨리빨리'의 상황——에서는 섬세하고 내밀하며 창조적인 사유가 들어설 자리는 없다. 결국에는 몇 가지 개념으로 수렴되는 경향을 보일지라도 이것은 항상 사후적으로, 일정한 관점에 따라 이루어지는 작업이다. 엮은이의 관점에서는 섬세한 결을 따라가는 독서를 통해 독자 스스로가 진행할 수많은 사후적인 작업에 더 큰 기대와 흥미가 있다. 따라서 그것은 결국 엮은이의 일이라기보다는 독자 스스로의 몫이다.

이 책에서는 일단 영화에 대한 사유의 어떤 근원적 부분을 건드려서 이후 무시할 수 없는 파장을 불러일으켰기 때문에 영화 이론이나 비평에서 가장 많이 인용되는 글을 중심으로 골랐다.[2] 한 채의 '집' 안에 열네 편(+1)의 글을 모아놓고 보니 몇 가지 한계는 분명하다. 일단 영미권의 글, 예를 들면 주로 『스크린Screen』이나 『시네마 저널Cinema Journal』 등에 실린 글이 빠진 것은 분명 엮은이의 인식지평이 지닌 한계를 보여준다. (이 점에서 영미권에서 수학한 연구자들의 작업을 기대한다. 어쨌거나 엮은이에게 일정한 변명이자 위안이 되는 것은 영미권의 논의가 한국에 '비교적' 잘 알려져 있다는 점이다.)[3] 다른 한편 영미권의 여러 영화학자도 인정하는 것처럼, 20세기 전체에 걸쳐 영화에 대한 전 세계적 사유의 지형에서 유럽의 논의, 특히 프랑스의 논의가 상당한 주도권을 행사한 것도 부인하기 힘든 사실이다.[4] 예를 들어 스티븐 히스Stephen Heath의 「봉합에 대한 노트」(Screen, vol. 18, n. 4, 1977/

---

2) 이런 글에 부과되는 공통의 제약은 이 책에 실린 들뢰즈의 인식을 빌리면 '시공간의 제약'일 수밖에 없다. 각 글의 제목 옆에 그 탄생시기를 알리는 시간적 지표—'출생신고서'—만을 부여한 것은 이 때문이다.

3) 예를 들어 시네페미니즘의 지평을 연 것으로 평가받는 로라 멀비Laura Mulvey의 「시각적 쾌락과 내러티브 영화」(Screen, vol. 16, n. 3, 1975)는 『모더니즘 이후 미술의 화두』(윤난지 엮음, 눈빛, 1999)에 실려 있다. 덧붙여 기본 '교과서'의 영역에서 탁월함을 보여주는 미국의 개론서들(데이비드 보드웰과 크리스틴 톰슨의 『영화예술』, 루이스 자네티의 『영화의 이해』, 토머스 소벅과 비비안 소벅의 『영화란 무엇인가』, 조셉 보그스의 『영화 보기와 영화 읽기』, 아모스 보겔의 『전위영화의 이해』, 팀 비워터와 토머스 소벅의 『영화비평의 이해』 등)은 한국에 비교적 충실하게 소개되어 있다.

4) 미국 영화학계에서 가장 권위 있는 학술지인 『시네마 저널』의 편집인이었고 영화연구회 회장 등을 역임한 버지니아 라이트 웩스먼은 이렇게 쓴다. "장 미트리, 조르주 사둘, 그리고 다른 이들이 권위 있는 영화사映畫史를 만들고 이 새로운 미적 현상을 이론화하는 프로젝트를 시작했다. 이러한 프로젝트를 통해 프랑스인들은 영화 창작뿐 아니라 영화학에서도 지도자로서의 지위를 굳혔다. 이 지위는 오늘날까지 유지되고 있다." Virginia Wright Wexman, *A History of Film*, 7판, Boston: Allyn & Bacon, 1979/2010, p. 95(한역판: 버지니아 라이트 웩스먼, 『세상의 모든 영화』, 김영선 옮김, 이론과실천, 2006, pp. 174~75).

78)는 분명 하나의 독자적 이론을 전개했지만, 이 모든 사유의 추동력이 되었던 글이 장-피에르 우다르의 글(「봉합」, 1969)인 것 또한 부인하기 힘들다.

반면에 벨라 발라즈Béla Balázs, 지그프리트 크라카우어Siegfried Kracauer, 장 미트리Jean Mitry, 나아가 미국의 철학자 스탠리 카벨Stanley Cavell 같은 인물의 글이 빠진 것은 다른 이유에서라기보다는 단지 엮은이가 알고 있는 범위에서 대표성을 가진 적당한 분량의 글을 찾을 수 없었기 때문이다. 이 책에서는 한국에서 일반적으로 인문학 학술지에 씌어지는 논문 한 편 정도 분량의 글로 양적인 제한(예의 '시공간적 제약')을 두었다. 영화기호학을 대표하는 크리스티앙 메츠의 논문은 의심할 여지없이 「영화, 언어langage인가? 언어체계langue인가?」(1964)이지만, 상당한 분량의 이 글 대신 「영화기호학의 몇몇 문제」를 선택한 것도 같은 이유 때문이다. 부분적으로 내용이 겹치기도 하지만, 이 글을 통해서도 영화에 대한 메츠의 사유 및 사유 방식을 충분히 느낄 수 있으리라고 생각한다.

아무리 좋은 컬렉션을 가진 미술관도 항상 뭔가 결정적인 작품이 부족하듯이[5] 모든 선별은 불완전하고 나아가 시대적인 인식 변화에 따라, 요컨대 관점의 변화에 따라 매번 다시 만들어져야 한다. 어쨌거나 이 책에서 더 많은 글을 모으지 못한 것은, 앞서 지적한 몇 가지 한계 외에도 중요한 글을 골라 이를 직접 한국어로 옮기겠다는 엮은이의 작

---

5) 앙드레 말로가 『상상의 박물관』 서문에서 지적하듯이 "루브르의 방문객은 〔엄청난 컬렉션을 자랑하는〕 루브르에서 고야의 작품도, 영국 대가들의 작품도, 미켈란젤로의 그림도, 피에로의 작품도, 그뤼네발트의 작품도 만날 수 없다." 『상상의 박물관』, 김웅권 옮김, 동문선, 2004, p. 17.

업 방침 때문이기도 하다. 독일속담에서 말하는 대로 "모두의 친구가 아무의 친구도 아니"라면 제대로 통제되지 못한 공동번역은 자칫 무책임으로 흘러가기 쉽다. 이런 점에서 열네 편(+1)이란 숫자는 결과적으로는 한 학기에 이루어지는 대학 강의의 숫자라는 '우연한' 숫자에 맞춘 것이기는 하지만, (번역까지도 책임져야 한다는 문제의식을 가진) 한 사람이 감당할 수 있는 작업의 한계치이기도 하다. 글의 편수를 줄이는 대신 더 '근본적'이고 더 읽을 만한 글, 이런 점에서 더 새롭고 창의적인 사유를 추동할 만한 글을 뽑는 방식으로, 이른바 글의 '수준'을 높이는 방식으로 논문 한 편 한 편을 골랐다.

어쨌거나 모래알 하나하나가 우주를 꿈꾸듯이, 많지 않은 메뉴를 고집하는 어떤 식당이 식당 자체restaurant lui-même를 꿈꾸듯이, 이 책도 작지만 (앙드레 말로가 한 권의 책에서 이루고자 했던 상상의 미술관처럼) 상상의 도서관, 상상의 책을 꿈꾼다. 더 멀리 가고자 하지만 우선은 비둘기 걸음으로 걷는 꿈.

3

영화cinéma에 대한 사유는 크게 이중의 관계망 속에서 형성된다. 한편으로 그것은 어쩔 수 없이 구체적인 영화작품들films에 의존해 있다. 개별 영화에 대한 비평이나 연구가 아닌, 아무리 추상적이고 철학적인 글이라도 그것이 영화를 대상으로 진행될 경우 일정한 대상 의존성에서 벗어날 수 없다. 멀든 가깝든 이 사유는 구체적 영화작품과의 궁극적 대면 속에서 생겨나는 것이기 때문이다. 따라서 이런 글을 읽을 때는 그것이 어떤 영화를 통해서, 어떤 영화와 함께 추동되었는가를 거슬러 확인하는 작업이 중요하다. 이 영화들을 손쉽게 찾아볼 수 있도록 이 책에서 (주로 제목만) 언급되는 모든 영화에 각주를 달기로 한 것은 이 때문이다.

보다 근본적으로는 인문학적 교양의 차원에서도 구체적인 영화작품에 대한 관람의 폭과 깊이는 중요하다. 영화에 관한 글은 아무리 명료하게 씌어졌어도 그 주된 사유의 대상인 영화작품을 보지 못하면 때로 난독증에 가까울 정도로 어렵게 읽힐 수 있다. 특히 한국에서처럼 영화가 필수적인 교양의 하나로 다루어진 적이 거의 없고 (일종의 폐쇄적인 공동체를 이루는 시네필cinéphile의 영역 말고는) 한 사회 전체를 대상으로 성실한 '교사'의 역할을 한 사람—예를 들면 앙드레 바쟁이나 세르주 다네 같은—을 찾기 힘든 상황에서는 이 지점이 특히 강조되어야 할 것이다. 이런 맥락에서 문학이나 음악이나 회화 등에서 상당한 식견을 쌓은 사람도 영화에 대해서는 '보통 사람'의 그것을 넘지 못한 관람 체험밖에 갖고 있지 않은 상황이 드물지 않게 일어난다.

그러나 예를 들어 푸슈킨이나 도스토옙스키를 읽지 않고 러시아문학을 하는 것이 불가능에 가깝다면, 나아가 이들의 이름이 단순히 문학계 안이나 특정한 나라의 문화사 안에 머물지 않고 인류 전체의 문화재로서 일종의 '보편적' 교양의 한 부분을 이룬다면, 지난 세기에 만들어진 몇몇 영화에 대해서도 분명 같은 말을 할 수 있다. 최소한으로 언급하자면 라이너 베르너 파스빈더, 로베르 브레송, 로베르토 로셀리니, 루이스 브뉘엘, 루키노 비스콘티, 마르그리트 뒤라스, 마이클 스노우, 미조구치 겐지, 미켈란젤로 안토니오니, 버스터 키튼, 세르게이 에이젠슈테인, 스탠 브래케이지, 안드레이 타르코프스키, 알프레드 히치콕, 알랭 레네, 알랭 로브-그리예, 압바스 키아로스타미, 오손 웰스, 오즈 야스지로, 잉마르 베리만, 지아 장커, 자크 타티, 장 르누아르, 장-뤽 고다르, 장-마리 스트로브와 다니엘 위예, 존 포드, 칼 드레이어, 크리스 마커, 페데리코 펠리니, 프리드리히 빌헬름 무르나우, 프리츠 랑 등의 영화는 다른 영화와 같은 영화가 아니다.

이런 영화들 안에는 가장 영화적인 형태로 내밀하고 독창적인 사유가 들어 있으며, 따라서 이미지와 함께 느끼고 이미지와 함께 사유할 수 있는 사람에게 마찬가지로 내밀하고 독창적인 사유를 불러일으킨다. 탁월한 문학작품이나 회화작품이 같은 작용을 일으키는 것과 다르지 않다. 이런 의미에서 영화와 함께하는 '입체적인' 독서는 분명 일면적인 독서와는 다른 체험을 줄 것이다. 단편적이라고 할지라도 이 글들 군데군데 스며 있는 날카로운 사유가 이런 영화 세계 속으로 독자를 이끄는 인도자passeur 역할을 할 수 있으리라고 기대한다.

다른 한편, 다른 모든 것에 대한 사유가 그렇듯이 영화에 대한 사유는 다른 사유들과의 긴밀한 관계의 망 속에서 작동한다. 하나의 선구적인 성찰이 또 다른 사유를 추동하고 그것이 가지를 뻗어나가는 사유만의 독특한 궤적이 있다. 이를 명료하게 보여주는 것이 하나의 글이 다른 글과 맺는 상호관계를 가리키는 이른바 상호텍스트성intertextualité이다. 역시 이 책에 실린 글들에 한정해서 논의하면, 아른하임의 글(「영화와 현실」)은 벤야민의 글(「기계복제 시대의 예술작품」) 속에 직접 인용되어 나오며——물론 여기에 인용된 것은 아른하임이 1932년에 최초로 독일어로 쓴 다른 판본의 책이다——, 벤야민의 글은 말로의 글(「영화의 심리학 개요」)에 다시 등장한다. 말로의 글은 메를로-퐁티의 글(「영화와 새로운 심리학」)에 명시적으로 인용 및 변주變奏되며, 바쟁의 글(「사진적 이미지의 존재론」)에 다시 등장한다. 바쟁의 글의 맨 끝에 나오는 "다른 한편, 영화는 언어다"라는 문장은 의심할 여지없이 (가장 많이 인용되었던) 말로의 글의 수수께끼 같은 마지막 문장, 즉 "다른 한편, 영화는 산업이다"라는 문장에 대한 명시적인 응답이다.

연대기적으로 배열되었기 때문에 이렇게 통시적인 상호관계가 두드러지는 것처럼 보이지만, 엮은이가 특히 강조하고 싶은 것은 이 글들의 '공시성'이다. 왜냐하면 이 글들은 통시적인 상호작용 속에서도 각기 다른 사유의 지평을 열어나갔다는 점에서 영화 자체에 대한 사유의 단면을 예리하게 보여주기 때문이고, 따라서 자기만의 사유를 기존의 사유가 가본 적이 없는 한계선까지 밀고 나가 현존하는 '영화의 우주'를 가장 예리한 각도로 규명하고 개척한 글로서 읽을 수 있기 때문이다.

다른 많은 인문학의 글이 그렇듯이 영화에 대한 글은 공학이나 기술에 대해 씌어진 글과 다른 방식으로 읽어야 한다. 주지하다시피 기술과 테크놀로지의 영역에서는 앞선 기술이 뒤늦은 기술을 몰아내고 이 대체 속도는 날이 갈수록 빨라지고 있다. 똑같은 양상이 정확하게 공학이나 기술을 대상으로 한 글에서도 일어난다. 그러나 2,000년도 더 지난 아리스토텔레스나 노자, 공자의 글이 여전히 창의적인 사유를 불러일으키듯이 인문학의 글은 기술이나 공학에 대한 글과 다른 수명을 갖고 있다. (탁월한 영화작품에서도 사정은 다르지 않다. 예를 들면 1934년에 찍은, 따라서 개봉된 지 80년 가까이 된 장 비고Jean Vigo의 「라탈랑트L'Atalante」가 주는 체험의 폭은 지금 개봉관에 걸리는 어느 영화와 비교해도 손색이 없다.) 인문학에서 최신 담론이나 지적 '유행'에 대한 과도한 집착은 한편으로는 인문학 내부로의 공학적 사유의 침투(인문학의 공학화)를, 다른 한편으로는 부인하기 힘든 사유의 경박성을 보여준다.

이 글들의 공시성, 혹은 현재성과 관련하여 다음의 사항들을 지적할 수 있다. 현재 한국에서 일정하게 '유행'하고 있는 자크 리캉Jacques Lacan의 영향력은 이 책에 수록된 1960년대의 글들 속에 이미 깊숙하게 배어 있다. 명시적으로 라캉이 인용되지는 않지만 장-피에르 우다르의 글(「봉합」)은 분명 라캉의 직접적인 영향력 아래서 씌어진 글이고, 장-루이 보드리의 글(「기본적 영화장치가 만들어낸 이데올로기적 효과」)에서도 적지 않은 라캉의 영향을 찾아볼 수 있으며, 1990년대 초반에 씌어진 세르주 다네의 글(「「카포」의 트래블링」)에서도 그것이 드물지 않게 나타난다. 라캉에 대한 본격적인 글들은 아니지만, 이미 오래전에 씌어진 이 글들은 영화와 관련해서든 라캉 자신의 논의와 관련해서든 현재 한국에서 이루어지는 대부분의 담론보다 풍부하고 심도 있는 사유의 지평을 보여준다.

다른 한편으로 1934년에 처음 발표되었지만 역동적인 대중문화로서의 영화의 가치에 대해 쓴 글로는 에르빈 파노프스키의 글(「영화에서 양식과 매체」)만큼 힘있는 논의를 찾기 힘들다. 기억, 유머, 위트, 박식, 성찰이 적절하게 뒤섞여 있는 이 글은 대중문화를 옹호하는 이른바 '포스트모더니즘' 등의 논의가 나오기 50~60년 전에 이미 역동적인 대중문화로서의 영화의 성격에 대한 깊은 성찰이 녹아 있다. 마지막으로 장-루이 코몰리와 장 나르보니의 글(「영화/이데올로기/비평」)은 루이 알튀세르의 이데올로기론과 뗄 수 없는 관련을 가지고 있고 분명 68혁명이라는 들뜬 시대적 분위기 속에서 씌어진 것이다. 그러나 여기에 제시된 비평의 역할에 대한 성찰과 (가능한) 모든 영화에 대한 일곱 가지 분류는 전혀 시대에 뒤떨어진 것이 아니다. 이와는 다른 각도에서 영화에 대한 마르크시즘적 접근을 보여주는 보드리의 글(「기본적 영화장치가 만들어낸 이데올로기적 효과」) 역시 영화의 기본 장치에 대한 의미 있는 성찰로 여전히 다시 읽힐 여지가 많다.

'영화의 우주'는 영화만으로 이루어진 것이 아니다. 그것은 이런 담론들 안팎에서 이런 담론들과 더불어 형성되었고, 영화와 담론 사이에는 밀접한 교차/얽힘/횡단의 관계가 있다. 때로는 사유의 시원으로 거슬러 올라가는 독서가 가장 먼저 핵심에 도달하는 길이기도 하다.

4

(이미 시간의 시련을 겪어서 일정한 검증을 받은) 고전적인 글이 더 깊고 창의적인 사유를 불러일으킨다는 믿음으로, 나아가 이와 같은 깊이와 폭을 가진 글들이 지금 여기에서 한국어로도 직접 나올 수 있기를 기대하면서 길게는 4년 넘게 이 선집 작업을 진행하는 동안 엮은이가 가장 신경 쓰지 않을 수 없었던 것은 번역 문제였다. 언어와 사유가 뗄 수 없는 관계에 있고 이런 의미에서 언어가 사유의 집이라면, 번역은 이미 꼭 맞는 집에 들어 있는 사유의 거처를 옮기는 것과 같고 그것이 새로운 환경에서도 견실하게 뿌리내리기 위해서는 여기에 걸맞은 집을 짓지 않으면 안 된다.

일단 이 책에서는 '일반 번역'과 약간 다른 '학자의 번역'이 있다는 생각으로 번역에 임했다. 정확성과 가독성이 꼭 대립관계일 수는 없지만 원문의 부사 하나, 쉼표 하나에도 들어 있는 의미의 미세한 결을 존중하지 않고, 이를테면 '가독성'을 위해 의미를 희생하는 것은 최소한 '학자의 번역'은 될 수 없을 것이다. 매끄럽고 아름다운 말보다 정확한 말이 더 중요하다는 문제의식은 옮긴이가 불어를 배우면서 갖게 되었지만, 노자는 이미 일찍이 "미더운 말은 아름답지 않고 아름다운 말은 미덥지 않다信言不美 美言不信"(『도덕경』, 81절)라고 말한 바 있다. 어쨌거나 부족한 번역에 대해서는 독자 여러분의 아낌없는 질정을 기다린다.

이 책에 실린 대부분의 글들은 한국어로 처음 번역되는 것이지만, 몇몇 글은 다른 기회에 다른 역자들에 의해 이미 한국어로 번역되었던 것이다. 다음 네 편의 글, 즉 세르게이 에이젠슈테인의「영화의 원리와 표의문자」, 『예술로서의 영화』의 1장에 해당하는 루돌프 아른하임의「영화와 현실」, 모리스 메를로-퐁티의「영화와 새로운 심리학」, 『영화란 무엇인가』의 첫머리에 실려 있는 앙드레 바쟁의「사진적 이미지의 존재론」은 각기 이런저런 책에 이미 번역되어 실려 있다. 고전은 시대에 따라 다시 번역되어야 한다고 하지만, 원전 번역의 필요성 그리고 지나친 의역이나 부분적인 오역 등이 옮긴이를 재번역의 필요성으로 이끌었다.[6]

에이젠슈테인과 아른하임, 그리고 파노프스키의 글——뒤의 두 편의 글은 저자들이 직접 영어로 썼다——은 영어로 씌어진 글을 주 텍스트로 번역했고 나머지 글들은 불어 텍스트에서 옮겼다. 참고로 발터 벤

---

6) 에이젠슈테인의 글은, 이 글의 중요성에 비해 기존의 번역들이 아마도 너무 빨리—— 이해하기 힘든 한국어로—— 이루어졌기 때문에 거의 아무런 파장도 불러일으키지 못하고 지나가버린 경우다. 이 상황은 에이젠슈테인의 글들이 1969년 (40년 가까이 지나서!) 『카이에 뒤 시네마Cahiers du cinéma』를 중심으로 프랑스에서 처음으로 번역되기 시작했을 때 생겨난 엄청난 파장과 비교될 수 있다(자크 오몽 & 미셸 마리, 『영화 분석의 패러다임』, 현대미학사, 1999, p. 31). 원전 번역에서 유일하게 벗어난 경우가 바로 이 글인데, 이와 관련하여 이미 적지 않은 인력을 갖추고 있는 러시아권 연구자들의 작업이 있어야 할 것이다.

야민의 글(「기계복제 시대의 예술작품」)은 피에르 클로소프스키Pierre Klossowski의 도움을 받아 벤야민이 1936년에 직접 불어로 쓴 텍스트를 골랐다. 현존하는 이 글의 네 개의 판본 중에서 1939년에 나온 마지막 판본의 글이 여러 가지 외부적인 상황 때문에 일정한 수정을 겪어야 했던 사정은 비교적 잘 알려져 있다. 세번째로 씌어진 이 불어판은 한국어로는 처음 소개하는 것이고 독일어로 된 다른 세 판본들과 대조 및 비교를 거쳐 영화 연구뿐만 아니라 벤야민 연구에도 기여할 수 있으면 하는 바람이다.

이 작은 '집' 한 채를 세우는 데에도 적지 않은 분들의 도움이 있었다. 일단 이 글들의 상당 부분은 4년이 넘는 기간 동안 연세대학교 커뮤니케이션대학원(구舊 영상대학원) 등에서 총 네 차례에 걸쳐 학생들과 강독 수업을 통해 읽어나간 글들이다. 한 글자 한 글자에 오랫동안 같이 머무르면서 많은 시간을 함께 보낸 학생들에게 감사의 말을 전한다. 이 책의 기획 자체에 관심을 갖고 세세한 영어 자문에 기꺼이 응해주신 연세대학교 철학과 선우환 교수님, 앙드레 바쟁의 글을 꼼꼼하게 검토해주신 박상우 박사님, 옮긴이가 감당하기 쉽지 않았던 장-피에르 우다르의 글을 검토해주신 연세대학교 커뮤니케이션대학원 서현석 교수님, 책과 관련해서 여러 가지 유익한 조언을 주신 같은 대학원 이상길 교수님께 깊은 감사의 말씀을 드린다. 작지만 좋은 책들을 내는 몇몇 출판사와 함께 작업하고자 했지만, 이들의 규모로는 이러한 기획 자체를 감당하기 힘들었다. 이 책의 가치를 이해하고 출판의 기회를 마련해주신 정과리 선생님을 비롯하여 문학과지성사 김수영 전前 대표 및 편집을 맡은 박지현 씨께도 깊은 감사의 말씀을 드린다.

선집選集/anthologie이라는 '집' 한 채를 세우는 것은 망각과 무지에 맞

서 일정한 이정표를 세우는 작업이다. 나무 한 그루를 심으면서 그곳
이 무성한 숲으로 번성하기를 바라는 것처럼, 이 아담한 집 한 채가 촌
락으로, 마을로, 도시로 커져가기를 바라면서 내일 이곳에서 함께 살
아갈 주민들을 생각한다. 아직 오지 않은 주민들.

2011년 4월
연세대학교 성암관에서
이윤영

일러두기

1. 이 선집에 실린 글들은 연대기적 순서로 배열된다. 맨 마지막에 놓인 자크 리베트의 글만 예외가 되는데, 이 글은 세르주 다네의 글과 하나의 묶음이기 때문에 14장으로 함께 분류하고 다네의 글 다음에 배치한다. 그리고 텍스트의 역사성을 밝히기 위해 글의 제목 옆에 출간연도를 달았다. 두 개의 출간연도를 가지고 있는 글은, 처음 글을 발표한 연도와 이후에 저자 자신이 수정한 연도를 함께 표기한 것이다. 먼저 파노프스키의 글은 프린스턴 현대미술관 시네마테크의 창립기념 컨퍼런스에서 발표된 후 1934년 처음으로 출간되었지만, 1947년 다시 출간될 때 저자 자신의 수정을 거쳤다. 다른 하나의 경우가 아른하임의 글인데, 이 글은 그의 저서 『예술로서의 영화』의 1장을 이룬다. 이 책은 1932년에 처음 독일어—*Film als Kunst*—로 출간된 후 1933년 영어로 번역되었고, 이후 상당한 수정을 거쳐 1957년 영어—*Film as Art*—로 출간되었다. 두 경우 모두 저자 자신이 인증한 최종판을 번역 텍스트로 삼았다.

2. 가급적 원문의 문단 나누기를 존중했지만, 가독성을 높이기 위해 원문의 문단 나누기를 존중하지 않은 글들이 있다. 불어권 저자들은 문단 나누기 없이 글을 길게 이어가는 경향이 있는데, 이것을 일정한 의미 단위로 끊어서 문단 나누기를 했다. 예를 들면 메를로-퐁티, 메츠, 코몰리와 나르보니, 우다르의 글이 그렇다. 반대로 에이젠슈테인의 글의 경우 때로는 문장 하나, 때로는 단어 하나가 한 문단을 이루고 있는데, 가급적 글의 표현력을 존중하려고 애쓰면서 이것을 일정한 의미 단위로 묶어서 옮겼다.

3. 영화 제목에 덧붙인 각주를 제외하고 특별한 표시가 없는 각주는 모두 원저자의 것이다. 가급적 옮긴이 주를 자제했지만, 필요에 따라 옮긴이가 덧붙인 각주는 (옮긴이 주)라는 표시를 붙였다. 원문은 불어 텍스트인데 영어로 번역되면서 영어판 번역자가 덧붙인 각주는 (영어판 주)와 같은 표시를 붙였다. 반면 파노프스키의 글 뒤에 나오는 (불어판 주)는 영어판에는 빠져 있고 불어 번역판에만 나오는 원저자의 주이다.

4. (옮긴이 주)라는 표시 없이 본문에 언급되는 모든 영화 제목에 주를 달았다. 각 영화는 모두 감독의 이름, 제목(한국어 제목/원제목), 제작국가, 제작연도, 지속 시간 순으로 기술했다. 제작연도에 논란이 있는 경우 대개는 IMDb(http://www.imdb.com)에 나오는 연도를 우선으로 했다.

5. 각주에 표시된 책 이름 등은 모두 번역해서 실었다. 따라서 각주에 표시된 책 이름은 한국어 번역판의 것이 아니다. 여기에 나오는 참고문헌을 직접 찾아볼 수 있도록 (책의 본문이나 주에서) 외국어 인명 표기를 명시하고 출판사 명칭은 번역하지 않고 원어로 바로 표기했다. 책 이름 다음에 나오는 서지사항은 대개는 출판사, 출간연도의 순이지만 경우에 따라 출판도시, 출간연도의 순으로 표기한 것도 있다.

* 이 책에 실린 일부 논문에 대해서는 출간일까지 저작권자를 찾지 못했으나 빠른 시일 내에 정식으로 허락을 받고자 노력하겠습니다.

1장

영화의 원리와 표의문자(1929)

세르게이 에이젠슈테인

실제로는 존재하지 않는 것에 대해 소책자를 썼다는 것은 신기하고 기묘한 곡예다. 예를 들면 영화기법cinematography이 없는 영화cinema 란 없다. 그런데도 지금 이 글[1] 앞에 배치된 소책자의 저자는 **영화기법**이 존재하지 않는 나라(일본)의 영화에 대해, 영화만 빼고는 그 문화 어디에서나 수없이 많은 영화적 특징을 찾을 수 있는 나라의 영화에 대해 책을 썼던 것이다.

이 글은 일본영화에는 없는 일본문화의 영화적 특징들에 대한 것이고, 이 특징들이 일본영화와 별개인 것처럼 이 글 자체는 앞선 소책자와 별개의 것이다.

---

1) (영어판 주) 에이젠슈테인의 글은 본래 카우프만N. Kaufman의 팸플릿, 『일본영화』(모스크바, 1929)에 부친 '후기'로 출판된 것이다.

수많은 영화제작사, 이런저런 자본의 이동, 너무도 많은 스타, 이러 저런 드라마 같은 것이 영화라면, 영화기법은 우선 주요하게는 몽타주 다. 일본영화는 영화제작사, 배우, 이야기를 잘 갖추고 있다. 그러나 일본영화는 몽타주에 대해 아무것도 모르고 있다. 그럼에도 불구하고 몽타주의 원리를 일본 재현 문화의 근본적 요소로 규정할 수 있다.

먼저 문자가 그러한데, 일본의 문자는 주요하게는 재현적인 것이다. 상형象形문자를 보자. 지금부터 2,650년 전에 창힐蒼頡/Ts'ang Chieh이라 는 한 손재주 좋은 중국인이 묘사한 사물의 자연스러운 이미지가 점차 형태를 갖추어 539개의 글자로 최초의 상형문자 '대표단'을 형성하게 되었다. 대나무 조각 위에 철필로 새긴 사물의 초상은 모든 점에서 본 래의 대상과 유사성을 갖고 있었다.

그러고 나서 기원전 3세기 말경에 붓이 발명되었다. 기원후 1세기에 는 종이가, 마지막으로 220년에 먹이 발명되었다. 이것은 완벽한 전복 이었고 제도製圖상의 혁명이었다. 역사의 진행을 따라 최소한 열네 번 의 서로 다른 표기법을 거친 후에 상형문자는 현재의 형태로 정착되었 다. 그 형태는 생산수단(붓과 먹)에 의해 결정되었다. 열네 번의 개혁 은 각기 고유한 특징이 있었다. 결과적으로 다음과 같은 변화가 이루 어졌다.

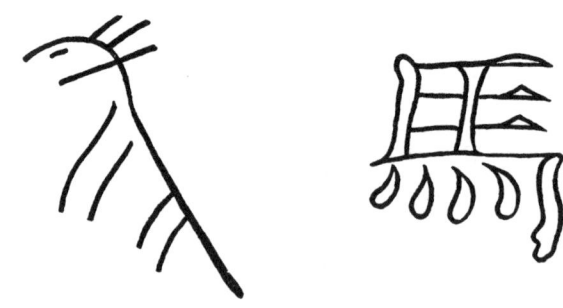

격렬하게 날뛰고 있는 말의 형상을 담은 상형문자 마馬의 경우, 이미 고대 중국의 청동상을 통해 잘 알려져 있는 창힐의 서법에서도 뒷다리와 궁둥이를 애처롭게 늘어뜨리고 있는 사랑스러운 말의 특징을 거의 식별할 수 없다. 그러나 아직 남아 있는 다른 607개의 상형문자——현존하는 한자 최초의 범주——와 함께 이 사랑스러운 말을 신의 평화 속에 남겨두자.

한자의 두번째 범주인 회의會意문자, 즉 '결합된' 문자가 정말로 흥미롭다. 요점은, 가장 단순한 계열의 두 상형문자의 결합——아마도 조합이라고 말하는 것이 더 나을 것이다——이 이 두 문자의 총합으로 간주되어서는 안 되고 이 문자의 산물로, 즉 또 다른 차원 혹은 또 다른 단계의 가치로 간주되어야 한다는 것이다. 즉 이들 각각의 상형문자는 따로 떼놓고 보면 하나의 사물, 하나의 사실에 대응되지만, 이 두 문자의 조합은 개념에 대응된다. 별개의 상형문자들이 융합된 것이 표의문자[회의문자]다. '묘사할 수 있는' 두 문자의 조합을 통해 그래픽으로는 묘사할 수 없는 어떤 것의 재현이 이루어진다.

예를 들어보자. 물의 그림과 눈의 그림을 결합하면 '울다'(泪: 눈물 루)를 뜻한다. 문의 그림 속에 귀의 그림을 넣으면 '듣다'(聞: 들을 문)를 뜻한다.

　　개＋입 ＝ "짖다"(吠: 짖을 폐)
　　입＋아이 ＝ "울다"(呦: 울 유)
　　입＋새 ＝ "울다"(鳴: 울 명)
　　칼＋마음 ＝ "근심"(忉: 근심할 도) 등등.[2]

그런데 이것이 바로 몽타주다! 그렇다. 정확하게 우리가 영화에서 하고 있는 것이 바로 이것이다. 다시 말해서 **묘사적**이며 의미상으로 단일하고 내용상으로 중립적인 샷shot들을 조합해서 **지적인** 내용과 계열을 만들어내는 것이다.

이것은 어떤 영화적 제시도 피할 수 없는 수단과 방법이다. '지적 영화'의 출발점은 응집되고 정화된 형태 속에 있다. 영화는 추상적 개념을 시각적으로 재현하기 위해 최대한 간결한 표현laconism을 추구한다. 따라서 우리가 오랫동안 잊혀진 창힐의 방법을 환영하는 것은 그것이 바로 이러한 길에 첫걸음을 내디뎠기 때문이다.

방금 간결한 표현이라고 언급했는데, 이를 매개로 또 다른 지점으로 넘어갈 수 있다. 일본에는 [존재하는] 시가들 중에서 가장 간결한 형태가 있는데, 하이카이俳諧── 13세기 초에 나타나서 오늘날 '하이쿠俳句' 혹은 '홋쿠'라고 알려져 있다── 와 이보다 앞서 나온 단가短歌── 신화적으로는 하늘과 땅이 창조될 때 이와 동시에 창조된 것으로 간주된다── 가 그것이다. 이 하이쿠와 단가는 상형문자를 구문으로 옮겨 쓴 것에 다름 아니다. 이 때문에 이들 시가 가진 품격의 절반 정도는 서예에 의해 평가된다.

이들 시가 [시적인 문제를] 해결하는 방법은 표의문자의 구조와 전적으로 유사하다. 표의문자가 추상적 개념을 간결하게 각인시키는 수단을 제공하는 것처럼, 동일한 방법이 문학적 표현에 적용되면 이와 똑

---

2) 장-피에르 아벨 레뮈사Jean-Pierre Abel Rémusat, 『중국문자의 기원과 형성에 대한 연구』, Paris, 1811.

같이 날카로운 심상imagery에 대한 간결한 표현이 만들어지게 된다. 그리고 이 방법이 상징의 조합과 충돌에 엄밀하게 적용되면 추상적 개념에 대한 중립적인 정의定義가 만들어진다. 동일한 방법이 이미 구어적 조합을 형성하고 있는 일군의 어휘군으로 확장되면 탁월한 심상적 효과가 만들어진다.

개념은 벌거벗은 공식formula이다. 이를 장식하면 (재료를 부가해서 확장시키면) 이 공식이 이미지로 변형되어 완결된 형태가 만들어진다. 거꾸로 된 상태이기는 하지만, 이는 정확하게 원시적 사유 과정인 이미지적 사유와 같다. 이 이미지적 사유가 명확한 단계로 옮겨지면 개념적 사유로 변형된다.

예를 들어보자. 하이쿠는 집약된 인상주의적 스케치다.

잎 떨어진 가지 위에
외로운 까마귀
가을밤

—— 마쓰오 바쇼松尾芭蕉

눈부신 달이
이불 위에
소나무 그림자를 드리운다

—— 무로이 키카쿠宝井其角

저녁에 산들바람 불어
청왜가리 다리에

잔물결이 인다.

— 요사 부손與謝蕪村

이른 새벽
성城을 둘러싼
야생오리 울음소리

— 교로쿠享祿[3]

이보다 일찍 나온 단가는 조금 더(두 줄 정도) 길다

아, 산꿩아
나무 우거진 언덕에
네가 끌고 가는 꽁지가 길구나.
홀로 침상에서 잠을 청하는 나에게
그 숱한 밤이 그렇게 길었듯이

— 가키노모토노 히토마로柿本人麻呂(?)[4]

우리의 관점에서 이들은 모두 몽타주 구문이고 샷의 목록이다. 단순
하게 물질적 특성을 가진 두세 개의 디테일을 조합하는 것만으로도 또
다른 특성, 즉 심리적 특성을 가진 완벽하게 완결된 재현이 이루어진다.

---

3) 미야모리 아사타로Miyamori Asataro 옮김, 『하이쿠 시, 고대와 현대』, Tokyo: Maruzen
   Company, 1940.
4) 프레더릭 빅터 디킨스Frederick Victor Dickins 옮김, 『고대와 중세의 일본 텍스트』, Oxford:
   Clarendon Press, 1906.

이러한 시에서는 (표의문자의 조합으로 형성된) 지적으로 규정된 개념 속에 들어 있는 정교하게 다듬어진 예리함이 흐려지기는 하지만, 개념이 정서적 질의 측면에서 강력한 활기를 띠게 된다. 노구치 요네野口米次郎의 말처럼 "불완전한 하이쿠를 완벽한 예술로 만들어내는 것은 독자"[5]이기 때문에 이 정서가 독자 쪽으로 향해져 있다는 것을 주목해야만 한다.

　일본의 문자에서 지배적 측면이 (지시적인) 문자의 체계인지, (묘사적인) 그래픽의 독자적인 창조인지는 분명하지 않다. 어쨌든 방법적으로 묘사적인 것과 목적적으로 지시적인 것의 이중 교배에서 태어난 표의문자는 이 두 경향 모두를 이어가고 있다. (이 두 경향은 역사적으로 연속적이라기보다는, 이 방법을 발전시킨 사람들의 정신 속에서 원리적으로 연속적이다.)

　앞서 살펴봤듯이 단가에서 지시적인 경향이 문학으로 이어졌다면, 또한 (묘사적인 측면에서) 동일한 방법이 일본 회화예술의 가장 완벽한 예에 작용한다. 도슈사이 샤라쿠東洲齋寫樂는 19세기 가장 정교한 판화의 창조자이고, 특히 배우들의 초상화로 불멸의 화랑畵廊을 만든 사람이다. 한마디로 일본의 도미에Honoré Daumier다. 이런 사실을 제외하면 우리에게 거의 아무것도 알려져 있지 않다. 20세기 들어서야 비로소 그의 작품의 독특한 특징들이 분석되기 시작했다. 이런 비평가들 중 한 사람인 율리우스 쿠르트Julius Kurth는 샤라쿠에게 끼친 조각의 영향이라는 문제를 논하면서, 샤라쿠가 나무를 깎아서 만든 배우 나카야마

---

5) 요네 노구치Yone Noguchi, 『일본 시가의 정신』, London: John Murray, 1914, p. 53.

토미사부로의 초상화와 반쯤은 종교적인 노能 연극에 나오는 고대의 마스크, 즉 로조의 탈을 비교한다.

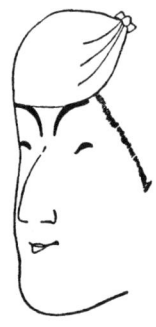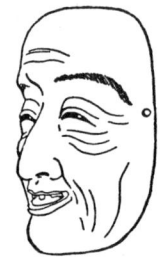

이 판화와 탈의 얼굴에는 모두 동일한 **표현**이 들어 있다. 〔……〕 판화는 젊은 여인을, 탈은 늙은 중을 재현한 것이지만, 각각의 특징과 덩어리는 비슷한 방식으로 처리되어 있다. 이 두 작품이 완전히 다른데도 이들은 충격적이게도 연관성을 갖고 있다. 이는 그 자체로 샤라쿠가 가진 독창성에 대한 증명이다.

목각된 탈은 대체로 정확한 해부학적 비율에 따라 구성된 반면, 판화로 된 초상화에서 나타나는 얼굴 상호간의 비율은 한마디로 불가능한 비율이다. 두 눈 사이의 공간은 폭을 표현하는 것인데, 이는 〔너무 넓어서〕 온갖 건전한 감각을 조롱하고 있다. 눈의 크기와 비교해보면 코는 정상적인 코보다 거의 두 배나 더 길고, 턱은 입과 아무 관계도 없는 것처럼 그려져 있다. 눈썹, 입 그리고 다른 특징들은 가망 없이 잘못 연결되어 있다.

이 지적은 샤라쿠가 그린 거대한 얼굴상 전체에 해당된다. 물론 이 예술가가 이 모든 비율이 잘못된 것이라는 점을 몰랐을 리는 없다. 그는 이 모든 것을 온전하게 의식하면서도 정상성을 거부했다. 각 부분들의 특징을 그릴 때는 응집된 자연주의에 의거하고 있지만, 이들의 정확한 비율보다는 순수하게 지적인 고찰을 더 중요하게 생각했다. 그는 심리적 표현의 본질을 개개 특징의 비율에 대한 규범으로 설정했던 것이다.[6)]

이 과정이 바로 '울다'란 의미작용을 만들어내기 위해 '입'과 '아이'라는 별개의 독립된 상징들을 조합한 표의문자의 과정이 아닌가? 이것이 바로 우리가 영화에서 수행하는 것이 아닌가?

샤라쿠는 이를 동시에 수행했지만, 영화에서는 이를 시간적 순서에 따라 수행할 뿐이다. 다시 말해서 사건을 다양한 측면에서 분해해서 몽타주를 만들고 인간의 형상 자체보다 눈을 두 배나 크게 만듦으로써, 즉 일상적으로 흘러가는 사건의 부분들에 기괴한 불균형을 초래해서 이 사건을 '움켜쥔 손의 클로즈업' '투쟁의 미디엄 샷' '튀어나온 눈에 대한 익스트림 클로즈업'으로 갑자기 해체할 때, 우리가 영화에서 수행하는 것이 이것이다. 우리는 이 기괴한 부조화를 조합해서 새롭게 분해시킨 사건들을 모아 하나의 전체로 만들어낸다. 이 새로운 전체는 우리 자신의 관점에서, 즉 사건에 대한 우리의 관계를 어떻게 설정할 것인가에 따라 만들어진 전체다.

한 사건에 대한 불균형적 묘사는 본래 우리에게 처음부터 자연스러

---

6) 율리우스 쿠르트Julius Kurth, 『샤라쿠』, München: R. Piper, 2판, 1922, pp. 78~79. 여기서 언급된 샤라쿠의 판화는 해럴드 헨더슨Harold G. Henderson과 루이스 르두Louis V. Ledoux가 펴낸 『현존하는 샤라쿠의 작품』(일본학 연구소를 대표해서 웨히E. Weyhe가 출판한 것, 1939)에서 24번이라고 분류된 작품이다.

운 것이다. 모스크바의 심리학 연구소의 루리야Alexander R. Luria 교수
는 아이가 '난로에 불을 붙이는' 그림을 내게 보여주었다. 장작불, 난
로, 굴뚝 등 모든 것이 대체로 정확한 상호관계 속에서 아주 신중하게
재현되어 있었다. 그런데 이 거대한 직사각형의 화폭 한가운데 지그재
그로 그려진 것이 있었다. 이것은 무엇이었을까? 이것은 성냥으로 밝
혀졌다. 여기 묘사된 공정에 성냥이 차지하는 엄청난 중요성을 고려해
서 아이는 성냥을 여기에 맞는 적당한 크기로 그린 것이다.[7]

  사물을 실제 크기에 맞는 (절대적) 비율로 재현하는 것은 물론 교조
적인 형식 논리의 속성일 뿐이고 사물의 불가침의 질서에 종속되는 것
일 뿐이다. 회화나 조각 모두에서 [리얼리즘적] 절대주의가 확립되는
시기로 변함없이 주기적인 회귀가 일어난다. 이때 고대의 불균형 속에
들어 있던 표현성을 공식적으로 정해진 조화라는 정규적인 '돌 탁자'로
대체해버리게 된다. 그러나 절대적인 리얼리즘은 결코 지각의 올바른
형태가 아니다. 그것은 단지 특정 형태를 가진 사회구조의 기능일 뿐
이다. 절대군주제에 뒤이어 획일적인 사유가 뿌리를 내리게 되었다.
이것은 회화적으로는 근위복의 색채나 디자인의 층위에서 발전될 수

---

7) 이 특별한 경향을 고대의, 거의 선사시대에 가까운 원천에서부터 일본 그래픽 예술의 선조격
   인 중국 미술의 고도의 발전을 통해 추적할 수 있을 것이다. "모든 관념적 예술에서 사물은
   중요성에 따라 크기가 부여된다. 왕은 신하보다 두 배나 크게 그려지며, 심지어 장면이 야외
   에서 벌어져도 나무는 사람의 절반 크기로 그려진다. 중요성의 정도에 따라 크기를 부여하는
   이 원칙의 많은 부분이 중국 전통에 남아 있었다. 공자가 사랑했던 제자들은 공자 옆에서 마
   치 소년처럼 보이고 어떤 단체에서도 가장 중요한 인물은 보통 가장 크게 그려진다"(조지 로
   울리George Rowley, 『중국 회화의 원리들』, Princeton University Press, 1947, p. 56). "실
   제 크기는 항상 회화적 크기에 굴복해야만 했다. [……] 거리에 따른 크기는 결코 기하학적
   원근법의 법칙이 아닌 구상의 필요에 따른 것이다. 전경에 있는 인물은 장애물이 되거나 지나
   친 과장을 피하기 위해 작아질 수 있었고, 너무 작아서 회화적 가치가 없는 멀리 있는 사물은
   중경이나 전경에 대위법적으로 작용하기 위해 확대될 수 있었다"(같은 곳).

있는 것과 같은 종류의 이데올로기적 획일성에 불과하다.

　따라서 우리는 상형문자의 원리── '묘사에 의한 지시'── 가 어떻게 둘로 나뉘는가를 살펴보았다. 즉, 그 목적('지시'의 원리)의 경향을 따라 문학적 심상을 창조하는 원리가 만들어지고, 목적을 실현하는 방법('묘사'의 원리)의 경향을 따라 샤라쿠가 사용했던 충격적 표현 방법이 만들어진다.[8] 그리고 마치 넓게 퍼진 포물선의 날개가 되는 두 개의 선線이 흔히 말하듯 무한無限──아무도 그렇게 먼 곳까지 가본 적은 없지만── 까지 확장하면 서로 만나게 되는 것처럼, (상징의 기능에 맞게) 끝없이 두 부분으로 갈라진 상형문자의 원리는 이 이중적 소외로부터 이번에는 사차원의 영역, 즉 연극에서 예기치 않게 다시 통합된다.

　너무 오랫동안 떨어져 있던 이 두 부분은──드라마의 요람기에── 평행한 형식으로, 기이한 이원론 속에서 다시 한 번 나타난다. 이 행위의 의미(지시)는 무대 뒤에서 들려오는 목소리를 통해 조루리淨瑠璃의 낭송으로 실행되고, 행위의 재현(묘사)은 무대 위에서 침묵의 꼭두각시들〔배우들〕에 의해 실행된다. 이 고대성은 특수한 운동 방식에 따라 초기 가부키 극으로도 이주해왔다. 오늘날까지도 이것은 부분적이지만, 고전적 레퍼토리 속──여기서 행위의 어떤 부분은 배우가 마임을 하고 있을 때 무대 뒤에서 해설된다──에 보존되어 있다. 그러나 이것이 요점은 아니다. 가장 중요한 사실은 표의문자적 방식(몽타주)이 가장 흥미로운 방식으로 연기 자체의 테크닉 속으로 끼어들어왔다는 것이다.

---

8) 일본 상형문자의 묘사적 경향을 문학에서 발전시키는 것은 제임스 조이스에게 남겨진 몫이었다. 샤라쿠에 대해 쿠르트가 했던 분석의 한마디 한마디는 적절하면서도 어렵지 않게 전부 조이스에게 적용될 수 있다.

그러나 여기에 대해 논하기 전에 사치스럽지만 잠시 논의에서 벗어나보자. 샷의 본성에 대한 논쟁을 결정적으로 해결하기 위해 샷의 문제를 다루기로 하자. 샷은 단일한 셀룰로이드 조각이다. 작은 직사각형 프레임 속에 일정 방식으로 조직된 사건의 조각이 있다. "이 샷들이 함께 결합되어 몽타주를 형성한다. 물론 적절한 리듬을 타고 행해졌을 때에 한해서!" 대략적이지만 이것이 아주 낡고 낡은 영화학교에서 가르치는 것이다. 이들은 이렇게 말한다.

나사에는 나사,
벽돌에는 벽돌……

예를 들면 쿨레쇼프는 심지어 벽돌이란 단어를 쓰기도 했다. "당신이 아이디어가 되는 문장, 이야기의 조각, 전체적인 극적 연쇄 속의 고리를 가지고 있다면, 이 경우 이 아이디어는 샷이라는 부호로 표현되어야 하고 축적되어야 한다. 마치 벽돌처럼."[9] "샷은 몽타주의 요소다. 몽타주는 이런 요소들의 조합이다."

이러한 미봉책의 분석이 가장 해롭다. 이 과정을 여기서 전체(연결, 샷-몽타주)로서 이해하는 것은 그 흐름에 대한 외적 지시(한 조각을 다른 조각에 연결시키는 것)에서만 파생될 뿐이다. 따라서 예를 들면 전차가 존재하는 이유는 [바리케이드로 쓰이기 위해] 거리에 눕혀지기 위해서라는 잘 알려진 결론에만 도달할 위험이 있다. 1917년 2월에 이곳 러시아에서 거리투쟁 기간 동안 전차가 수행한 기능에 대한 외적 지시

---

9) 레프 쿨레쇼프Lev Kuleshov, 『영화예술』, Leningrad, 1929.

에만 제한된다면, 이것은 전적으로 논리적인 연역이다. 그러나 유물론적 역사 파악은 이를 다른 방식으로 해석한다.

가장 나쁜 것은 넘을 수 없는 전차처럼 이런 종류의 접근이 잠재적인 형식적 발전을 가로막고 있다는 것이다. 이러한 접근은, 전혀 사건의 변증법적 실체를 보여주지 않기 때문에 변증법적 발전을 가로막고 단순한 진화론적 '완성'으로 결정되어버린다. 이 진화는 결국에는 세련된 데카당스로 빠져버리거나 아니면 피가 정체되어 시들어 없어지게 될 뿐이다. 이상하게 들릴지 몰라도, 이렇게 김빠지는 사태 모두가 동시에 나타나는 '합당한' 증거는 쿨레쇼프의 최근 영화 「즐거운 카나리아」 (1929)[10]다.

샷은 결코 몽타주의 요소가 아니다. 샷은 몽타주의 **세포**다. 세포가 분열되면 유기체나 태아 등 또 다른 차원의 현상이 되는 것처럼, 샷으로부터 변증법적 도약이 이루어진 또 다른 측면에 몽타주가 있다. 그렇다면 몽타주는, 그리고 결과적으로 그 세포인 샷은 무엇으로 특징지어지는가? 이것은 충돌에 의해, 다른 쪽과 맞서는 두 부분의 대립에 의해, 대립과 충돌에 의해 특징지어진다.

지금 내 앞에는 구겨진 노란 종이장이 놓여 있다. 그 위에는 다음과 같은 신비한 메모가 있다.

"연결-P" 그리고 "충돌-E"

---

10) 레프 쿨레쇼프, 「즐거운 카나리아Vesyolaya kanareyka」, 소련, 1929, 73분.

이것은 몽타주를 주제로 P(푸도프킨)와 E(내 자신) 사이에서 오갔던 격렬한 승부의 실제적 흔적이다. 이 논쟁은 습관이 되어버렸다. 푸도프킨은 일정한 주기에 걸쳐 밤늦은 시간에 나를 방문했고 우리는 문을 닫고 원칙의 문제에 대해 논쟁하곤 했다. 쿨레쇼프 학교의 졸업생인 푸도프킨은 몽타주를 조각들의 연결로 이해해야 한다고 소리 높여 주장했다. 조각들의 연결이 연쇄를 이룬다는 것이다. 다시 한 번 '벽돌'이다. 이념을 해설하기 위해 계열로 배치된 벽돌.

이에 대해 나는 몽타주가 **충돌**이라는 내 관점으로 맞섰다. 이것은 주어진 두 요소의 충돌에서 개념이 **생겨난다**는 관점이다. 내 관점에서 연결은 단지 가능한 경우들 중 **특수한** 한 가지 경우에 불과하다. 물리학에서 구球가 충돌하면서 생겨날 수 있는 무한한 조합의 수를 떠올려보자. 이는 구에 탄력이 있는가 아닌가, 혹은 뒤섞일 수 있는 것인가에 달려 있다. 이 모든 조합들 중 충격이 너무 약해 이 둘의 운동이 같은 방향으로 움직이는 운동으로 전락해버리는 경우도 있다. 이 조합이 바로 푸도프킨의 관점에 대응할 수 있다.

우리는 최근에 또 다른 대화의 시간을 가졌다. 오늘날에 그는 내 관점에 동의한다. 우리가 직접 만나지 못했던 기간 동안 그는 국립영화연구소 시절 내가 그에게 주었던 일련의 저작과 접할 기회가 있었다······

따라서 몽타주는 대립이다. 모든 예술의 기본은 대립(변증법적 원리의 '이미지적' 변형)이다. 샷은 몽타주의 **세포**로 나타난다. 따라서 샷은 또한 대립의 관점에서 고찰되어야 한다.

샷 내의 대립은 잠재적인 몽타주다. 이 대립의 강도가 커지면서 샷이라는 네모난 감옥을 분쇄하고 이 갈등을 폭발시켜 이를 몽타주 조각들 사이에서 몽타주의 추진력으로 변형시키는 것이다. 마치 지그재그의 흉내에서 연출이 이와 똑같은 분쇄를 통해 지그재그의 공간으로 터져 나오는 것처럼. 마치 『전쟁과 평화』의 수많은 사건 속에서 "러시아인들 앞에서는 어떠한 장애물도 무용지물이다"라는 슬로건이 터져 나오는 것처럼.

몽타주를 다른 어떤 것과 비교한다면, 몽타주 조각들의 대형隊形, 샷들의 대형은 자동차나 트랙터를 전진시키는 내연기관 엔진의 연쇄적 폭발과 비교할 수 있을 것이다. 왜냐하면 몽타주의 역학은 이와 비슷하게 영화 전체를 앞으로 전진시키는 추진력으로 쓰이기 때문이다.

프레임 안의 대립은 특징에 따라 변화될 수 있고 이야기 속의 대립이 될 수도 있다. 현재에도 수없이 많은 사례들이 있지만, 영화의 '선사' 시기에 그랬던 것처럼 장면 전체가 컷이 없는 단 하나의 샷으로 찍힐 수도 있다. 그러나 이것은 영화 형식의 엄격한 관할권 밖에서 벌어지는 일이다.

프레임 안에 '영화적' 대립이 있다.
선적 방향의 대립. (정적이거나 역동적인 선들)
크기의 대립.
입체의 대립.
덩어리의 대립. (다양한 강도의 빛으로 채워진 입체)
깊이의 대립.

다음의 대립들은 강화强化라는 단 하나의 추진력만 있으면 적대적인 한 쌍의 부분으로 넘어가게 된다.

클로즈업과 롱 샷의 대립.

선적으로 방향이 다른 부분들의 대립. 입체에 포함된 부분과 다른 영역에 포함된 부분의 대립.

어두운 부분과 밝은 부분의 대립.

그리고 마지막으로 다음과 같은 예기치 않은 대립이 있다.

사물과 [스크린에 나타난] 이 사물의 크기 사이의 대립, 그리고 한 사건과 이 사건의 지속 시간 사이의 대립.

이 마지막 대립은 이상하게 들릴지는 모르지만, 둘 다 우리에게 친숙한 것이다. 첫번째 대립은 광학적으로 왜곡된 렌즈로, 두번째 대립은 정지화면과 저속촬영으로 얻어질 수 있다.

모든 영화적 요인과 특질을 '대립'이라는 단 하나의 변증법적 정식으로 압축하는 것은 결코 공허한 수사학적 유희가 아니다. 이제 우리는 (영화의 모든 요소에 유효할) 영화적 표현성의 방법에 대한 통합된 체계를 찾고 있다. 이 모든 요소를 조합해서 공통적인 일련의 지시 사항으로 바꿀 수 있으면, 이 작업은 전체적으로 해결될 것이다. 영화의 개별 요소에서 느끼는 경험은 절대적 수치로 측정될 수 없다.

그러나 우리는 몽타주에 대해서는 상당히 많이 알고 있는 반면에, 샷에 대한 이론은 아직도 가장 아카데믹한 태도와 몇몇 모호한 시도와 불쾌감을 주는 일종의 거친 급진주의 사이에서 방황하고 있다. 프레임을 몽타주의 특별한 경우, 다시 말해서 분자적인 경우라고 간주한다면 몽타주적 실천을 샷의 이론에 직접적으로 적용할 수 있게 된다. 조명의 이론도 마찬가지다. 마치 소방 호스에서 나온 물줄기가 구체적 사물을 때리는 것이나 사람의 얼굴에 부딪치는 바람의 충격처럼, 조명의 이론을 빛의 흐름과 장애물 사이의 충돌로 파악하게 되면 '망사'와 '점'의 다양한 조합을 가지고 유희하는 데 머물고 있는 빛에 대한 이해와 전혀 다른 빛의 사용이 나오게 될 것이다.

따라서 한걸음 더 나아가 유의미한 대립의 원리가 나올 수 있는데, 광학적 대위법의 원리가 그것이다. 그리고 이제 우리가 대위법에서 보다 복잡한 또 다른 문제와 대면하게 될 것이라는 사실을 잊지 않기로 하자. 유성영화에서 청각적인 것과 광학적인 것 사이의 대립이 바로 그것이다.

이제 가장 매혹적인 대립 중 하나로 되돌아가 보기로 하자. 그것이 바로 샷의 프레임과 피사체 사이의 대립이다. 카메라의 위치는 피사체의 관성의 논리와 감독의 조직 논리 사이에 있는 대립의 물질화인데, 이 두 논리가 충돌하면서 카메라의 위치가 '카메라-각도'의 변증법을 드러낸다. 이 문제와 관련하여 우리는 아직도 막연한 인상만을 가지고 있을 뿐이며 심각한 원리의 결핍을 느끼고 있다. 그럼에도 불구하고 이에 대한 테크닉 속에 선명한 원리가 있을 수도 있다. 산만한 자연의 우연 속으로 빠져 들어가는 무미건조한 사각형……

여기서 다시 한 번 일본으로 돌아가 보자. 왜냐하면 일본의 학교에서 드로잉을 가르치는 방법에 영화적 방법이 사용되고 있기 때문이다. 우리는 드로잉을 어떻게 가르치는가? 네 귀퉁이가 있는 백지장을 집어들고, 심지어 (고된 드로잉 작업으로 대개는 미끈거리는) 모서리는 대개 〔표현 재료로〕 사용하지도 않고 이 모서리 안에 지겨운 기둥이나 우쭐거리는 코린토스식 수도首都나 단테(모스크바 에르미타시 극장에서 공연하는 마술사 이름이 아니라 시인 알리기에리 단테)의 석고상으로 채워

넣는다.

이에 대한 일본의 접근은 전혀 다른 방향에서 이루어진다. 먼저 벚나무 가지를 준다.[11] 그리고 학생은 이 전체 그림으로부터 원이나 정사각형이나 직사각형을 사용해서 구성적인 단위를 오려낸다.

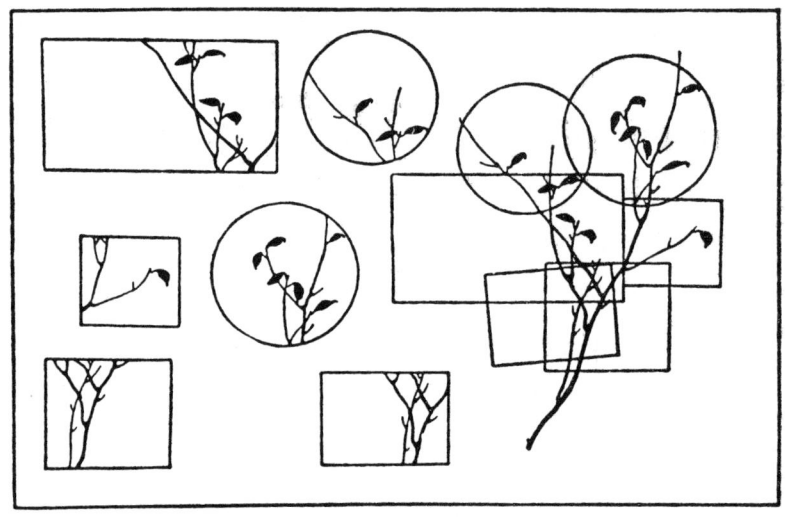

학생이 샷에 프레임을 부여한다!

드로잉을 가르치는 이 두 방식은 오늘날 영화에서 대립하는 두 가지 기본 경향의 특징을 보여준다. 하나는 렌즈 앞에서 사건에 대해 인위적으로 공간적 조직을 하는 방식으로 이미 시효가 끝난 방식이다. 한 시퀀스를 연출하는 것에서 렌즈 앞에서 바벨탑을 건립하는 것까지가 그렇다. 다른 하나는 카메라를 이용해서 '골라내는' 방식이다. 카메라

---

11) 「구성을 선택하는 법」, 『초등학교 6학년 학생을 위한 초급 드로잉 매뉴얼』, Tokyo: Board of Education, 1910.

를 수단으로 사용하는 조직화가 그것으로, 렌즈라는 도끼로 현실의 일부를 잘라내는 것이다. 그러나 현재의 지적 영화에서는 주된 관심이 영화의 재료 그 자체에서부터 마침내 '연역과 귀결' 혹은 물질에 기반을 두고 있는 '슬로건'으로 이동하는 중이다. 이 두 사유의 경향에서 차이가 사라지고 있으며 이들이 뒤섞여 조용하게 종합이 이루어지고 있다.

우리는 전차 안에 버려진 덧신처럼 몇 페이지에 걸쳐 연극의 문제를 다루지 못했다. 다시 일본 연극, 특히 연기에서 나타나는 몽타주 방법의 문제로 되돌아가 보자.

가부키 연극의 가장 충격적인 첫번째 특징은 '변화 과정이 없는 연기'라는 순수하게 영화적인 방법이다. 몸짓에 의한 [감정의] 변화 과정을 극단적으로 정교하게 재현해가다가 일본 배우는 정확히 이와 정반대인 방법 또한 사용한다. 공연하는 특정 순간에 배우가 멈춘다. 검은 옷을 입은 구로고黑子가 친절하게도 배우를 관객에게서 가려준다. 그리고 보라! 배우는 새로운 화장을 하고 새로운 가발을 쓰고 다시 나타난다. 이제 배우의 감정 상태가 또 다른 단계(다른 정도)로 옮겨진 것이다. 예를 들면 가부키 극 「나루카미鳴神」에서 배우 사단지는 술 취한 상태에서 광기의 상태로 옮겨가야만 한다. 이러한 변화 과정은 기계적인 컷으로 해결된다. 그리고 이 배우의 얼굴에서 선線을 강조하는 색채 분장의 변화가 일어나는데, 이 선은 이전의 화장에서 나타난 것보다 강도 높은 표현을 수행하는 역할을 한다.

이 방법도 영화에 적합하다. 유럽의 연기 전통에 의해 '정서의 변화 과정'을 담은 연극이 영화에 억지로 도입되었고, 이는 영화를 정체시키는 또 다른 요인이 되었다. 이에 반해 연기를 '커트'하는 방식은 전적으로 새로운 방식의 구성을 할 수 있게 한다. 얼굴의 변화를 전체적인 분위기가 다른 얼굴 유형으로 대체하면, 어떤 단일한 전문 배우의 얼굴——유기적 저항이 없고 너무나 수용적인——의 변화가 만들어내는 것보다 날카로운 표현적 효과가 생겨난다.

우리의 새로운 영화[「일반전선: 낡은 것과 새로운 것」[12]]에서 나는 날카롭게 대립하는 얼굴 표현의 양극적 단계 사이에 있는 간극[중간 단계]을 제거해버렸다. 따라서 새로운 크림 분리기를 둘러싼 '의심의 연기'에서 보다 선명한 표현이 이루어졌다. 우유가 진해질까, 아닐까? 사기일까? 부자가 될까? 여기서 믿음과 의심이 뒤섞인 심리적 과정이 분해되어 기쁨(신뢰)과 우울(탈환상)이라는 극단적인 두 단계로 끝나게 된다. 더욱이 이 장면은 빛의 실제적 조건에 전혀 부합하지 않는 '빛-조명'으로 강조된다. 이 때문에 뚜렷하게 긴장이 강화되었다.

가부키 연극의 주목할 만한 또 다른 특징은 '분해된' 연기의 원리다. 모스크바를 방문했던 가부키 극에서 여주인공을 맡았던 쇼초는 「슈젠지 모노가타리修禪寺物語」에서 죽어가는 딸을 연기(묘사)하면서 다른 연기와 완전히 동떨어진 방식으로 자기 역할을 연기한다. 다시 말해 오른손으로만 연기하고 한쪽 다리로만 연기하고 목이나 머리로만 연기한다. (단말마의 고통 속에서 죽어가는 과정이 다리의 역할, 팔의 역할, 머리의 역할과 같은 식으로 자기 역할을 연기하는 사지四肢 각각의 개별 연기로 분해된다.) [개별적인] 샷들로 분해되는 것이다. 비극적 종말이

---

12) 세르게이 에이젠슈테인Sergei Eisenstein, 「일반전선: 낡은 것과 새로운 것Generalnaïa Linïa ou Staroye i Novoye」, 소련, 1929, 121분.

42

다가오면서 계속 이어지는 이 각각의 연기는 점점 더 짧아진다.

원시적인 자연주의의 멍에에서 해방된 배우는 이런 방식으로 관객을 완전히 '리듬으로' 장악할 수 있게 되며, 관객은 무대——이 무대는 가장 연속적이며 모든 것이 세부 처리된 자연주의의 살과 피 위에 세워진 것이다——를 받아들일 뿐만 아니라 궁극적으로는 여기에 매혹된다.

우리는 더 이상 샷의 내용과 몽타주라는 문제를 원칙적으로 구별하지 않기 때문에 여기서 세번째 예를 인용할 수 있을 것이다. 일본 연극은 서구 연극에 나온 적이 없는 느린 템포를 사용한다. 「추신구라忠臣藏」에 나오는 유명한 할복 장면은 우리가 보았던 어떤 것도 능가하는, 모든 움직임의 전례 없이 느린 처리에 기반을 두고 있다. 앞서 본 예에서는 움직임들 사이에서 변화 과정의 분해가 있었다면, 여기서는 움직임, 즉 느린 움직임의 분해가 있다.

내가 들어본 것 중에서는, 구성적으로 합리화된 계획을 갖고 영화의 기술적 가능성을 이용해서 이 방법을 철저하게 적용한 예는 하나뿐이다. 이것은 보통 「바그다드의 도둑」[13]에서 '바닷속 왕국'을 묘사할 때와 같이 순전히 회화적인 목적으로 사용되거나 「즈베니고라」[14]에서처럼 꿈을 재현하기 위해 사용된다. 혹은 이보다 자주 나타나는 것은, 베르토프의 「카메라를 든 사나이」[15]에서처럼 단순한 형식주의적 유희나 이유 없는 카메라의 장난으로 쓰일 뿐이다. 최소한 언론 보도에 따르면, 이보다 훨씬 더 추천할 만한 예는 장 엡스탱의 「어셔 가의 몰락」[16]에서

---

13) 라울 월시Raoul Walsh, 「바그다드의 도둑The Thief of Bagdad」, 미국, 1924, 155분.
14) 알렉산드르 도브젠코Aleksandr Dovzhenko, 「즈베니고라Zvenigora」, 소련, 1928, 90분.
15) 지가 베르토프Dziga Vertov, 「카메라를 든 사나이Chelovek s kino—apparatom」, 소련, 1929, 68분.

나타난다. 이 영화는 감정을 정상 속도로 연기하고 이를 가속 상태의 카메라로 촬영한 것인데, 이것이 스크린에 비현실적으로 느리게 나타나면서 전례 없는 정서적 압박을 준다고 알려져 있다.

배우의 연기가 관객에게 미치는 효과가 관객 각각의 동일시에 기반을 둔 것이라는 점을 명심할 수 있다면, 이 두 가지 예(가부키 극과 엡스탱의 영화)를 어렵지 않게 동일한 인과적 설명에 연관시킬 수 있을 것이다. 분해된 행위를 따라 교훈적 동일화 과정이 보다 쉽게 진행될 때, 지각의 강도는 증가한다. 총을 조작하는 훈련 같은 경우도 교관이 '분해' 방법을 사용한다면 신병新兵들 중에서 가장 긴장을 많이 하고 있는 이들에게까지도 주입될 수 있다.

물론 일본 연극의 가장 흥미 있는 점은 유성영화와의 접점이다. 유성영화는 일본인들에게 가장 근본적인 것들을 배울 수 있고 또 배워야만 한다. 시각적이고 청각적인 감각을 생리학적 공통분모로 환원시키는 것이 그것이다. 따라서 순수한 영화적 요소로 다양한 갈래의 일본 문화를 (피상적으로나마) 꿰뚫을 수 있는데, 그 기본적인 신경조직이 몽타주다.

단지 일본영화만이 '좌편향에 빠진' [현대] 가부키와 동일한 오류에 빠져 있다. 일본 연극의 가장 진보적인 지도자들은 자신들이 가지고 있는 전통적 형태에서 주목할 만한 연기의 원리와 기술을 끌어내는 법을 배우기는커녕, 전력을 다해 우리의 '내적' 자연주의 속에 들어 있는 믿을 수 없는 엉성함을 받아들이려 하고 있다. 그 결과는 참담하고 슬

---

16) 장 엡스탱Jean Epstein, 「어셔 가의 몰락La chute de la maison Usher」, 프랑스, 1928, 63분.

프다. 영화에서도 일본은 이와 비슷하게 국제 상업영화 시장에서 미국과 유럽 경쟁자의 가장 불쾌한 예들을 모방하려 하고 있다.

자신이 가진 문화적인 특색을 이해하고 이를 영화에 적용하는 것, 이것이 바로 일본이 해야 할 일이다. 일본의 영화인들이여, 당신들은 이 일을 정말로 우리에게 맡겨두려 하는가?

2장

영화와 현실(1932/1957)

루돌프 아른하임

영화는 (꼭 그래야만 하는 것은 아니지만) 예술작품을 만드는 데 사용될 수도 있는 매체라는 점에서 회화, 음악, 문학, 무용과 닮았다. 예를 들면 채색된 우편엽서는 예술이 아니고 또 예술이 되려고 하지도 않는다. 군사 행진, 실화 고백, 스트립쇼도 마찬가지다. 영화 역시 항상 영화예술인 것만은 아니다.

그러나 교양 있는 사람들 중에 아직까지도 영화가 예술이 될 수 있는 가능성 자체를 단호하게 부정하는 사람들이 있다. 이들은 실제로 이렇게 말한다. "영화는 현실을 기계적으로 재생할 뿐이기 때문에 예술이 될 수 없다." 이런 관점을 지지하는 사람들은 회화와의 유비를 통해 추론한다. 즉 회화에서 현실을 그림으로 옮기는 방식은 화가의 눈, 신경체계, 손, 마지막으로 캔버스 위에 점을 찍는 붓을 거쳐서 이루어진다. 이 과정은 사진을 찍는 과정처럼 기계적이지 않다는 것이다. 반면에 사진의 경우 피사체에서 나온 반사광은 렌즈 체계에 의해 모아져 화학적 변화를 일으키는 감광판으로 유도된다. 그러나 사태가 이렇다고 해서 사진과 영화가 뮤즈의 신전에 자리 잡지 못하는 것이 정당화될 수 있을까?

사진과 영화가 단지 기계적인 재생산일 뿐이며, 따라서 예술과 어떠한 관련도 없다는 비난을 체계적이면서도 철저하게 논박할 필요가 있다. 왜냐하면 이것이 영화예술의 본성을 이해하는 탁월한 방법이기 때문이다. 우리는 이런 목적을 염두에 두고 우선 영화 매체의 기본 요소들을 독자적으로 검토한 후에 이를 '현실'의 지각에 해당하는 특성들과 비교할 것이다. 그리고 〔영화의 이미지와 현실의 이미지라는〕 이 두 종류의 이미지가 서로 얼마나 근본적으로 다른지를, 그리고 다름 아닌 바로 이런 차이들이 영화에 예술적 자원을 제공한다는 것을 살펴볼 것이다. 이와 동시에 영화예술의 주도적인 원리들을 이해하게 될 것이다.

평면 위에 입체의 투영

육면체와 같은 특정한 대상이 눈에 어떻게 보이는지 고찰해보기로 하자. 이 육면체가 내 앞의 책상 위에 놓여 있다면, 바로 이 육면체의 위치에 따라 내가 그 형태를 정확하게 파악할 수 있는가 아닌가가 결정된다. 예를 들어 내가 단지 사각형의 네 변만을 볼 수 있다면, 내 앞에 놓여 있는 것이 육면체인지 아닌지 알 수 있는 방법은 없고 나는 사각형의 면만을 볼 수 있을 뿐이다. 사진의 렌즈도 그렇지만 사람의 눈은 특정한 위치에서 작동하고, 따라서 정면에 있는 사물에 의해 가려지지 않은 시계視界의 일부만을 취할 수 있을 뿐이다. 앞서 말한 위치에서는 이 육면체의 여섯번째 면이 다섯 개의 면을 가리고 있기 때문에 한 면만 보인다. 그러나 이 면이 전혀 다른 어떤 것을 숨기고 있을 수도 있고 그것이 사각뿔의 바닥 면이거나 혹은 종이의 한 면일 수도 있기 때문에, 이 경우에는 육면체의 특징을 볼 수 있는 시점이 제대로 선택되지 못한 셈이다.

따라서 우리는 이미 한 가지 중요한 원칙을 세운 셈이다. 즉 내가 육면체의 사진을 찍고자 한다면, 단지 피사체를 카메라가 포착할 수 있는 범위 안에 옮겨놓는 것만으로는 충분치 않다는 것이다. 이보다는 피사체에 대해 내 위치를 어떻게 잡을 것인가, 혹은 내가 피사체를 어디에 놓는가가 중요하다. 앞서 선택한 시점은 육면체의 형태에 대한 정보를 거의 알려주지 않는다. 그러나 육면체의 세 면과 또 이 면들의 관계를 보여주는 시점을 선택하면, 이 피사체가 무엇인지 실수 없이 보여줄 수 있다. 우리의 시계는 온갖 입체적인 사물로 가득 차 있지만, 우리의 눈은 (카메라처럼) 이 시계를 특정 순간에 하나의 고정된 지점에서만 볼 수 있기 때문에, 그리고 눈이 피사체에서 반사된 빛을 평면——망막—— 위에 투사함으로써 인지할 수 있기 때문에, 아무리 단순한 피사체의 재생산마저도 기계적인 과정이기는커녕〔인간에 의해〕잘 이루어질 수도 있고 형편없이 이루어질 수도 있다.

앞서 우리가 선택한 두번째 시점은 첫번째 시점보다는 육면체에 대해 보다 정확한 이미지를 제공한다. 그것은 두번째 시점이 첫번째 시점보다 더 많이—— 한 면 대신에 세 면—— 보여주기 때문이다. 그러나 일반적으로 진실은 양에 달려 있는 것이 아니다. 단지 표면을 더 많이 보여주는 시점을 찾는 것이 문제라면, 순전히 기계적인 계산으로 가장 좋은 시점을 찾을 수 있을 것이다. 그러나 가장 특징적인 시점을 선택할 수 있게 해주는 공식 같은 것은 없다. 왜냐하면 이것은 느낌의 문제이기 때문이다. 어떤 사람을 정면에서보다는 측면에서 볼 때 '더욱더 그 사람처럼' 보이는가, 손바닥과 손등 중에 어떤 것이 더 표현력이 강한가, 어떤 산을 북쪽이나 서쪽에서 잡았을 때 더 잘 찍히는가 하는 문제는 수학적으로 논증될 수 없다. 이것은 미묘한 감수성sensibility의 문제다.

따라서 카메라가 단지 자동으로 기록하는 기계일 뿐이라고 경멸하는 사람은, 우선 가장 단순한 피사체를 가장 단순하게 사진으로 재생산하는 경우에도 이 피사체의 본성에 대한 감각이 필요하며, 이것이 단순한 기계적 작용을 훨씬 넘어선다는 점을 깨달아야만 한다. 어쨌거나 우리는 이후에 예술사진과 영화에서 특정 피사체의 특징을 가장 잘 보여주는 시점이 항상 선택되지는 않는다는 것을 살펴보게 될 것이다. 특별한 효과를 획득하기 위해 이와는 다른 시점들이 고의적으로 선택되는 경우도 많다.

깊이의 감소

평평한 망막은 단지 이차원적인 이미지를 받아들일 수 있을 뿐인데, 우리의 눈은 어떻게 삼차원적 인상을 성공적으로 제공할 수 있을까? 주요한 이유는 두 눈 사이의 간격에서 깊이감이 생겨나고 이 간격으로 인해 약간 다른 두 개의 이미지가 만들어지기 때문이다. 이 두 개의 상이 하나로 합쳐지면서 삼차원적 인상이 생겨난다. 잘 알려진 것처럼 동일한 원리가 입체영화에서 사용되는데, 입체영화를 찍을 때는 두 명의 촬영기사가 대략 사람의 눈과 비슷한 간격을 두고 동시에 촬영한다. 그러나 이 과정은 (한 사람 이상이 관람해야 할 때에는 색안경과 같은 거북한 장치를 사용하지 않고서는) 영화에 이용될 수 없다. 한 명의 관객을 위해서라면 입체영화는 쉽게 만들 수 있다. 즉 똑같은 장면을 몇 센티미터의 간격을 두고 동시에 두 개의 샷으로 찍어서 눈 하나당 한 개씩 보여주면 된다. 그러나 다수의 관객을 대상으로 할 때 아직까지 입체영화의 문제는 만족스럽게 해결되지 않았다. 따라서 영화 이미지에서 깊이감이 현저하게 떨어진다. 물론 사람이나 사물이 정면에서 뒤로 멀어지면 일정한 깊이감이 생겨난다. 그러나 모든 것이 실제처럼 두드러져 보이는 입체영화와 비교해보면 영화 이미지가 얼마나 평평한지를 알 수 있다. 이것은 바로 눈에 보이는 현실과 영화의 근본적 차이를 보여주는 또 다른 예이다.

영화의 효과는 전적으로 이차원적인 것도 아니고 전적으로 삼차원적인 것도 아니며 그 사이의 어떤 것이다. 즉 영화 이미지는 평면적이면서도 동시에 입체적이다. 발터 루트만의 영화 「베를린, 거대도시의 교향곡」[1]에는 두 개의 전철이 서로 반대 방향으로 지나가는 장면이 있다. 이 장면은 두 전철을 위에서 아래로 내려다보는 방식〔부감〕으로 찍혔다. 우선 이 장면을 보는 사람은 누구나 한 대의 전철은 자기 쪽으로 접근하고 다른 전철은 자기에게서 멀어지고 있다는 것을 알 수 있다(삼차원적 이미지). 그러나 그는 또한 한 대의 전철은 스크린의 아래에서 위로, 다른 전철은 위에서 아래로 움직이고 있다는 것도 알 수 있다(평면적인 이미지). 이 두번째 인상은 삼차원의 움직임을 스크린 표면에 영사했다는 사실에서 비롯된 것이며, 물론 이 때문에 또 다른 운동 방향이 생겨난 것이다.

---

1) 발터 루트만Walter Ruttmann, 「베를린, 거대도시의 교향곡Berlin : Die Sinfonie der Grosstadt」, 독일, 1927, 65분.

삼차원의 인상이 사라지면서 그 두번째 귀결로 원근법에 의한 중첩 현상overlapping이 강화된다. 실생활이나 입체영화에서 중첩은 사물들의 우연적인 배열에서 발생했을 뿐이라고 여겨지지만, 평면적 이미지에서는 사물들이 앞뒤로 겹쳐지면 아주 두드러진 절단 현상이 생겨난다. 한 남자가 신문을 들고 있고 신문의 한쪽 귀퉁이가 얼굴을 가리고 있다면, [스크린에서는] 이 모서리가 너무도 예리하게 이 남자의 얼굴을 잘라내고 있는 것처럼 보인다.

더욱이 삼차원의 인상이 사라지면, 심리학자들에게 크기와 형태의 불변성constancy이라고 알려진 다른 현상들도 사라진다. 물리적으로 시계에 있는 사물이 눈의 망막에 던진 이미지는 거리의 제곱 비율로 줄어든다. 1미터 거리에 있는 사물이 1미터 더 멀어지면, 망막에 맺힌 이미지의 면적은 첫번째 이미지 면적의 4분의 1로 줄어든다. 모든 사진 감광판도 이런 식으로 반응한다. 따라서 카메라 정면을 향해 다리를 뻗고 앉아 있는 사람의 사진을 찍으면, 다리는 엄청나게 크게 나오고 머리는 아주 작게 나온다.

그러나 참 이상하게도 우리는 실생활에서 망막에 맺힌 이미지에 상응하는 인상을 얻지는 않는다. 한 사람이 3미터 떨어져 있고 이 사람과 키가 같은 다른 사람이 6미터 떨어져 있다면, 두번째 이미지의 면적이 첫번째 이미지의 4분의 1로 보이지 않는 것이다. 한 사람이 다른 사람을 향해 손을 뻗고 있어도 손이 비정상적으로 크게 보이지 않는다. 즉 두 사람의 키는 같아 보이고 손도 정상적으로 보인다. 이 현상은 크기의 불변성이라고 알려져 있다. 소묘와 회화에 익숙한 사람, 즉 인위적으로 훈련받은 사람을 제외하면 대부분의 사람은 망막에 맺힌 이미지를 그대로 볼 수 없다. 덧붙여 말하자면, 이 때문에 보통 사람은 사물을 '정확하게' 복제하는 데 어려움을 느낀다. 크기의 불변성이 제대로 기능하는 데 본질적인 것은 분명한 삼차원적 인상이다. 그러나 보통의 사진으로 찍은 입체영화에서는 삼차원의 인상이 탁월하게 만들어지지만, 영화 이미지에서는 거의 그렇지 않다. 따라서 영화 이미지에서 한 사람이 다른 사람보다 카메라로부터 두 배 멀리 떨어져 있다면, 앞에 있는 사람은 뒤에 있는 사람보다 아주 크고 넓게 보이게 된다.

형태의 불변성도 마찬가지다. 책상 윗면에 대한 망막 이미지는 이 책상을 찍은 사진 이미지와 비슷하다. 즉 관객에게 가까운 앞모서리는 뒷모서리보다 훨씬 길어 보인다. 직사각형의 표면이 이미지 상에서는 마름모꼴이 되는 것이다. 그러나 실제로 보통 사람에게는 이 또한 적용되지 않는다. 즉 보통 사람은 이것을 직사각형 표면으로 보고 또 이런 방식으로 그린다. 따라서 공간적 깊이 속에 있는 모든 사물에서 생겨나는 원근법적 변화는 의식되지 않고 무의식적으로 보정되는 것이다. 이것이 바로 형태의 불변성이란 말의 의미다. 그러나 영화 이미지에서는 형태의 불변성이 거의 작용하지 않는다. 즉 책상 윗면이 카메라와 가까이 있을 경우 앞부분은 아주 넓어 보이고 뒷부분은 아주 좁게 보인다.

사실상 이런 현상들은 삼차원성의 축소에서 생겨난 것이지만, 색채의 부재나 스크린의 경계 등등 때문에 생긴 영화 이미지의 비현실성에서도 비롯된 것이다. 이 모든 것의 귀결은, 크기와 형태가 스크린 상에서 실제 비율대로 나타나지 않고 원근법적으로 왜곡된 채로 나타난다는 것이다.

색채의 부재와 조명

색채의 부재〔흑백영화〕는 자연으로부터의 근본적인 일탈로 여겨질 수 있다. 그런데 이 색채의 부재가, 이른바 색채영화가 여기에 관심을 갖기 전까지 거의 주목받은 적이 없다는 사실은 특히 놀랄 만하다. 색채를 모두 흑백으로 환원—예를 들면 빨강은 어떤 감광유제를 쓰는가에 따라 아주 어둡게 나올 수도 있고 아주 밝게 나올 수도 있다—하면, 현실 세계의 이미지는 눈에 띄게 변화된다. 그러나 영화를 보러 가는 사람은 누구나 스크린에 나타난 세계가 자연에 충실하다고 받아들인다. 이것은 '부분적 환영'이라는 현상 때문이다. (이 책 67페이지를 보라.) 관객은 하늘이 사람 얼굴과 똑같은 색으로 나타나는 세계를 보고도 놀라지 않는다. 회색음영의 차이를 깃발의 빨강, 하양, 파랑으로, 까만 입술을 빨간 입술로, 하얀 머리를 금발로 받아들인다. 이 세계에서는 나뭇잎이 여인의 입처럼 어둡게 보인다. 다시 말해서 형형색색의 세계가 흑백의 세계로 변화되었을 뿐만 아니라 이 과정에서 모든 색들이 다른 색과 맺고 있는 관계 자체가 변화되었다. 즉 자연 세계에서는 존재하지 않는 유사성이 생겨났고, 현실에서는 서로 어떠한 색채적 연관성도 없거나 연관성이 전혀 다른 사물들이 똑같은 색으로 나타나게 된다.

영화 이미지는 조명이 아주 중요한 역할을 한다는 점에서 현실과 닮았다. 예를 들어 조명은 사물의 형태를 분명하게 알아볼 수 있게 한다는 점에서 도움이 된다. (달 표면에 있는 분화구는 보름달의 시기에는 잘 보이지 않는데, 이것은 태양이 수직의 위치에 있어서 그림자가 생기지 않기 때문이다. 산과 계곡의 윤곽이 보이려면 태양광이 비스듬히 비춰야 한다.) 더욱이 배경의 밝기는 사물을 충분히 드러낼 수 있는 정도가 되어야 한다. 즉 배경의 일부를 사물의 일부처럼 보여주거나 혹은 사물의 일부를 배경의 일부처럼 보여주는 것과 같이 사물의 분명한 식별을 방해하는 방식으로 조명을 사용하면 안 된다.

이런 규칙은 예를 들면 조각 작품의 사진 촬영과 같은 상당히 어려운 기술에 적용된다. 이처럼 단지 '기계적인' 재생만이 요구될 때에도 종종 조각가나 사진사 모두를 당황스럽게 하는 어려움이 발생한다. 조각의 어떤 면을 찍어야 할 것인가? 어느 정도 거리에서? 조명은 조각상 앞쪽과 뒤쪽 중, 왼쪽과 오른쪽 중 어느 쪽에서 비춰야 하는가? 이런 문제가 어떤 방식으로 해결되는가에 따라 사진이나 영화장면이 사물을 실제처럼 보여주는가 아니면 전혀 다른 어떤 것처럼 보여주는가가 결정된다.

이미지의 경계 그리고 피사체와의 거리

우리의 시계視界는 제한되어 있다. 시선의 선명도는 망막의 중심에서 가장 강하고 주변으로 갈수록 떨어지며, 마지막으로 망막의 구조 때문에 시계에 일정한 한계가 생겨난다. 따라서 눈이 특정한 지점에 고정되어 있다면 우리는 제한된 범위만을 보게 된다. 그러나 이 사실은 실제로 전혀 중요하지 않다. 우리는 눈과 머리를 움직일 수 있고 또 이런 능력을 지속적으로 사용해서 결국 시계가 제한되어 있다는 것을 느끼지 못하기 때문에, 대부분의 사람들은 이런 사실을 거의 의식하지도 못한다. 따라서 몇몇 이론가나 영화계에 있는 몇몇 사람들이 바로 이런 이유만으로 제한된 스크린 상의 이미지가 실생활에서 제한된 시야를 본떠서 만든 것이라는 주장은 극도로 잘못된 것이다. 이런 심리학은 빈약하다. 사람의 눈이 볼 수 있는 실제 범위에는 한계가 없다는 점에서 영화 이미지의 한계와 시야의 한계는 비교될 수 없다. 실제적으로 시계는 무한하며 한계가 없다. 우리의 눈이 주어진 지점에서 방 전체를 볼 수 없다고 할지라도 이 방은 연속적인 시계 안으로 포착될 수 있다. 우리가 어떤 것을 보고 있는 동안 시선은 고정되어 있지 않고 움직인다. 머리와 눈이 움직이고 있기 때문에 우리는 이 방 전체를 단절되지 않은 전체로서 볼 수 있게 된다.

그러나 영화와 사진은 이와 다르다. 이 논의를 위해서 카메라를 고정시켜 찍은 단 하나의 샷을 생각해보도록 하자. 트랙킹 샷이나 패닝 샷은 이후에 다시 논의하게 될 것이다. (이런 기법들도 시각의 자연스러운 범위를 대체할 수 없으며, 또 그럴 목적으로 만들어진 것도 아니다.) 영화 이미지의 경계는 즉각 느낄 수 있다. 촬영된 공간은 어느 정도까지는 볼 수 있지만, 곧 그 너머에 있는 것을 잘라내 버리는 가장자리가 나타난다. 그러나 이런 제약을 결점으로 간주하는 것은 잘못이다. 이와는 반대로 이후에 나는 바로 이런 제약 덕분에 영화가 예술로 불릴 수 있는 권리를 획득하게 된다는 것을 보여줄 것이다.

평형감각의 결여—이에 대해서는 이 책 71페이지를 보라—도 이유가 되지만, 사진에서 촬영된 장면의 공간적 위치를 쉽게 파악하도록 재생하기 어려운 것은 바로 이런 제약 때문이다. 예를 들면 산비탈을 아래에서 촬영하거나 계단을 위에서 촬영하면, 인화된 사진에는 놀랍게도 높이감이나 깊이감이 나타나지 않는다. 지표면이 준거 틀로 제시되지 않으면, 순전히 시각적인 수단만을 이용해서 상승이나 하강을 표현하기가 쉽지 않다. 이와 마찬가지로 어떤 사물의 크기를 보여주려면 비교 기준이 있어야만 한다. 예를 들어 나무나 건물의 높이를 보여주려면 이들 옆에 사람의 형상이 제시되어야만 한다. 실생활에서 사람은 주변의 모든 것을 둘러보면서 발걸음을 옮긴다. 또한 땅에 눈을 고정하고 산길을 오를 때에도 우리는 여전히 마음속에 주변의 전반적인 상황에 대한 감각을 유지하고 있다. 이는 주요하게는 근육과 평형감각이 자기 몸이 〔절대적인〕 수평에 대해 어떤 상태에 처해 있는지를 매 순간 정확하게 알려주기 때문이다. 따라서 기울어진 면의 시각적 인상에 대해 지속적으로 정확한 판단을 내릴 수 있다. 그러나 사진이나 스크린 이미지를 바라보는 사람은 이런 사람과 정반대의 상태에 있다. 그는 신체의 다른 감각의 어떤 도움도 받지 못하고 단지 눈에 보이는 것에만 의존해야 하기 때문이다. 더욱이 그는 이미지의 경계 안에 제시된 시각적 상황의 일부만을 위치 파악에 이용할 수 있을 뿐이다.

영화 이미지의 크기는 피사체에 대한 카메라의 거리와 관련된다. 이미지로 옮겨지는 실생활의 부분이 작으면 작을수록, 그리고 카메라가 피사체에 가까이 다가가면 갈수록, 문제의 피사체는 이미지 속에 더 크게 나오게 되고 그 역易 또한 마찬가지다. 군중 전체를 찍으려면 카메라는 군중들로부터 수 미터 이상 떨어진 위치에 자리를 잡아야 한다. 반대로 사람의 손 하나만을 보여주려면 카메라는 아주 가까이 다가가야 한다. 그렇지 않으면 이 손 옆에 있는 다른 사물들 역시 이미지에 나타나게 될 것이다. 이런 식으로 찍으면 손이 엄청나게 크게 나와서 스크린 전체를 뒤덮게 될 것이다. 자유롭게 움직일 수 있는 사람처럼 카메라는 피사체를 가까이서도 멀리서도 잡을 수 있다. 이런 자명한 이치를 언급해야만 하는 것은 이로부터 중요한 예술적 장치가 파생되기 때문이다. (초점거리가 다른 렌즈를 통해서도 〔스크린에 나타나는 피사체의〕 넓이와 크기에 변화를 줄 수 있다. 이 경우에도 비슷한 효과가 생기지만, 피사체와 카메라의 거리가 변하지 않았기 때문에 원근법의 변화는 없다.)

스크린에 나타나는 피사체의 크기는 부분적으로는 카메라가 피사체와 얼마나 거리를 취하는가에 달려 있지만, 부분적으로는 완성된 영화가 상영될 때 이미지를 얼마나 확대시키는가에도 달려 있다. 어떤 크기를 선호하는가에 따라 영화는 다르게 상영될 수 있다. 즉 아이들의 마술 환등기 이미지처럼 작게 상영될 수도 있고 대형 영화관에서처럼 크게 상영될 수도 있다. 그러나 이미지의 크기와 관객과의 거리 사이에는 최적의 관계가 있다. 대중 영화관에서 관객은 상대적으로 스크린에서 멀리 떨어져 앉는다. 따라서 영사된 이미지는 커질 수밖에 없다. 반대로 거실에서 영화를 보는 사람들은 스크린에 꽤 가까이 앉기 때문에 영사된 이미지 역시 상당히 작아지게 된다.

실제로 사용되는 이미지의 크기는 대체로 바람직한 크기보다 더 크다. 대형 영화관에서는 소형 영화관에서보다 영사된 이미지가 더 크고, 첫번째 줄에 앉은 관객은 자연스럽게 뒷줄에 앉은 사람보다 더 큰 이미지를 보게 된다. 그러나 영화 이미지가 관객에게 어떤 크기로 보여야 하는가 하는 문제는 아무렇게나 처리해도 좋을 문제가 아니다. 왜냐하면 영화 이미지는 특정한 크기로 영사되도록 만들어졌기 때문이다. 따라서 이미지가 더 커지거나 혹은 관객이 영화 이미지에 가까이 앉게 되면, 이미지가 작을 때보다 움직임이 훨씬 빨라 보이는데, 이것은 전자의 경우가 후자의 경우보다 더 넓은 영역을 채워야 하기 때문이다. 큰 화면으로 보면 빠르고 혼란스러워 보이는 움직임들이 작은 화면에서는 아주 올바르고 정상적으로 보일 수 있다.

더욱이 영화 이미지에서 디테일이 얼마나 분명하게 보이는가는 영사된 이미지의 크기에 의해 결정된다. 넥타이의 점이 몇 개인지 셀 수 있을 만큼 분명한 이미지로 한 사람을 보는 것과, 겨우 알아볼 수 있을 정도로 같은 사람을 보는 것 사이에는 분명 큰 차이가 있다. 앞서 지적했듯이 특히 영화감독은 특정한 예술적 효과를 얻기 위해 스크린 위에 나타나는 사물의 크기를 이용하기 때문이다. 따라서 관객이 스크린에 너무 가까이 앉거나 너무 멀리 앉으면, 예술가가 의도했던 것에 상당히 어긋나는 명백한 오해가 생겨날 수 있다. 아직까지는 많은 수의 관객에게 각자 적절한 크기로 영화 이미지를 보여주는 것은 불가능하다. 결국 관객들은 가급적 한 사람 뒤에 다른 사람이 앉는 방식, 즉 종렬로 앉을 수밖에 없다. 좌석이 횡렬로 길게 늘어지게 되면 끝에 앉은 사람들은 왜곡된 이미지를 보게 되는데, 이것은 상황을 더 악화시키기 때문이다.

시공간적 연속성의 부재

실생활에서 모든 경험 혹은 경험의 연쇄는 관찰자 모두에게 중단 없는 시공간적 연속으로 일어난다. 예를 들어 나는 방에서 두 사람이 이야기하고 있는 것을 보고 있다. 나는 이들로부터 5미터가량 떨어져 서 있다. 나는 이들과 나 사이의 거리를 바꿀 수 있지만, 이런 행위가 갑작스럽게 이루어질 수는 없다. 즉 나는 단번에 2미터 거리로 옮겨갈 수 없고 이 사이에 있는 공간을 움직여야만 한다. 내가 이 방을 떠날 수는 있지만 단번에 거리로 나가 있을 수는 없다. 거리까지 가려면 방을 나가서 문을 지나 계단을 내려가야만 한다. 시간 역시 마찬가지다. 내가 갑자기 이 두 사람이 10분 뒤에 어떤 일을 하고 있는지 볼 수는 없다. 10분이란 시간이 온전하게 다 흘러가야만 하는 것이다. 실생활에서 시공간적인 단절이란 없다. 시간과 공간은 연속적이다.

영화는 전혀 그렇지 않다. 촬영되고 있는 시간은 언제든지 중단될 수 있다. 한 장면 뒤에 즉각적으로 이 장면과 전혀 다른 시간에 벌어지는 다른 장면이 이어질 수 있다. 이와 같은 방식으로 공간의 연속성도 파괴될 수 있다. 1분 전에 나는 집에서 100미터 떨어진 곳에 있었는데, 갑자기 지금은 집 가까이에 서 있다. 몇 분 전에 나는 시드니에 있었는데, 바로 뒤에 보스턴에 있을 수도 있다. 단지 필름 두 조각을 함께 잇기만 하면 되는 것이다. 물론 실제로는 영화의 주제가 행동의 진술이고 또 다양한 장면들이 서로 어울리도록 시공간의 일정한 논리적인 통일성이 지켜져야 하기 때문에, 보통 이런 자유는 제약을 받는다. 특히 시간에 대해서는 반드시 지켜져야 하는 분명한 규칙이 있다.

이전에 일어난 사건, 꿈, 회상 등을 다시 언급해야 할 때처럼 약간의 〔시간적〕 일탈이 도입되는 경우를 제외하면, 영화의 어떤 시퀀스에서도 장면은 시간적인 순서에 따라 배치된다. 심지어는 플래시백 안에서도 시간은 자연스럽게 흘러가지만, 이 행위가 주요한 이야기의 틀 바깥에서 일어나기 때문에 주요 사건에 대해 ('이전'이나 '이후'와 같이) 특정한 시간관계를 유지할 필요가 없을 수도 있다. 개별 장면들 안에서 다른 사건들이 이어지면, 여기에는 시간적 순서가 내포되어 있다. 예를 들면 한 남자가 권총을 뽑아서 쏘는 모습을 '롱 샷'으로 보여주면, 이후에 권총을 뽑거나 쏘는 장면이 클로즈업으로 나와서는 안 된다. 이 경우에는 사실상 동시에 일어나는 사건들을 순차적으로 보여주는 셈이 되기 때문이다.

물론 동시에 일어나는 일들을 가장 단순하게 보여주려면 사건들을 하나의 동일한 이미지로 보여주면 된다. 전경에서 책상에 앉아 편지를 쓰고 있는 누군가를, 그리고 후경에서 피아노를 치고 있는 다른 사람을 내가 본다면 이 상황은 시간에 관한 한 자명하다. 그러나 종종 예술적 이유로 이런 방법을 피하고 컷을 나눠서 상황을 보여주게 된다.

두 개의 이어지는 행위를 동시에 일어나고 있는 것으로 제시하고 싶다면 단순히 하나씩 하나씩 보여주면 되지만, 단 이 경우에는 내용상 동시성을 의도하고 있다는 것이 명백해야만 한다. 무성영화에서 이런 정보를 제공하는 가장 기본적 방법은 자막을 이용하는 것이다. ("엘리제가 생사의 기로에 있을 때, 에드워드는 샌프란시스코에서 정기선定期船에 타고 있었다.") 아니면 다음과 같은 방법도 있다. 경마가 3시 40분에 시작된다는 공고가 나온다. 이 장면은 경마에 관심 있는 사람으로 가득 찬 방에서 일어난다. 누군가가 시계를 꺼내면 시계바늘이 3시 40분을 가리킨다. 다음 장면은 말들이 경주로에서 출발하는 장면이다. 동시에 일어나는 사건의 제시는 서로 다른 사건들의 진행이 차례로 제시될 수 있도록 다양한 장면을 분할하고 잘라낸 부분들을 교차시키는 방식으로 이루어질 수도 있다.

개별 장면 안에서는 시간의 연속성이 어지럽혀지면 안 된다. 동시에 일어나는 사건이 하나씩 하나씩 제시되어서는 안 되고 시간이 생략되어서도 안 된다. 한 사람이 문에서 창으로 가고 있다면 이 행동은 온전하게 제시되어야 한다. 예를 들어 중간 부분이 생략되면 안 되고 이 사람이 문에서 출발해서 갑자기 창에 도착해 있는 것을 관객에게 보여줘서는 안 된다. 중간 부분의 시간이 다른 방식으로 채워질 수 있도록 다른 어떤 것이 끼어들지 않는다면, 이런 방식은 행위에서 갑작스러운 단절감을 불러일으킬 것이다. 장면 중간의 시간이 생략될 수 있는 경우는, 고의적으로 희극적 효과를 만들어내기 위한 경우에 한한다. 예를 들면 전당포에 들어간 찰리 채플린이 외투 없이 전당포에서 바로 나오는 경우가 그렇다. 사건 전체를 다 보여주면 종종 지루하고 (잉여적이라서) 비예술적일 수 있기 때문에, 때로는 다른 곳에서 동시에 일어나는 장면의 일부가 삽입되면서 행위의 진행이 끊기기도 한다. 이런 식으로 시간적으로 일관성이 없는 것들을 그러모으지 않고 행위에 반드시 필요한 각 사건의 순간들만을 보여줌으로써 행위의 진행이 정렬될 수 있다. 이를 제외하면 좋은 영화에서 각 장면은 최소한의 시간에 필요한 모든 것, 단지 필연적인 것만 일어날 수 있도록 시나리오 단계에서 계획이 잘 짜여야 한다.

어떤 개별 장면 안에서는 시간의 연속성이 단절되지 않아야 하지만, 다른 장소에서 일어나는 장면들 사이의 시간관계는 원칙적으로 규정되어 있지 않기 때문에 두번째 장면이 첫번째 장면보다 먼저, 혹은 도중에, 혹은 나중에 일어났는지 아닌지를 말할 수 없는 경우도 있다. 이것은 시간적 연관성이 없고 주제적 연관성만 있을 뿐인 많은 교육영화에서 분명히 볼 수 있다. 예를 들면 "토끼도 길들일 수 있지만 사자도 길들일 수 있다"와 같은 주제를 가진 교육영화를 생각해보자. 첫번째 장면에서는 토끼를 조련한다. 이 장면 안에서 시간의 연속성은 지켜진다. 두번째 장면에서는 사자를 길들인다. 여기서도 시간의 연속성이 지켜진다. 그러나 이 두 장면 사이에는 어떤 종류의 시간적 연관성도 없다. 사자 길들이기가 토끼의 조련보다 먼저, 혹은 도중에, 혹은 나중에 이루어질 수도 있다. 다른 말로 하면 여기서 시간적 연관성은 중요하지 않고 또 존재하지도 않는 것이다. 비슷한 상황이 종종 극영화에서도 일어난다.

여러 개의 시퀀스를 시간적 순서대로 연결시키려면, 앞서 동시성의 경우에 그랬던 것처럼 영화의 내용은 이런 관계를 분명하게 보여주어야 한다. 스크린 상에 두 개의 시퀀스가 연이어 나온다는 사실 자체가 이들이 시간적 순서로 이어진다고 이해되면 안 되기 때문이다.

그러나 영화는 연극보다 시공간상의 너 큰 자유를 누릴 수 있다. 확실히 연극에서도 한 장면을 이전 장면과 전혀 다른 시공간상에서 전개할 수 있다. 그러나 장소와 시간상의 리얼리즘적 연속성이 있는 장면은 아주 길어지고 시공간상의 어떤 단절도 허용하지 않는다. 여기에서 생기는 변화는 (커튼이 내려오거나 무대가 어두워지는 것과 같은) 분명한 중단을 통해 알 수 있다. 그러나 하나의 똑같은 무대에서 단절된 사건이 너무 많으면 관객이 불편해한다고 생각할 수 있다. 그러나 실제로는 그렇지 않은데, 이것은 연극(혹은 영화)이 제공하는 환영은 단지 부분적일 뿐이라는 아주 이상한 사실 때문이다.

어떤 장면에서도 자연주의에 가치가 부여된다. 등장인물은 실생활에서 사람들이 하는 것처럼, 즉 하인은 하인처럼 공작은 공작처럼 말해야 한다. (여기에서도 다음과 같은 제약, 즉 하인과 공작이 충분히 크고 또렷하게 말해야 한다는 제약이 있는데, 그 결과 사실상 [실생활에서보다] 너무 또렷하고 너무 크게 말하게 된다.) 현대의 거실에 고대 로마의 램프가 쓰일 수 없으며 데스데모나의 침실에 전화기가 놓여 있어서도 안 된다. 그러나 연극 무대의 방에는 벽이 세 개밖에 없으며 무대와 관객을 중개하는 네번째 벽이 없다. 만약 무대장치의 일부가 떨어져서 이 방의 벽이 다름 아니라 색칠한 캔버스임이 드러나고 혹은 무대 위의 권총이 불을 뿜기 몇 초 전에 총소리가 먼저 들린다면, 관객은 모두 웃음을 터트릴 것이다. 그러나 모든 관객은 무대 위의 방에는 벽이 세 개밖에 없다는 사실을 당연한 것으로 받아들인다. 현실에서 벗어난 이런 일탈이 받아들여지는 것은 무대기술이 이것을 요구하기 때문이다. 다시 말해서 환영은 단지 부분적인 것일 뿐이다.

말하자면 무대는 다르지만 서로 교차하는 두 개의 영역이다. 무대는 자연을 재현하지만 단지 자연의 일부만을 재현할 뿐이다. 이 자연의 일부는 시공간상으로 관객이 앉아 있는 '극장'의 현실적 시공간에서 분리되어 있다. 무대는 진열장이면서 전시장이며 또한 행위의 장소다. 따라서 무대는 가상의 영역으로 진입한다. 현실적 공간(무대)과 현실적 시간의 경과가 이루어지기 때문에 무대에는 상대적으로 환영의 요소가 강하다. 반면에 우리가 사진── 예를 들면 우리 앞의 책상 위에 놓여 있는 사진── 을 볼 때 환영적 요소는 아주 약하다. 사진도 무대처럼 특정한 장소와 특정한 시간(특정한 순간)을 재현하지만, 사진의 재현은 연극에서처럼 현실적 공간과 현실적 시간의 경과라는 도움을 받아 이루어지는 것이 아니다. 사진의 표면은 촬영된 공간을 의미할 뿐이다. 그리고 이것이 [이차원적으로] 추상화되어 있기 때문에 사진의 표면은 결코 현실적 공간이라는 환영을 주지 못하는 것이다.

　생기를 불어넣은 이미지인 영화는 연극과 스틸사진의 중간 정도에 위치한다. 영화는 공간을 제시하지만 무대에서처럼 [삼차원] 현실 공간의 도움을 받지 못하고 보통 사진에서처럼 이를 평평한 표면으로 제시한다. 그럼에도 불구하고 다양한 이유로 공간적 인상은 스틸사진처럼 약하지 않다. 일정한 깊이의 환영이 관객을 사로잡는다. 사진과 또 다른 점이지만, 영화는 상영 도중에 무대 위에서처럼 시간이 경과한다. 이 시간의 경과는 현실적 사건을 재현하는 데 사용될 수 있다. 그러나 그것은 견고하지 않아서 이런 단절이 관객에게 시간의 경과를 파괴한다는 느낌을 주지 않고서도 시간상의 단절이 개입될 수 있다. 영화는 평면적이고 이차원적인 이미지에 들어 있는 본성의 어떤 것을 간직하고 있다. 이미지는 길거나 짧거나 원하는 만큼의 시간 동안 제시될 수 있고, 또 이들 이미지가 시간상으로 완전히 다른 시기를 묘사한다고 할지라도 하나씩 하나씩 순서대로 제시될 수 있다.

따라서 영화는 연극처럼 부분적 환영을 제공한다. 영화는 어느 정도까지는 실생활의 인상을 제공한다. 실제로 영화는 연극과 달리 (모의模擬가 아닌) 실생활을 실제 환경 속에서 묘사할 수 있기 때문에, 영화에는 현실의 성분이 가장 강하게 들어 있다. 다른 한편으로 영화는 무대가 할 수 없는 방식으로 사진의 본성을 강하게 가지고 있다. 색채와 삼차원적 깊이의 부재, 주변부에 의해 날카롭게 경계 지어진 스크린 등에 의해 영화에는 충분할 정도로 리얼리즘이 제거되어 있다. 영화는 항상 우편엽서와 같이 평면적 사진이면서 동시에 생생한 행위가 벌어지는 무대이기도 하다.

이로부터 이른바 몽타주라고 불리는 것에 대한 예술적 정당화가 생겨난다. 앞서 우리는 (촬영 이후에 한곳에 모을 수 있는 셀룰로이드 띠 위에 현실적 상황을 기록하는) 영화가 현실의 시공간에서 아무런 관련도 없는 사물들을 병치시킬 수 있는 능력이 있음을 지적했다. 그러나 이것은 본래 순전히 기계적인 능력이다. 관객이 서로 다른 장면들로 이루어진 영화를 볼 때 뱃멀미를 하는 것과 비슷하게 육체적인 불편을 극복해야 한다고 생각할 수도 있다. 예를 들어 첫번째 장면에서 한 남자가 어떤 집의 초인종을 누르고 있다. 그러나 다음 장면에서는 이와 전혀 다른 시점, 즉 이 집의 내부에서 하인이 종소리를 듣고 나오는 장면이 나온다. 따라서 관객은 닫혀 있는 문을 통과해서 휙 하고 잡아당겨진 셈이다. 하인이 문을 열고 방문객을 바라본다. 시점은 또 갑작스럽게 바뀌어서 우리는 방문객의 눈으로 하인을 본다. 즉 몇 초 안에 위험천만한 변화가 일어난 셈이다. 그리고 이 집의 뒤편에서 한 여자가 나타나면, 다음 순간에 우리는 우리와 그녀 사이에 있는 거리를 돌파해서 이 여인의 옆에 있게 되는 것이다.

이 전광석화 같은 공간의 조작이 상당히 불쾌하다고 생각할 수 있다. 그러나 극장에 가는 사람은 누구나 실제로 전혀 불쾌감을 느끼지 않고 앞서 묘사한 장면을 아주 편안하게 볼 수 있다는 것을 알고 있다. 이것을 어떻게 설명할 것인가? 우리는 이 시퀀스가 실제로 일어난 것처럼 묘사했다. 그러나 이것은 사실이 아니고, 여기서 아주 중요한 것은 관객이 이 장면의 현실성에 대해 (완벽한) 환영을 가지지 않는다는 것이다. 우리가 앞서 말했던 것처럼 환영은 단지 부분적일 뿐이며 영화는 실제 사건의 효과와 사진의 효과를 동시에 제공한다.

영화의 '사진성' 덕분에 시공간에서 다양한 장면으로 이루어진 시퀀스가 전혀 자의적인 것으로 느껴지지 않는다. 우리는 사진으로 된 우편엽서 컬렉션을 볼 때처럼 이런 장면들을 편안하게 본다. 마치 이런 사진에 기록된 다른 순간과 다른 공간이 우리를 괴롭히지 않는 것처럼, 영화에서도 마찬가지다. 한순간 우리는 방의 뒤편에서 롱 샷으로 찍은 여인을 보고 다음 장면에서 클로즈업으로 찍은 그녀의 얼굴을 본다면, 우리는 단지 '한 페이지를 넘겼으며' 새로운 사진을 보고 있는 셈이다. 영화 촬영이 강한 공간적 인상을 준다면 아마도 몽타주는 불가능했을 것이다. 몽타주가 가능한 것은 영화의 부분적인 비현실성 때문이다.

연극 무대가 실생활과 다른 점은 네번째 벽이 없고 행위의 무대가 바뀌며 또 사람들이 연극의 언어로 말하는 것인 반면, 영화는 이보다 훨씬 더 많이 실생활에서 벗어나 있다. 관객은 카메라가 정지해 있는 지점에 위치해 있다고 간주할 수 있기 때문에 관객의 위치는 끊임없이 변한다. 연극에서 관객은 무대로부터 항상 같은 거리에 있지만, 영화에서 관객은 한 지점에서 다른 지점으로 건너뛰는 것 같다. 즉 영화 관객은 먼 거리에서, 가까이서, 위에서, 창문을 통해서, 오른쪽에서, 그리고 왼쪽에서 본다. 그러나 앞서 말했듯이 이러한 묘사는 상황을 물리적인 현실로 간주하고 있기 때문에 전체적으로는 잘못된 것이다. 그 대신 가장 다양한 앵글에서 찍힌 사진들이 하나씩 하나씩 이어지고 이런 사진들이 찍힐 때 카메라의 위치가 지속적으로 변해야 한다고 할지라도, 관객이 이 모든 동요를 그대로 되풀이해야 하는 것은 아니다.

명확한 사유에 익숙한 많은 사람들은 이 '부분적 환영'이란 이론이 애매하며 모호하다고 느낄 것이다. 환영의 본성은 완벽해져야 하는 것이 아닐까? 한 사람이 뉴욕에 있는 집에서 의자에 앉아 친구들과 함께 있을 때, 그가 스스로 파리에 있다고 상상할 수 있을까? 조금 전에는 그곳이 거리였는데, 지금은 방을 보고 있다는 것을 믿을 수 있을까? 그렇다. 그럴 수 있다. 아직까지 대중적인 통념 속에 깊이 뿌리내리고 있는 철 지난 심리학에 따르면, 모든 디테일이 완벽할 때에만 강한 환영이 생겨날 수 있다. 그러나 아이들의 낙서화에서 점 두 개, 쉼표, 줄 하나만으로 서투르게 그린 사람의 얼굴이 풍부한 표현력을 담고 있으며, 분노, 기쁨, 공포와 같은 감정을 나타낸다는 것을 누구나 알고 있다.

재현이 완벽하지 않아도 강한 인상이 생길 수 있다. 실생활에서도 우리가 결코 디테일 전체를 파악하지 않는다는 것이 충분한 이유가 된다. 누군가의 얼굴에 나타난 표정을 볼 때 우리는 그 사람의 눈 색깔이 파란지 갈색인지, 그가 모자를 쓰고 있었는지 아닌지 등등을 거의 말할 수 없다. 다시 말해서 실생활에서 우리는 본질적인 것만을 취하는 것으로 만족한다. 왜냐하면 본질적인 것들만 있으면 우리가 알아야 하는 모든 것을 다 알 수 있기 때문이다. 따라서 본질적인 것들만 재현되어 있다면, 이처럼 강한 집중이 이루어졌기 때문에 우리는 가장 예술적인 완벽한 인상을 얻고 만족하게 된다. 이와 마찬가지로 영화나 연극이 어떤 사건의 본질적인 부분들만 제시한다면, 환영은 충분히 발생한다. 스크린 위의 사람들이 사람처럼 행동하고 인간적 경험을 한다면, 이들이 우리 앞에서 실체를 가진 생물체처럼 제시될 필요는 없고 현실적인 공간을 점유할 필요도 없다. 이들은 그 모습 그대로 충분히 현실적이다. 따라서 우리는 사물과 사건을 살아 있으면서 동시에 가상적인 것으로 지각할 수 있고, 〔이들 이미지를〕 현실적인 사물로도, 단순하게 영사 스크린에서 명멸하는 빛의 양태로도 지각할 수 있다. 그리고 바로 이 때문에 영화예술이 가능한 것이다.

시각을 제외한 다른 감각 세계의 부재

우리의 눈은 신체의 나머지 부분과 따로 떨어져서 기능하는 기관이 아니다. 눈은 다른 감각기관과 지속적으로 협력한다. 따라서 눈이 다른 감각기관의 도움 없이 관념을 전달하게 되면, 놀라운 현상이 벌어진다. 잘 알려진 대로, 예를 들면 아주 빨리 움직이는 카메라로 찍힌 영화를 보면 현기증이 생겨난다. 이렇게 현기증이 생겨나는 것은 쉬고 있는 신체의 운동감각의 반응이 지시하는 세계와 전혀 다른 세계에 눈이 참여하고 있기 때문이다. 눈은 몸 전체가 움직이고 있는 것처럼 반응하는 반면, 평형감각을 포함한 다른 감각은 몸이 쉬고 있다는 것을 알려준다.

영화를 볼 때 우리의 평형감각은 눈이 보고報告하는 것에 전적으로 의존해 있고 실생활에서처럼 운동감각의 자극을 수용하지 못한다. 따라서 사람들이 종종 하듯이 인간의 눈과 카메라의 기능에 대해 유비

parallel를 설정하는 것—예를 들면 움직이는 눈과 움직이는 카메라 사이의 비교—은 잘못된 것이다. 내가 눈이나 머리를 돌리면 시계는 바뀐다. 아마도 방금 전에 나는 문을 보고 있었다. 그러나 이제는 책장을 보고 있다. 그리고 식탁을 보고 창문을 본다. 그러나 이런 파노라마는 내 눈앞에서 지나가는 것이 아니고 다양한 사물이 움직이고 있다는 인상을 주는 것도 아니다. 그 대신에 나는 이 방이 보통처럼 정지되어 있고 내 시선의 방향이 바뀌고 있으며 바로 이 때문에 내가 움직이지 않는 방의 다른 부분을 볼 수 있다는 사실을 안다.

영화의 경우에는 전혀 그렇지 않다. 촬영될 때 카메라가 움직인다면, 영사될 때는 책장, 식탁, 창문, 그리고 문이 스크린을 지나가게 된다. 카메라가 머리나 눈처럼 관객의 신체의 일부가 아니기 때문에 관객은 카메라가 움직였다고 말할 수 없다. 관객은 스크린에 나타난 사물이 움직이고 있는 것을 볼 수 있으며, 우선적으로는 사물들이 움직이고 있다고 주장하게 된다. 예를 들어 자크 페데의 영화 「신식 신사들」[2]에서는 포스터가 잔뜩 붙어 있는 긴 벽을 카메라가 빠르게 훑고 지나가는 장면이 있다. 그 결과로 벽이 카메라 옆을 지나서 움직이고 있는 것처럼 보인다. 촬영된 장면이 이해하기 쉽고 따라서 관객이 이 장면 안에서 쉽게 방향을 잡을 수 있다면, 관객은 다소간 빨리 이런 인상을 수정할 수 있다. 예를 들어 카메라가 한 남자의 다리를 보여주다가 천천히 올라가면서 이 남자의 얼굴을 잡는다면, 관객은 이 남자가 고정된 카메라 앞에서 부유하듯 아래쪽으로 떨어지지 않았다는 것을 잘 알 수 있다. 그러나 영화감독은 포착하기 쉽지 않은 이미지를 잡으려

---

2) 자크 페데Jacques Feyder, 「신식 신사들Les Nouveaux Messieurs」, 프랑스, 1928, 135분.

고 카메라를 돌리거나 이동시키는데, 이 경우 의도하지 않았지만 표류하는 것 같은 느낌이 생겨나서 관객이 쉽게 현기증을 느끼게 될 수도 있다. 앞서 지적한 대로 눈의 시계에는 사실상 경계가 없는 반면, 영화 이미지에는 고정된 한계가 있기 때문에 눈의 움직임과 카메라 움직임 사이의 이런 차이는 강화된다. 프레임 안에서는 새로운 사물들이 계속해서 등장하고 다시 사라지는 반면, 눈에는 중단 없는 공간적 연속성이 있고 이를 통해 시선은 움직이고 싶은 대로 움직일 수 있다.

따라서 영화에는 운동의 상대성이 있다. 카메라가 정지해 있는지 움직이고 있는지 알 수 있는 신체의 감각이 없기 때문에, 화면 속에 움직임—어떤 속도로 이루어지든 어떤 방향을 향하든—이 있다면, 다른 증거가 없을 경우 카메라의 위치는 고정된 것으로 간주된다. 따라서 스크린에서 뭔가가 움직이고 있다면, 이 움직임은 정지된 사물 옆을 스쳐가는 카메라의 움직임으로 간주되지 않고, 우선적으로 사물 그 자체의 움직임으로 간주된다. 이 때문에 극단적인 경우에 운동의 방향이 뒤바뀌게 될 수도 있다. 예를 들어 움직이고 있는 차가 이 차를 추월하고 있는 다른 차에서 촬영되면, 완성된 이미지에서 이 차는 얼핏 보기에 뒤로 움직이고 있는 것처럼 보일 수 있다. 그러나 스크린에 나타난 피사체의 행동과 본성에 의해서 움직임이 상대적인지 절대적인지 명확히 보여줄 수 있다. 왜냐하면 이 차의 일부가 스크린 상에 나타나고 또 뒤에 보이는 풍경과 달리 스크린 상의 동일한 위치에 놓여 있다면, 이 차는 움직이고 있고 주변의 풍경은 정지되어 있는 것으로 지각되기 때문에 스크린 상에서 카메라가 움직이는 차 위에 있다는 것을 명백하게 알 수 있다.

위, 아래 등의 공간적 좌표가 상대화될 수도 있다. 우리가 앞서 '이

70

미지의 경계'에서 부분적으로 묘사했던 현상은 여기에서 기인한다. 관객이 '위 혹은 아래'를 알 수 있게 해주는 평형감각이 없기 때문에, 기울어진 면을 찍으면 기울어진 면이라는 인상이 생겨나지 않는다. 카메라가 똑바로 서 있는지 아니면 기울어져 있는지 느낄 수 없다. 따라서 기울어져 있다는 것을 지시할 수 있는 것이 없다면, 스크린은 똑바로 서 있는 것으로 느껴진다. 이 때문에 카메라가 침대에 누워 있는 사람의 머리를 위에서 아래로〔수직부감으로〕찍는다면, 이 사람이 똑바로 앉아 있고 베개가 수직으로 서 있는 것 같다는 인상이 쉽게 생겨날 수 있다. 카메라가 아래를 향하고 있기 때문에 카메라는 수평의 평면을 재현하고 있지만 스크린은 똑바로 서 있다. 관객에게〔정확한〕공간적 정보를 제공하기 위해 이런 효과를 피하려면 스크린 상에 주변 환경을 충분히 보여주면 된다.

다른 감각기관들에 대해 논의해보자. 아무런 편견 없이 무성영화를 보러 극장에 가는 사람 누구도 동일한 상황이 실생활에서 일어났다면 분명히 들렸을 법한 소음이 없다고 아쉬워하지 않는다. 즉 보도를 걸어가는 소리, 나뭇잎이 스치는 소리, 시계가 똑딱거리는 소리 등이 없다고 아쉬워하는 사람은 없다. 이런 소리가 없다면 실생활에서는 절망적인 충격으로 느껴졌겠지만, 이러한 소리의 부재(물론 말소리의 부재도 그중 하나다)는 거의 느껴지지도 않는다. 사람들은 자신이 보는 것이 결국 이미지에 불과하다는 느낌을 잃지 않기 때문에 무성영화를 당연하게 받아들인다. 그러나 단지 이 감정만으로는 소리의 결여가 환영을 불쾌하게 침해하지 않는다는 것을 증명하기에 충분치 않다. 이런 침해가 일어나지 않는다는 것은 다시금 앞서 설명했던 것과 연결된다. 즉 완전한 인상을 얻기 위해 모든 것이 자연주의적 의미로 완벽할 필요는 없다는 것이다. 스크린에 등장하는 것이 본질적인 것만 포함하고 있다면, 실생활에서는 존재했을 모든 종류의 것이 생략되어도 무방하다. 유성영화를 알고 난 이후에야 비로소 무성영화의 소리의 결핍이 두드러져 보이기 시작했다. 그러나 이런 사실이 증명하는 것은 아무것도 없으며, 심지어 이로부터 소리가 도입된 이후에 무성영화의 잠재성을 의심하는 논거가 도출되는 것도 아니다.

후각 또한 마찬가지다. 스크린에서 로마 가톨릭의 전례가 나올 때마다 향냄새가 난다고 말하는 사람들이 있을 수 있다. 그러나 이런 자극이 없다고 아쉬워하는 사람은 없다. 물론 후각, 평형감각, 촉각 등이 영화에서 직접적 자극을 통해 제시될 수는 없다. 그러나 시각을 통해 간접적으로 암시될 수 있다. 이로부터 그 중심적인 특징이 시각적으로 표현될 수 없는 사건들은 영화로 만들기에 적절하지 않다는 중요한 법칙이 생겨난다. 물론 무성영화의 중심에 권총이 나오는 장면이 나올 수 있다. 그러나 현명한 감독이라면 총소리가 없어도 이 장면을 충분히 처리할 수 있다. 관객에게 권총에 불이 붙는 것을 보여주고 다친 사람이 쓰러지는 것만 보여줘도 충분하다. 요제프 폰 슈테른베르크 감독의 「뉴욕의 선창」[3]의 한 장면에서는 현명하게도 깜짝 놀란 새떼가 갑자기 하늘로 날아오르는 것으로 총소리를 시각화했던 것이다.

---

3) 요제프 폰 슈테른베르크Josef von Sternberg, 「뉴욕의 선창The Docks of New York」, 미국, 1928, 76분.

3장

영화에서 양식과 매체(1934/1947)

에르빈 파노프스키

영화예술은 지금 살아 있는 인간이 탄생에서부터 발전 과정까지 모두 다 지켜볼 수 있었던 유일한 예술이다. 그리고 영화예술의 발전은 이전의 예술들이 처했던 조건과 다른 조건에서 생겨났기 때문에 더욱 흥미가 있다. 이 새로운 기술의 발명과 점진적 완성을 가져왔던 것은 예술적 충동이 아니었다. 이와는 반대로 이 새로운 예술의 발명과 점진적 완성을 가져왔던 것은 기술적 발명이었다.

이로부터 우리는 두 가지 근본적인 사실을 이해할 수 있다. 먼저 움직이는 이미지가 주는 즐거움의 최초 기반은 특별한 주제에 대한 객관적 관심이 아니었고, 어떤 주제의 형식적 제시에서 생겨나는 미적 관심은 더더욱 아니었으며, 어떤 사물이든 관계없이 단지 사물이 움직이는 것처럼 보인다는 사실에 대한 순전한 기쁨이었다는 것이다. 두번째로 일반적으로는 대중예술이 소위 '고급예술'로 알려진 것에서 파생되는 반면에 영화—— 초기에는 [에디슨이 발명한] '키네토스코프'에서와 같이 혼자서 훔쳐보는 형태의 영화로 전시되다가 1894년 초부터 [뤼미에르 형제에 의해] 스크린에 영사될 수 있었다— 는 본래 진정한 대중예술의 산물이었다는 것이다. 영화의 발명 초기에는 질주하는 말, 기차, 소방차, 스포츠 경기, 거리 장면 등과 같이 단순한 움직임의 기록만 있었다. 그리고 이야기를 가진 극영화가 제작되기 시작하면서 이런 영화는 결코 '제작자'라고 할 수 없는 사진사들이 제작했고, 결코 배우라고는 할 수 없는 사람들이 연기했으며, '예술애호가'라는 말을 들으면 아주 기분 나빠 했을 사람들이 즐겼다.

이런 초기 영화의 캐스팅은 보통 적절한 외모를 갖춘 실업자나 보통 시민이 시간 날 때마다 모여들던 카페에서 이루어졌다. 제작자이기도 했던 사진사가 카페에 들어가서 네다섯 명의 적절한 사람들을 고용하고, 이들에게 영화를 찍으면서 조심스럽게 해야 할 일을 지시하곤 했다. "자, 당신은 이 여자 분의 머리를 때리는 척하세요." 그리고 (여자에게) "당신은 엉덩방아를 찧는 척하세요." 이런 종류의 제작물은 단지 '움직임을 위한 움직임'을 사실적으로 기록했던 제작물들과 함께, 대개는 '하층계급'이나 모험을 좇는 소수의 젊은이들이 자주 드나들던 몇몇 작고 더러운 영화관에서 상영되었다. (내 기억에 1905년경 베를린 전체를 통틀어 컴컴하고 평판이 나쁜 영화관이 꼭 하나 있었는데, 이 영화관은 어떤 이해할 수 없는 이유로 '미팅 룸the Meeting Room'이라는 영어 이름을 가지고 있었다.) '보다 상층계급'이 위험을 무릅쓰고 서서히 이런 초기 영화관에 찾아갈 때면, 이들은 평범하면서도 때로는 진지할 수도 있는 오락물을 찾기 위해 이런 일을 한 것이 아니라 (예를 들면 우리가 편하게 어울릴 수 있는 사람들과 코니아일랜드Coney Island나 유럽의 마을 축제kermis와 같은 대중 세계 속에 들어갈 때 가질 수 있는) 자의식적 겸손 같은 특징적 감정을 가지고 이런 일을 감행했던 것이다. 심지어는 몇 년 전에만 해도 사회적 혹은 지적 지위를 가진 사람들이 '멋진 장면이 나오는' 영화나 「불가사리의 성생활」과 같은 엄숙한 교육영화를 재미있게 본다고 고백할지언정, 극영화를 진지하게 좋아한다고는 고백할 수 없었다는 것이 일종의 규범과 같은 태도였다.

오늘날에 극영화는 '예술' —— 확실히 그렇게 빈번하게 좋은 예술인 것은 아니지만 이런 상황은 다른 매체에도 적용된다 —— 일 뿐만 아니라, 건축과 만화와 '상업디자인'과 더불어 유일하게 살아 있는 시각예술이기도 하다. '영화'는 예술 생산과 예술 소비 사이의 역동적 접촉을 회복시켰다. 이러한 접촉은, 여기서 검토하기에는 너무도 복잡한 이유 때문에 많은 예술적인 시도의 영역에서 (완전하게 단절된 것은 아니라고 할지라도) 급격하게 약화된 것이다. 우리가 좋아하든 싫어하든 영화는 다른 어떤 단일 요인보다도 더 강력하게 지구상 전체 인구의 60퍼센트가 넘는 대중의 여론, 취향, 언어, 의상, 행동, 심지어는 외모까지도 변화시켰다. 모든 진지한 서정시인, 작곡가, 화가, 조각가의 활동을 강제로 중단시킨다면 아마도 일반 대중의 극히 일부만이 이 사실을 알게 될 것이고 또 이 사람들의 극히 일부만이 여기에 대해 진지하게 아쉬워할 것이다. 그러나 동일한 상황이 영화에 일어난다면 그 사회적 파장은 아마도 재앙이 될 것이다.

처음에는 움직이는 대상이 무엇인가에 관계없이 단지 움직임에 대한 직접적 기록만이 있었다. 이것이 '다큐멘터리'의 아주 오래된 선조다. 그리고 얼마 지나지 않아 초기 극영화가 생겨났다. 이것이 '장편 극영화'의 아주 오래된 선조다. 내러티브적 요소에 대한 갈망은 다른 오래된 예술에서 빌려오는 것을 통해서만 만족될 수 있었고, 따라서 사태가 자연스럽게 흘러갔다면 연극에서 내러티브적 요소를 빌려왔을 것이라고 추정할 수 있다. 왜냐하면 연극은 움직이는 사람들이 연기하는 내러티브로 이루어져 있다는 점에서 겉보기에는 극영화와 가장 가까운 종種이기 때문이다. 그러나 영화가 실제로 무대공연을 모방하게 된 것은 상대적으로 늦고 또 완벽한 실패로 드러났다. 초기에 벌어진 양상은 이와는 전혀 다른 것이었다. 이미 상당량의 움직임이 있었던 연극공연을 모방하는 대신, 이 눈부신 기술적 발명〔영화〕은 본래 정지해 있는 예술작품에 움직임을 덧붙여서 고급문화의 영역을 침범하지 않고서도 자기만의 성공을 거둘 수 있었다. 살아 있는 언어——이것은 항상 옳다——가 영화를 가리키는 말로 과시적이면서도 근본적으로 잘못된〔연극적 함의가 강한〕 '스크린플레이screenplay'란 말을 받아들이지 않고 '움직이는 그림moving pictures' 혹은 그냥 단순하게 '그림picture'이라고 말하는 것은 이 민감한 선택을 승인한 것이다.

초기 영화에서 생기를 부여받은 정적靜的인 작품들은 분명 그림이었다. 즉 19세기의 통속화, 그림엽서——혹은 마담 튀소Tussaud식으로 만든 밀랍인형——, 그리고 이후 여기에 (영화예술의 가장 중요한 뿌리 중 하나인) 만화가 추가되었고, 대중가요의 주제, 선정적 잡지, 싸구려 소설이 뒤를 이었다. 이런 선조들에게서 내려온 영화는 대중예술의 정신에 직접적이면서도 강한 호소력을 지녔다. 이런 영화들은 먼저 (종종 동시에) 악덕과 게으름이 처벌을 받고 선과 근면이 보상을 받을 때와 같이 정의감과 '사회적으로 용인된 행동decorum'에 대한 원시적 감정을 충족시켰다. 두번째로 "눈곱만큼밖에 남지 않은 거짓 사랑"이 "수많은 우여곡절을 거쳐" 진행될 때, 그리고 아버지, 아! 우리 고귀한 아버지가 술집에서 돌아와 자신의 아들이 디프테리아로 죽어가고 있는 것을 발견했을 때와 같이, 이런 영화들은 노골적 감상성感傷性을 충족시켰다. 세번째로 안드레아스 호퍼Andreas Hofer가 총살을 당할 때나 (1893~94년의 한 영화에서) 스코틀랜드의 메리 여왕의 머리가 잘려나갈 때와 같이 잔혹한 유혈사태에 대한 원시적 본능을 충족시켰다. 네번째로 이런 영화들은 가벼운 포르노에 대한 취향을 충족시켰다. (나는 유쾌하게 대략 1900년경에 나온 한 프랑스 영화를 떠올리는데, 여기서 실제로는 그렇지 않지만 아주 뚱뚱해 보이는 여자와 실제로는 그렇지 않지만 아주 날씬해 보이는 여자가 수영복으로 옷을 갈아입는 장면이 나온다. 이 영화가 이제는 사라진 베티 붑Betty Boop 영화나 유감스럽지만 최근의 몇몇 월트 디즈니 영화들보다도 훨씬 더 정직하고 솔직하며 덜 불쾌한 영화였다.) 그리고 마지막으로 '슬랩스틱slapstick'(광대의 막대기라는 뜻)이라는 말로 그래픽적으로 묘사되어 있으며 사디즘적이고 포르노적인 본능——이 둘 중 하나이거나 둘 모두이거나——으로 살찌워진 조잡한 유머감각이 있다.

1905년경과 같이 비교적 늦은 시기에야 비로소 「파우스트」를 각색한 영화가 등장했고——아직까지 배역은 '무명'이었으나 충분히 개성적이었다——, 1911년에 〔유명한 연극배우〕 사라 베르나르Sarah Bernhardt가 믿을 수 없을 정도로 웃긴 비극영화 「엘리자베스 영국여왕」[1]에 자신의 명성을 빌려주었다. 이런 영화들은 영화를 대중예술의 수준에서 '진짜 예술'의 수준으로 옮겨 심으려는 최초의 의식적 시도였다. 그러나 이 영화들은 또한 바로 이러한 권장할 만한 목표도 그렇게 단순한 방식으

---

1) 앙리 데퐁텐Henri Desfontaines & 루이 메르캉통Louis Mercanton, 「엘리자베스 영국여왕 Queen Elizabeth of England」, 프랑스, 1911, 44분.

로는 도달할 수 없다는 사실을 깨닫지 않을 수 없었다. 얼마 지나지 않아 영화는 최소한〔배우들의〕입장과 퇴장을 정해놓고 고정된 무대를 설치하고〔대사를 다듬는〕두드러진 문학적 야심을 갖는 식의 연극 공연의 모방을 반드시 피해야만 한다는 것을 깨닫게 되었다.

영화가 진화해야 할 적절한 길이 열렸지만, 이것은 초기 영화가 가진 대중예술의 특성을 피함으로써가 아니라 이 특성을 가능한 범위 내에서 발전시킴으로써 얻을 수 있는 것이었다. 이러한 최초의 원형들—인과응보와 성공, 감상, 선정성, 포르노, 조잡한 유머—은 대중예술 차원에서 진짜 이야기, 비극과 로맨스, 범죄와 모험, 코미디 등으로 꽃필 수 있게 되었다. 이것이 가능했던 것은, 문학적 가치의 인위적 주입을 통해서가 아니라 새로운 매체〔영화〕의 독특하고 특수한 가능성을 계발함으로써 초기 영화들이 이렇게 변형될 수 있다는 것을 깨닫게 된 이후였다. 의미심장한 것은, 이러한 타당한 발전의 시초가 영화에 수준 높은 가치를 가진 외부적 질서를 부여하려는 시도—결정적인 시기는 1902년부터 대략 1905년 사이에 이루어졌다—보다 앞선다는 것이고, 이 결정적인 단계들을 열어나간 사람들은 진지한 무대의 관점에서 보았을 때는 문외한이거나 국외자인 사람들이었다는 것이다.

영화만의 독자적이고 특수한 가능성은 공간의 **역동화** 그리고 결과적으로 시간의 공간화란 개념으로 규정될 수 있다. 이 진술은 사소하게 보일 정도로 자명한 것이지만, 이렇게 사소하기 때문에 쉽게 잊혀지고 무시되는 종류의 진실에 속한다.

연극에서 공간은 정지되어 있다. 즉 무대 위에서 벌어지는 일과 구경꾼 사이의 공간적 관계가 고정되어 있지만, 무대 위에 재현된 공간 또한 바꿀 수 없이 고정되어 있다. 관객은 자리를 떠날 수 없고 막이 진행되는 동안에는 (물론 달이 떠오르거나 구름이 모여드는 것과 같은 부수적 사건이나 무대 양옆이 움직이거나 배경막이 미끄러져 내려오는 것과 같이 영화에서 빌려온 부적당한 차용물을 제외하는 경우에) 무대 장식이 변할 수 없다. 그러나 이러한 제약과는 반대로 연극은 (말로 전달되는) 감정과 사유의 매체인 시간이 가시적 공간 내에서 일어나는 어떤 것에도 의존하지 않고 자유롭다는 이점을 갖는다. 햄릿은 무대 중간쯤에 위치한 소파에 누워 아무것도 하지 않고 관객에게 보일 듯 말 듯, 들릴 듯 말 듯 저 유명한 독백을 전달할 수 있지만, 단지 말만으로도 강렬한 정서적 행위의 감정으로 관객을 매혹시킬 수 있다.

영화에서 이 상황은 전도된다. 여기서도 관객은 고정된 좌석에 앉아 있지만, 이것은 단지 물리적인 의미에서만 그렇고 미적 경험의 주체로서는 그렇지 않다. 자신의 눈이 끝없이 거리와 방향을 바꾸는 카메라 렌즈와 동일시되어 있기 때문에, 관객은 미적인 의미에서 끝없는 운동 상태에 있다. 관객이 움직일 수 있는 것처럼 이와 똑같은 이유에서 자신에게 제시된 공간도 움직일 수 있다. 신체[배우]가 공간 속에서 움직일 뿐만 아니라 공간 그 자체도 움직인다. 즉 환영, 변형, 사라짐, 느린 화면, 빠른 화면, 역동작, 트릭영화와 같은 특별한 효과를 언급하지 않더라도, 공간이 카메라의 초점 맞추기나 이동의 통제를 통해 혹은 다양한 샷들의 커팅과 편집을 통해 화면에 나타날 때 영화의 공간은 다가서고 물러서고 회전하고 겹쳐지고 변형된다.

이 때문에 무대에서는 꿈도 꿀 수 없는 가능성의 세계가 열린다. 「토퍼」[2] 시리즈에서 몸에서 이탈한 유령이 행위에 참여하는 것 같은 사진적 트릭이나 롤랜드 영Roland Young이 연기한 「기적을 만드는 사람」[3]에서 효율적으로 이루어지는 기적들을 뺀다고 할지라도, 조각가에게 안개나 눈보라가 그렇듯이 순전히 사실적인 차원에서 '적법한legitimate' 연극이라면 접근할 수 없는 헤아릴 수 없이 많은 주제가 있다. 즉 모든 종류의 격렬한 자연현상, 그리고 거꾸로 (최후의 순간에 투여되어 목숨을 구하는 혈청주사의 주입이나 한 번만 물려도 치명적인 황열병 모기처럼) 너무 작아서 보통의 조건에서는 볼 수 없는 사건, 실물 크기의 전쟁 장면, 「루이 파스퇴르의 이야기」[4]나 「퀴리 부인」[5]에서 보는 것처럼 외과적 의미의 수술이나 실제적 건설, 파괴, 실험과 같은 의미에서 모든 종류의 행동, 대저택이나 궁전의 많은 방을 가로질러 진행되는 진짜 거대한 파티 등이 그렇다.

이러한 종류의 장면들, 그리고 꽉 막힌 도로를 위험하게 뚫고 지나가는 차나 저녁의 항구를 가로지르는 모터보트 등과 같이 단순히 한 장소에서 다른 장소로 장면을 이동하는 것마저도 항상 최초의 영화적 호소력을 가지고 있을 뿐만 아니라 감정을 불러일으키고 서스펜스를 창조하는 수단으로서 탁월한 효율성을 가지고 있다. 게다가 영화는 연극에는 없는 능력을 가지고 있는데, 이것은 스크린에 인물의 심리 상태를 직접 투사함으로써, 말하자면 등장인물의 의식을 보여주기 위해 관객의 눈을 대체함으로써 심리적 경험을 전달할 수 있는 능력이다. (다른 한편으로는 과대평가된 영화 「잃어버린 주말」[6]에서 술꾼의 상상과 환

---

2) 노먼 맥레오드Norman McLeod, 「토퍼Topper」, 미국, 1937, 97분.

3) 로사 멘데스Lothar Mendes, 「기적을 만드는 사람The Man Who Could Work Miracles」, 미국, 1936, 82분.

4) 윌리엄 디터리William Dieterle, 「루이 파스퇴르의 이야기The Story of Louis Pasteur」, 미국, 1936, 86분.

5) 머빈 르로이Mervyn LeRoy, 「퀴리 부인Madame Curie」, 미국, 1943, 124분.

각이 단지 몇 마디 말로 묘사되지 않고 〔주관적 시점 샷을 통해〕 순전한 현실로 나타날 때가 그렇다.) 단지 말로써만, 혹은 말을 중심으로 사유와 감정을 전달하려는 시도는 당혹스럽거나 지루한, 혹은 이 둘 다의 감정을 우리에게 불러일으킨다.

"사유와 감정이 단지 말로써만 혹은 말을 중심으로 전달된다"라는 말이 뜻하는 바는 다음과 같다. 순진한 기대와는 달리 1928년에 이루어진 유성영화의 발명은 다음과 같은 기본적 사실을 변화시킬 수 없었다. 즉 움직이는 그림인 영화는 심지어 말하는 법을 배우고 난 후에라도 움직이는 그림으로 남아 있으며 무대에 올린 한 편의 글쓰기로 변형될 수 없다는 것이다. 영화의 실체는 (물론 음악에서의 휴지기와 똑같은 구성적 가치를 갖고 있는 정지와 휴식을 제외한다면) 공간상에서 중단없는 운동의 흐름으로 한데 묶인 일련의 시각적 연쇄이고, 그 자체로 '아름답고' 효율적인 화법으로 전달되는 인간 성격이나 운명에 대한 일련의 연구가 아니라는 것이다. 이 점에서 에릭 러셀 벤틀리Eric Russell Bentley가 『케니언 리뷰Kenyon Review』(1945년 봄호)에서 했던 진술보다 더 잘못된 진술은 없다. 그는 이렇게 썼다. "유성영화의 잠재성이 무성영화의 잠재성과 다른 것은 대사의 차원이 첨가되었기 때문인데, 이 대사는 시詩가 될 수도 있다." 나는 오히려 이렇게 쓰고 싶다. "유성영화의 잠재성이 무성영화의 잠재성과 다른 것은 가시적 운동이 대사의 차원과 통합되었기 때문인데, 따라서 대사는 시가 아닌 것이 좋다."

1928년 이전 시기를 기억할 정도로 충분히 나이를 먹은 우리 모두는 스크린에 눈을 고정하고서 사건의 분위기와 리듬에 맞게 반주를 했던

---

6) 빌리 와일더Billy Wilder, 「잃어버린 주말The Lost Weekend」, 미국, 1943, 101분.

옛 피아니스트를 떠올린다. 또한 우리는 피아니스트가 잠시 자리를 비웠을 때, 영화가 혼자서 돌아가고 단조롭게 기계 돌아가는 소리가 어둠을 가득 채웠을 때, 우리에게 스며들던 섬뜩하고 유령 같은 감정을 떠올린다. 무성영화마저도 그때는 무성이 아니었다. 눈으로 보는 이 스펙터클은 항상 청각의 반주를 필요로 했고 또 청각의 반주와 어우러졌다. 따라서 영화는 처음부터 단순한 팬터마임과 달랐고 오히려 '필요하다면 약간의 변경을 가해서' 발레와 함께 분류될 수 있었다.

유성영화의 도래는 '첨가'가 아니라 변형이다. 즉 음악소리를 분절화된 말로 변형시키는 것, 따라서 팬터마임에 가까운 것을 전적으로 새로운 종류의 스펙터클로 변형시키는 것이다. 이 새로운 종류의 스펙터클[유성영화]은, 알아들을 수 있는 말이 그 청각적 구성 요소를 이룬다는 점에서 발레와 다르고 무대극과 비슷하다. 반면 이 청각적 구성 요소는 시각적인 것에서 분리할 수 없다는 점에서 무대극과 다르고 발레와 비슷하다. 영화에서 우리가 듣는 것은 좋은 경우든 나쁜 경우든 우리가 보는 것과 뗄 수 없이 뒤섞여 있다. 분절음이든 아니든 소리는 시각적 운동에 의해 동시에 표현된 것 이상을 표현할 수 없다. 그리고 좋은 영화는 이러한 시도조차 하지 않는다. 간단히 말한다면, 움직이는 그림의 극劇——혹은 아주 적절한 명칭이 부여된 대로 '스크립트script'——은 동시적 표현가능성의 원리라고 불릴 수 있는 원칙에 종속되어야 한다.

이 원리의 경험적 증거는 다음과 같은 사실에서 볼 수 있다. 즉 대화나 독백의 요소가 시간적 우위를 획득하는 곳에서는 불가피하게 마치 자연법칙처럼 '클로즈업'이 등장한다. 여기서 클로즈업이 이루어내는 것은 무엇인가? 청자의 얼굴이나 화자의 얼굴, 혹은 이 둘을 확대해서 교대로 보여줌으로써 카메라는 인간의 외형을 거대한 행위의 장場으로 변형시킨다. 바로 여기서 자연스러운 거리에서는 거의 지각조차 할 수 없는 연기자의 미세한 움직임 하나하나가 가시적 공간에서 표현적 사건이 되고, 그 때문에 구어口語의 표현적 내용과 완벽하게 통합된다. 반면에 우리가 로미오의 수염이 몇 개인지 셀 수 있는 정도가 아니라면, 무대에서는 구어가 연약한 인상보다 힘을 발휘하게 된다.

물론 이 말은 영화를 만들 때 시나리오가 무시할 수 있는 요소라는 뜻은 아니다. 이 말이 뜻하는 바는 단지 영화의 예술적 의도가 무대극의 의도와 종류상 다르며 소설이나 시와는 훨씬 더 다르다는 것뿐이다. 고딕미술의 다리[脚] 하나의 성공이 조각으로서의 자체적 특성뿐만 아니라 이보다는 그것이 현관의 건축에 얼마나 잘 통합되어 있는가에 달려 있는 것처럼, 영화 시나리오의 성공은 오페라 대본과는 달리 문학작품으로서의 자체적 특성뿐만 아니라 이보다는 스크린 상에서 일어나는 사건에 얼마나 잘 통합되어 있는가에 달려 있다.

결과적으로 좋은 시나리오는 좋은 읽을거리가 되기 힘들고 책의 형태로 출판되는 경우도 드물다. 이것은 동시적 표현가능성 원리의 또 다른 경험적 증거이기도 하다. 이와는 반대로 좋은 희곡이 좋은 시나리오가 되려면 많이 변형되고 삭제되어야 하며, 다른 한편으로는 더 풍부해져야 한다. 예를 들어 버나드 쇼의 「피그말리온」을 보면, 일라이자가 발음 교육을 받는 실제 과정과 이보다 더 중요하게는 거대한 연회장에서 그녀가 최종적 승리를 거두는 장면이 지혜롭게도 생략되어 있다. 대신에 우리는 그녀의 발음이 점차 개선되는 몇몇 샘플을 보고 ──보기보다는 듣고──, 이어서 마침내 리셉션에서 돌아오는 그녀를 만나게 된다. 여기서 그녀는 화려한 옷을 입고 의기양양하지만, 인정받고 싶고 호감을 얻고 싶은 욕망 때문에 마음에 깊은 상처를 입고 있다. 이 희곡을 각색한 영화[7]에서는 연극에서 생략된 이 두 장면이 분명히 나올 뿐만 아니라 강하게 강조되어 있다. 우리는 회전디스크와 거울, 파이프 오르간과 춤추는 불꽃 등으로 정렬된 실험실에서 일라이자가 발음 교육을 받는 매혹적 활동을 지켜본다. 그리고 우리는 대사관의 연회에 참석하게 되는데, 여기서 많은 위기의 순간들이 있고 서스펜스를 만들기 위한 작은 사건들이 일어난다. 연극에는 전혀 나오지 않으며 사실상 무대 위에서 상연할 수도 없는 이 두 장면은 의심할 여지없이 이 영화의 하이라이트다. 반면에 버나드 쇼의 대사는 상당히 삭제되었으며 몇몇 순간에는 다소 밋밋하게 들린다.

그러나 다른 많은 영화에서처럼 시적 감정, 음악적 분출, 혹은 문학적 착상——말하기에는 슬프지만 그루초 막스Groucho Marx의 몇몇 재치 있는 말마저도——등이 시각적 움직임과 분명한 접점을 잃게 되면, 민감한 관객에게 충격을 줘서 말 그대로 제자리를 벗어난 것처럼 느껴진다. 남성적이지만 감상적인 사나이가 자살한 부인의 사진을 한참 동안 바라보다가, 그녀를 결코 잊지 않겠다는 취지에 비해 너무나 동시표현적이지 못한 어떤 말을 한다면 이것은 분명 끔찍할 것이다. 그러나 그가 줄리엣의 시체 옆에서 하는 로미오의 독백처럼 동시표현적인 것을 훨씬 더 넘어서는 숭고한 시 한 편을 낭송한다면 이것은 더 끔찍할 것이다.

라인하르트의 「한여름 밤의 꿈」[8]은 아마도 지금까지 제작된 주류 영

---

7) 안소니 아스퀴스Anthony Asquith & 레슬리 하워드Leslie Howard, 「피그말리온Pygmalion」, 영국, 1938, 96분.

화 중 가장 불행한 영화일 것이다. 반면에 로렌스 올리비에의 「헨리 5세」[9]가 상대적인 성공을 거둔 것은 이 특별한 희곡이 가진 놀라운 적응력을 제외하면 하기 힘든 많은 것들을 해냈기 때문인데, 그러나 이것은 하나의 전범을 확립했다기보다는 신의 뜻대로 하나의 예외로 남아 있게 될 것이다. 이 영화는 '적절한 가지치기'를 행하고 여기에 야외극, 비언어적 코미디, 멜로드라마를 삽입한다. 이 영화는 아마도 '간접적인 클로즈업'이라는 말로 가장 적절하게 명명할 수 있는 장치를 이용한다. (영화에 나오는 올리비에의 잘생긴 얼굴은 위대한 독백을 은밀하게 듣는 편이지 발음하지 않는다.) 그리고 가장 주목할 만한 점은 이 영화가 세 가지 차원의 고고학적 현실 사이를 넘나든다는 것인데, 이렇게 해서 엘리자베스 시대 런던의 재구성, 셰익스피어 희곡의 배경이 된 1415년 사건의 재구성, 그리고 셰익스피어 자신의 무대에서 이 희곡 공연의 재구성이 이루어진다. 이 모든 것은 철저하게 영화적legitimate이다. 그러나 이 경우에도 『뉴요커New Yorker』지의 비평가들처럼, 있는 그대로의 영화에도, 있는 그대로의 셰익스피어에도 완전히 우호적이지 않은 사람들에게서 항상 이 영화에 대한 최대의 찬사가 나온다.

코난 도일의 글들이──대실 해밋Dashiell Hammett 유파의 몇몇 거친 표본들을 제외하면──현대의 모든 미스터리 소설을 잠재적으로 포함하고 있는 것처럼, 1900년과 1910년 사이에 제작된 영화들은 지금 우

---

8) 윌리엄 디터리 & 막스 라인하르트Max Reinhardt, 「한여름 밤의 꿈A Midsummer Night's Dream」, 미국, 1935, 133분.
9) 로렌스 올리비에Laurence Olivier, 「헨리 5세Henry V」, 영국, 1944, 137분.

리가 알고 있는 영화의 주제와 방법을 이미 확립해놓았다. 이 시기에는 초기 형태의 서부영화와 범죄영화(1903년에 나온 에드윈 포터의 놀라운 영화 「대열차강도」[10])가 만들어졌고, 이로부터 현대적 갱영화, 모험영화, 미스터리 영화가 발전했다. (잘 만들어진 미스터리 영화는 아직까지도 오락영화의 가장 정직하고 진정한 형태들 중 하나다. 관객이 스스로 '어떤 일이 일어나게 될까'뿐만 아니라 '이전에 어떤 일이 일어났었지?'라는 질문을 던질 때 영화 공간은 이중적인 의미에서 시간으로 채워진다.)

바로 이 시기에 상상력이 풍부하고 환상적인 영화(멜리에스의 영화)가 출현했고, 이것이 한편으로는 표현주의적이고 초현실주의적인 실험(「칼리가리 박사의 밀실」,[11] 「시인의 피」[12])으로 이어지고, 다른 한편으로는 아라비안나이트식의 보다 피상적이고 스펙터클한 동화로 이어진다. 코미디 영화는 나중에 찰리 채플린, 아직도 충분한 평가를 받지 못한 버스터 키튼, 막스 브라더스Marx Brothers, 할리우드에 오기 이전의 르네 클레르René Clair에게서 성공을 거두기 이전에 이미 막스 랭데Max Linder와 다른 사람들에게서 존경할 만한 수준에 도달했다. 역사극과 멜로드라마에서 영화의 기초는 영화 도상학과 영화 상징주의에 놓여 있다. 그리피스의 초기 작품들에서 심리적 분석(「에드거 앨런 포」[13])과 사회비평(「밀의 구석」[14])의 주목할 만한 시도뿐만 아니라 롱 샷, 플래

---

10) 에드윈 포터Edwin S. Porter, 「대열차강도The Great Train Robbery」, 미국, 1903, 11분.
11) 로베르트 비네Robert Wiene, 「칼리가리 박사의 밀실Das Cabinet des Dr. Caligari」, 독일, 1919, 71분.
12) 장 콕토Jean Cocteau, 「시인의 피Sang d'un Poète」, 프랑스, 1930, 55분.
13) 데이비드 워크 그리피스David Wark Griffith, 「에드거 앨런 포Edgar Allen Poe」, 미국, 1909, 7분.
14) 데이비드 워크 그리피스, 「밀의 구석A Corner in Wheat」, 미국, 1909, 14분.

시백, 클로즈업과 같은 기본적인 기술적 혁신을 찾아볼 수 있다. 그리고 조잡한 트릭영화와 만화는 고양이 펠릭스, 선원 뽀빠이, 그리고 펠릭스의 놀라운 후손인 미키 마우스에게로 나아가는 길을 닦았다.

초기 디즈니 영화와 이후의 디즈니 영화[15]에서 몇몇 장면들은 이들이 스스로 설정한 한계 내에서도 실제로 화학적으로 순수한 증류 상태의 영화적 가능성을 보여주었다. 이들 장면은 가장 흥미로운 대중적 요소—사디즘, 포르노, 이 둘이 만들어낸 유머, 그리고 도덕적 정의

---

[15] 내가 초기 디즈니 영화와 이후의 디즈니 영화를 구분하는 것은, 내 생각에 「백설공주」가 인간의 형상을 도입하고 「판타지아Fantasia」가 위대한 세계의 음악들을 시각적으로 표현하려고 시도했을 때 기품이 떨어졌기 때문이다. 만화영화의 장점은 바로 살아 있게 하는 것, 다시 말해서 생명 없는 사물에 생명을 불어넣는 것이고 살아 있는 사물에 다른 종류의 생명을 불어넣는 것이다. 이 때문에 변신이 이루어지는데 디즈니의 동물, 식물, 번개구름, 기차에서 그러한 변신이 탁월하게 나타난다. 반면에 디즈니가 만든 난장이, 미화된 공주, 남부 미개척지 주민, 야구선수, 얼굴을 붉힌 켄타우로스, 남미에서 온 친구는 변형이 아니라 잘 봐주면 캐리커처이고 못 봐주면 모조품이거나 천박한 것이다.

그러나 음악에 대해 말하자면, 음악을 영화적으로 사용하는 것은 말을 영화적으로 사용하는 것 못지않게 동시적 표현가능성의 원리에 입각해 있다는 것을 기억해야만 할 것이다. 예를 들면 춤, 발레, 그리고 모든 종류의 오페라 음악처럼 눈에 볼 수 있는 행동에 곁들여질 뿐만 아니라 또 곁들여질 것을 요구하는 음악이 있고 전혀 그렇지 않은 음악이 있다. 그리고 이것은 다시금 질質의 문제—우리 모두는 대개 시벨리우스의 교향곡보다는 요한 슈트라우스의 왈츠를 더 좋아한다—가 아니고 의도의 문제다. 「판타지아」에서 하마의 발레는 탁월했지만 「전원 교향곡」과 「아베 마리아」의 시퀀스는 끔찍했는데, 이것은 전자의 만화가 후자의 두 만화보다 탁월했거나 혹은 베토벤과 슈베르트가 그림으로 그리기에 너무 신성해서가 아니다. 이것은 단지 폰키엘리Ponchielli의 「시간의 춤」은 동시표현적이었던 데 반해 「전원 교향곡」과 「아베 마리아」는 그렇지 않았기 때문이다. 이런 경우에는 심지어 가장 이상적인 음악과 가장 이상적인 만화조차도 서로의 효용성을 북돋워주기커녕 서로에게 해를 끼치게 될 것이다.

이 모든 것의 실험적 증거는 디즈니의 최근 영화 「음악을 내 것으로」에서 볼 수 있다. 여기서 위대한 세계음악은 다행히도 프로코피에프 음악으로 제한되어 있다. 여기서 그 어떤 다른 시퀀스보다도 가장 성공적인 것은 인간적 요소가 부재하거나 혹은 최소한으로 제한된 시퀀스이다. 고래 윌리Willie, 조니 페도라Johnny Fedora의 발라드, 파란 모자 앨리스, 그리고 무엇보다도 정말 탁월한 굿맨Goodman 사중주가 그것이다.

——를 거의 희석화되지 않은 상태로 포함하고 있으며, 종종 이런 요소를 뒤섞어서 가장 원시적이면서 무진장한 영감의 원천인 다윗과 골리앗의 모티프——강해 보이는 사람에 대한 약해 보이는 사람의 승리——의 변이체를 만들어냈다. 이들 만화 장면은 자연법칙에 대한 환상적 독립성 덕분에 공간을 시간에 완벽하게 통합할 수 있는 힘을 가지고 있어서, 여기서 시각과 청각의 시공간적 경험을 거의 상호 전환할 수 있을 정도다. 차례차례로 터지는 일련의 비눗방울들은 그 크기에 따라 음조와 음량에 정확하게 부합하는 일련의 소리를 낸다. 고래 윌리의 목젖 세 개——작은, 중간의, 큰——는 테너, 바리톤, 베이스의 음조에 공명하여 떨린다.

그리고 정적 존재라는 개념 자체가 완벽하게 사라진다. 집이든 피아노든 나무든 알람시계든 관계없이 존재하는 것이면 어떤 물체든 유기적인—— 사실상 의인화된—— 움직임, 얼굴 표정, 그리고 분절음을 낼 수 있는 능력을 지니고 있다. 덧붙여 말하자면 버스터 키튼의 「제너럴」[16]이나 「나이아가라 폭포」[17]에서 옛날 기차가 그랬던 것처럼, 심지어는 보통의 '사실적' 영화들에서도 역동화시킬 수 있는 것이면 어떤 것이든, 즉 움직이지 않는 사물마저도 주도적인 인물의 역할을 할 수 있다. 초기 러시아 영화가 어떻게 모든 종류의 기계장치를 '영웅화'시킬 수 있는 가능성을 계발했는가는 모든 사람의 기억 속에 살아 있다. 그리고 아마도 무성영화 시기 가장 코믹한 영화와 가장 심각한 걸작으로 영화사에

---

16) 버스터 키튼Buster Keaton, 「제너럴The General」, 미국, 1926, 75분.
17) (옮긴이 주) 버스터 키튼이 감독이나 배우로 나오는 영화 중 이런 제목의 영화는 없다. 기차와 폭포를 배경으로 한다는 점에서 여기서 언급되는 영화는 「우리들의 환대」인 것 같다. 버스터 키튼, 「우리들의 환대Our Hospitality」, 미국, 1923, 73분.

길이 남을 두 편의 영화가 거대한 두 척의 배 이름을 갖고 있고 또 이 두 척의 배라는 '인물'을 불멸의 것으로 만들고 있다는 사실은 아마도 우연이 아닐 것이다. 그것은 바로 키튼의 영화 「내비게이터」[18](1924)와 에이젠슈테인의 「전함 포템킨」[19](1925)이다.

시작한 지 얼마 되지 않아서 엄청난 절정에 도달하기까지의 이 비약적 발전은 이 새로운 예술적 매체가 점차 자신에게 적절한, 다시 말해서 영화만의 가능성과 한계를 의식해가는 매혹적인 스펙터클을 보여준다. 이 스펙터클은 모자이크나 판화의 발전과 다르지 않다. 모자이크는 환영적인 장르화를 보다 오래 견딜 수 있는 재료 위로 옮기는 것으로 시작했다가 라벤나 성당의 신성한 초자연주의에서 절정에 달했고, 책의 채식彩飾을 값싸고 편리하게 대체하는 것으로 시작했던 판화도 뒤러의 순수하고 '그래픽적' 양식에서 절정에 달했다.

이처럼 무성영화는 이 매체의 특수한 조건에 맞게 자기만의 분명한 양식을 발전시켜왔다. 무성영화의 발명으로 당시까지는 잘 알려지지 않았던 영화 언어가 이것을 아직 이해할 수 없었던 대중에게 강요되었고, 대중이 여기에 더 익숙해지면 익숙해질수록 영화 언어는 더 섬세하게 발전되었다. 기원후 800년경에 색슨 지역에 사는 농부는 다른 사람의 머리에 물을 붓는 남자를 보여주는 그림의 의미—예수의 세례—를 이해하기가 쉽지 않았으며, 이후에까지도 많은 사람들은 황제의 옥좌 뒤에 서 있는 두 여인의 의미를 파악하기가 쉽지 않았다. 1910년경의 대중에게는 영화에 나오는 말없는 행동의 의미를 이해하기가 쉽

---

18) 버스터 키튼, 「내비게이터 The Navigator」, 미국, 1924, 59분.
19) 세르게이 에이젠슈테인, 「전함 포템킨 Bronenosets Potyomkin」, 소련, 1925, 75분.

지 않았고, 따라서 제작자는 중세 미술에서 찾을 수 있는 의미와 비슷한 분류 수단을 사용했다. 이런 수단들 중 하나가 자막이나 문자였는데, 이는 중세의 명판화tituli나 두루마리 그림과 놀랄 만큼 일치한다. (이보다 이전에는 "이제 그는 아내가 죽었다고 생각했으나 실제로는 죽지 않았습니다" 혹은 "청중석에 앉아계신 숙녀 분들을 기분 나쁘게 하고 싶지는 않지만, 저 아이가 자신의 아이였다면 누구도 저런 짓을 하지는 못했을 것입니다"와 같이 말로 설명해주는 변사들이 있었던 적도 있었다.)

설명을 해주는 또 다른 방식이면서도 관객에게 보다 덜 강요적인 방식은 정해진 도상학을 도입하는 것, 다시 말해서 처음부터 기본적 사실과 성격에 대해 관객에게 알려주는 것이었다. 이것은 마치 황제 뒤에서 칼과 십자가를 들고 서 있는 두 여인이 각각 '용기'와 '신앙'의 의미로 규정되는 것과 같다. 이로부터 정숙한 여자와 요부(이는 중세의 선과 악의 인격화에 대응하는 가장 설득력 있는 현대적 대응물이다), 가정적 남자, 검은 수염을 하고 지팡이를 짚고 다니는 악당과 같이 표준화된 외모, 행동, 속성으로 구별할 수 있고 또 잘 기억할 수 있는 유형이 생겨났다. 저녁 장면은 파랑이나 초록색 필름에 인화되었다. 체크무늬 식탁보는 결정적으로 '가난하지만 정직한' 환경을 의미했다. 과거의 그림자가 드리워져 곧바로 위기에 빠지게 되는 행복한 결혼은 젊은 아내가 남편에게 아침 커피를 쏟는 것으로 상징화되었다. 여인이 남자의 넥타이를 부드럽게 만지작거리면 반드시 첫 키스를 한다는 뜻이고, 키스를 하고 나면 여인이 왼발로 남자를 차는 행동이 반드시 이어졌다. 이처럼 등장인물의 행동은 미리 결정되었다. 가난하지만 정직한 노동자가 체크무늬 식탁보를 들고 자신의 작은 집을 나오다가 길에 버려진 어린 아기를 만나면, 반드시 아기를 집에 데리고 와서 할 수 있는 한 최선을 다해 키우게 된다. 가정적인 남자는, 물론 잠시 동안만이지만, 요부의 유혹에 굴복하게 된다 등등. 결과적으로 이 초기 멜로드라마들은 개인의 심리를 복잡하게 제시하지 않았으며, 또 모든 사건은 실생활에서는 거의 이루어질 수 없는 순수한 아리스토텔레스의 논리에 따라 일어났기 때문에 관객에게 고도의 만족을 주고 진정시키는 특성을 가지고 있었다.

관객이 행위를 그 자체로 해석하는 데 익숙해져감에 따라 이런 종류의 장치는 점차 불필요하게 되었고, 유성영화가 발명되면서 사실상 사라지게 되었다. 그러나 지금까지도 '정해진 태도와 속성'의 원리, 그리고 보다 기본적으로는 플롯 구성에 대한 원시적이고 대중적인 개념의 잔여물들이—내 생각에는 꽤 정당하게—남아 있다. 우리는 오늘날까지도 부모들이 밖에 나간 사이에 아기가 디프테리아에 걸리며, 아기가 병에 걸리면 결혼하면서 생겼던 부부간의 문제들이 해결된다는 것을 당연하게 받아들인다. 오늘날에도 우리는 점잖은 미스터리 영화에 대해 대저택의 집사가 심지어 영국의 비밀 요원에서부터 주인집 딸의 실제 아버지까지 모든 것이 될 수는 있지만, 〔집사는 항상 충직하기 때문에〕 결국에는 살인자임이 밝혀졌다는 식으로 끝나서는 안 된다고 생각한다. 오늘날에도 우리는 파스퇴르나 졸라나 에를리히가 사악함과 우매함과 싸워서 이기는 동안, 이들의 존경스러운 부인들이 끝까지 남편을 믿어주고 또 믿어주는 것을 보고 싶어 한다. 오늘날에도 우리는 영화가 우울하게 끝나는 것보다는 행복하게 끝나는 것을 더 좋아하며 이야기에는 최소한 시작과 중간과 끝이 있다는 아리스토텔레스의 규칙이 지켜져야 한다고 생각한다. 반대로 현대문학이 바로 이 규칙을 폐기함으로써 일반 대중은 현대문학의 고급한 영역에서 너무 멀어지게 되었다. 원시적 상징주의 역시 「카사블랑카」[20]의 마지막 시퀀스에 나오는 놀라운 디테일에서 살아남았다. 이 장면에서는 세속적이지만 붙임성 있고 마음이 곧은 프랑스 경찰서장이 텅 빈 비시Vichy 물병을 쓰레기통에 던져버린다. 그리고 원시적인 상징주의는 "뭔가를 시도하는 먼지투성이 외투를 입은 신사"로 가장한 세트릭 하드위크의 죽음(「덤으로 주어진 삶」[21])이나, 비행기회사 경영자의 줄무늬 바지를 입고 있는 클로드 레인의 망령 인도자 헤르메스(「조던 씨가 온다」[22])와 같이 호소력 있는 초자연적인 상징들 속에서 살아남았다.

연출, 조명, 카메라 움직임, 편집, 그리고 연기의 영역에서 가장 뚜렷한 진전이 이루어졌다. 대부분의 영역에서 지속적인 진전——물론 굴곡이나 쇠락, 혹은 이전 시대로의 퇴행이 없었던 것은 아니지만——이 이루어졌지만, 연기의 발전은 유성영화가 발명되면서 갑작스러운 단절을 겪었다. 결과적으로 무성영화의 연기 양식은 이미 지나간 것, 즉 얀 판 에이크Jan van Eyck의 회화기법이나 (혹은 앞서 했던 직유법을 다시 취한다면) 뒤러의 동판화와 비슷하게 상실된 예술로 간주되었다. 무성영화의 연기는 무대 연기를 팬터마임식으로 과장한 것이 아니고——일반적으로 연극배우들이 영화에 출연하기 위해 점점 더 자신의 지위를 버리고 내려왔다라고 생각하는데 이것은 잘못된 것이다——, 양식화된 연기 또한 없었던 것이 아니다. 실생활에서와 같은 일상적 방식으로

---

20) 마이클 커티즈Michael Curtiz, 「카사블랑카Casablanca」, 미국, 1942, 102분.
21) 해럴드 버킷Harold S. Bucquet, 「덤으로 주어진 삶On Borrowed Time」, 미국, 1939, 99분.
22) 알렉산더 홀Alexander Hall, 「조던 씨가 온다Here Comes Mr. Jordan」, 미국, 1941, 94분.

계단을 내려가는 사람을 찍어서 스크린에 그 결과물이 나오면, 이 사람은 결코 계단을 내려가는 것처럼 보이지 않는다. 영화가 자연스러우면서도 의미 있는 것으로 보이려면, 연기는 무대의 연기 양식에서뿐만 아니라 일상생활의 현실에서도 동등하게 거리를 취하는 방식으로 행해져야 한다. 영화의 기술적 과정과 연기 사이에 유기적 관계를 설정하게 되면 대사는 없어도 된다. 이것은 마치 뒤러의 판화에서 판화의 기술적 과정과 데생 사이에 유기적 관계를 설정하게 되면 색色이 없어도 되는 것과 마찬가지다.

이것이 바로 무성영화 시기의 위대한 배우들이 정확하게 이룩해냈던 것이고, 이들 중에 가장 탁월한 사람들이 연극 무대 출신이 아니라는 것은 의미심장한 사실이다. 결정체와 같은 무대 연기의 전통 때문에 〔위대한 연극배우〕 엘레오노라 두세Eleonora Duse가 유일하게 출연한 영화 「세네레」[23]는 두세에 대한 무가치한 기록 이상의 것이 되지 못했다. 그 대신 채플린, 버스터 키튼, 윌 로저스Will Rogers의 경우가 그렇듯이 무성영화의 위대한 배우들은 서커스나 버라이어티 쇼 출신이었다. 아니면 테다 바라Theda Bara 혹은 유럽의 테다 바라라고 할 수 있는 덴마크의 여배우 아스타 닐센Asta Nielsen이나 그레타 가르보의 경우처럼 전혀 특별할 게 없는 곳 출신이었다. 그것도 아니면 더글러스 페어뱅크스 Douglas Fairbanks의 경우처럼 하늘 아래 존재하는 모든 곳 출신이었다.

이런 '늙은 대가들'의 연기 양식은 무대 연기와 비교해보면 과장되었고 또 과장되어야 했지만──연필의 터치나 붓 작업에 비하면, 동판화의 칼질이 더 날카롭게 파내고 굴곡을 힘 있게 표현한다는 점에서 과장

---

23) 페보 마리Febo Mari, 「세네레Cenere」, 이탈리아, 1916, 30분.

되어 있는 것과 같다—, 무대 연기보다 더 풍부하고 섬세하고 또 훨씬 더 구체적이었다는 점에서 실제로 판화 양식과 비교할 만하다. 유성영화가 도래하면서 스크린 연기와 무대 연기 사이의 차이는 없어진 것이 아니라 줄어들었지만, 무성영화의 남녀배우들은 심각한 문제에 봉착하게 되었다. 버스터 키튼은 유혹에 굴복해서 무너졌다. 채플린은 처음에는 한걸음도 물러서지 않고 세련된 고풍주의자로 남으려 했지만, 마침내 포기하고 소박한 성공(「위대한 독재자」[24])만을 거두었을 뿐이다. 영예로운 하포 막스Harpo Marx만이 성공적으로 단 한마디의 분절음도 내뱉지 않았다.

그리고 그레타 가르보만이 원칙적으로 자신의 연기 양식을 변형시키는 데 얼마간 성공했다. 그러나 심지어 가르보의 경우에도 나중 영화의 연기들보다 (그녀의 첫 유성영화인 「안나 크리스티」[25]에서처럼) 대부분 말을 하지 않거나 뾰로통한 단음절의 말을 내뱉는 식으로 자신을 감출 수 있었던 영화들이 더 낫다는 느낌이 들지 않을 수 없다. 「안나 카레니나」[26]의 유성영화판에서 가장 취약한 부분은 분명 가르보가 남편에게 입센식의 거창한 대사를 퍼붓는 장면이고, 이 영화에서 가장 강렬한 부분은 그녀가 기차역 플랫폼을 따라 말없이 걷는 장면이다. 이 장면에서 그녀를 감싸던 어두운 공간의 움직임과 그녀의 움직임(과 표현)이 조응하면서 절망이 형태를 갖춰간다. 그리고 이 어두운 공간은 실제 기차의 소음과 '철 망치를 가진 작은 사내들'이 내는 가상의 소음

---

24) 찰리 채플린Charlie Chaplin, 「위대한 독재자The Great Dictator」, 미국, 1940, 125분.
25) 클래런스 브라운Clarence Brown, 「안나 크리스티Anna Christie」, 미국, 1930, 89분.
26) 클래런스 브라운, 「안나 카레니나Anna Karenina」, 미국, 1935, 95분.

으로 가득 차게 되고, 이 때문에 그녀는 스스로도 거의 알지 못한 채 기차 바퀴 아래 가차 없이 몸을 던지게 되는 것이다.

최근 영화에서 때때로 무성영화에 대한 일종의 향수가 느껴지고 소리와 대사의 장점을 무성영화에서의 연기의 장점과 결합시키는 장치가 고안되어 나오는 것을 보면 약간 놀랍기도 하다. 예를 들면 앞서 이미 언급한 「헨리 5세」에 나온 '간접적인 클로즈업'이나, 「파리의 지붕 아래」[27)]에서 나온 유리문 뒤의 춤이나, 사샤 기트리가 「한 사기꾼 이야기」[28)]에서 젊었을 때 겪은 사건들을 낭송하는 동안 그 사건들이 스크린 위에서 '조용하게' 상연되는 경우들이 그렇다. 그러나 이런 향수의 감정이 유성영화 자체를 부정하는 논거가 될 수는 없다. 유성영화의 발전이 보여주는 것은 예술의 습득에는 항상 회계장부의 다른 측면에서 보면 일정한 손실이 수반된다는 것이고, 매체의 기본적 본성을 깨닫고 이것을 존중하기만 하면 습득은 그대로 습득으로 남는다는 것이다.

알타미라 동굴에 살던 사람들이 황소를 그리면서 더 이상 윤곽만을 그리는 데 만족하지 않고 여기에 자연색을 칠하기 시작했을 때, 이보다 보수적인 사람들이 선사시대 미술의 종언을 예언했을 거라고 충분히 짐작할 수 있다. 그러나 선사시대 미술이 계속 이어졌던 것처럼 영화 또한 그럴 것이다. 새로운 기술적 발명은 항상 이미 획득된 가치를 위축시키는 경향이 있고, 이것은 영화처럼 그 존재 자체가 기술적 실험에 빚지고 있는 매체에서는 특히나 그렇다. 초기 유성영화는 당시의 성숙한 무성영화보다 훨씬 더 열등하고, 현재의 테크니컬러technicolor

---

27) 르네 클레르René Clair, 「파리의 지붕 아래Sous les Toits de Paris」, 프랑스, 1930, 96분.
28) 사샤 기트리Sacha Guitry, 「한 사기꾼 이야기Le Roman d'un tricheur」, 프랑스, 1936, 81분.

영화는 지금의 성숙한 흑백영화보다 훨씬 더 열등하다. 그러나 심지어 〔『멋진 신세계』에 표현된〕 올더스 헉슬리의 악몽이 실현되어 미각, 후각, 촉각의 체험이 시각, 청각의 체험에 첨가된다고 할지라도 우리는 최초의 유성영화와 최초의 테크니컬러 영화를 봤을 때 말했던 것처럼, 사도 베드로를 따라 이렇게 말할 수 있을 것이다. "우리는 모든 면에서 동요했지만 비탄에 빠지지는 않았다. 우리는 당황했지만 절망하지는 않았다."

시간으로 채워진 공간, 그리고 공간과 연결된 시간의 법칙으로부터 다음과 같은 사실이 나온다. 즉 연극 대본과 달리 영화 대본은 영화로 실현되지 않으면 미적 존재 자체가 없고, 영화의 등장인물은 배우를 벗어나서는 미적 존재 자체가 없다는 것이다.

극작가는 자신의 작품이 문명의 보물창고에서 불멸의 보석이 될 것이며 수백 번의 공연——이 수많은 공연은 불변하는 '작품'에 기반을 둔 일시적 변형들일 뿐이다——을 통해 관객에게 제시될 것이라는 깊은 희망을 가지고 글을 쓴다. 반면에 시나리오 작가는 한 명의 제작자, 한 명의 감독, 한 번 정해진 배역을 위해 글을 쓴다. 이들의 작업은 시나리오 작가가 하는 것과 동일한 정도의 영속성을 갖고 있다. 동일한 혹은 비슷한 시나리오를 다른 감독, 다른 배역으로 찍는다면 결과적으로는 전혀 다른 '작품'이 나오게 될 것이다.

오셀로나 노라〔입센의 『인형의 집』의 주인공〕는 극작가가 창조한 명확하고 실체가 있는 인물들이다. 이런 인물들은 잘 혹은 잘못 연기될 수 있으며 이런저런 방식으로 '해석'될 수 있다. 그러나 이들 인물은 누가 연기하든 혹은 심지어 전혀 연기되지 않아도 이와 상관없이 명확하게 규정된 방식으로 존재한다. 그러나 영화의 등장인물은 배우와 생사를 같이한다. 로브슨Paul Robeson이 연기한 '오셀로'라는 실체, 두세가 연기한 노라라는 실체가 있는 것이 아니다. '그레타 가르보'라는 실체가 안나 크리스티라는 이름을 가진 형상 속에 구현된 것이며 '로버트 몽고메리'라는 실체가 한 살인자 속에 구현되어 있다. 이 살인자는 우리가 그 이름을 알든 모르든 관계없이 영원히 익명으로 남아 있을 수 있지만 끝없이 우리의 기억 속에 출몰하게 될 것이다. 등장인물의 이름이 행여 1509년부터 1547년까지 영국을 통치한 헨리 7세일 수도 있고 톨스토이가 창조한 안나 카레니나일 수도 있지만, 이들은 가르보나 로턴 Charles Laughton이라는 실체 밖에서 존재하지 않는다. 이들은 호메로스의 지옥 하데스에 나오는 그림자들처럼 텅 빈 비육체적 윤곽일 뿐이고 한 배우의 살과 피로 채워질 때에야 비로소 현실적 인물이 된다. 이와는 반대로 영화의 한 배역이 잘못 연기되면, 아무리 등장인물의 심리가 흥미롭고 정교한 대사로 표현되었다 할지라도 여기서는 말 그대로 아무것도 남지 않는다.

배우에게 적용했던 것은, '필요하다면 약간의 변경을 가해서' 감독, 음향감독, 또 엄청나게 중요한 카메라맨, 심지어는 분장사에 이르기까지 영화제작에 기여했던 대부분의 다른 예술가나 장인에게도 적용된다. 무대 제작은 모든 것이 다 준비될 때까지 리허설을 하고 세 시간 내내 반복적으로 재현된다. 각 공연 때마다 모든 사람이 다 출석해야 하고 각자 자기 일을 한다. 그리고 집으로 돌아간다. 따라서 무대배우의 작업은 음악가의 작업과 닮았고 무대감독의 작업은 지휘자의 작업과 닮았다. 이들은 이처럼 일정한 레퍼토리를 가지고 있으며 이것을 완전하면서도 일시적인 수많은 공연에서 제시하는데, 이 레퍼토리는 오늘은 「햄릿」, 내일은 〔입센의〕 「유령」이나 「영원히 아버지와 사는 삶」이 될 것이다.

그러나 영화배우와 영화감독의 활동은 각각 음악가와 지휘자의 활동
보다는 조형예술가와 건축가의 활동과 비교할 수 있다. 무대 작업은
연속적이지만 일시적인 반면, 영화 작업은 불연속적이지만 영원하다.
개별 시퀀스는 세트와 스태프의 가장 효율적인 사용을 염두에 두고 조
각조각 순서 없이 찍힌다. 각 부분은 제대로 찍힐 때까지 반복해서 촬
영된다. 그렇게 전체의 윤곽이 드러나고 전체가 구성되면 모든 사람의
일은 영원히 끝난다. 그리고 당연하게도 바로 이런 과정 때문에 영화
배우 개인과 그가 맡은 역할 사이에서 묘한 상호 동질성이 두드러지게
된다. 각 사건이 자연스러운 질서와 무관하게 조각조각 만들어지기 때
문에, 배우가 지루한 촬영 기간 전체를 통틀어 헨리 7세나 안나 카레
니나—이들 배역을 연기할 뿐만 아니라—가 될 수 있을 경우에만
'등장인물'이 통합된 전체가 될 수 있다. 내가 직접 들은 근거 있는 말
에 따르면, 로턴이 [「바운티호의 반란」[29]에서] 블라이 장군 역을 맡은
—이보다는 블라이 장군이 되었다는 말이 낫겠다—7주 혹은 8주 동
안에 로턴과 함께 지내기는 정말 힘들었다고 한다.

영화는 모든 사람의 기여가 동일한 정도의 영속성이 있는 상호 협조
적 노력을 필요로 하기 때문에 중세의 성당과 가장 가까운, 그 현대적
대응물이라고 말할 수 있다. 제작자의 역할은 다소간 주교나 대주교의
역할에 상응한다. 감독의 역할은 최고 건축가의 역할에, 시나리오 감
독의 역할은 도상학적 프로그램을 설정하는 학술 조언자의 역할에, 그
리고 배우, 촬영감독, 편집자, 음향감독, 분장사, 다양한 기술자의 역

---

29) 프랭크 로이드Frank Lloyd, 「바운티호의 반란Mutiny on the Bounty」, 미국, 1935, 132분.

할은 조각가, 스테인드글라스 화가, 청동주물공, 목수, 솜씨 좋은 석공에서부터 채석노동자나 나무꾼에 이르기까지 완성된 생산품에 물리적 실체를 제공하는 사람들의 역할에 상응한다. 만약 당신이 이 많은 협력자들 중 한 사람과 말을 나누게 된다면, 그는 완벽한 신념을 가지고 자신이 했던 일이 실제로 가장 중요한 일이었다고 말할 것이다. 이들 각자의 일이 필수불가결하다는 점을 고려해보면, 이 말은 꽤나 옳은 말이다.

영화를 중세의 성당과 비교하는 것이 신성모독처럼 보일지 모르겠다. 그것은 단지 비율상으로만 봐서 좋은 영화가 좋은 성당보다 훨씬 적기 때문에도 그렇고, 영화는 상업적인 것이기 때문에도 그렇다. 그러나 주로 만드는 사람의 창조적 충동을 충족시키기 위해서가 아니라 주로 주문자나 구매하는 대중의 요구에 호응할 의도로 만들어진 모든 예술을 상업예술이라고 규정할 수 있다면, 비상업예술은 원칙이라기보다는 예외이며 그것도 꽤나 최근에 만들어진, 또 항상 행복한 예외만은 아니라는 점을 말할 수 있다. 상업예술이 매춘부로 인생을 마칠 수 있는 위험에 항상 처해 있는 것이 사실이지만, 비상업예술은 노처녀로 인생을 마칠 수 있는 위험에 항상 처해 있는 것 또한 사실이다. 비상업예술로는 쇠라의 「그랑드 자트 섬의 일요일 오후」나 셰익스피어의 소네트가 있지만, 또한 소통할 수 없을 정도로 비의적인 작품들도 있다. 이와는 반대로 메스꺼울 정도로 저속하고 속물적인—이 두 가지는 동전의 양면이다—상업예술이 있지만, 뒤러의 판화나 셰익스피어의 희곡 역시도 상업적이다. 잊어서는 안 되지만, 뒤러의 판화는 부분적으로는 주문을 받아서 만들어졌고 부분적으로는 공개적인 시장에서 판매할 의도로 만들어졌던 것이다. 셰익스피어의 희곡은 선택받은 소수뿐만 아니라 입장료로 1실링을 지불할 수 있는 모든 사람을 대상으로 호소하려고 했고 또 이들에게 호소력을 발휘했다. 그러나 셰익스피어의 희곡과는 반대로, 궁정에서 아마추어 귀족들이 만들었던 초기의 가면극이나 막간극은 너무나 이해하기 힘들어서 출판된 전공논문에서 이것을 묘사한 사람들마저도 가끔씩 이들이 의도했던 의미를 파악할 수 없을 정도였다.

상업예술이 비상업예술보다 더 활기에 차 있고, 따라서 좋은 의미로든 나쁜 의미로든 잠재적으로 훨씬 더 효율성을 발휘하는 것은 바로 이러한 소통가능성의 요구 때문이다. 상업적 제작자는 일반 대중을 교육시킬 수도 타락시킬 수도 있으며, 일반 대중들 역시 스스로를 교육시킬 수도 타락시킬 수도 있다. 박스오피스에서 엄청난 성공을 거둔 수많은 탁월한 영화들이 증명해준 것처럼, 대중들은 자신들이 이해할 수만 있다면 좋은 영화의 수용을 거부하지 않는다. 종종 대중들이 이런 영화들을 이해하지 못하는 것은, 상업주의 그 자체 때문이라기보다는 대중들의 분별력이 너무 떨어지기 때문이고, 또 이 말이 역설적으로 보일지는 모르겠지만, 대중들 스스로 자신들의 분별력을 적용하는 데 너무도 소심하기 때문이다. 할리우드는 '대중이 원하는 것'을 만들어야 한다고 믿는 반면에, 대중은 할리우드가 만든 것은 어떤 것이나 다 받아들일 것이다. 만약 할리우드가 원하는 것을 스스로 결정한다 해도 심지어 '나쁜 일을 그만두고 옳은 일을 하겠다'라고 결심한다 해도, 할리우드는 잘 굴러갈 것이다. 왜냐하면 우리가 출발했던 곳으로 돌아가자면, 현대인들의 삶 속에서 영화는 다른 형태의 예술들이 될 수 없었던 바로 그것, 즉 '장식'이 아니고 '필요'이기 때문이다.

영화가 필요라는 것은 사회학적 관점에서뿐만 아니라 예술사적 관점에서도 이해할 만하다. 이전의 모든 재현예술의 과정들은 그 정도가 높건 낮건 간에 세계에 대한 관념론적 파악에 부합했다. 이런 예술들은 소위 말해서 위에서 아래로 작용했고, 아래에서 위로 작용하지는 않았다. 이들은 이념에서 출발해서 이것을 형태 없는 질료에 투사했지, 물리적 세계를 구성하는 대상에서 출발하지 않았다. 화가는 빈 벽이나 캔버스 위에 작업하면서 이 빈 벽이나 캔버스를 조직해서 자신의 이념에 따라(이런 이념 자체가 현실에서 자양분을 끌어간 것이기는 했지만) 사물과 사람의 유사성을 만들어냈다. 화가는 '모델로부터' 작업한다고 해도 사물이나 사람들과 함께 작업한 것은 아니다. 이것은 형태 없는 진흙덩어리나 건드리지 않은 돌이나 흙덩이로 작업하는 조각가의 경우도 마찬가지고, 종이나 녹음기로 작업하는 작가, 심지어는 텅 비어 있으며 극도로 제한된 공간으로 작업하는 무대 디자이너에게도 마찬가지다.

영화, 오로지 영화만이 우리가 좋든 싫든 세계에 대한 유물론적 해석——이것이 동시대의 문명에 설득력이 있다——을 정당하게 취급한다. 만화영화 같은 아주 특수한 경우를 제외하면, 영화는 중립적 매체가 아닌 물질적 세계와 사람을 조직해서 여기에 양식을 부여할 구성을 이루어내고, 심지어 환상적인 것도 심오하게 상징적인 것도 될 수 있다.[30] 영화는 이 모든 것을 예술가의 정신 속에서 일어나는 해석을 통

---

30) (불어판 주) 나는 여기서 막스 브라더스의 최근 영화, 「카사블랑카에서의 하룻밤」의 마지막 장면을 떠올리지 않을 수 없다. 이 장면에서 하포는 아무 이유 없이 커다란 비행기의 조종석을 빼앗고는 조종석에 있는 조그만 버튼들을 하나씩 하나씩 모두 눌러보면서 큰 소동을 일으킨다. 여기서 그는 별것도 아닌 조작을 해서 엄청난 재앙을 일으킬 수 있다는 사실에 큰 희열을 느끼는데, 이것은 원자폭탄 시대에 인간의 행동에 대한 끔찍하고도 탁월한 상징이다. 막스 브라더스가 이런 해석을 격렬하게 거부하리란 것은 의심의 여지가 없지만, 뒤러 역시도 누군가로부터 자신의 「묵시록」이 종교전쟁의 대재앙을 암시했다는 말을 들었으면 이

해서가 아니라 물리적 사물과 녹화기계의 실제적 조작을 통해서 이루어낸다. 영화의 매체는 물리적 현실 그 자체다. 즉 19세기 베르사유 궁전이라는 물리적 현실——미적 의도나 목적을 고려하면, 이것이 진짜인가 아니면 실제와 구별할 수 없게 만든 할리우드의 모사물인가는 전혀 중요하지 않다——이거나, 웨스트체스터Westchester 교외에 있는 주택이라는 물리적 현실이다. 파리의 라프Lappe 거리나 고비사막, 프랑크푸르트에 있는 파울 에를리히Paul Ehrlich의 아파트나 빗속의 뉴욕거리라는 물리적 현실이다. 기차나 동물, 에드워드 로빈슨Edward Robinson이나 지미 캐그니Jimmy Cagney라는 물리적 현실이다. 이 모든 대상과 사물이 예술작품으로 조직되어야 한다. 이들은 어떠한 방식으로든 배치——'배치'라는 말 속에는 물론 분장, 조명, 카메라 움직임이 포함된다——될 수 있지만, 이들 물리적 현실 없이 할 수 있는 것은 없다. 이런 관점에서 보면 「칼리가리 박사의 밀실」(1919)의 표현주의적 배경에서 보는 것처럼, 세계를 예술적인 선-양식화先-樣式化에 종속시키려는 시도는 해볼 수 있는 흥미 있는 실험 이상의 것이 아니며 사태의 진전에 거의 영향을 미치지 않았다. 현실과 맞서기 전에 현실을 미리 양식화해버리는 것은 단지 문제를 피하는 것일 뿐이다. 문제는 작업한 결과물이 양식을 가질 수 있도록 양식화되지 않은 현실을 조작하고 촬영하는 것이다. 바로 이것이, 영화보다 오래된 다른 예술들이 〔영화에〕 제시한 그 어떤 제안보다도 도달하기 어렵고 또 적절한 제안이다.

와 똑같이 반응했을 것이다.

4장

기계복제 시대의 예술작품(1936)

발터 벤야민

1

  예술작품은 원칙적으로 항상 복제될 수 있었다. 어떤 사람이 한 것은 항상 다른 사람이 다시 할 수 있었다. 이렇듯 거장들은 자기 작품을 유통시키려고 복제품을 만들었고, 도제 과정에 있는 견습생들은 연습삼아 모사품을 만들었으며, 마지막으로 탐욕에 눈먼 제삼자들은 위조품을 만들었다. 이런 과정들과 비교하면 예술작품의 기계복제는 뭔가 새롭다. 이 기계복제의 기술은 역사 전체를 놓고 보면 간헐적으로, 즉 오랜 시간적 간극을 두고 돌발적으로 발전되었지만 발전의 강도는 점차 커져갔다. 목판의 등장으로 역사상 처음으로 데생이 기계적으로 복제될 수 있게 되었다. 그것은 인쇄기술이 문자를 기계적으로 복제할 수 있게 된 지 훨씬 더 이전의 일이다. 문자의 기계복제인 인쇄기술이 문학에 가져온 엄청난 변화는 충분히 알려져 있다. 이 과정들은 각각

상당히 중요한 단계들이지만, 지금 우리가 세계사적 차원에서 분석하고자 하는 과정의 특정 단계에 불과하다. 중세의 목판에 뒤이어 압형押型과 동판이 등장했고 19세기 초에는 석판이 등장했다.

　석판과 더불어 복제기술은 본질적으로 새로운 차원에 도달했다. 돌 위에 새긴 데생은 훨씬 더 즉각적으로 이루어지기 때문에 나무판이나 구리판 위에서 이루어진 데생의 복제와 다르다. 석판 덕분에 그래픽 예술의 생산품은 이전처럼 대량으로 또 항상 새로운 모습으로 시장에 유통될 수 있었다. 데생은 석판 덕분에 매일매일의 생활과 함께할 수 있었다. 〔일간신문 등에서〕데생이 인쇄물과 짝을 이루기 시작했다. 그러나 석판이 아직 초기 단계였을 때, 즉 발명된 지 10여 년 만에 석판은 사진의 발명으로 시대에 뒤떨어진 것이 되어버렸다. 역사상 처음으로 이미지를 복제하는 과정에서 손이 가장 중요한 예술적 의무에서 해방되었고, 그때부터 이 의무가 눈에만 부과되었다. 눈은 손이 그릴 수 있는 것보다 훨씬 더 빨리 지각하기 때문에, 이미지의 복제 과정은 너무 빠른 속도로 진행되었고 마침내 사람이 하는 말과 짝을 이룰 정도가 되었다. 석판에 잠재적으로 화보畵報신문이 들어 있었던 것처럼, 사진에는 유성영화가 들어 있었다. 소리의 기계복제는 지난 세기〔19세기〕말에 시작되었다. 기계복제는 1900년경에 과거의 예술작품을 대상으로 진행되었고 이를 통해 이들 예술작품이 관객에게 작용하는 방식을 변형시키기 시작했을 뿐만 아니라 예술적 과정에서 자율적 위치를 점하게 되었다. 이 수준을 연구하려면 기계복제의 서로 다른 두 현시체 —— 예술작품의 복제와 영화예술 —— 가 어떻게 전통적 예술에 영향을 끼치는지를 살펴보는 것이 가장 시사적일 것이다.

예술작품의 가장 완벽한 복제에도 항상 한 가지는 빠져 있다. 즉 예술작품의 지금과 여기, 예술작품의 유일무이한 실재existence가 그것이다. 예술작품의 역사는 바로 이 유일무이한 실재 위에서만 작용한다. 이 말은 예술작품의 물리적 구조에 가해질 수 있는 변형뿐만 아니라 항상 변하는 소유 조건——이것이 바뀌면서 예술작품이 다른 소유주에게 옮겨간다——까지도 가리킨다. 전자, 즉 물리적 변형의 흔적은 복제된 작품에서는 실행할 수 없는 화학적 분석을 통해서만 밝혀질 수 있다. 후자는 전통의 대상이며 이 전통의 재구성은 현재 원작이 있는 곳을 출발점으로 이루어져야만 한다.

원작의 지금과 여기는 진품성authenticité이라는 개념의 내용이다. 스스로와 동일한 이 대상을 오늘날까지 전해준 전통의 재현은 바로 이 진품성 개념에 뿌리를 두고 있다. 진품성의 구성 요소는 기계복제뿐만 아니라 어떤 종류의 복제도 거부한다. 손으로 복제한 것은 원작과 비교했을 때 쉽게 가짜로 보이기 때문에 원작은 손으로 복제한 것에 대해 온전한 권위를 갖고 있었다. 그런데 이 특권적 상황이 기계복제에 대해서는 변화된다. 그 이유는 두 가지다. 먼저 손으로 한 복제에 비해 기계복제는 원작에 대해 더 많은 독립성을 가지고 있다. 사진을 예로 들면, 기계복제는 맨눈으로 접근할 수 없는 원작의 측면, 즉 조정할 수 있고 초점을 자유롭게 선택할 수 있는 렌즈를 통해서만 접근할 수 있는 원작의 측면을 드러낼 수 있고, 확대와 같은 특정 기법의 도움으로 육안으로는 포착할 수 없는 이미지를 포착한다. 다음으로 기계복제는 원작이 본래 누릴 수 없는 편재성遍在性을 원작에 부여한다. 원작은 무엇보다도 사진의 형태든 디스크의 형태든 기계복제 덕분에 〔물리적 거리에 관계없이〕지각의 대상이 될 수 있다. 대성당이 자기 자리를 떠나서 아마추어 사진사의 스튜디오로 들어오고 야외나 오디션 룸에서 공연된 합창이 방 안에서 울려 퍼진다.

이 새로운 상황은 예술작품의 내용을 건드리지 않을 수 있지만, 항상 예술작품의 지금과 여기의 가치를 떨어뜨린다. 분명 이것이 예술작품뿐만 아니라 영화가 관객 앞에 펼쳐주는 풍경에도 일어난다. 이 과정은 예술작품의 핵심, 즉 진품성을 건드린다. 예술작품은 이 점에서 자연 대상보다도 훨씬 더 취약하다. 한 사물의 진품성에는 그 기원과 물질적 지속, 그리고 역사적 증언으로 전달할 수 있는 모든 것이 포함된다. 물질성에 기반을 두고 있는 이 증언은 모든 물질성이 제거된 복제로 인해 뿌리부터 흔들리게 된다. 역사적 증언만 타격을 받은 것 같지만 그 안에서 사물의 권위와 그 전통적 무게까지 상처를 입었다.

이 모든 지표를 아우라aura라는 개념 속에 통합시킬 수 있다. 따라서 기계복제 시대에 예술작품에서 쇠퇴하는 것은 그 아우라라고 말할 수 있다. 이 징후적 과정의 의미는 예술의 영역을 훨씬 넘어선다. 다음은 일반적 정식이 될 수 있을 것이다. 복제기술은 복제된 사물을 전통의 영역에서 분리시킨다. 복제가 수없이 이루어지면서 복제기술 때문에 유일한 실재의 자리에 여러 개로 만들어낸 존재들이 들어서고, 복제품이 어떤 상황에서도 관객이나 청중에게 제공됨으로써 복제기술은 복제된 사물을 활성화시킨다. 이 두 과정은 전수된 것의 전복, 전통의 전복에 이르게 되는데, 이는 현재 인류가 처해 있는 쇄신과 위기의 이면일 뿐이다. 이 두 과정은 현재의 대중운동과 밀접한 관련을 맺고 있다. 이 대중운동의 가장 강력한 대변자agent는 영화다. 그 가장 긍정적 기능까지 포함해서 영화의 사회적 중요성은 이 파괴적이고 카타르시스적인 기능을 빼고는 파악될 수 없다. 그것이 바로 문화유산에 대한 전통적 가치의 청산이다. 이 현상은 역사적으로 위대한 영화에서 특히 분명하게 느낄 수 있다. 이 현상은 항상 새로운 분야를 자기 영역으로 통합한다. 그리고 1927년에 아벨 강스는 다음과 같이 열광적으로 환호했다. "〔미래에 태어날〕셰익스피어, 렘브란트, 베토벤은 영화를 하게 될 것이다〔……〕. 모든 전설, 모든 신화학, 모든 신화, 모든 종교의 창립자, 모든 종교 그 자체까지도〔……〕스크린 위에서 부활하게 될 것이며 영웅들이 서로 떼밀면서 영화의 문으로 몰려들고 있다."[1] 이때 그는 한 치의 의심도 없이 우리를 광범위한 청산으로 초대했던 것이다.

3

역사에서 오랜 시간적 간극을 놓고 볼 때, 인간사회의 존재 양태가 변형되면 이와 동시에 지각 양태도 변형된다. 지각 양태가 발전되는 방식——이를 수행하는 매체——은 인간의 본성뿐만 아니라 역사적 상황에 의해서도 결정된다. 동로마제국의 예술 산업과 『빈 창세기』를 만들어낸 민족대이동의 시기에는 고대의 예술과 다른 예술이 없었을 뿐만 아니라 고대의 지

---

1) 아벨 강스Abel Gance, 「이미지의 시간이 왔다」, 『영화예술 II』, Paris, 1927, pp. 94~96.

각과 다른 지각도 없었다. 빈학파의 학자들인 알로이스 리글Alois Riegl
과 프란츠 비크호프Franz Wickhoff는 고전주의 이론의 영향으로 인해 오
랫동안 평가절하된 비잔틴 미술을 복권시켰는데, 이로부터 이들은 최
초로 비잔틴 미술이 유행하던 시기의 특별한 지각 양태에 관한 결론을
끌어내려는 생각을 했다. 이들의 통찰이 아무리 중요해도, 이 학자들이
단지 지각 양태의 형식적 특징만을 드러내는 데 만족했기 때문에 이 통
찰에는 한계가 있다. 이들은 지각의 변화로 인해 드러나게 된 사회적
전복의 양상을 보여주려 하지 않았고 아마도 이를 바랄 수조차 없었다.
오늘날에는 관련된 연구의 조건이 훨씬 더 낫고, 현재의 지각 매체 속
에서 이루어진 변형을 아우라의 쇠퇴로 이해할 수 있다면 그 사회적 원
인을 지적할 수도 있다.

　결국 아우라란 무엇인가? 아우라는 시간과 공간의 독특한 조직이며,
즉 멀리 있는 것——그것이 아무리 가까이 있어도——의 유일한 출현이
다. 여름날 오후에 산의 능선 혹은 (자신에게 그림자를 드리우는) 나뭇
가지의 선을 눈으로 따라가는 데 몰두해 있는 사람, 이 사람은 이 산,
이 나뭇가지의 아우라를 호흡하고 있다. 이런 경험을 통해 우리는 현
재 일어나고 있는 아우라 쇠퇴의 사회적 원인을 이해할 수 있다. 이 쇠
퇴는 두 가지 상황에서 비롯된 것이고, 둘 다 대중 의식의 고양과 대중
운동의 강화와 관련된다. 왜냐하면 대중이 요구하는 것은 세계가 자기에게
더 '접근할 수 있게' 되는 것이고, 또 열정적으로 수많은 복제를 받아들임으로
써 그만큼 모든 현상의 유일성을 깎아내리는 것이기 때문이다. 이미지 속에서,
더 나아가 복제 속에서 대상을 직접적으로 소유하려는 욕구는 날이 갈
수록 더욱더 커져가고 있다. 따라서 화보신문이나 뉴스영화 등이 마음
대로 사용하는 이미지는 필연적으로 예술적 이미지와 다르다. 상투적

이미지에 순간성과 복제가능성이 긴밀하게 뒤섞여 있는 것처럼, 예술적 이미지에는 유일성과 지속성이 긴밀하게 뒤섞여 있다. 대상의 아우라를 파괴함으로써 대상을 그 후광에서 벗어나게 하는 것은 다음과 같은 지각의 표시다. '세계 속에서 동일한 것을 보고자 하는 감각'이 너무도 강화되어서 복제를 통해 유일한 것을 표준화시키는 데 도달할 정도가 되었다. 이미 이론의 영역에서 통계의 중요성을 점차 커져가게 만들었던 바로 그것이 이렇게 감수성의 영역에서도 나타난다. 현실에 대한 대중의 작용, 대중에 대한 현실의 작용은 사유에 대해서뿐만 아니라 감수성에 대해서도 무한히 중요한 과정이다.

4

예술작품의 유일성과 전통 속으로의 예술작품의 통합은 다른 것이 아니다. 이 전통은 다른 한편 아마도 강하게 살아 있는 것이고 그 자체로 끝없이 변한다. 고대의 조각상 「비너스」는 이를 숭배의 대상으로 삼았던 그리스인과 이를 유해한 우상으로 보았던 중세인에게 전통과 관련해 각기 다른 의미를 갖는다. 그러나 그리스인이나 중세인 모두에게 이 조각상은 유일성이라는 특성, 한마디로 그 아우라 속에서 제시된다. 예술작품이 전통에 통합되는 본원적 형식은 숭배에서 실현되었다. 오래된 예술작품이 처음에는 주술적인, 다음에는 종교적인 의식儀式에 쓰이기 위해 만들어졌다는 사실은 잘 알려져 있다. 그런데 아우라에 의해 결정된 예술작품의 존재 양태는 결코 제의적 기능과 분리되지 않는다는 것이 중요하다. 다른 말로 하면 '진품'인 예술작품의 유일한 가치는 제의에 기반을 둔 것이다. 이 제의적 기반이 아무리 위축된 것처럼 보여도 그것은 미에 대한 가장 세속적 형태의 숭배에서 다시 나타난다. 르네상스 시기에 발전된 이 숭배는 이후 3세기 동안 큰 인기를 누렸지만, 이 시기가 끝나갈 무렵 미의 숭배가 겪었던 최초의 심각한 동요에 의해 이 제의적 기반이 드러나게 되었다. 사진이라는 진정으로 혁명적인 최초의 복제 양태——사회주의의 성장과 사진은 동시대에 나타난다——가 도래하면서 예술이 한 세기 후에 분명해질 위기를 겪을 때, 예술은 '예술을 위한 예술'이라는 교리로 대응했는데 이것은 예술의 신학神學에 다름 아니다. 바로 여기에서 이후 순수예술이란 이념의 형태로 부정적 신학이 출현하게 된다. 순수예술은 모든 사회적 기능을 거부할 뿐만 아니라 그것이 어떤 것이든 구체적 주제로 규정되는 것도 거부한다. (시에서 말라르메는 이런 입장에 도달한 최초의 인물이었다.)

기계복제 시대의 예술작품을 대상으로 한 분석에서는 반드시 이런 역사적 상황을 고려해야 한다. 왜냐하면 이 역사적 상황은 다음과 같은 결정적 진리를 알려주기 때문이다. 즉 전 세계 역사상 처음으로 기계복제는 예술작품을 제의에 기생하는 존재에서 해방시켰다는 것이다. 복제된 예술작품은 점점 더 복제가능성을 목적으로 만들어진 예술작품의 복제가 된다.[2] 예를 들어 사진 음화에서 수많은 프린트를 뽑아낼 수

---

2) 문학작품이나 회화작품과는 달리 영화작품에서 복제가능성은 대량배포라는 외적인 조건에 달려 있지 않다. 영화의 기계복제 가능성은 영화의 생산기술 그 자체에 내재되어 있다. 이 기술 덕분에 가장 즉각적 대량배포가 가능할 뿐만 아니라 오히려 이 기술이 대량배포를 결정한다. 이 기술이 대량배포를 결정한다는 사실은 영화 한 편의 제작에 엄청난 비용이 든다는 사실을 통해서 알 수 있다. 이 비용은 그림 한 점의 가격을 지불할 수 있는 개인이 결코 영화 한 편을 구입할 수 없는 정도의 것이다. 1927년에 거대한 규모의 영화 한 편이 제작비 전체를 회수하려면 9백만 명의 관객이 들어야 한다는 계산이 나왔다. 관객이 언어의 국경을 넘지 못했

있다. 여기서 진품이 무엇인가를 묻는 것은 불합리하다. 진품성의 기준을 예술품에 적용할 수 없게 되는 바로 그 순간, 예술의 사회적 기능 전체가 전복된다. 제의적 기반이 분명 또 다른 실천으로 대체되는 것임에 틀림없다. 그 또 다른 실천이 바로 정치다.

5

예술사를 예술작품의 두 대극對極의 대립으로 묘사할 수 있다면, 하나의 극에서 다른 하나의 극으로 중심축의 이동을 따라 변화의 굴곡을 따라갈 수 있다. 이 두 개의 극이 제의가치祭儀價値와 전시가치展示價値다. 예술적 생산은 이미지를 주술에 이용하는 것으로 시작된다. 이때 이미지는 보여진다는 사실에서가 아니라 존재한다는 사실에서 중요성을 갖는다. 석기시대의 인간이 동굴 벽에 그린 생생한 그림은 주술의 도구였고 우연적으로만 타자의 시선에 노출되었다. 이보다는 정령이 이 이미지를 본다는 것이 훨씬 더 중요했다. 제의가치를 갖기 위해서

기 때문에 유성영화의 발명은 분명 영화의 국제적 배포의 후퇴를 초래했다. 이것은 독재 체제가 국익國益을 요구하는 시기와 일치한다. 따라서 독재 체제가 행한 실천과 이어져 있는 이 명백한 관계에 대해 강조하는 것이, 동시녹음의 발명으로 곧바로 없어지게 될 언어의 제약을 강조하는 것보다 더 중요하다. 이 두 현상이 동시에 발생한 것은 경제위기 때문이다. 이때 생겨난 갈등 때문에 전체적 차원에서 소유 조건들을 힘으로 유지하려는 시도가 생겨났다. 그리고 바로 이 갈등 때문에 제작자의 자본은 유성영화의 개발을 서두르게 되었다. 유성영화의 도래로 일시적 긴장완화가 생겨났는데, 이것은 유성영화가 새로운 관객을 창조했고 또 영화제작 자본과 유착된 전기산업에 새롭게 자본을 창출해주었기 때문이다. 이처럼 외부에서 보면 유성영화는 국익을 용이하게 해주었지만, 내부에서 보면 유성영화는 이전의 제작 조건들보다 훨씬 더 영화제작의 국제화에 기여했다.

는 예술작품이 숨겨져 있어야만 했다. 예를 들면 어떤 신상神像은 사제들만 접근할 수 있었고, 어떤 성모의 그림은 거의 1년 내내 베일에 가려져 있었으며, 고딕 성당의 어떤 조각상은 지표면에 서 있는 관객에게는 보이지 않았다. 예술 제작의 서로 다른 방법이 의식儀式에서 해방되면서 예술작품이 전시될 기회가 늘어난다. 이런저런 장소로 보낼 수 있는 흉상은 신전 내부의 고정된 장소에 놓인 신상보다 더 쉽게 전시될 수 있다. 그림〔이젤화〕은 이런 점에서 이전 시대의 모자이크나 프레스코화를 능가한다.

예술작품의 다양한 복제 방법과 더불어 전시가능성이라는 특성이 너무 커지게 되었다. 이 때문에 양극 사이의 양적 이동의 방향이 바뀌게 되어 선사시대의 경우처럼 예술작품의 본질에 질적 변화가 생겨난다. 선사시대에 예술작품이 제의가치의 절대적 무게 때문에 처음으로 주술의 도구——우리가 예술적 특성을 인정하게 된 것은 이후의 일이다——가 되었던 것과 마찬가지로, 오늘날 예술작품은 전시가치의 절대적 무게 때문에 전적으로 새로운 기능을 가진 창조물이 된다. 이 새로운 기능 중 우리에게 가장 익숙한 예술적 기능이 두드러지는데, 이 예술적 기능은 이후에는 부차적인 것으로 인정될 수도 있다. 최소한 영화가 이러한 진단에 가장 설득력 있는 요소를 제공한다는 점은 명백하다. 더욱이 분명한 것은, 영화에서 이미 선구적으로 나타나는 예술의 기능 변화의 역사적 의미 때문에 방법론적으로뿐만 아니라 물질적으로도 선사시대와 대면할 수 있다는 것이다.

6

선사시대의 예술은 조형적 묘사를 일정한 실천, 즉 주술적 실천에 이용했다. 그것은 선조의 형상을 조각하는 것—이 행위는 그 자체로 마술적인 것이었다—이거나 이 실천의 실행 양태를 가리키는 것— 조각은 제의적 태도 속에 있었다—이거나 마지막으로 주술적 관조의 대상을 만들어내는 것—조각상을 바라보는 것은 기술이 아직 제의와 분리되지 않아야 한다는 사회적 요구에 따라서 행해진다—이다. 이 기술(제1의 기술)은 기계적 기술(제2의 기술)과 비교해보면 자연스럽게 뒤떨어진 기술이다. 그러나 변증법적 성찰에 중요한 것은 이 기술의 기계적 열등성이 아니라 우리 시대의 기술과 비교할 때 두드러지는 경향적 차이다. 즉 제1의 기술은 인간을 최대한으로 참여시키지만, 제2의 기술은 인간의 참여를 최소화한다. 말하자면 전자의 위업은 인간의 희생에 기반을 두고 있지만, 후자의 위업은 조종사 없이 원거리에서 전파로 조종되는 비행기에서 예고될 수 있다. '단 한 번밖에 없다.' 이 것이 제1의 기술—돌이킬 수 없는 잘못이든 영원히 본보기가 되는 생명의 희생이든—의 좌우명이다. '한 번은 아무 소용이 없다.' 이것이 제2의 기술—이 기술의 목적은 끝없는 시행착오를 통해 자기 경험을 되살리는 것이다—의 좌우명이다. 제2의 기술의 기원은 무의식적 간계에 이끌려 인간이 처음으로 자연에서 거리를 취하려 했던 순간에서 찾아야 한다. 다른 말로 하면 제2의 기술은 유희 속에서 태어났다.

진지함과 유희, 엄밀함과 엉뚱함은 정도는 다르지만 예술작품에 긴밀하게 뒤섞여 있다. 이것은 예술이 진지함과 엄밀함뿐만 아니라 유희와 엉뚱함에도 밀접하게 관련되어 있다는 뜻이다. 분명 **자연력의 지배라**

는 용어는 현대 기술의 목적을 표현하고 있지만, 이 표현은 논란거리가 된다. 왜냐하면 이 용어는 아직 제1의 기술의 언어에 속해 있기 때문이다. 실제로 제1의 기술은 자연의 노예화를 지향하지만 제2의 기술은 자연과 인간의 조화를 지향한다. 현재 예술의 가장 중요한 사회적 기능은 인류를 이 '조화로운' 유희에 입문시키는 데 있다. 이것은 특히 영화에 적용된다. 인간의 삶에서 기술 장비의 역할은 계속 커지고 또 중요해지는데, 영화는 기술 장비의 실천으로 결정되는 통각aperception과 반응에 대한 훈련에 도움이 된다. 이 역할이 인간에게 가르쳐주게 될 것은, 인류의 경제구조가 제2의 기술이 작동시킨 새로운 생산력에 적응하게 될 때에야 비로소 이 설비에 대한 〔인간의〕 일시적 종속이 바로 이 설비에 의한 해방으로 대체될 것이라는 사실이다.[3]

---

3) 혁명의 목표 또한 이러한 적응을 가속화하는 것이다. 혁명은 집단적 요소의 전면적인 분포 innervation이거나, 보다 정확하게는 (처음으로 제2의 기술에서 자기 기관을 찾아낸) 집단성의 전면적 분포의 시도다. 자연력과 인간 사이에 조화로운 유희가 설정될 수 있도록 이 기술은 기본적인 사회적 힘들이 굴복될 것을 요구하는 체계를 이룬다. 붙잡는 것을 배우는 아기는 마치 잡을 수 있는 범위 안에 있는 공을 잡는 것처럼 달을 향해서도 손을 뻗는다. 이와 마찬가지로 인류는 전면적인 분포의 시도를 하면서 실현할 수 있는 목표 옆에 일단은 유토피아적인 다른 목표를 계획한다. 혁명 속에서 단지 제2의 기술만이 사회에 대한 요구사항을 공고하는 것은 아니기 때문이다. 이 기술이 단지 부역에서 인간을 해방시키는 것만을 지향하기 때문에 개인의 활동 영역이 갑자기 무한히 넓어지게 된다. 이 영역에서 개인은 어디로 가야 할지 모르지만 이미 자신의 요구 사항을 주장한다. 집단적 요소가 제2의 기술을 전유하면 할수록, 제1의 기술의 지배를 받는 개인은 자신이 할 수 있는 영역이 더욱더 제한되어 있다고 느끼게 된다. 요컨대 자신의 권리를 요구하는 것은 제1의 기술이 청산되면서 해방된 특정 개인이다. 그런데 제2의 기술이 겨우 최초의 혁명적 습득물을 확보하자마자 이미 제1의 기술—사랑과 죽음—에 의해 사실상 억압되었던 개인의 생생한 심급이 새로운 활기를 띠면서 두드러지게 된다. 푸리에François Marie Charles Fourier의 저작 전체가 이 요구에 대한 가장 중요한 역사적 기록 중 하나다.

114

사진에서 전시가치는 제의가치를 전면적으로 몰아내기 시작한다. 그러나 제의가치도 아무 저항 없이 자리를 내주는 것은 아니다. 제의가치는 최후의 진지 속에 도피하는데, 그것이 바로 인간의 얼굴이다. 초상화가 초기 사진의 주된 대상이었다는 사실 또한 전혀 우연이 아니다. 사랑했던 사람들——지금 없거나 작고한——의 추억에 대한 숭배는 예술작품의 제의적 의미에 최후의 도피처를 제공한다. 오래된 사진에 나온 인간 얼굴의 덧없는 표현 속에서 아우라가 최후의 섬광을 던지는 것 같다. 이 때문에 이들 사진은 멜랑콜리로 가득 찬 비할 데 없는 아름다움을 갖고 있다. 그러나 인간 형상이 사진에서 사라지자마자 전시가치는 제의가치보다 우월한 것으로 나타난다. 아제Jean Eugène Auguste Atget의 사진의 중요성은, 그가 거리를 사막처럼 황량하게 찍는 것을 통해 이 과정을 1900년대 파리의 거리에 위치시켰다는 사실에서 나온다. 그가 파리의 거리를 범죄의 장소처럼 찍었다는 말은 일리가 있다. 범죄의 장소는 황량하다. 범죄의 장소를 찍는 것은 여기서 증거를 끌어내기 위해서다. 아제의 사진은 역사의 법정에서 증거품의 가치를 갖는다. 이것이 여기에 숨겨진 정치적 의미를 부여한다. 아제의 사진은 정해진 의미 속에서 이해될 것을 요구한다. 이 사진은 초연한 시선에 더 이상 적합하지 않다. 이 사진은 바라보는 사람을 불안하게 만든다. 관객은 이 사진 속에 침투하기 위해 특정한 길이 필요하다고 느낀다. 그는 화보신문에서 비슷한 길을 걸어간 적이 있다. 이 길이 올바른 길인가 아닌가는 중요하지 않다. 바로 이 화보신문에서 설명글이 필수적인 것이 되어버렸기 때문이다. 분명 이 설명글은 그림의 제목과는 완전히 다른 특성을 갖는다. 설명글이 이미지 애호가에게 부여한 지침은 이윽고 영화에서 보다 구체적이고 강제적인 것이 된다. 영화에서는 각 이미지의 의미가 앞선 이미지의 연속〔몽타주〕에 의해 규정되기 때문이다.

8

그리스인들은 예술작품의 기계복제 중 주물과 주조라는 단 두 가지 과정만을 알고 있었다. 브론즈, 테라코타, 메달만이 그들이 여러 개로 만들어낼 수 있는 예술작품이었다. 다른 모든 것은 하나밖에 없는 것이었고 기술적으로 복제할 수 없는 것이었다. 따라서 이들 작품은 '영원'을 위해 만들어진 것이었다. 그리스인들은 자신들이 처한 기술적 상황 때문에 '영원한 가치를 갖는' 예술을 창조하지 않을 수 없었다. 예술사에서 그리스 작품이 점하고 있는 독보적 위치는 이런 상황에서 비롯된 것이고, 이 위치는 이후의 세대에게 기준점으로 작용하게 된다. 우리의 위치가 그리스인들과 대척점에 있다는 것은 의심의 여지가 없다. 예전에는 예술작품이 결코 지금과 같은 정도로까지 기계적으로 복제할 수 있는 것이 아니었다. 영화는 역사상 처음으로 복제가능성이 그 전적인 특성이 되어버린 예술 형태의 예다. 영화의 특성을 그리스 예술의 특성과 비교하는 것은 한가한 일이겠지만, 이 비교는 한 가지 점에서는 유익하다. 그리스인들이 분명 마지막까지 인정하기 힘들었던 특성, 혹은 가장 무시할 만한 예술의 특성이 영화에 의해 결정적인 것이 되었다. 그것이 바로 예술작품의 개선가능성perfectibilité이다. 완성된 영화는 일사천리로 만들어진 것이 아니며 영화는 일련의 연속된 이미지로 구성된다. 편집자는 이 중에서 선택을 하고 이미지는 처음 촬영한 것에서 마지막으로 촬영한 것까지 마음대로 수정할 수 있다. 3,000미터의 필름으로 완성된 「파리의 여인」[4]을 편집하기 위해 채플린은 12만 5,000미터를 촬영했다. 따라서 영화는 개선가능성이 가장 높은 예술작품이고, 이 개선가능성은 모든 '영원한 가치'에 대한 급진적 거부에서 비롯된 것이다. 이를 반대로 검증하면 이렇게 된다. 예술로 '영원한 가치'를 만들어내려 했던 그리스인들은 개선가능성이 가장 적은 예술 형태인 조각——조각품은 문자 그대로 한 조각이 전체가 된다——을 예술의 위계 중 최정상에 위치시켰다. 편집할 수 있는 예술작품의 시대에 조각의 몰락은 피할 수 없는 것 같다.

9

19세기 중 회화와 사진이 각각 자기 생산물의 예술적 가치를 놓고 전개했던 논쟁은 오늘날에는 혼돈스럽고 시대에 뒤떨어진 것처럼 보인다. 그러나 이 때문에 그 의미가 줄어들지 않고 오히려 이를 더 강조할 수도 있다. 사실상 이 두 경쟁자 중 어느 쪽도 그 의미를 판단하지 못했던 이 논쟁은 전 세계적 차원에서 벌어진 역사적 전복의 징후였다. 예술을 제의가치의 기반에서 분리시킨 기계복제 시대에 예술의 자율성이란 가상은 영원히 사라졌다. 그러나 여기에서 비롯된 예술 기능의 변화는 19세기에 조망할 수 있는 한계를 넘어선 것이다. 그리고 그 의

---

4) 찰리 채플린, 「파리의 여인A Woman of Paris」, 미국, 1923, 78분.

미는 영화의 탄생을 목격한 20세기에도 아직 포착되지 못하고 있다.

예전에 사람들이 '사진의 발명 자체가 예술의 근본적 성격을 완전히 전복시켰는지 아닌지'를 먼저 묻지 않고 '사진이 예술인지 아닌지'라는 문제를 해결하기 위해 헛된 논의를 했다면, 영화이론가들 역시 이 덜 익은 문제(영화가 예술인지 아닌지)에 뛰어들었다. 그런데 사진이 전통적 미학에 제기했던 난점은, 영화가 전통적 미학에 제기했던 난점에 비하면 어린애 장난에 지나지 않는다. 최초의 영화 이론을 특징짓는 집요한 맹목성은 여기에서 나온다. 예를 들면 아벨 강스는 다음과 같이 주장했다. "우리는 기적처럼 시간을 거슬러 올라가서 이집트인들의 표현의 차원에 도달했다……우리의 눈이 아직 이미지에 적응하지 못했기 때문에 이미지의 언어 역시 아직 제대로 되어 있지 않다. 이미지가 표현하는 것에 대해 아직 충분한 존경, 충분한 숭배가 없다."5) 세브랭-마르스는 이렇게 쓴다. "어떤 예술이 보다 더 높고 동시에 보다 더 시적이면서 보다 더 현실적인 꿈을 꿀 수 있었으랴. 이렇게 생각하면 영화는 완전히 예외적 표현 수단이 될 것이고, 가장 탁월한 생각을 하는 인물만이 가장 완벽하고 가장 신비로운 추구의 순간에 영화적 분위기 속에서 움직일 뿐이다."6) 알렉상드르 아르누는 무성영화에 대한 환상을 마무리하면서 다음과 같은 질문을 제기하는 데까지 나아간다. "요컨대 방금 우리가 사용했던 모든 모호한 용어는 기도祈禱라는 단 한마디 말로 규정할 수 있지 않을까?"7) 영화를 예술로 분류하고 싶은 욕망이 너무나 컸던 나머지 갑작

---

5) 아벨 강스, 앞의 글, pp. 100~101.
6) 아르망 세브랭-마르스Armand Séverin-Mars, 아벨 강스의 같은 글에서 재인용, p. 100.

스럽게 이 이론가들이 영화에 제의적 요소를 끌어들이는 데까지 나아 갔다는 것을 확인하는 것이 중요하다. 그러나 이런 사변들이 나오던 시기에 「파리의 여인」이나 「황금광 시대」[8] 같은 작품이 온갖 스크린에 서 상영되었다. 그럼에도 불구하고 강스는 영화를 상형문자와 비교하 고, 세브랭-마르스는 프라 안젤리코Fra Angelico의 회화에 대해 말하는 것처럼 영화에 대해 말했던 것이다. 오늘날에도 보수적 작가들이 신성 한 것이나 적어도 초자연적인 것에서 영화의 의미를 찾는 것도 특징적 이다. 막스 라인하르트가 「한여름 밤의 꿈」[9]을 감독한 것을 언급하면 서 베르펠은 한 치의 의심도 없이 이 영화가 길거리, 방, 기차역, 식 당, 자동차, 해변 등과 같은 외부 세계의 빈약한 복제에 불과하다고 보 고, 이 때문에 현재까지 영화가 예술의 영역으로 도약하는 데 장애가 되고 있다고 주장한다. "영화는 아직까지 진정한 의미, 진정한 가능성 을 포착하지 못하고 있다…… 영화의 진정한 가능성은 자연적 수단과 비할 데 없는 설득력을 이용해서 동화적이고 신기하며 초자연적인 모든 것을 표현하는 영화의 특별한 능력 속에 있다."[10]

---

7) 알렉상드르 아르누Alexandre Arnoux, 『영화』, Paris, 1929, p. 28.
8) 찰리 채플린, 「황금광 시대The Gold Rush」, 미국, 1925, 69분.
9) 윌리엄 디터리 & 막스 라인하르트, 「한여름 밤의 꿈A Midsummer Night's Dream」, 미국, 1935, 133분.
10) 프란츠 베르펠Franz Werfel, 「한여름 밤의 꿈, 셰익스피어에서 나온 영화와 라인하르트」, 『신비엔나 저널』, 1935년 11월 15일자에서 재인용.

그림 사진을 찍는 것은 복제의 양태지만, 스튜디오에서 가상의 사건을 찍는 것은 또 다른 양태다. 전자의 경우 복제된 대상은 예술작품이지만 복제된 결과는 전혀 예술작품이 아니다. 교향곡을 지휘하는 오케스트라 지휘자의 행위가 그런 것처럼, 그림 앞에서 렌즈를 조정하는 사진사의 행위도 예술작품을 만들어내지 못하기 때문이다. 이들은 기껏해야 예술적 행위를 재현할 뿐이다. 스튜디오에서의 촬영은 이와는 다르게 진행된다. 여기서 복제된 것은 이미 예술작품이 아니고, 복제 역시 첫번째 경우와 마찬가지로 거의 예술작품이 아니다. 소위 말하는 예술작품은 몽타주가 이루어지면서 생겨날 뿐이다. 각 부분들로 이루어진 몽타주는 장면의 복제인데, 이 장면은 그 자체로도 사진에 의해서도 예술작품이 아니다. 영화 속에 복제된 사건이 전혀 예술작품이 아니라는 것이 분명하다면, 이것은 도대체 무엇일까?

그 대답은 영화배우의 특수한 작업을 고려해야만 할 것이다. 영화배우가 연극배우와 구별되는 것은, 복제의 기반으로 쓰이는 영화배우의 연기가 우연히 모인 관객 앞에서 이루어지지 않고 일련의 전문가 집단 앞에서 이루어지기 때문이다. 이들 전문가는 제작자, 감독, 촬영감독, 사운드나 조명기술자 등의 자격으로 어떤 순간에나 영화배우의 연기에 개입할 수 있다. 이것은 상당히 중요한 사회적 지표다. 방금 한 행위에 대한 전문가 집단의 개입은 스포츠 활동에서, 일반적으로는 테스트test 의 실행에서 특징적으로 나타난다. 이와 같은 개입은 사실상 영화제작 과정 전체에 걸쳐 이루어진다. 영화가 각각의 부분에서 여러 버전으로 촬영된다는 것은 잘 알려져 있다. 예를 들어 비명소리는 다양한 방식으로 녹음될 수 있다. 여기서 편집자는 기록을 작성하면서 선택을 한다. 따라서 스튜디오에서 촬영된 가상의 사건은 이에 대응하는 실제 사건과 다르다. 이는 마치 스포츠 경기에서 트랙에 원반을 던지는 것이, 이 행위가 사람을 죽이기 위해 일어난다는 가정 하에서 동일한 원반을 동일한 장소에서 동일한 궤적으로 던지는 것과 같지 않은 것과 마찬가지다. 전자의 행위는 테스트의 실행으로 볼 수 있지만 후자는 아니다.

분명 영화배우가 견뎌내는 테스트는 전적으로 독특한 차원에 속한다. 이 시험은 무엇으로 이루어져 있는가? 여기서 테스트의 사회적 가치를 협소하게 제한하는 한계를 넘어서야 한다. 이것이 전혀 스포츠 테스트의 문제가 아니고 단지 기계화된 테스트가 문제라는 점을 상기하고 싶다. 스포츠 선수는 말하자면 자연적 테스트만을 알고 있을 뿐이다. 스포츠 선수는 자연이 정해준 시험에 맞서 싸우지, "시계에 맞서 달렸다"라고 말하는 육상선수 누루미Paavo Nurmi와 같은 몇몇 예외를 제외하면, 어떤 장치의 시험에 맞서 싸우는 것은 아니다. 이 사이에 특히 〔포드주의fordism 같은〕 연쇄 체계가 일반화된 이후에는, 수많은 노동자는 노동 과정 때문에 매일매일 수많은 기계화된 테스트의 시험을 겪지 않을 수 없다. 이런 시험은 자동적으로 수행된다. 즉 이를 견뎌낼 수 없는 사람은 제거되는 것이다. 다른 한편 직업교육을 하는 기관은 이런 시험을 공개적으로 실시한다.

그런데 이런 시험에는 상당히 불편한 것이 있다. 즉 스포츠 테스트와는 달리 이런 시험은 바람직한 정도로 전시되지 않는다는 것이다. 영화는 바로 여기에 개입한다. 영화는 이 전시가능성 자체를 테스트로 만들면서 전시될 수 있는 테스트를 실행한다. 왜냐하면 영화배우는 관객 앞에서 연기하는 것이 아니라 녹화기계 앞에서 연기하기 때문이다. 촬영감독은 말하자면 직업적성시험을 볼 때 테스트의 통제자와 정확히 같은 자리를 차지한다. 마이크의 요구사항을 충족시키면서 조명 아래서 연기하는 것, 이것이 가장 중요한 행위다. 이를 이행하는 것이 배우에게는 녹화기계 앞에서 자신의 인간성을 지키는 것이다. 이러한 행위는 엄청나게 중요하다. 왜냐하면 바로 장치의 통제로 인해 도시의 가장 많은 거주자는 일하는 시간 내내 계산대에서도 공장에서도 자신의 인간성을 포기해야만 하기 때문이다. 저녁이 되면 바로 이 똑같은 대중이 영화관을 가득 채우고 앉아 영화배우가 자신들을 위해 행하는 설욕전에 참여한다. 이는 단지 장치에 맞서 자신의 인간성(혹은 이를 대신하는 것)을 긍정하기 위한 것일 뿐만 아니라 이 장치를 자신의 승리에 이용하기 위한 것이다.

11

영화에서는 배우가 관객의 눈앞에서 다른 어떤 사람을 연기하는 것보다 장치 앞에서 자기 자신을 연기하는 것이 더 중요하다. 영화배우가 시험적 성격의 테스트 때문에 겪는 이러한 변신을 가장 먼저 느낀 사람 중 하나는 피란델로였다. 소설 『촬영!』에서 그가 이 주제에 대해 했던 언급은, 그것이 비록 이 문제의 부정적 측면만을 부각시키고 있고 또 무성영화만을 언급하고 있기는 하지만, 전적인 가치가 있다. 왜냐하면 유성영화에서도 본질적인 것은 바뀌지 않았기 때문이다. 결정적인 것은 무성영화는 하나의 장치 앞에서 연기하고 유성영화는 두 개의 장치 앞에서 연기한다는 것뿐이다. 피란델로는 이렇게 쓴다. "영화배우들은 스스로 유배당한 것 같은 느낌이 든다. 장면에서 유배당했을 뿐만 아니라 자기 자신으로부터도 유배당한 것이다. 그들은 슬픔, 뭐라 말할 수 없는 공허감, 심지어는 좌절의 느낌을 갖고 막연하게 이렇게 언급한다. 즉 자신들의 육체가 현실성을, 생명을, 목소리를, 움직이면서 내는 소리를 빼앗겨서 거의 사라지고 무화되어 한순간 스크린에 명멸했다가 침묵 속으로 사라지는 무언의 이미지가 되어버린다는 것이다…… 관객 앞에서 작은 기계가 이들의 그림자로 유희하게 될 것이고, 이들 배우는 이 작은 기계 앞에서 연기하는 데 만족해야 할 것이다."[11]

이 사실은 또한 다음과 같이 특징지어질 수도 있다. 역사상 처음으로——이것이 또한 영화의 작업인데——인간은 아우라를 포기한 채, 전적으로 자기 자신으로만 살아가고 행동하라고 강요받게 되었다는 것이다. 왜냐하면 아우라는 인간의 지금과 여기에 달려 있기 때문이다. 아우라에는 어떤 복제나 재생산도 없다. 관객은 무대 위의 맥베스에게서 분출하는 아우라를, 이 역할을 연기하는 배우의 아우라로 느끼지 않을 수 없다. 스튜디오 촬영의 독창성은 장치가 관객을 대체했다는 점에서 나온다. 영화배우를 둘러싼 아우라가 관객과 함께 사라지고, 등장인물

---

11) 루이지 피란델로Luigi Pirandello, 『촬영!』, 레옹 피에르-캥Léon Pierre-Quint, 「영화의 의미작용」, 『영화예술 II』, pp. 14~15에서 재인용.

의 아우라가 배우의 아우라와 함께 사라진다.

영화배우의 특징을 지적하면서 피란델로 같은 극작가가 본의 아니게 오늘날 연극에 닥친 위기의 근원을 건드린 것은 전혀 놀랍지 않다. 영화처럼 복제기술만을 위해 구상된 작품에 실제로 무대 작품만큼 결정적으로 대립하는 것은 없다. 심화된 영화 연구는 이를 모두 인증한다. 전문적 관찰자들은 오래전부터 "가능한 한 가장 적게 연기함으로써 항상 가장 강력한 영화적 효과를 획득한다"라는 것을 인정했었다. 1932년부터 아른하임은 "배우를 그가 가진 특성 때문에 선택해서 적절한 장소에 끼워 넣는 소품처럼 간주하는 것이 최근에 이룩한 영화의 진보"[12]라고 생각했다. 이것이 다른 것과 긴밀하게 연결된다. 연극배우는 자기가 맡은 등장인물과 자신을 동일시한다. 그러나 영화배우는 항상 그럴 수 있는 것이 아니다. 영화배우의 연기는 전혀 단일한 것이 아니다. 그것은 서로 다른 수많은 연기로 이루어져 있다. 스튜디오의 임대, 스태프의 동원과 선택, 세트나 다른 소품들의 제작 등과 같은 우연적 상황을 제외한다고 해도, 배우의 연기를 이후에 연결시킬 수 있는 단편들로 분해하는 것은 바로 기계장치의 기본적 요구 때문이다. 무엇보다도 조명이 문제인데, 스크린에서 하나의 장면으로 금방 지나가버리는 사건을 조명의 설치 때문에 스튜디오에서는 때로 몇 시간 동안 길어지는 서로 다른 일련의 테이크로 찍지 않을 수 없다. 보다 충격적인 트릭에 대해서는 말할 필요조차 없을 것이다. 스크린에서는 높은 창에서 뛰어내리는 것처럼

---

12) 루돌프 아른하임Rudolf Arnheim, 『예술로서의 영화』, Berlin: Rowohlt, 1932, pp. 176~77.

보이는 장면도 실제로는 스튜디오에 설치한 망대에서 뛰어내리는 것으로 찍을 수 있다. 여기에 이어지는 도주의 장면은 필요에 따라 몇 주 후에 외부 촬영으로 찍을 수 있을 것이다. 게다가 이보다 더 역설적인 경우도 쉽게 상상해볼 수 있다. 배우가 문 두드리는 소리를 듣고 소스라치게 놀라는 장면을 생각해보자. 이 장면이 생각했던 대로 찍히지 않았을 경우 감독은 몇 가지 술책을 이용할 수 있다. 즉 배우가 우연히 스튜디오에 나왔을 때 갑작스럽게 총소리를 터트린다. 이때 배우가 즉각적으로 경험한 공포를 배우 몰래 찍어서 필름에 끼워 넣을 수 있다. 오랫동안 예술이 번성할 수 있는 유일한 영역으로 통했던 '아름다운 가상'의 영역을 예술이 마침내 벗어났음을 이보다 더 잘 보여주는 것은 없다.

12

　장치에 의한 인간 이미지의 재현에서 인간이 느끼는 자기소외는 지극히 생산적으로 사용된다. 피란델로가 묘사한 것처럼 배우가 카메라 렌즈 앞에서 느끼는 기이한 감정은 거울에 비친 이미지를 보고 우리가 느끼는 기이한 감정—낭만주의자들이 파고들기 좋아하는 감정—과 기원이 같다는 사실로부터 우리는 그 파장을 측정해보려 한다. 그런데 인간을 담은 이 이미지는 지금부터 인간에게 떼어내서 옮길 수 있는 것이 된다. 그렇다면 어디로 옮겨지는가? 대중 앞으로 옮겨진다. 영화배우는 분명 한순간도 이를 의식하지 않을 수 없다. 배우는 렌즈 앞에 서 있는 동안 자신이 결국에는 관객 대중과 볼일이 있다는 것을 알고 있다. 대중으로 이루어진 이 시장——배우는 여기에 노동력뿐만 아니라 육체까지도 제공한다——에서 배우는 자신의 모습을 공장에서 나온 상품과 같은 것으로는 마음속으로 그려볼 수가 없다. 피란델로가 주목했던 것처럼 바로 이런 상황 때문에 렌즈 앞에 선 배우는 숨 막히게 하는 억압감, 즉 새로운 불안이 생겨나는 것은 아닐까? 당연하게도 이 새로운 불안에 새로운 승리가 대응된다. 그것이 바로 스타의 승리다. 영화 자본이 선호하는 스타 숭배는 오래전부터 개성의 매력을 보존하고 있는데, 이것은 탐욕스러운 상업적 본성에서 나온 가짜 광채에 지나지 않는 것이다. 스타 숭배는 관객의 숭배에 의해 보완되는데, 이 관객의 숭배는 타락한 대중의 정신성——독재 체제는 대중의 계급의식을 바로 이것으로 대체하려 했다——에 우호적으로 작용한다. 이 모든 것이 영화 자본에 순응하는 것이라면, 이 과정은 배우나 관객 둘 다에게서 자기소외로 귀결될 것이다. 그러나 영화기술은 이러한 귀결을 예견하고 변증법적 전복을 준비한다.

13

영화기술뿐만 아니라 스포츠 기술도 많든 적든 모든 사람이 이들 기술의 전시에 전문가로서 참여한다. 일군의 젊은 신문배달부가 자전거 위에 걸터앉아 자전거 경주의 결과를 놓고 논평하는 것을 듣는 것만으로도 이를 충분히 고찰할 수 있다. 영화의 경우, 뉴스영화는 사람들 각자가 영화에 출연할 수 있다는 것을 상당히 분명하게 보여준다. 그러나 문제는 여기에 있지 않다. 오늘날 사람들 각자는 영화에 나올 권리가 있다. 현재의 문학 활동의 역사적 상황을 보면 이를 이해할 수 있다.

　수세기에 걸쳐 문학 활동의 결정적 조건은 몇 안 되는 작가가 수천 명의 독자와 대면하는 것이었다. 지난 세기〔19세기〕말에 변화가 생겨났다. 계속해서 새로운 정치적, 종교적, 과학적, 직업적, 지역적 지면을 독자에게 일임해온 언론의 점진적 확장 덕분에 경우에 따라 상당히 많은 수의 독자가 문학에 참여하게 되었다. 이것은 일간지가 독자에게 문호를 개방한 '독자투고석'과 함께 시작되었다. 결과적으로 오늘날에는 르포르타주 형태가 됐든 혹은 이와 유사한 어떤 형태가 됐든 자기 작업에 대한 직업적 관찰을 어딘가에 글로 실을 수 없는 유럽의 노동자는 거의 없다고 할 수 있다. 이처럼 작가와 관객의 근본적 차이가 사라지는 경향이 있다. 이 차이는 단지 기능적인 것이며 경우에 따라 달라질 수 있다. 독자는 언제나 작가로 옮겨갈 수 있다. 독자는 극도로 분화된 작업 과정 속에서 어쩔 수 없이 되어야만 했던 전문가──그가 아무리 미천한 일을 할지라도──의 자격으로 언제나 작가의 칭호를 획득할 수 있다. 일 그 자체가 목소리를 낸다. 그리고 자신이 하는 일을 말로 표현하는 것은 일을 실행하는 데 필수적 능력의 일부가 된다. 문학적 능력은 더 이상 전문화된 교육이 아닌 여러 기술에 기반을 두고 이루어지며, 이를 통해 인류 공동의 재산이 된다.

　마찬가지로 이 모든 것은 영화에도 해당된다. 문학 활동에서 수세기에 걸쳐 이루어진 변화가 영화에서는 10여 년 사이에 이루어졌다. 영화적 실천, 특히나 소련의 실천에서는 이 변화가 이미 부분적으로 실현되었다. 소련 영화에 나오는 상당수의 배우는 서구적 용법으로는 전혀 배우가 아니고 자신의 역할, 우선적으로는 작업 과정에서 자신이 맡은 역할을 하는 사람들이다. 서구 유럽에서는 영화에 대한 영화 자본의 착취 때문에 사람들이 자기가 하는 일을 보여줄 수 있는 권리를 행사하지 못한다. 게다가 생산 과정에서 엄청난 대중을 배제시키는 실업 때문에도 이 권리가 행사되지 못하는데, 왜냐하면 이들은 특히 생산 과정 속에서만 스스로가 이미지로 재현될 수 있는 권리를 갖기 때문이다. 영화 산업은 이런 조건 속에서 환상적 재현이나 모호한 사변으로 대중을 자극하는 데만 온갖 관심을 쏟는다. 영화 산업은 이런 목적으로 강력한 광고 장치를 작동시켰다. 즉 영화 산업은 스타의 경력이나 연애 생활을 이용하거나 관객 투표나 미인대회를 조직했다. 영화 산업은 이렇게 대중 교육의 변증법적 요소를 계발한다. 스타의 자리에 서고 싶은, 다시 말해서 대중으로부터 벗어나고 싶은 고립된 개인의 열망이 정확하게 영화를 보는 대중 관객을 응집시킨다. 이렇게 전적으로 사적인 관심으로 영화 산업은 영화를 향한 대중 본래의 정당한 관심을 왜곡시킨다.

14

　영화의 촬영, 특히 녹화는 이전에는 결코 볼 수 없었던 구경거리를 제공한다. (우연히 이를 지켜보게 된 구경꾼의 눈이 카메라 렌즈와 동일시되지 않는 한) 이것은 어떤 지점에 서든 연출에 이질적인 모든 부속물——녹화 장치, 조명 장치, 스태프——이 포착되지 않을 수 없는 구경거리다. 이 단순한 사실만으로도 스튜디오 녹화와 연극의 리허설의 비교 자체가 피상적이고 헛된 것으로 되어버린다. 원칙적으로 연극에는 〔무대에서 벌어지는〕 행위의 환상이 유지되는 일정 지점이 있다. 녹화되는 영화장면에는 이 지점이 없다. 영화의 환영주의적 성격은 (몽타주의 결과로 생긴) 이차적 성격이다. 이 말은 이런 뜻이다. 즉 스튜디오에서는 기술 장치가 현실에 너무도 깊이 침투한 나머지, 이 현실은 특별한 과정, 즉 (촬영된 것을 이와 비슷한 다른 것과 연결시키는) 몽타주와 카메라의 앵글이라는 특별한 과정을 통해서만 〔스크린 상에〕 촬영 장치가 나타나지 않게 제시될 수 있다. 영화의 세계에서 현실은 더 많은 인위성을 통해서만 촬영 장치가 나타나지 않게 제시되며, 여기서 즉각적 현실은 기술 나라의 푸른 꽃과 같은 것으로 제시된다.

연극과 분명히 다른 이러한 여건은 회화의 여건과 비교해보면 더 시사적이다. 여기서 우리는 화가와 비교해볼 때 촬영감독opérateur이 어떤 상황에 놓여 있는가라는 질문을 던져야만 한다. 여기에 답하려면 외과학에서 쓰이는 수술의사opérateur라는 개념을 이용해볼 수 있다. 그런데 외과의사가 세계의 한 극점에 서 있다면, 반대편 극점에는 주술사가 있다. 안수按手를 통해 환자를 치료하는 주술사의 행위는 환자의 몸에 직접 개입하는 외과의사의 행위와 다르다. 주술사는 환자와 자기 사이에 자연스러운 거리를 유지한다. 보다 정확히 말해서 주술사는 안수 행위를 통해 이 거리를 거의 좁히지 않지만, 그는 권위를 통해 이 거리를 확장시킨다. 외과의사는 정확하게 이와 반대로 행한다. 즉 그는 환자의 몸속에 깊숙하게 침투함으로써 자신과 환자 사이의 거리를 상당히 좁히지만, 몸속의 기관 사이에서 신중하게 손을 움직임으로써 이 거리를 거의 좁히지 않는다. 한마디로 주술사 — 주술사의 특성은 아직도 개업의사에게 남아 있다──와는 달리 외과의사는 결정적 순간에 환자와 일대일의 인간관계를 맺으려 하지 않는다. 그는 오히려 기능적으로만 환자 속에 침투한다.

화가와 촬영감독의 관계는 주술사와 외과의사의 관계와 같다. 화가는 작업을 할 때 자신이 주제로 선택한 현실에 대해 통상적 거리를 유지한다. 이와 반대로 촬영감독은 주어진 현실의 망 속에 깊숙하게 침투한다. 이들 각자가 획득한 이미지는 완전히 다른 과정에서 나온 것이다. 화가의 이미지가 전체적인 것이라면, 촬영감독의 이미지는 새로운 법칙에 따라 조직된 수많은 단편으로 이루어진 것이다. 바로 이렇게 현실을 재현하는 두 양태──회화와 영화──중 영화는 현재의 인간에게 비할 수 없는 의미를 갖게 된다. 현재의 인간은 정확하게는 장치를 통한 강력한 현실 침투 덕분에 모든 장치가 제거된 관점──인간이 예술작품에서 직접적으로 기대하는 관점──을 현실에서 획득하기 때문이다.

15

예술작품의 기계복제는 대중이 예술에 대해 반응하는 방식을 변화시킨다. 예를 들어 피카소의 그림 앞에서 보수적 태도를 보였던 바로 그 대중이 채플린의 영화 앞에서는 가장 진보적 대중이 된다. 모든 진보적 반응에서는 정서적이고 스펙터클적인 〔대중의〕 즐거움이 전문가의 태도와 즉각적이면서도 긴밀하게 뒤섞인다는 것을 여기에 덧붙여보자. 중요한 사회적 지표가 바로 여기에 있다. 왜냐하면 한 예술의 사회적 중요성이 줄어들면 줄어들수록, 관객 안에서 순수하고 단순한 즐거움과 비평적 태도 사이의 분열이 커지기 때문이다. 이때는 관습적인 것을 비판 없이 즐기게 되고 진정으로 새로운 것을 혐오감을 가지고 비판하게 된다. 영화에서는 다르다. 사실상 영화에서 결정적 상황은 다음과 같다. 영화에서만큼 고립된 개인들의 반응——그 절정은 대중의 반응이다——이 즉각적으로 증폭되면서 결정되는 곳은 다른 어디에도 없다. 이런 반응은 분출되면서 동시에 조정된다. 여기서 다시 한 번 회화와 비교해보는 것이 필요하다. 예전에 그림은 한 사람 혹은 몇몇 사람만 관람할 수 있었다. 19세기에 벌어진 것처럼 엄청난 수의 대중이 동시에 그림을 관람하는 것은 회화의 위기를 미리 보여준 징후다. 이 회화의 위기는 사진에 의해서만 발생된 것이 아니고, 사진과는 별다른 관계없이 대중을 끌어들였던 예술작품의 경향에 의해서도 발생된 것이었다.

건축이 항상 그랬고〔집단적 관람의 대상이었고〕또 예전에 서사시가 그랬으며 오늘날에는 영화가 그런 것처럼, 그림은 사실상 결코 집단적 관람의 대상이 될 수 없었다. 이런 상황에서 회화의 사회적 역할에 대해 끌어낼 수 있는 결론은 거의 없지만, 이 상황은 일정 정도 자기 본성과 모순되는 상황 속에 놓이게 된 그림이 대중과 직접적으로 대면했던 순간에 생긴 심각한 질곡을 보여주고 있다. 중세의 성당과 수도원에서, 마찬가지로 18세기 말까지는 궁정의 회랑에서 회화 작품의 집단적 관람은 평등하게 동시에 이루어진 것이 아니라 세밀한 등급과 위계를 통해 이루어졌다. 이후에 일어난 변화는 특별한 갈등을 드러내는 것일 뿐인데, 회화는 이 갈등을 겪으면서 그림의 기계복제에 연루되었다. 화랑이나 살롱에 그림을 전시하려는 시도도 있었지만, 여기서 대중은 영화 관객이 영화에 호의적으로 반응했던 것처럼 통제되거나 조직될 수 없었다. 따라서 [채플린의] 희극영화 앞에서는 진보적 태도로 반응했던 바로 그 동일한 대중이 초현실주의 작품 앞에서는 보수적 태도로 반응했던 것이다.

16

영화의 사회적 기능들 중 가장 중요한 것은 인간과 기술 장비 사이에 균형을 확립하는 것이다. 영화는 인간을 기계장치에 제시함으로써, 나아가 이 장치의 도움으로 주변 세계를 인간에게 제시함으로써 이 임무를 수행한다. 영화는 한편으로 외부 세계의 목록 중 대개는 익숙한 소품 때문에 보이지 않는 디테일을 클로즈업으로 부각시킴으로써, 렌즈를 탁월하게 조직하여 진부한 환경을 개척함으로써, 우리 존재가 얽매여 있는 수많은 제약에 대해 우리의 이해력을 넓혀준다. 다른 한편으로 영화는 생각지도 못했던 거대한 행위의 장을 우리에게 열어주는 데까지 이른다.

대도시의 거리, 술집, 사무실, 가구가 딸린 방, 기차역, 공장 등은 우리를 가두고 있는 것 같고 결코 여기에서 벗어날 수 있다는 희망을 주지 않는다. 바로 이때 영화가 나타나 수십 분의 1초의 폭발로 이 감옥과 같은 세계를 터트리고, 따라서 우리는 멀리까지 날아간 이 세계의 잔해와 폐허 속에서 아무 근심 없이 모험에 찬 여행을 하게 된다. 클로즈업으로 공간이 확장되며 느린 화면으로 운동이 연장된다. 확대는 (그것이 없었다면 모호한 측면만을 간직하고 있었을 것을 구체화시켜 준다기보다는) 완전히 새로운 질료의 구조적 형성을 분명하게 보여준다. 느린 화면은 운동의 동기를 묘사하는 것이라기보다는 알려진 운동 속에서 알려지지 않은 운동을 밝혀내는 것이다. 이 느린 화면은 "빠른 운동을 감속시켜 보여주는 것이 아니라 독특하게 미끄러지고 가벼우며 초자연적 운동의 효과를 낸다."[13]

이처럼 카메라에게 말을 하는 자연은 눈에게 말을 하는 자연과 다르다는 점이 분명해진다. 이 둘이 다르다는 것은 특히나 인간이 의식적으로 개척한 공간이, 인간이 무의식적으로 침투한 공간으로 대체된다는 점에서 그렇다. 사람이 걷는 모습을 개략적으로나마 묘사한 것 중에는 평범한 것밖에 없지만, 걸음을 내딛는 바로 그 찰나에 사람이 어떻게 균형을 유지하는가에 대해서도 전혀 알려진 것이 없다. 라이터나 숟가락을 잡는 몸짓도 우리에게 의식적이면서 익숙한 활동이지만, 그럼에도 불구하고 이때 손과 금속 사이에서 정확히 어떤 일이 벌어지는지에 대해서는 전혀 알려져 있지 않다. 기분이 다를 때 이 미지의 과정이 어떤 미세한 변동을 불러일으킬 수 있는지에 대해서는 말할 것도 없다. 바로 여기에 하강과 상승, 개입과 고립, 확장과 가속, 확대와 축소 등과 같은 온갖 부수적 수단들을 가진 카메라가 개입한다. 정신분석이 충동적 무의식의 세계를 우리에게 열어주는 것처럼, 카메라는 시각적 무의식의 세계를 우리에게 열어준다.

더욱이 이 무의식의 두 형태 사이에는 가장 긴밀한 관계가 있다. 왜

---

13) 같은 책, p. 138.

냐하면 녹화 장치가 현실에서 끌어낼 수 있는 수많은 측면은 상당 부분 감각 지각의 일상적 스펙트럼의 바깥에만 존재하는 것이기 때문이다. 영화가 가시계에 가할 수 있는 수많은 왜곡, 상투형, 변형, 재앙은 실제로 정신병, 환각, 꿈에서 일어난다. 카메라가 만들어낸 왜곡 하나하나는 집단적 지각이 정신병자와 꿈꾸는 사람의 지각 양태를 전유하는 기법이다. 이처럼 영화는 '깨어 있는 인간은 모두가 공유하는 하나의 세계를 갖고 있지만, 자고 있는 인간은 각자 자기만의 세계로 돌아간다'라는 고대의 헤라클레이토스적인 진리에 돌파구를 열어준다. 이는 특히 환상 세계의 재현을 통해서라기보다는 집단적 꿈에서 길어낸 형상——아찔한 속도로 세계 일주를 하는 미키 마우스와 같은 형상——의 창조를 통해서 이루어진다.

오래전부터 비합리적으로 작동하는 자본주의 경제 속에서 합리적 기술이 만들어낸 위험한 긴장을 고찰한다면, 우리는 다른 한편으로 이 동일한 기술이 어떤 집단적 정신병에 맞서 면역 수단——즉 몇몇 영화——을 만들어냈다는 것을 인정하게 될 것이다. 이 영화들이 사디즘적인 성적 환상이나 마조히스트적인 탈선의 이미지를 인위적으로 꾸며서 제시했기 때문에 현재의 경제형태에서 특히나 고통받고 있는 대중에게 이 정신적 동요의 자연스러운 성숙을 예고해준다. 집단적 웃음은 이와 비슷한 집단적 정신병을 미리 터트려주고, 따라서 유익하다. 영화를 통해 소비되는 엄청난 양의 그로테스크한 사건은, 현재의 문명에 의해 억압된 충동의 근저에서 인류를 위협하는 위험을 드러내는 충격적 지표다. 미국 희극영화와 디즈니 만화영화는 억압된 무의식을 터트려준다.[14] 이들의 선구자는 괴짜들excentrique이었다. 영화가 열어준 새로운 장에 괴짜들이 처음으로 자리를 잡았다. 바로 여기에 채플린의 역사적 형상이 자리 잡고 있다.

17

예술의 가장 중요한 과제 중 하나는 다소간 장기간에 걸쳐 충족될 수밖에 없는 요구를 발생시키는 것이었다. 모든 예술형식의 역사에는 위기의 시기가 있는데, 이 시기에는 이 형식이 변형된 기술 수준을 기반으로 해서만, 다시 말해서 새로운 예술 형태 속에서만 거리낌 없이 획득될 수 있는 효과를 〔미리〕 갈망하게 된다. 특히 소위 데카당스의 시기에 생겨나는 예술의 엉뚱함과 노골성은 사실상 가장 풍요로운 창조적 발생지에서 솟아난 것이다. 이와 비슷한 부정확한 어법barbarisme은 비슷한 시기에 다다이즘의 기쁨이었다. 다다이즘의 충동은 현재에 이르러서야 가능할 수 있는 것이 된다. 즉 다다이즘은 대중이 오늘날 영화에서 찾는 효과를 만들어내려 했던 것이다.

중대한 결과를 함축하고 있는 근본적으로 새로운 요구의 창조는 모두 원래 설정한 목표를 넘어선다. 이것이 다다이스트들에게 일어났던

---

14) 이런 영화에 대한 집중적 분석은 분명 이들 영화에 내포된 상반된 의미에 침묵해서는 안 된다. 이런 분석은 희극적이면서도 동시에 공포의 감정을 자아내는 요소가 상반된 의미를 갖고 있다는 데서 출발해야 할 것이다. 그러나 아이들의 반응이 보여주는 것처럼 희극적인 것과 공포스러운 것은 긴밀하게 이어져 있다. 그런데 주어진 경우에서 이 두 반응 중 어떤 것이 보다 인간적인가를 물을 권리가 있지 않을까? 미키 마우스의 최근 만화영화 몇몇은 이런 질문을 정당화한다. 디즈니의 새로운 만화영화들을 보면, 예전의 수많은 만화영화에서 이미 예고된 것이 분명하게 나타난다. 잔인함과 폭력을 즐거운 마음으로, 다시 말해서 '운명의 변덕'으로 받아들이게 하는 것이 그것이다.

일이다. 이들은 영화가 그렇게나 성공적으로 개척했던 산업적 가치까지 희생시킬 정도로 (물론 이들 스스로는 납득조차 할 수 없었던) 내적 목표를 밀고 나갔다. 다다이스트들은 자기들 작품의 상업적 가치를 중요시하지 않고 관조적 주의 집중에 대한 부적절한 용법improprieté을 중요시했다. 이 부적절한 용법에 도달하기 위해서는 예술작품의 재료를 고의적으로 격하시키는 것만이 최소한의 수단은 아니었다. 독일 정신분석가들이 말하는 것처럼, 이들이 쓴 시는 외설적 표현과 상상할 수 있는 모든 언어의 쓰레기로 만든 '말의 샐러드'다. 단추나 티켓 등을 붙여 넣었던 이들의 그림도 마찬가지다. 이들이 이런 수단으로 획득한 것은 아우라의 무자비한 파괴였다. 이들은 제작 수단을 이용해서 심지어 자신들의 작품에도 복제라는 불명예스러운 낙인을 찍었다. 아르프Hans Arp의 그림이나 아우구스트 슈트람August Stramm의 시 앞에서는, 드랭 André Derain의 그림이나 릴케의 시 앞에서 하는 것처럼 주의를 집중해서 감상하는 시간을 갖기란 불가능하다. 부르주아지의 쇠락기에 반사회적 행위[15]의 연습이 되어버린 주의 집중recueillement에, 사회적 태도를 새로운 양태로 인도해주는 주의 산만distraction이 대립한다. 따라서 다다이스트들의 시위는 예술작품을 스캔들의 중심으로 만들어서 극심한 주의 산만을 조장했던 것이다. 이것은 무엇보다도 대중의 분노를 불러일으킨다는 요구를 충족시키는 것이었다.

---

15) 이 주의 집중의 신학적 원형은 신과 단독으로 대면한다는 의식이다. 부르주아지가 진취적이었던 시기에는 이 의식으로 성직자의 감시에 대항할 자유가 강화되었다. 부르주아지가 쇠퇴하는 시기에 이 행위는, 고립된 개인이 신과 대면할 때마다 동원하는 강력한 힘을 공동체의 일에 쓰이지 않게 하려는 잠재적 경향에 우호적으로 작용할 수 있다.

이전에 예술작품이 눈에 대한 유혹이거나 귀에 대한 매혹이었다면, 다다이스트에 이르러서는 탄환이 되었다. 관객이든 독자든 바로 이 탄환에 맞았다. 예술작품은 정신적 충격을 준다는 특성을 획득했다. 예술작품은 이렇게 영화의 요구에 유리하게 작용했는데, 마찬가지로 영화의 산만한 요소는 이따금씩 관객을 급습하는 장소와 샷의 변화에 기반을 두고 있고 무엇보다도 정신적 충격을 준다. 영화의 스크린과 그림의 화폭을 비교해보자. 스크린의 이미지는 변화되지만 화폭 위의 이미지는 변화되지 않는다. 관객을 관조에 초대하는 것은 후자의 이미지다. 그림 앞에서 관객은 수많은 연상에 빠져들 수 있다. 그러나 촬영된 이미지 앞에서는 그럴 수 없다. 눈이 이미지를 포착했는가 싶은데 이미지는 이미 변형되어 있다. 이 이미지는 결코 고정될 수 없다. 영화를 극도로 싫어했지만 영화 구조의 몇몇 요소를 파악해냈던 뒤아멜은 이런 상황에 대해 다음과 같이 언급한다. "내가 원하는 것을 나는 벌써 생각할 수 없다. 움직이는 이미지가 나만의 생각을 대체해버린다."[16]

사실상 이들 이미지를 바라보는 사람의 연상 과정은 이미지가 변형되면서 즉각 중단된다. 이것이 영화가 입히는 정신적 충격이다. 이 충격은 다른 모든 정신적 충격이 그렇듯이 꾸준한 주의를 기울일 때만 완화될 수 있다.[17] 영화의 메커니즘 자체는 다다이즘이 실행했던 정신적 충격에

---

16) 조르주 뒤아멜Georges Duhamel, 『미래생활의 장면』, Paris, 1930, p. 52.
17) 영화는 오늘날의 사람들이 겪고 있는 강화된 죽음의 위험에 대응하는 예술 형식이다. 영화는 지각의 양태 속에 일어난 근본적 변화에 부합한다. 이 변화는 거대 도시의 보행자들 전부가 사적 생존의 차원에서 겪고 있으며, 진정한 인간적 질서를 위해 싸우기로 한 모든 사람이 전 세계의 역사적 차원에서 겪고 있는 것이다.

물질적 특성을 부여했다.

18

대중은 현재의 시간에 예술작품에 대한 새로운 태도가 생겨나는 모체다. 양이 질로 전환된다. 즉 예술에 참여하는 수가 훨씬 더 많아진 대중은 변화된 참여의 양태를 만들어냈다. 이 양태가 저급한 방식으로 나타난다는 사실에서 잘못된 판단을 이끌어내서는 안 되지만, 열정적으로 문제의 피상적 측면에만 골몰하는 일도 없지는 않았다. 이 중에서 뒤아멜은 가장 급진적으로 의견을 표명했다. 그가 영화에 대해 가진 주요한 불만은 영화가 대중에게 불러일으키는 참여의 양태다. 뒤아멜은 영화 속에서 "천민의 오락, 할 일과 걱정이 많아 얼떨떨해진 비천한 존재와 문맹자의 소일거리〔……〕, 감상에 어떤 노력도 필요로 하지 않으며, 아무것도 이념으로 이어지지 않고〔……〕, 마음 깊은 곳에 어떤 빛도 밝히지 않으며, 어느 날 로스앤젤레스에서 '스타'가 되는 것과 같은 말도 안 되는 희망 말고는 어떤 희망도 불러일으키지 않는 스펙터클"[18]만을 본다.

이 비난에서 볼 수 있는 것은 근본적으로는 항상 똑같이 오래된 불평, 즉 대중은 기분전환거리만을 찾는 데 반해 예술은 주의 집중을 필요로 한다는 불평이다. 바로 여기에 공통점이 있다. 그렇다고는 해도

---

18) 조르주 뒤아멜, 앞의 책, p. 58.

이것이 문제를 해결할 수 있는지는 알아보아야 한다. 예술작품 앞에서 주의 집중을 하는 사람은 여기에 빠져든다. 그는 자기가 그린 풍경의 정자 속으로 사라진 중국 화가처럼 예술작품 속으로 침투한다. 이와 반대로 주의가 산만한 대중은 예술작품을 자기 안으로 받아들여 여기에 자기 삶의 리듬을 전달하고 자신의 흐름으로 예술작품을 파악한다. 여기서 건축이 가장 생생한 예다. 건축은 항상 예술의 원형이었고 집단적으로 건축을 감상하는 것은 산만하게 이루어졌다. 이 감상의 법칙은 가장 시사적인 것들 중 하나다.

건축은 인류의 기원부터 인류와 함께해왔다. 그동안 많은 종류의 예술이 발전되다가 사라졌다. 비극은 그리스인들과 함께 태어나 이들과 함께 사라졌고 수세기 후에는 단지 비극의 규칙들만 되살아났다. 인류의 유년기까지 그 기원이 거슬러 올라가는 서사시는 유럽에서 르네상스가 끝날 무렵에 사라졌다. 그림은 중세의 산물이고 이런 양태의 회화가 끝없이 계속될 거라고 아무것도 보장해주지 않는다. 반면에 거주에 대한 인간의 욕구는 변함이 없다. 건축이 일을 중단한 적은 없었다. 건축의 역사는 그 어떤 예술의 역사보다 오래된 것이고, 대중과 예술의 관계를 이해하고자 할 때는 항상 건축이 어떤 종류의 영향을 미쳤는지를 고려하는 것이 유용하다. 건축적 구성은 이중적 감상 양태의 대상이다. 쓸모와 지각, 그리고 보다 중요하게는 촉각과 시각이 그것이다. 유명한 건축물 앞에서 주의를 집중하고 있는 여행객을 떠올리는 것만으로는 건축의 감상을 정확히 판단할 수 없다. 왜냐하면 시각적 지각에서 관조에 대응되는 것이 촉각적 지각에는 존재하지 않기 때문이다. 촉각적 감상은 주의注意의 길을 통해서가 아니라 습관의 길을 통해서 이루어진다. 건축에 관한 한 습관은 상당한 정도로 시각적 감상을 결정한다. 습관 또한 본질적으로는 꾸준한 주의 속에서가 아니라 우연적 인상 속에서 만들어진다. 그런데 건축과 접촉하면서 발전된 이런 양태의 감상은 어떤 상황에서는 규범적 가치를 획득한다. 왜냐하면 역사의 전환기에 인간의 지각에 부과된 과제는 단순한 시각, 다시 말해서 관조로는 전혀 해결될 수 없기 때문이다. 이 과제는 대략 촉각적 시각의 습관에 의해 점차적으로 해결될 수 있을 뿐이다.

산만한 것도 익숙해질 수 있다. 어떤 의미에서는 더 그렇다. 어떤 과제를 산만하게 해결할 수 있을 때에만 우리는 이를 비로소 습관적으로 해결한다는 확신을 가질 수 있다. 이와 마찬가지로 예술이 우리에게 제공해주는 주의 산만을 통해 예술은 지각의 새로운 과제가 어떤 정도로 해결될 수 있는지 우리도 모르는 사이에 밝혀준다. 그리고 고립된 개인에게는 항상 이러한 과제에서 벗어나려는 유혹이 남아 있기 때문에 예술이 대중을 동원할 수 있게 되면 가장 어렵고 가장 중요한 과제를 공략할 수 있을 것이다. 예술은 현재 영화를 통해서 이를 행한다. 이 주의 산만한 감상은 모든 예술의 영역에서 점차 강하게 관철되고 있고 또 지각에서 이루어지고 있는 근본적 변형의 징후를 보여준다. 주의 산만한 감상은 영화에서 고유한 경험의 장을 찾아냈다. 영화는 이처럼 그리스인들이 미학이라고 명명했던 지각의 과학에서 가장 중요한 대상으로 나타난다.

19

인류의 점진적 프롤레타리아화와 대중의 점진적 형성은 오늘날 동일한 현상의 두 측면에 불과하다. 전체주의 국가는 소유 조건을 건드리거나 대중이 지향하는 소유 조건의 폐지를 내버려둔 채로 새로 구성된 프롤레타리아화된 대중을 조직하려고 한다. 전체주의 국가는 물론 대중이 자신들의 권리를 표현하도록 하지 않고 자신들의 '본성'의 표현만을 허용한다는 점에서 자기 구원을 찾는다.[19] 대중은 소유 조건의 변형을 지향한다. 전체주의 국가는 소유 조건을 유지하면서 이런 경향의 표현만을 허용한다. 달리 말하면 전체주의 국가는 불가피하게 정치 생활의 미화에 이르게 된다.

모든 정치적 미화의 노력은 한 점으로 수렴된다. 이 지점이 바로 현대의 전쟁이다. 전쟁, 아니 오로지 전쟁만이 소유 조건을 유지하면서 가장 광범위한 대중운동에 하나의 목표를 부여할 수 있다. 바로 이것이 정치적 관점에서 제시되는 방식이다. 기술적 관점으로는 다음과 같이 제시된다. 즉 전쟁만이 소유 조건을 유지하면서 현 시기의 기술적 수단 전체를 동원할 수 있다. 전체주의 국가의 전쟁 예찬이 이런 주장을 이용하

---

19) 여기서 강조해야 하는 것은 특히 뉴스영화에 중요한 기술적 상황이다. 대량복제에 특히 잘 대응하는 것은 [스크린에 나타난] 대중의 복제다. 오늘날 녹화 장치에 모두 찍히는 거대한 축제의 행렬과 괴물 같은 집회, 스포츠와 전쟁의 대중조직 속에서 대중은 자신의 눈으로 자신을 바라본다. 너무도 중요한 이 과정은 복제기술, 특히 녹화기술의 발전에 긴밀하게 연관된다. 대중운동은 맨눈보다도 녹화기계에 보다 분명하게 제시된다. 수십만 명이 모인 집회는 새의 관점에서 보다 잘 포착될 수 있다. 이 시점은 맨눈으로도 녹화기계로도 접근할 수 있지만, 눈이 포착한 이미지는 확대할 수 없는 반면, 촬영된 이미지는 확대할 수 있다. 이 말은 곧 대중운동, 특히 현대의 전쟁은 특히 녹화장치로 보다 잘 볼 수 있는 인간의 행위를 재현한다는 뜻이다.

지는 않지만, 여기에 눈길을 던져보는 것도 유용할 것이다. 이탈리아와 에티오피아의 전쟁에 대한 마리네티의 선언문은 다음과 같다.

우리 미래주의자는 27년 전부터 전쟁은 아름답지 않다는 주장에 반대해왔다〔……〕. 우리는 다음과 같이 주장한다〔……〕. 전쟁은 아름답다. 왜냐하면 가스 마스크, 거대한 메가폰, 화염 방사기, 그리고 작은 탱크 덕분에 전쟁은 예속된 기계에 대한 인간의 우월성을 확립해주기 때문이다. 전쟁은 아름답다. 왜냐하면 꿈에 그리던 인간 신체의 기계화를 열어주기 때문이다. 전쟁은 아름답다. 왜냐하면 기관총에서 나오는 화려한 난초로, 꽃피는 목장을 풍요롭게 하기 때문이다. 전쟁은 아름답다. 왜냐하면 그것은 총소리, 대포, 휴전, 파괴의 향기와 냄새를 하나의 교향곡으로 묶어내기 때문이다. 전쟁은 아름답다. 왜냐하면 거대한 탱크, 기하학적 비행기의 편대, 불타는 마을 위로 올라가는 나선형의 연기, 그리고 많은 다른 것과 같은 새로운 건축을 창조하기 때문이다〔……〕. 미래주의자의 시인과 예술가여! 〔……〕 새로운 시와 조형을 위한 그대의 투쟁이 빛날 수 있도록 전쟁 미학의 원리를 기억하라!

이 선언은 분명하다는 장점이 있다. 이와 같이 문제를 제기하는 방식은 변증론자가 받아들일 만하다. 이들 미래주의자의 눈에 현대 전쟁의 미학은 다음과 같이 제시된다. 생산력의 자연스러운 사용이 소유 질서에 의해 늦춰지고 억압될 때 기술, 삶의 리듬, 에너지 발전기 등의 증대는 반자연적으로 사용되는 경향이 있다. 그리고 생산력의 자연스러운 사용은 이를 전쟁에서 찾는데, 전쟁은 파괴를 통해서 사회가 기술을 전유하기에는 충분히 성숙해 있지 않고 기술은 기본적인 사회 세력을 억제하기 위해 충분히 발전되어 있지 않다는 것을 증명한다. 그 가장 불결한 특성으로 나타나는 현대의 전쟁은 생산 과정에서 생산수 단의 불충분한 사용과 강력한 생산수단 사이의 간극으로, 달리 말하면 실업과 상품 판로의 부족으로 결정된다. 이 전쟁에서 사회에 의해 자연적 재료의 좌절을 겪은 기술은 반란을 일으켜 '인간적 재료'에서 손실된 이자를 강 탈한다. 강물의 흐름을 한곳으로 모으기는커녕 기술은 참호를 인간의 흐름으로 채운다. 높은 곳에서 비행기로 땅에 씨앗을 뿌리기는커녕 기 술은 땅에 화재의 씨앗을 뿌린다. 기술은 화학실험실에서 아우라를 제 거하기 위한 즉각적이고도 새로운 방법을 발견했다.

"세상이 망해도 예술이 도래하기를!" 전체주의적 국가 이론은 이렇게 말 한다. 마리네티의 증언을 통해 전체주의 국가는 기술이 변형시킨 지각 의 예술적 포화 상태를 전쟁에서 기대한다. 십중팔구 이것이 예술을 위한 예술의 완성이다. 예전에 호메로스와 함께 올림포스 신들의 관조 대상이었던 인류는 이제 자기 자신의 관조 대상이 되었다. 인류 자신 에 의한 인류의 자기소외는 자기 파괴를 '최고의' 미적 감각으로 느낄 정도에 이르렀다. 전체주의적 교리가 저지른 정치의 미화는 바로 여기 에서 나온다. 인류의 건설적 힘은 여기에 예술의 정치화로 대응한다.

5장

영화의 심리학 개요(1939)

앙드레 말로

1

만약 조토나 심지어는 클루에 Jean Clouet〔16세기 프랑스 화가〕 같은 화가가 아시아를 여행했다면, 이들에게 아시아의 회화는 상당히 친숙해 보였을 것이다. 이들은 페르시아나 중국의 화가와 별다른 어려움 없이 대화를 나눌 수 있었을 것이다. 왜냐하면 이 화가들은 사물을 재현하기 위해 모두 동일한 문제를 제기했기 때문이다.

그러나 루벤스나 들라크루아가 똑같은 여행을 했다면, 이들이 본 회화는 고풍스럽게 보였을 것이고 거꾸로 이들의 회화는 아시아 화가에게 아주 이상해 보였을 것이다. 이것은 서로의 재현 체계가 동일하지 않았기 때문이다. 중국인이나 페르시아인은 깊이, 원근법, 조명, 표현과 같은 것을 몰랐거나 경멸했다. 유럽과 아시아는 더 이상 회화의 기능을 동일한 방식으로 파악하지 않게 되었던 것이다. 르네상스 이후 서구의 예술과 다른 모든 지역의 예술 사이에, 과거와 현재 사이에 근본적 차이가 생겨났다. 서구 회화의 탐색은 삼차원의 세계에서 전개되었다.

강하든 약하든 미묘한 상징적 재현만을 알고 있었던 회화 세계에 기독교는 이전에 없었던 극적 재현을 도입했다. 불교에는 장면이 있지만 드라마는 없다. 콜럼버스 이전의 아메리카에는 극적 형상은 있지만 장면은 거의 없다. 그러나 기독교 자체가 약화되었지만 서구적 의미의 드라마는 약화되기는커녕 오히려 강화되었다. 이와 동시에 보다 심오한 의미가 강화되었는데, 여기서 드라마는 겉으로 드러난 여러 모습—타자를 의식하는 것, 두드러진 것과 입체감에 대한 욕구, 서구 문명에 근본적이고 또 서구의 세계 정복과 연관된 대상에 대한 광적 욕구—중 하나에 불과하다. 유럽은 색조의 일관성을 두드러진 색채relief로, 연보年譜를 이야기로, 비극을 드라마로, 이야기를 소설로, 지혜를 심리학으로, 관조를 행위로, 그리고 마침내 신들을 인간으로 대체해버렸다.

우리는 우리의 특성이라고 생각하고 있었던 우리 자신에 대한 상像 때문에 길을 잃을 위험이 있다. 왜냐하면 우리의 가장 위대한 회화 역시 상당 부분 이차원적이기 때문이다. 그러나 이 문제는 문명 그 자체에서, 인간과 세계 사이의 관계에서 생겨난 것이다. 인간적 표현의 한 극단에는 마임, 중국이나 자바 섬의 무용수, 그리스의 작가, 마스크를 쓴 채 단조롭게 낭송하는 일본의 노能의 낭송자가 있다. 그리고 다른 하나의 극단에는 속기한 것처럼 빠르게 낭송되는 대사, 밤에 들리는 온갖 바스락거리는 소리, 그리고 잠깐 나타났다 사라지는 표정이 5미터나 되는 스크린을 가득 채우는 얼굴, 즉 영화가 있다.

오늘날 예술로서의 회화에 둔감한 사람이 미술관을 방문하면, 이 그림들이 무엇을 재현했는지를 떠올리기 위해 과학자에 비견될 만한 일련의 노력을 하게 된다. 그에게는 루벤스의 그림이 조토의 그림보다, 보티첼리의 그림이 치마부에의 그림보다 더 '닮은 것'이고 더 설득력이 있다. 회화에서 그는 자기 감각의 증언과 일치하는 우주를 재창조할 수단을 본다. 그런데 13세기부터 바로크의 거장들에 이르기까지 회화는 자기의 재현 수단을 끝없이 완성시켜왔다. 그리고 원시미술에서 바로크까지 유럽 회화는 우리가 회화 속에서 사랑하는 것〔재현된 사물〕이었고, 이와 동시에 가장 설득력 있고 환기력 있는 방식으로 존재와 사물 ─특히 허구의 장면─을 재현하기 위한 노력이기도 했다. 그러나 이것은 재현 수단과 오늘날 우리가 회화예술이라고 부르는 것을 혼동한 것이다. 바로 이 혼동 때문에 심심풀이로 미술관에 가는 사람들은 (르네상스 이후에 그려진) 이런저런 형상 앞에서 "그림이 스스로 말을 할 거야"라고 말하게 된 것이고, 이와 똑같은 혼동 때문에 피렌체 사람들은 조토가 그린 인물 앞에서 "실제보다 더 진짜 같다"라고 말했던 것이다. 아마도 조토가 그린 새로운 성모상 앞에서 토스카나 사람들이 보인 열광은 사진의 발견과 함께 나타난 열광과 상당히 비슷했을 것이다.

그러나 바로크 시기 말기에 회화사에 새로운 사건이 일어났다. 즉 회화는 더 이상 세계를 재현하는 새로운 수단을 발견하지 않게 되었다. 회화는 오늘날 우리가 회화라고 부르는 것, 다시 말해서 예술가의 일이 되었다. 더 이상 회화를 보려고 열정적으로 줄을 선 군중이 생기지 않게 되었다. 선과 색채는 점차 내적 세계의 표현이 되었다. 이렇게 현대 회화가 은밀하게 번성해가는 동안 재현에 대한 탐구는 움직임에 대한 광란적이고 쫓기는 듯한 탐색〔바로크 미술〕 속에서 정체된다.

움직임을 소유할 수 있게 된 것은 〔기술적 발견이지〕 '예술적' 발견이 아니었다. 바로크 세계의 익사한 것 같은 동작들이 요청한 것은 이미지의 변형이 아니라 이미지의 연속이다. 연극적 강박관념을 가진, 동작과 감정으로 가득 찬 이 예술이 영화로 귀결된 것은 놀라운 일이 아니다.

2

사진이 탄생한 19세기 중엽에 서구 회화는 그때까지 자기에게 속해 있던 두 개의 영역을 경멸하기 시작한다. 감정의 재현과 허구가 그것이다. 서구 회화는 다시 순수한 조형이 되었고 이차원의 예술을 재발견하게 된다.

그리고 '사회 속에서 자기 자리를 차지하려는' 사진의 노력이 나타난다. 그러나 삶을 재현하기 위해 30년 만에 부동의 원시주의에서 광란의 바로크로 이행했던 사진은 회화가 이미 마주쳤던 오래된 문제들을 하나씩 하나씩 재발견했을 따름이다. 사진은 회화가 멈춘 지점에서 멈추었다. 허구를 이용할 수 없었기 때문에 훨씬 더 무력했던 사진은 무용수의 도약은 고정시킬 수 있었지만, 예루살렘에 십자군을 들어오게 할 수는 없었다. 그런데 성인의 얼굴에서부터 역사적 재구성에 이르기까지 사람들의 재현 의지는 자신들이 항상 알고 있던 것뿐만 아니라 자신들이 전혀 보지 못했던 것에도 적용되었다.

따라서 움직임을 포착하기 위한 4세기 동안의 노력은 회화에서 그랬듯이 사진에서도 동일한 지점에 멈추게 된다. 그리고 영화는 움직임을 찍을 수는 있었지만, 단지 정지된 몸짓을 움직이는 몸짓으로 대체할 수 있었을 뿐이다. 바로크에서 정체되었던 거대한 재현의 노력이 지속되기 위해서는 카메라가 재현된 장면에 대해 독립성을 획득할 수 있어야 했다. 문제는 이미지 내부에서 한 인물의 움직임 속에 있는 것이 아니라 샷[1]의 연속에 있었다. 이것은 카메라의 변형을 통해 기술적으로 해결되어서는 안 되고 샷 분할découpage에 의해 예술적으로 해결되어야만 했다.

영화가 움직이고 있는 인물의 복제 수단에 지나지 않는 한, 영화는 복제하는 축음기나 사진이 그런 것처럼 예술이 아니었다. 배우들은 공간, 즉 일반적으로는 실제나 가상의 연극 장면 속에서 움직이면서 카메라가 단지 기록하는 데 만족했던 희곡이나 소극笑劇을 재현했다. (복제 수단이 아닌) 표현 수단으로서의 영화의 탄생은 바로 이 한정된 공간의 파괴에서 시작된다. 표현 수단으로서의 영화의 탄생은 편집자가 자신의 이야기를 샷으로 나눌 것을 상상했던 바로 그 시기, 즉 연극 장면을 찍는 대신 순간의 연속을 기록하며 카메라를 접근시키고(따라서 필요할 경우 스크린에서 등장인물을 크게 보여주고) 뒤로 물러나게 하며, 특히 연극 무대를 영화의 '장場,' 즉 스크린에 의해 제한된 공간——이 장은 배우가 들어가고 나가는 장이며 영화연출가는 이 '장'의 노예가 되는 대신 이를 선택한다——으로 대체하고자 계획했던 바로 그 시기에 시작된다. 영화의 복제 수단은 움직이는 사진이지만 영화의 표현 수단은 샷들의 연속이다.

전하는 이야기에 따르면, 그리피스는 영화를 찍던 중 한 여배우의 아름다움에 너무나 감동한 나머지 방금 전에 자신을 놀라게 했던 순간

---

1) 샷plan/shot은 영화의 단위다. 촬영기계가 자리를 바꿀 때 샷이 바뀐다. 샷 분할이란 샷의 연속이다. 실제로 10초가 한 샷의 평균 지속 시간이다.

을 가까이에서 다시 찍게 했다. 그리고 이것을 원래 찍던 자리에 삽입하려고 시도했고, 마침내 여기에 성공해서 클로즈업을 발명하게 되었다고 한다. 이 일화는 초기 영화의 위대한 영화감독의 재능이 어떤 방향에서 실현되었는지를 보여준다. 즉 그가 (예를 들면 연기를 조정함으로써) 배우에게 영향을 끼치려 하기보다는 (배우의 얼굴 크기를 크게 보여줌으로써) 관객에 대한 배우의 관계를 조정하려고 했음을 보여준다. 그리고 이 일화 덕분에 다음과 같은 것을 의식하지 않을 수 없게 된다. 즉 모델의 전신상을 찍는 습관을 포기한 가장 보잘것없는 사진사마저도, 모델의 반신상이나 혹은 모델의 얼굴만을 찍거나 아니면 감히 인물의 반을 끊어서 찍는 습관을 가지게 되었고 이것이 인물상을 변형시킨 지 벌써 10여 년이 지났다는 것이다. 카메라와 시각 장場이 고정되어 있을 때 두 인물을 반신상으로 찍게 되면, 정확하게 샷과 샷 분할을 발견하기 전까지는, 영화 전체를 이런 식으로 찍지 않을 수 없기 때문이다.

따라서 영화의 표현가능성이 생겨난, 그리고 영화가 예술로 태어나게 된 것은 〔장면을〕 샷으로 분할하는 것, 다시 말해서 촬영감독과 영화감독이 장면 자체에 대해 독립성을 획득하게 된 이후부터였다. 이로부터 의미 있는 이미지의 연속을 추구할 수 있게 되었고, 이런 선택을 통해 소리가 없다는 영화의 단점을 보충할 수 있게 되었다.

3

유성영화는 분명 이 문제의 기반 자체를 변화시켰다. 그러나 이는 사람들의 말처럼 무성영화를 '완성시킴으로써' 그런 것이 아니다. 엘리베이터가 마천루의 완성이 아닌 것처럼,[2] 유성영화는 무성영화의 완성이 아니다. 마천루는 철근 콘크리트, 그리고 이와 동시에 엘리베이터의 발명에서 탄생한 것이다. 이와 마찬가지로 현대 영화는 무성영화의 주인공이 말하게 되었을 때 이 대사를 들려줄 수 있는 가능성에서 탄생한 것이 아니고, 이미지와 소리를 결합시킬 수 있는 표현가능성에서 생겨난 것이다. 소리의 표현이 단지 녹음기에 지나지 않았을 때, 유성영화는 사진적 기록에 머물러 있을 때의 무성영화만큼이나 하찮은 것으로 남아 있었다. 영화연출가가 소리의 조상이 〔기록용〕 디스크가 아니라 라디오 극劇의 구성이라는 것을 이해했을 때 유성영화는 예술이 되었다.

예술가가 〔로베스피에르가 실각했던〕 1794년 7월 27일의 회의를 라디오 극으로 재구성할 때, 여기서 중요한 것은 무엇보다도 새로운 작품을 상연하는 일이고 이날의 텍스트는 사용된 복제 수단〔속기록〕에 의해 이미 정해져 있다. 여기서 중요한 것은 『세계신보Moniteur』의 문구를 읽으라고 성우를 고르는 것이 아니라 우선 이 유명한 회의의 몇몇 순간을 『세계신보』의 속기록에서 끌어내는 것이고 이것을 가지고 〔소리의〕 몽타주를 만들어내는 것이다. 오늘날까지 전해져 내려오는 1794년 7월 27일의 회의는 다른 모든 속기록이 그렇듯이 너무 길어서 들을 수 없는 것이기 때문이다.

우리는 이 선택이 단 한 번만 가능하며 로베스피에르가 실각했던 밤에 모든 예술작품이 부각시키지 않을 수 없는 특권적 순간이 존재한다

---

2) (옮긴이 주) 파리의 오래된 건물들이 대개 6층으로 굳어진 것은 이 높이가 철근 콘크리트 없이 지을 수 있는 최대의 높이였고, 또한 엘리베이터 없이 걸어서 올라갈 수 있는 최대한의 높이였기 때문이다.

고 믿는 경향이 있다. 얼핏 보기에는 모든 카오스, 모든 삶에 존재하는 어떤 규정된 부분이 모든 예술이 사용하는 최초의 재료가 되고 다른 부분은 언제까지나 무정형이며, 다시 말해서 죽은 것처럼 보인다. 그러나 이것은 역사적 말과, 암시적이고 의미 있으며 정확하게는 '예술적인' 순간을 혼동한 것이다. 물론 모든 카오스에는 특권적 순간이 존재하지만, 이 순간은 카오스를 표현해야만 하는 각각의 예술에 의해 엄밀하게 규정된다. 로베스피에르의 목소리가 더 이상 들리지 않는 순간에, 라디오 극에서는 아마도 희미해져가는 그의 목소리에 결정적 강조점을 부여할 수 있다. 그러나 아마도 영화에서는 바로 이런 〔역사적〕 순간에 부주의하게도 아이들을 내쫓거나 혹은 라이터를 찾느라고 골몰하고 있는 호위병에게 결정적 강조점을 부여할 수 있을 것이다.

20세기에 처음으로 기술적 수단과 표현을 분리할 수 없는 예술들이 창조되었다. 이런 예술들은 복제할 수 있을 뿐만 아니라 명백하게 복제를 목적으로 만들어진 것이다. 이미 가장 아름다운 데생들이 위조한 것처럼 완벽하게 복제될 수 있다. 분명 세기말〔20세기 말〕이 되기 전에 수많은 그림에도 같은 일이 벌어지게 될 것이다. 그러나 데생도 그림도 복제되기 위해 만들어진 것은 아니다. 이들 작품은 그 안에 자기만의 고유한 목적을 가지고 있다.[3] 살아 있는 배우를 이용해서 영화의 샷 하나를 찍을 수 있는 극히 작은 순간이 이를 촬영하는 그리고 이런 목적만을 가진 사진을 위해 존재하는 것과 마찬가지로, 라디오 극은 오로지 디스크 위에 녹음되어 마이크로 전해지기 위해 존재한다.

그러나 디스크나 라디오로 전달될 때는 큰 힘을 발휘하지 못하던 녹

---

3) 이 주제와 관련하여 발터 벤야민의 탁월한 작업을 보라.

음된 소리의 표현력은 영상과 대위법적으로 사용될 때 엄청나게 커지
게 된다. 입체음향의 발명은 단지 이를 완성시킨 것에 불과하다. 유성
영화와 무성영화의 관계는 회화와 데생의 관계와 같다.

소리가 표현 영역이며 유성영화가 당시의 영화를 초기 상태로 되돌
려놓을 것이라는 사실은 처음에는 거의 고려조차 되지 못했다. 초기
감독들이 연극의 영상을 찍고자 했던 것처럼, 유성영화는 연극 공연을
찍으려고 서둘렀을 뿐이다. 대사는 보장되어 있었고 길이도 적절했지
만 결과는 유감스러운 것이었다.

4

러시아, 독일, 미국에서처럼 연극이 강력하게 살아 있던 나라에서,
영화가 이를 의식했든 의식하지 않았든, 연극은 20년 전부터 영화에 도
전했다. 위대한 연극연출가들은 연극이 일련의 대화 이상의 것이 되게
하려고 애썼다. 연극 하면 곧 말하는 사람들이지만, 메이어홀드의 천재
성은 이들의 대사를 둘러싸고 하나의 세계를 떠올리게 하는 경향에 있
다. 그리고 유성영화는 이 대사 주변에 진짜 거리와 환상적 배경, 그리
고 하늘과 바다, 노스페라투〔드라큘라〕의 그림자를 배치할 수 있었다.

대사와 동작 이외의 다른 수단으로는 감정을 표현할 수 없었던 연극
은 연극을 본뜬 유성영화의 위협 앞에서 거의 무성영화만큼이나 불완
전한 예술이 되었다. 연극배우는 거대한 공간에 있는 작은 형상에 불
과하지만 영화배우는 작은 극장에 있는 큰 형상이다. 무성의 스크린은
연극이 침묵을 통해서만 표현할 수 있었던 순간을 이미 인간 얼굴의 무

한한 가능성〔클로즈업〕으로 채웠다.

스크린에 크게 나타날 수 있기 때문에 배우는 〔연극에서는〕 피할 수 없었던 동작이나 연극 연기가 관객에게 지각되기 위해 상징적으로 보존해야만 했던 모든 것에서 벗어날 수 있게 되었다. 좋은 무성영화와 비교해보면 연극은 팬터마임 같은 분위기를 가지고 있었다. 그리고 마이크 덕분에 영화의 빠른 목소리나 속삭이는 목소리는 거대한 연극 극장에 울리는 가장 탁월한 배우의 목소리보다도 더 진실하게 들리게 되었다.

유성영화의 작가에게 가장 중요한 문제는 등장인물이 언제 대사를 해야 하는가를 아는 것이다. 연극에서는 막간을 제외하고 항상 말한다는 것을 잊지 말자. 막간은 연극이 누리는 장점 중 하나다. 무대가 내려와 있을 때 많은 일들이 벌어진다. 극작가는 암시를 통해 이를 알려준다. 죽은 시간을 제거하기 위해 소설에는 각 부部를 분리시키는 백지가 있고 연극에는 막간이 있다. 그러나 영화에는 대단한 것이 없다.

여기서 전문가는 영화가 시퀀스로 분할된다고 대답할지도 모르겠다. 즉 각 시퀀스가 페이드아웃으로 끝나고 이것이 관객에게 시간의 경과를 암시해준다는 것이다. 이 말은 맞지만, 단지 상대적으로만 그럴 뿐이다. 페이드아웃은 시간의 경과를 암시하지만, 여기서는 예측할 수 있는 행위 자체가 이루어지지 않는다. 이와는 반대로 막간은 꽉 찬 시간이 될 수 있지만, 등장인물의 변화가 이 시간 동안 이루어졌다면 페이드아웃은 이를 제대로 암시하지 못한다.

이와는 반대로 연극 드라마는 어떤 경우에도 (성인이 된 남자가 청소년으로 되돌아가는 것같이) 시간을 거슬러 올라갈 수 없는 반면에, 영화는—비록 '가까스로'이기는 하지만—여기에 이를 수 있다.

시퀀스는 [소설의] 장章과 동일한 것이다. 영화는 소설에서 부部나 연극에서 막이 표현하는 것보다 더 크게 나눌 수는 없다. 무성영화는 부분으로 나뉘어져 있었지만 유성영화는 그렇지 않고, 여기서 영화편집자는 끝없이 장애물과 마주친다. 왜냐하면 유성영화는 비어 있는 것을 원하지 않기 때문이고 이야기의 연속성을 유성영화가 이용할 수 있는 행위 수단의 전면에 배치하기 때문이다.

이것은 영화가 이야기가 되었기 때문이고, 따라서 영화의 진정한 라이벌이 더 이상 연극이 아니라 소설이기 때문이다.

5

이야기를 할 수 있다는 것이 영화가 가진 강점이다. 이 강점은 영화와 소설만 누릴 수 있다. 그리고 유성영화가 발명되기 전에도 무성영화는 이미 소설에서 많은 것을 취했었다.

위대한 소설가의 연출mise en scène을 분석할 수도 있을 것이다. 사실적 이야기나 인물의 성격 분석이나 묘사, 혹은 삶의 의미에 대한 질문이 이 연출의 대상이 될 수도 있다. 이 소설가의 재능이 프루스트에게서처럼 증식prolifération에서 나타날 수도 있고 헤밍웨이에게서처럼 구체화cristallisation에서 나타날 수도 있지만, 소설가의 재능은 이야기하는 것, 즉 요약하면서 동시에 연출하는 것, 다시 말해 현재로 옮겨놓는 것으로 모아진다. 내가 소설가의 연출이라고 부르는 것은, 그가 중요하다고 생각하는 순간에 대한 본능적 혹은 숙고된 선택과, 그리고 여기에 특별한 중요성을 부여하기 위해 그가 선택하는 수단에 대한 본능적 혹은 숙고된 선택이다.

거의 모든 소설가에게서 연출의 즉각적 표시가 나타나는 것은 이야기에서 대화로 이행할 때다.

우선 소설에서 대화는 설명하는 데 쓰인다. 19세기 말에 나타난 영국식 기법, 즉 헨리 제임스나 콘래드의 기법이 그렇다. 이 기법은 전지전능한 소설가에게서 나타나는 불합리성을 제거하고 하나의 관습을 다른 하나의 관습으로 대체하는 경향이 있다. 현대 소설에서도 그렇듯이 영화에서는 이런 대화를 가급적 적게 사용한다.

다음으로 대화는 등장인물의 성격을 부여하는 데 쓰인다. 스탕달은 목소리의 어조語調를 통해서가 아니라 행위를 통해 쥘리앵 소렐〔『적과 흑』의 주인공〕의 성격을 부여할 생각을 했다. 그러나 어조의 문제는 20세기에 이르러 소설에서 전면에 떠올랐다. 이것은 등장인물의 표현 수단 중 하나가 되었고, 심지어 등장인물의 존재 수단 중 하나가 되었다. 등장인물들이 많이 나오지 않는 프루스트의 작품에서는 인물들이 보이지 않는 기교art d'aveugle로 이야기하는데, 이 때문에 수많은 장면이 연극에서보다는 성우의 목소리만 들리는 라디오 극에 훨씬 더 예리하게 들어맞는다는 인상을 준다. 그러나 영화는 연극과 마찬가지로 어조의 대화에 소설만큼 중요성을 부여하지 않는데, 이것은 배우만으로도 충분히 등장인물에게 육체적 현실성, 심지어는 일정 부분의 개성까지도 부여할 수 있기 때문이다.

마지막으로 본질적 대화, 즉 '장면'의 대화가 있다. 이 대화는 일반화할 수 없다. 이것은 위대한 예술가들이 제각기 보여주는 대로 존재한다. 즉 장면의 대화는 암시적이고 극적이며 생략적이고 도스토옙스키에게서처럼 다른 사람들로부터 갑자기 격리되거나 톨스토이에게서처럼 우주 전체와 연결되어 있다. 그러나 작가들 각각에게서 장면의 대화는 독자에 대한 엄청난 행위 수단이며 장면을 현존하는 것으로, 즉 삼차원으로 만들 수 있는 가능성을 준다.

그리고 이 대화의 본성과 효율성을 이제 막 발견한 영화는 바로 장면의 대화를 통해 더 큰 힘을 발휘할 수 있게 되었다. 최근 영화들[4]에서 감독들은 마치 소설가가 상당히 긴 부분의 이야기 뒤에 대화로 넘어가는 것처럼 상당히 긴 부분의 침묵 뒤에 대화로 넘어간다.

소설가는 또 다른 중요한 표현 수단을 가지고 있다. 그것은 결정적 순간에 등장인물을 둘러싸고 있는 분위기나 우주에 그를 연결시키는 것이다. 콘래드는 거의 체계적일 정도로 이것을 이용하고 있고 톨스토이는 여기서 세계에서 가장 낭만적 장면 중 하나를 끌어냈는데, 〔『전쟁과 평화』에서〕 아우스터리츠 저편에 걸린 구름을 바라보는 앙드레의 밤이 그것이다. 전성기 시절의 러시아 영화는 이를 강렬하게 사용했다.

그러나 소설은 영화에 비해 한 가지 강점을 가지고 있는 것 같다. 등장인물의 내면으로 이행할 수 있는 가능성이 그것이다. 그러나 한편으로 현대 소설은 위기의 순간에 등장인물의 내면을 점점 더 분석하지 않는 것처럼 보인다. 다른 한편으로 비밀이 행위나 반‡고백(『카라마조프의 형제들』의 스메르자코프, 『악령』의 스타브로긴)으로 암시되는 극적 심리학 — 셰익스피어나 상당 부분 도스토옙스키의 극적 심리학 — 은 아마도 분석만큼이나 예술적으로 강력하고 의미심장하다. 마지막으로 모든 인물의 밝혀지지 않는 신비가 스크린에 〔클로즈업으로〕 표현되는 것처럼 인간의 신비로운 얼굴로 표현된다면, 아마도 삶에 대해 신에게

---

4) 존 포드John Ford의 「역마차Stagecoach」(미국, 1939, 96분)는 특히나 분명한 예다.

던지는 의문의 소리를 하나의 작품에 부여하는 데 쓰일 수 있을 것이다. 예를 들어 톨스토이의 위대한 단편들처럼 뛰어넘을 수 없는 몇몇 몽상이 이로부터 위대함을 만들어냈다.

6

미숙한 초기 시절부터 최후의 무성영화에 이르기까지 영화는 엄청난 영역을 정복한 것 같다. 영화는 그 이후에 무엇을 획득했는가? 영화는 조명, 이야기, 테크닉을 완성시켰다. 그러나 예술적 차원에서는……

내가 여기서 예술이라고 부르는 것은, 사람들 사이에서 혹은 사람과 사물 사이에서 지금까지 알려지지 않았지만 갑자기 설득력을 갖는 관계의 표현이다. 위대한 무성영화들이 이 영역을 몰랐던 것은 아니다. 이후에 다른 영화로 이어지는 1939년의 미국영화——다른 나라의 영화들이 이를 뒤따르고 있다——는 무엇보다도 (산업으로서는 자연스럽지만) 기분전환과 오락의 능력을 완성시키는 데 전념했다. 이 영화는 문학이 아니라 저널리즘이다. 그러나 의식했든 의식하지 않았든 이 저널리즘으로서의 영화는 예술에 빠지지 않고 등장했던 하나의 영역을 재발견했는데, 그것이 바로 신화다. 그리고 10여 년 전부터 가장 탁월한 영화들의 생존은 신화를 가지고 계략을 쓰는 데 달려 있었다.

시나리오와 스타——남성스타나 여성스타, 그러나 우선적으로는 여성스타——의 관계에서 이 숨바꼭질 놀이의 최초의 증상을 볼 수 있다. 스타는 결코 영화를 만드는 여배우가 아니다. 그것은 최소한의 극적 재능을 갖춘 인물로서 이 스타의 얼굴은 집단적 본능을 표현하고 상징하고 구현한다. 마를레네 디트리히Marlene Dietrich는 사라 베르나르 같은 여배우가 아니다. 이것은 프리네Phryné와 같은 신화다. 그리스인들은 모호한 전기傳記 속에서 자신들의 본능을 실현시켰다. 이처럼 현대의 인간들은 자신들의 본능을 위해, 마치 신화의 창조자가 헤라클레스의 과업을 발명했듯이, 연속적 이야기를 발명했다.

따라서 당연하게도 스타는 모호하게나마 자신이 구현하는 신화를 알고 있고 시나리오가 이 신화를 이어갈 수 있도록 강요하게 된다. 관객은 연극배우는 잘 알지 못했지만, 클로즈업 덕분에 스타는 잘 알고 있다. 그리고 어떤 사람의 예술적 생애는 다른 사람의 예술적 생애와 정반대 방향으로 전개된다. 즉 위대한 여배우가 서로 다른 수많은 역할을 구현할 수 있는 사람이라면, 스타는 수많은 시나리오를 자신에게 수렴할 수 있는 사람이다.

예전에 이탈리아 코미디의 몇몇 등장인물은 팬터마임에서 수많은 모험을 했다. 그리고 등장인물을 특화하려는 시나리오의 노력에도 불구하고, 영화 팬은 배우가 모든 것을 지배한다는 것을 잘 알고 있다. 도둑 피에로, 목매달린 피에로, 술 취한 피에로, 사랑에 빠진 피에로 등을 보았던 것과 마찬가지로 여왕 가르보, 정부 가르보를 보게 된다. 창녀 디트리히, 스파이 디트리히, 지브롤터 해협의 스트로하임Stroheim, 전쟁을 하는 스트로하임, 레종 도네르 훈장을 받는 가뱅Gabin, 철도 노동자 가뱅 등이 그렇다.

가장 완벽한 예는 채플린이다. 나는 페르시아에서 「채플린의 일생」이라는 이름이 붙은, 존재하지 않는 영화 한 편을 본 적이 있다. 페르시아 극장은 야외극장이다. 관객을 둘러싼 벽 위에 검은 고양이들도 앉아서 영화를 보고 있었다. 아르메니아 배급업자는 채플린의 모든 단편영화들을 교묘하게 편집해서 아주 긴 장편영화를 만들었는데, 그 결과는 놀라운 것이었다. 신화가 순수한 상태로 나타났던 것이다.

배우가 우리에게 명백하게 보여주는 것은 아마도 시나리오에서 진짜로 등장한다. 「니벨룽겐」[5]은 유명한 신화다. 르네 클레르의 가장 큰 국제적 성공작 「백만장자」[6]는 신데렐라를 새롭게 각색한 신화다. 보다 미묘하게는 「전함 포템킨」[7]에도, 「어머니」[8]에도, 위대한 스웨덴 영화들에도, 「칼리가리 박사의 밀실」[9]에도, 「푸른 천사」[10]에도, 「나는 탈주범이다」[11]에도, 모든 채플린의 영화에도 신화가 있다. 다른 현대 신화들 중에서도 정의──개인적 형태든 집단적 형태든──, 모험, 그리고 성性은 여전히 끊임없이 그 힘을 발휘하고 있다.

영화는 대중에게 호소하고 대중은 좋은 의미에서든 나쁜 의미에서든 신화를 좋아한다. 우리가 잊어버리려고 해도 전쟁은 우리에게 이것을 충분히 보여주었다. 즉 카페의 야전사령관보다는 '정확한 정보를 통해 적敵이 아이들의 손을 자른다는 것을 알고 있는 사령관'이 널리 퍼진 인물이다. 거짓 소문에서부터 연속극에 이르기까지 저널리즘은 신화를 통해 거짓말을 한다.

신화는 「팡토마」[12]에서 시작되지만 그리스도에서 끝난다. 군중은 자

---

5) 프리츠 랑Fritz Lang, 「니벨룽겐Die Niebelungen」, 독일, 1924, 143분.
6) 르네 클레르, 「백만장자Le Million」, 프랑스, 1931, 83분.
7) 세르게이 에이젠슈테인, 「전함 포템킨Bronenosets Potyomkin」, 소련, 1925, 75분.
8) 프세볼로트 푸도프킨Vsevolod Pudovkin, 「어머니Mat」, 소련, 1926, 89분.
9) 로베르트 비네, 「칼리가리 박사의 밀실Das Cabinet des Dr. Caligari」, 독일, 1919, 71분.
10) 요제프 폰 슈테른베르크, 「푸른 천사Der blaue Engel」, 독일, 1930, 124분.
11) 머빈 르로이, 「나는 탈주범이다I am a Fugitive」, 미국, 1932, 93분.

신들 안에 있는 가장 좋은 것을 항상 좋아하지는 않지만, 이를 자주 알아본다. 〔12세기 초에〕 베르나르 성인의 설교에 참석했던 군중이 정작 들었던 것은 무엇일까? 그가 말하는 것과 다른 것을 들었을까? 아마도 그랬을 것이고 또 분명 그랬을 것이다. 그러나 이 낯선 목소리가 이들의 마음 깊숙이 파고들어가는 순간에 이들 군중이 이해했던 것을 어떻게 무시할 수 있을까?

다른 한편, 영화는 산업이다.

---

12) 팔 페조스Pál Fejös, 「팡토마Fantômas」, 프랑스, 1932, 91분.

6장

영화와 새로운 심리학(1945)

모리스 메를로-퐁티

고전 심리학은 우리의 지각 장場을 감각의 총합이나 모자이크로 간주하는데, 여기서 각각의 감각은 각 부분에 대응하는 지엽적 망막 자극에 엄밀하게 의존해 있는 것으로 나타난다. 그러나 새로운 심리학은 우선 가장 단순하고 가장 직접적인 감각을 고찰할 때에도 감각과 이를 조건 짓는 신경 현상 사이의 평행성을 인정할 수 없다는 것을 보여준다. 우리의 망막은 전혀 동질적인 것이 아니며 망막의 몇몇 부분은 파랑이나 빨강을 감지하지 못한다. 그러나 내가 파랑 혹은 빨강 면을 바라볼 때 탈색되어 보이는 부분은 전혀 없다. 이것은 색깔을 보는 것과 같은 단순한 차원에서도 내 지각이 망막 자극에 의해 미리 규정된 것을 기록하는 데 만족하지 않고 지각 장의 동질성을 확립하는 방식으로 망막 자극을 재조직하기 때문이다. 일반적으로 우리는 지각 장의 동질성을 모자이크와 같은 것으로 파악해서는 안 되고 전체적 배치 configuration의 체계로 파악해야만 한다. 우리의 지각에 처음으로, 그리고 우선적으로 오는 것은 전체이지 병치된 요소들이 아니다.

우리는 선조들이 이미 했던 것과 같은 방식으로 별자리의 짝을 짓지만, 천체 지도는 본래 다른 수많은 방식으로 그릴 수 있다. 다음과 같은 계열이 있을 때,

a b c d e f g h i j

우리는 대개 a-b, c-d, e-f 등의 형태로 이 점들의 짝을 짓지만, 원칙적으로 b-c, d-e, f-g와 같은 방식으로 짝을 지을 수도 있다. 자기 방에 누워 벽에 걸린 양탄자를 보고 있는 환자는 데생이나 형상이 배경이 되고 보통 배경으로 보였던 것이 형상이 되면서 갑자기 이 양탄자가 변형되는 것을 본다. 사물 사이의 간격——예를 들어 가로수 사이의 공간——을 사물로 보게 되고 사물 그 자체——거리의 가로수——를 배경으로 볼 수 있게 되면, 우리의 세계상은 전복될 것이다. 숨은그림찾기에서 이런 일이 일어난다. 여기서 토끼나 사냥꾼이 보이지 않는 것은 이런 형상의 요소가 분리되어 다른 형태에 통합되어 있기 때문이다. 예를 들어 여기서 토끼의 귀는 다름 아니라 숲 속에 있는 두 나무 사이의 텅 빈 간극이다. 전체를 새롭게 조직함으로써 지각 장을 새롭게 분리시키게 되면 토끼와 사냥꾼이 나타나게 된다. 위장술이란 한 형태를 이 형태보다 두드러진 다른 형태에 통합시킬 수 있는 주요한 선線을 도입해서 이것을 숨기는 기술이다.

청각적인 것에 동일한 종류의 분석을 적용할 수 있다. 여기서는 단지 공간 속의 형태가 아닌 시간 속의 형태가 문제가 될 뿐이다. 예를 들어 선율이란 청각적 형상이고 이 선율은 콘서트에서 멀리서 들리는

자동차 클랙슨 소리처럼 배경의 부가적 소음과는 섞이지 않는다. 선율은 음계의 총합이 아니다. 각 음계는 그것이 전체 속에서 발휘하는 기능으로만 중요할 뿐이고 이 때문에 우리가 선율 전체를 옮겨도, 즉 전체적 관계와 구조를 존중하면서 이 선율을 이루고 있는 음계 전체를 바꾸어도 선율이 눈에 띄게 바뀌지 않는 것이다. 반면에 이 관계 속에서 한 음계만 바꾸어도 선율의 전체적 상이 바뀌게 된다. 이렇게 전체의 지각이 각 요소들의 지각보다 자연스럽게 먼저 이루어진다. 고깃덩어리를 매번 빛이나 소리와 결부시킴으로써 빛을 비추거나 소리를 들려주면 침이 분비되도록 개를 조련하는 조건반사에 대한 실험에서, 우리는 일련의 음계에 대해 조련이 이루어지면〔음계를 동시에 올리거나 내린〕동일한 구조를 가진 선율 전체에 대해서도 같은 결과가 나온다는 것을 확인할 수 있다. 따라서 고립된 요소들에 절대적 가치를 부여하는 분석적 지각은 뒤늦게 이루어지는 예외적 태도이며, 이것이 관찰하는 과학자나 성찰하는 철학자의 태도인 반면, 구조나 전체 혹은 전체적 배치 등 아주 일반적 의미에서 형태의 지각이 우리의 즉자적 지각 양태라고 간주되어야 한다.

현대 심리학은 또 다른 지점에서 생리학적 편견과 고전 심리학의 편견을 전복시킨다. 흔히들 우리에게는 공통적으로 오감이 있으며, 얼핏 보기에 이 감각 각각이 다른 것과 소통하지 않는 하나의 세계와 같다고 말하곤 한다. 눈에 작용하는 빛이나 색채는 귀나 촉각에 작용하지 않는다는 것이다. 그러나 어떤 장님들은 자신들이 보지 못하는 색채를 자신들이 듣는 소리를 통해 재현할 수 있다는 사실이 오래전부터 알려져 있다. 예를 들어 어떤 장님은 빨강이 분명 트럼펫 소리 같은 어떤 것이라고 말했다. 오랫동안 사람들은 이것이 예외적 현상이라고 생각해왔지만, 실제로는 일반적 현상이다. 메스칼린 같은 환각제에 중독되면 소리를 들을 때마다 색점이 나타나는데, 이 색점의 농담, 형태 및 명도는 소리의 음색, 강도와 높이에 따라 달라진다. 보통 사람도 〔공감각적으로〕 뜨거운 색, 차가운 색, 시끄러운 색 혹은 거슬리는 색이라는 말을 쓰고, 맑은 소리, 날카로운 소리, 눈부신 소리, 거친 소리 혹은 부드러운 소리라고 표현하며, 가느다란 소음 혹은 스며드는 듯한 향기라고 말한다. 세잔은 부드러움, 딱딱함, 혹은 말랑말랑함도 볼 수 있으며 심지어는 사물의 냄새까지 볼 수 있다고 말했다. 따라서 내 지각은 시각적, 촉각적, 청각적 감각 자료의 총합이 아니다. 나는 내 온 존재와 분리할 수 없는 방식으로 지각하며 내 모든 감각에 동시에 말을 거는 사물의 유일한 존재, 유일한 존재 방식을 파악한다.

고전 심리학은 서로 다른 내 감각 자료 사이에 관계가 있는 것처럼 내 시각장의 서로 다른 부분 사이에도 관계가 있다는 것을 당연히 알고 있었다. 그러나 고전 심리학은 이 통일체를 구축하면서 이를 지성과 기억에 관련시켰다. 데카르트는 『성찰』의 유명한 구절에서 이렇게 썼다. "나는 거리에서 사람들이 지나가는 것을 본다고 말하지만 내가 실제로 정확하게 보는 것은 무엇인가? 내가 보는 것은 모자와 외투일 뿐이고 이것들은 용수철로만 움직이는 인형을 뒤덮고 있을 수도 있다. 내가 사람을 본다고 말하는 것은 '내가 내 눈으로 본다고 믿는 것을 정신의 검열을 통해' 파악하기 때문이다." 예를 들어 등 뒤에 있는 사물처럼 내가 대상을 보고 있지 않을 때에도 나는 사물이 계속해서 존재한다는 것을 안다. 그러나 명백히 고전적 사유에서 이 보이지 않는 사물이 나에게 존재하는 것은 단지 내 판단력이 이 사물을 현존하게 하기 때문이라는 것이다.

이들에게는 심지어 내 앞에 있는 사물마저도 엄밀하게 말해 본 것이 아니라 단지 사유된 것일 뿐이다. 이렇게 나는 육면체——여섯 개의 면과 열두 개의 동일한 모서리로 이루어진 고체——를 볼 수 없고 측면은 〔사다리꼴로〕 변형되어 있고 뒷면은 완전히 숨겨져서 보이지 않는 원근법적 형상 하나만을 볼 수 있을 뿐이다. 그럼에도 불구하고 내가 육면체라고 말하는 것은 내 정신이 이 외형을 다시 구축해서 숨겨진 면을 복원했기 때문이라는 것이다. 여기서 나는 기하학적 정의대로의 육면체는 볼 수 없고 단지 이를 사유할 수 있을 뿐이다. 이들에게 움직임의 지각은 소위 말하는 시각에 지성이 어느 정도로 개입하는지를 훨씬 더 잘 보여주는 예다. 내가 탄 기차가 역에 정차해서 움직이기 시작하면, 옆에 정지해 있는 다른 기차가 출발하는 것처럼 보인다. 따라서 감각 자료 그 자체는 중립적이라는 것이고 이들 감각 자료는 내 정신이 몰두하고 있는 가설이 무엇이냐에 따라 서로 다른 해석을 받아들일 수 있다는 것이다.

따라서 일반적으로 고전 심리학은 지각을 지성을 통한 감각 자료의 진정한 해독으로, 지각을 과학의 출발점으로 취급한다. 기호가 나에게 주어진 것이고 여기서 나는 의미작용을 이끌어내야 하며, 텍스트가 나에게 주어져 있고 나는 이 텍스트를 해독하거나 해석해야만 한다는 것이다. 고전 심리학이 지각 장의 통일성을 고려할 때에도 감각이란 개념에 충실하게 머물러 있는데, 이들에게 감각은 분석의 출발점을 제공해준다. 지성의 작용으로 지각 장의 통일성에 기반을 제공해야 할 필요가 생긴 것은 바로 고전 심리학이 시각 자료를 무엇보다도 감각의 모자이크로 간주했기 때문이다.

이러한 입장에 대해 게슈탈트 이론〔새로운 심리학〕은 어떤 기여를 하는가? 게슈탈트 이론이 가르쳐주는 것은 감각이라는 개념을 단호하게 거부함으로써 기호와 의미작용, 느껴진 것과 판단된 것을 더 이상 구분하지 말라는 것이다. 한 사물의 색채를 그것이 무엇으로 만들어져 있는지에 대해 언급하지 않고, 예를 들어 이 양탄자의 파란색을 이것이 '잔털이 많은 파란색'이라고 언급하지 않고 정확하게 언급할 수 있을까? 세잔은 '사물에서 색채와 형태를 구별할 수 있을까?'라는 질문을 던졌다. 지각을 어떤 감각 기호들에 대해 어떤 의미작용을 부과하는 것으로 이해해서는 안 된다. 왜냐하면 이 기호들은 자신들이 가리키는 대상을 참조하지 않고서는 가장 직접적인 감각적 질료 속에서 기술될 수 없기 때문이다.

우리가 조명이 바뀌는 환경에서 불변의 속성〔일관된 색채〕을 가진 사물을 식별할 때에, 이것은 지성이 우연적 빛의 본성을 고려해서 사물의 실제 색깔을 연역했기 때문이 아니다. 그것은 이 환경에서 지배적인 빛이 조명으로 작용하면서 사물에 즉각적으로 진짜 색채를 부여했기 때문이다. 우리가 조명을 다르게 받고 있는 두 개의 흰 접시를 보고 있을 때 창에서 들어오는 빛다발이 우리의 시각 장에 나타나는 한, 이 두 접시는 조명을 다르게 받고 있지만 우리에게 똑같이 흰색 접시로 보인다. 만약 이와 달리 우리가 구멍이 뚫려 있는 막을 통해 이와 똑같은 접시들을 본다면, 이들 중 하나는 회색으로, 다른 하나는 흰색으로 보이게 된다. 그러나 심지어 이것이 조명의 효과일 뿐이라고 알고 있다고 해도 외관에 대한 어떠한 지적 분석도 우리에게 이 두 접시의 진짜 색깔을 보여주지는 못할 것이다. 따라서 색채와 사물의 불변성은 지성으로 구축되는 것이 아니고 시선이 지각 장의 조직에 순응하거나 시각 장의 조직을 선택한다는 점에서 시선에 의해 파악되는 것이다. 해가 질

때 전등을 켜면 처음에는 노란색으로 보이다가 조금 후에는 어떤 정해진 색깔마저 잃어버리는 경향이 있는데, 이와 대응해서 처음에는 〔전등 빛 때문에〕 색깔이 심하게 변화되었던 사물도 낮에 띠었던 색채와 비교할 수 있을 만큼 자기 색채를 되찾게 된다.

사물과 조명은 어떤 항상성, 어떤 안정된 차원을 향하는 경향이 있는 체계를 형성하게 되는데, 이는 지성의 작용에 의해서가 아니라 〔지각〕 장의 전체적 배치를 통해서다. 내가 지각할 때 내가 세계를 사유하는 것이 아니라 세계가 내 앞에서 조직된다. 내가 육면체를 지각할 때 내 이성이 원근법적 외관을 구성해서 이에 대해 육면체의 기하학적 정의를 사유하는 것이 아니다. 이 외관을 교정하기는커녕 나는 원근법적 변형을 주목조차 하지 못한다. 내가 보는 것을 통해 나는 명백하게 나타나는 육면체 그 자체에 현존한다. 그리고 내 등 뒤에 있는 사물이 기억과 판단력의 어떤 작용을 통해 나에게 제시되는 것이 아닌 것과 마찬가지로, 이 사물은 나에게 현존하고 나에게 **중요하다**. 마치 내가 보지는 못하지만 배경이 부분적으로 이를 가리고 있는 형상 뒤에서 어쨌거나 계속해서 존재하고 있는 것처럼.

우선적으로 지성이 선택한 기준점에 직접적으로 의존하고 있는 것처럼 보이는 움직임의 지각마저도 〔지각〕 장의 전체적 조직 속에서 단지 하나의 요소일 뿐이다. 왜냐하면 내가 탄 기차나 옆 기차 중 하나가 출발하는 순간 그중 하나가 움직이는 것처럼 보이는 것은 맞지만, 이 환영이 자의적인 것이 아니며 또한 내가 기준점을 아주 지적이고 무관심하게 선택한다고 해서 내 마음대로 환영을 불러일으킬 수 없다는 것을 주목해야만 하기 때문이다. 내가 기차의 칸막이 방에서 카드놀이를 하고 있다면 옆에 있는 기차가 움직이는 것으로 보인다. 이와는 반대로 내가 옆 기차에 탄 누군가를 눈으로 찾고 있다면 내가 탄 기차가 출발하는 것으로 보인다. 매번 우리가 고정점으로 선택한 기차, 그 순간의 환경이 된 기차가 움직이지 않는 것처럼 보인다. 우리의 환경이 우리에게 움직임이냐 정지냐를 정해주는 것이다. 이것은 지성에 맞게 구축한 가정에 따라서가 아니라 우리가 세계에서 우리 자신을 고정시킨 방식에 따라서, 여기에서 우리의 육체가 점유하는 상황에 따라서 정해지는 것이다. 때로 나는 하늘의 종탑이 멈춰 있고 그 위에 있는 구름이 움직이는 것처럼 보고, 때로는 이와 반대로 구름이 멈춰 있고 종탑이 공간을 가로질러 떨어지는 것처럼 보지만, 여기서도 고정점의 선택은 지성의 작용이 아니다. 내가 바라보고 있고 내가 닻을 내린 대상이 나에게는 항상 고정된 것처럼 보이고, 나는 단지 시선을 다른 곳으로 옮김으로써만 대상에서 이런 의미작용을 떼어낼 수 있을 뿐이다. 따라서 내가 사유를 통해 대상에 의미작용을 부여하는 것이 아니다. 지각은 일종의 초기 과학도 아니고 지성 최초의 실천도 아니다. 우리는 지성보다 훨씬 오래된 세계와의 교류, 세계 속의 현존을 되찾아야만 한다.

마지막으로 새로운 심리학은 또한 타인의 지각에 대해 새로운 개념을 제공해준다. 고전 심리학은 별 다른 논의 없이 내적 관찰 혹은 내성內省과 외적 관찰 사이의 구별을 받아들였다. 예를 들어 분노나 공포 같은 '심적 사실'은 직접적으로 안에서만 알 수 있고 이를 겪었던 사람만이 알 수 있다는 것이다. 즉 나는 분노나 공포의 육체적 기호만을 파악할 수 있고 이러한 기호를 해석하기 위해서는 내성에 의해 내 안에서 공포나 분노에 대해 가졌던 인식에 의존해야 한다는 것을 당연하게 받아들였다. 오늘날의 심리학자들은 실제로 내성이 나에게 아무것도 제공하지 않는다는 점을 알려준다. 내가 순수한 내적 관찰을 통해 사랑이나 증오를 연구하려 한다면, 나는 아주 적은 것만을 기술할 수 있을 뿐이다. 그것은 사랑이나 증오의 본질은 전혀 드러내주지 않는 약간의 불안, 심장의 떨림, 요컨대 평범한 동요들뿐이다. 내가 흥미 있는 언급을 하게 될 때에는 항상 내가 내 자신의 감정과 일치시키는 데 만족하지 않았기 때문이고, 내가 내 감정을 행위로서, 타인과 세계와 맺었던 관계의 변화로서 연구할 수 있었기 때문이며, 내가 목격한 다른 사람의 행위를 생각하는 것처럼 내가 내 감정에 대해 생각할 수 있었기 때문이다.

사실상 어린아이들은 자기들 스스로 몸짓을 하고 얼굴 표정을 내기 훨씬 전부터 다른 사람의 몸짓과 얼굴 표정을 이해한다. 따라서 이런 행동의 의미가, 말하자면 이들에게 부착되어 있어야만 한다. 여기에서 우리는 사랑이나 증오나 분노가 단 한 사람의 증인, 즉 이것을 경험하는 사람만 접근할 수 있는 '내적 현실'이라는 편견을 없애야만 한다. 분노, 수치, 증오, 사랑은 타인의 의식 가장 깊숙한 곳에 숨어 있는 심적 사실이 아니라 밖에서도 볼 수 있는 행위나 행동 양식이다. 이것들은 이 얼굴 위에, 이 몸짓 속에 있는 것이지 얼굴이나 몸짓 뒤에 감춰져 있는 것이 아니다. 단지 심리학은 육체와 정신의 구별을 포기했을 때, 서로 관련이 있는 두 가지 방법, 즉 내적 관찰과 생리학적 심리학의 방법을 포기했을 때 발달하기 시작한 것이다. 화가 났을 때 숨 쉬는 속도나 심장박동의 속도를 재는 데 만족한다면, 우리는 감정에 대해 아무것도 배울 수 없다. 자신이 겪은 분노의 이루 말할 수 없는 질적 뉘앙스를 묘사하려고 시도할 때에도 우리는 분노에 대해 아무것도 배울 수 없다. 분노의 심리학을 한다는 것은 분노의 의미를 고정시키려고 하는 것이고 인간의 삶에서 분노의 기능이 무엇인지, 결과적으로 분노가 어디에 쓰이는지를 묻는 것이다.

자네Pierre Janet의 말처럼 감정이란 우리가 막다른 길에 빠져들었을 때 생겨나는 무질서 상태의 반응이다. 혹은 사르트르가 보다 심오하게 제시했던 것처럼 분노는 현실 세계에서 효율적 행동을 포기한 채 가상 속에서 완전히 상징적 만족을 얻는 마술적 행위다. 예를 들어 상대방을 대화로 설득할 수 없는 사람이 그 자체로는 아무것도 증명하지 못하는 욕설을 퍼붓거나, 자신의 적을 공격할 엄두도 내지 못하는 사람이 멀리서 주먹질하는 흉내를 내는 데 만족하는 것이 그렇다. 감정은 내적이거나 심적인 사실이 아니라 타인과 세계에 대한 우리의 관계가 변화한 것이고 또 이 변화를 우리의 육체적 태도 속에서 읽을 수 있기 때문에, 외부의 사람에게는 분노나 사랑의 기호만이 주어져 있다거나 이런 기호의 해석을 통해 타인을 간접적으로 파악할 수 있다고 말해서는 안 되고, 타인이 나에게 행위로서 분명하게 주어져 있다고 말해야 한다.

행위에 대한 과학은 우리가 믿고 있는 것보다 실제로 훨씬 더 많이 진전되어 있다. 아무런 준비가 안 된 사람들에게 수많은 얼굴, 이들의 옆모습을 찍은 사진, 이들의 필체를 복사한 것, 그리고 이들의 목소리를 녹음한 것을 제시하고 얼굴과 옆모습과 목소리와 필체를 제대로 짝지으라고 요구하면, 일반적으로 올바르게 짝짓기를 한다. 어쨌거나 제대로 짝지은 수가 잘못 짝지은 수보다 압도적으로 많다는 것을 확인할 수 있다. 미켈란젤로의 필체를 라파엘로와 연결시킨 것은 36가지 경우였지만 제대로 식별한 것은 221가지 경우에 달했다. 이것은 우리가 각각의 사람의 목소리와 관상과 몸짓과 거동에서 어떤 공통의 구조를 알아볼 수 있기 때문이고, 각각의 사람은 세계에 현존하는 이런 구조 혹은 이런 방식 이외에 우리에게 그 어떤 것도 아니다. 이런 언급들이 어

172

떻게 언어의 심리학에 적용될 수 있는지를 짐작할 수 있다. 즉 한 인간의 육체와 '영혼'은 세계에 현존하는 방식의 두 측면에 지나지 않는다. 이와 마찬가지로 말과 또 이 말이 가리키는 사유는 두 개의 외적 관계로 간주되어서는 안 되며 육체가 행위를 구현하고 있는 것처럼 말은 자기 의미를 담지한다.

일반적으로 새로운 심리학은 인간에게서 세계를 구성하는 지성을 보는 것이 아니라 세계에 투여된 존재, 마치 자연적 관계인 것처럼 세계와 결합된 존재를 본다. 결과적으로 고전 심리학은 과학적 지성이 성공적으로 구축한 세계를 위해 경험된 세계를 포기했던 반면, 새로운 심리학은 우리가 우리 존재의 모든 표면으로 접촉하고 있는 이 세계를 보는 법을 다시 가르쳐준다.

*

영화를 이제 지각해야 할 대상으로 간주한다면 우리가 방금 지각 일반에 대해 말했던 모든 것을 영화의 지각에 적용할 수 있을 것이다. 이런 관점에서 영화의 본성과 의미작용이 밝혀지며 새로운 심리학이 정확하게 영화미학자들이 했던 가장 탁월한 언급들로 우리를 이끌어준다는 것을 보게 될 것이다.

우선 영화는 이미지의 총합이 아니라 시간적 형식이라고 말해보자. 여기서 영화의 선율적 통일성을 명백하게 보여준 푸도프킨[1]의 유명한 경험을 상기해야 된다. 푸도프킨은 어느 날 무표정한 모주킨[러시아의

---

1) (옮긴이 주) 저자의 오류. 이후에 나오는 실험은 푸도프킨의 것이 아니고 쿨레쇼프의 것이다. 여기서는 오류를 수정하지 않고 원저자의 표현대로 남겨두었다. 참고로 여기에 소개되는 몽타주 실험을 '쿨레쇼프 효과'라고 부른다.

유명한 배우]의 얼굴을 클로즈업으로 잡고, 이 장면을 각각 처음에는 스프 한 접시, 다음으로는 관 속에 누워 있는 죽은 여자, 그리고 마지막으로는 곰 인형을 가지고 노는 어린아이를 보여주는 장면 다음에 영사하였다. 여기서 먼저 주목된 것은 모주킨이 접시를, 젊은 여자를 그리고 아이를 보는 것 같다는 사실이고, 다음으로 주목된 것은 접시는 생각에 잠긴 듯이, 여자는 고통스럽게, 아이는 밝은 미소를 띠고 보고 있는 것 같다는 것이다. 관객은 이 표현의 다양성에 놀랐지만 실제로는 동일한 장면이 세 번 쓰였을 뿐이고 이 장면은 눈에 띄게 무표정한 것이었다. 따라서 영화에서 한 이미지[샷]의 의미는 이 이미지 앞에 나오는 이미지에 달려 있고, 이들을 연속시키면 여기에 사용된 요소들의 단순한 총합이 아닌 새로운 현실이 만들어진다.

로제 린하르트Roger Leenhardt는 한 탁월한 글에서 각 이미지[샷]의 지속 시간을 조정해야 한다고 주장했다.[2] 즉 짧은 지속 시간은 즐거운 미소에, 보통의 지속 시간은 무표정한 얼굴에, 긴 지속 시간은 고통스러운 표현에 적합하다는 것이다. 린하르트는 이로부터 영화적 리듬에 대해 다음과 같은 정의를 이끌어낸다. "이들 이미지나 '샷' 각각에 대해 결합된 전체가 최대한의 효과를 발휘해서 원하는 인상을 만들어낼 수 있는 샷들의 일정한 순서와 지속 시간이 필요하다." 따라서 진정한 영화적 리듬이 있다는 것이고, 이를 만들어내는 요구사항은 아주 구체적이며 아주 강제적이다. "영화를 보면서 절정에 달한 한 장면이 지속되다가 끝나야만 하는 순간, 이 장면이 (앵글의 변화 때문이든 거리의 변화 때문이든 시각 장의 변화 때문이든) 다른 장면으로 대체되어야 하

---

2) 『에스프리Esprit』, 1936년.

는 순간을 짐작하려고 애써보라. 그러면 당신은 움직임에 '브레이크를 거는' 너무 긴 장면이 가슴을 짓누르는 거북스러움을 만들어낸다는 것을, 혹은 한 장면이 정확하게 제 시간에 '지나갈' 때 달콤한 내적 동의가 생겨난다는 것을 알게 될 것이다"(린하르트). 영화에는 몽타주——샷들, 이들의 순서, 지속 시간 등의 선택——이외에도 샷 분할découpage——장면들이나 시퀀스들, 이들의 순서, 지속 시간 등의 선택——이 있기 때문에 영화는 극도로 복잡한 형식으로 나타나는데, 이 안에서 매 순간 수없이 많은 행동과 반응이 이루어진다. 이 복잡한 형식의 법칙은 아직 다 발견되지 않았고 지금까지는 영화 언어를 조작하는 감독의 직관과 재능에 의해 감지될 뿐이었다. 이는 마치 말하는 사람이 일부러 여기에 대해 생각하지 않고서도, 또 항상 자신이 즉각적으로 따르는 규칙들을 정식화할 능력이 있는 것이 아닌데도 구문을 다루는 것과 같다.

　방금 우리가 영화의 시각에 대해 말한 것은 또한 청각에도 적용되는데, 영화의 청각은 대사나 소음의 총합이 아니라 이것 역시 형식이다. 이미지의 리듬이 있는 것처럼 소리의 리듬도 있다. 소음이나 소리의 몽타주도 있는데, 린하르트는 오래된 유성영화 「브로드웨이 멜로디」[3]에서 하나의 예를 제시한다. "무대에 두 배우가 있다. 화랑 높은 곳에서 이들이 낭독하는 소리가 들린다. 그리고 곧바로 클로즈업이 되면 이들이 속삭이면서 낮은 목소리로 주고받는 말이 들린다." 이 몽타주의 표현력은 동일한 세계 속에 있는 여러 삶의 동시성과 공존성을 느끼게 해주고, 〔관객인〕 우리를 대하는 배우들과 그들 서로를 대하는 배우들을 느끼게 해준다는 점에 있다. 이는 마치 방금 전에 푸도프킨의 시

___
3) 해리 버몬트Harry Beaumont, 「브로드웨이 멜로디Broadway Melody」, 미국, 1929, 110분.

각적 몽타주가 사람과 그의 시선을 그를 둘러싸고 있는 광경에 연결시킨 것과 같다. 시각적 영화가 단순히 극적 사건을 보여주는 움직이는 사진이 아닌 것처럼, 또 이미지의 선택과 조합이 영화의 독창적 표현 수단인 것처럼, 영화에서 소리는 녹음된 소음과 대사의 단순한 복제가 아니라 영화창작자가 만들어내야 하는 어떤 내적 조직화를 내포한다. 영화 사운드의 진정한 조상은 축음기가 아니라 라디오 극의 몽타주다.

이것이 전부는 아니다. 방금 우리는 이미지와 소리를 차례로 검토했지만, 실제로 이미지와 소리를 결합시키면 이 구성에 포함된 요소들로는 환원할 수 없는 새로운 전체가 형성된다. 유성영화는 단지 (영화적 환영을 완성시키는 데 이용될 뿐인) 소리와 대사로 장식된 무성영화가 아니다. 소리와 이미지는 이보다 훨씬 더 밀접한 연관관계를 가지고 있으며 이미지는 소리를 결합시키면 변형된다. 우리는 마른 사람에게 뚱뚱한 사람의 목소리를, 젊은 사람에게 늙은 사람의 목소리를, 키 큰 사람에게 키 작은 사람의 목소리를 결합시킨 더빙된 영화의 상영에서 이를 잘 볼 수 있다. 앞서 지적했듯이 목소리와 옆모습과 성격이 분리할 수 없는 하나의 전체를 이루기 때문에 이런 식의 더빙은 불합리하다. 그러나 소리와 이미지의 결합이 각각의 사람 안에서만 이루어지는 것은 아니며, 이는 영화 전체에서도 이루어진다. 특정 순간에 주인공들이 입을 다물고 다른 순간에 이들이 말을 하는 것은 우연이 아니다. 대사와 침묵을 [적절하게] 교차시키는 것은 이미지가 가장 탁월한 효과를 내게 하기 위한 것이다.

앙드레 말로(『베르브*Verve*』, 1940)의 말처럼 세 가지 종류의 대화가 있다. 먼저 극적 행위의 상황을 알려주기 위한 설명의 대화가 있다. 소설과 영화는 공통적으로 이런 대화를 피한다. 다음으로 각 인물의 어조를 알려주는 대화, 예를 들어 프루스트의 소설에서 지배적인 음색ton의 대화가 있는데, 프루스트의 인물들은 분간하기 힘들지만 이들이 일단 말을 하기 시작하면 탁월하게 분간할 수 있다. 말을 많이 하거나 거의 하지 않거나, 내용 있는 말을 하거나 빈말을 하거나, 말을 정확하게 하거나 부자연스럽게 말을 하거나 하는 것이 수많은 묘사보다 훨씬 더 분명하게 한 인물의 본성을 느끼게 해준다. 영화에서 음색의 대화는 거의 쓰이지 않는다. 가시적 배우의 존재와 특유의 행동이 있기 때문에 음색의 대화는 영화에서 예외적인 경우에만 적합하다. 마지막으로 인물들 간의 논쟁과 대결을 보여주는 장면의 대화가 있는데, 이것이 영화의 주된 대화다. 그런데 장면의 대화도 오래 지속되는 것은 아니다. 연극에서는 끝없이 말하지만 영화에서는 그렇지 않다. 말로는 이렇게 말한다. "최근 영화들에서 감독들은 마치 소설가가 상당히 긴 이야기를 한 다음에 대화로 넘어가는 것처럼 상당히 긴 침묵 이후에 대화로 넘어간다." 따라서 시각적 운율과 청각적 운율 이외에도 침묵과 대화의 배치는 훨씬 더 복잡한 운율을 만들어내는데, 이 운율에 대한 요구가 앞의 두 운율에 대한 요구와 겹쳐지게 된다.

더불어 이 분석이 완전하려면 이 전체 안에서 음악의 역할에 대한 분석이 포함되어야 할 것이다. 간단하게 음악이 여기에 통합되어야 하지 병치되어서는 안 된다고 말해보자. 따라서 음악이 소리의 구멍을 메우거나 감정과 이미지에 대해 외적으로 주해를 다는 방식으로 쓰여서는 안 된다. 실제로 많은 영화에서 금관악기의 폭발로 분노의 폭발을 알리거나 음악이 발자국 소리나 바닥에 동전 떨어지는 소리를 공들여 모방하는 일이 일어난다. 이와는 달리 음악은 행위의 장면이 등장인물의 '내면'으로, 혹은 이전 장면의 회상으로, 혹은 풍경 묘사로 이행하는 것과 같이 영화 양식의 변화를 표시하기 위해 개입해야 한다. 일반적으로 말해서 음악은 조베르Maurice Jaubert[4]가 말했던 것처럼 '감각 균형의 단절'을 실현시키는 데 기여하거나 동반된다. 마지막으로 음악은 시각적 표현에 병치되는 또 다른 표현 수단이 되어서는 안 된다. 조베르는 이렇게 지적한다. "음악은 리듬, 형식, 기악 편성같이 엄격하게 음악적 수단들로 이미지라는 조형적 질료 아래서 신비로운 일치의 연금술을 통해 청각적 질료를 재창조한다. 이것이 영화음악가라는 직업 자체의 기반이 되어야 한다. 마지막으로 감성적, 극적, 혹은 시적 내용을 번역하려고 노력하지 않고 우리가 이미지의 내적 리듬을 육체적으로 느낄 수 있게 해주어야 한다." 영화에서 대사는 이미지에 이념을 덧붙이는 것이 아니고 음악은 이미지에 감정을 추가하는 것이 아니다. 이들이 모여 이루어진 〔영화라는〕 전체는 우리에게 사유도 삶의 감정의 회상도 아닌 아주 구체적인 어떤 것을 말해준다.

영화는 무엇을 의미하는가? 영화는 무엇을 말하려고 하는가? 각각의 영화는 이야기──즉, 등장인물들을 대립시키는 일정한 수의 사건들──를 해준다. 이 사건들은 실제로 (영화가 이를 통해 만들어지는) 시나리오에서 그런 것처럼 산문으로 말해질 수도 있다. 종종 지나칠 정도의 대사가 있지만, 유성영화는 우리의 환영을 완성시켜준다. 따라서 우리는 종종 영화를 시각적이면서도 청각적인 재현이나 극적 사건을 최대한 충실하게 재생산한 것으로 파악한다. 문학은 말을 통해서밖에 극적 사건을 환기시킬 수 없지만 영화는 다행스럽게도 이를 찍어서 보여줄 수 있다. 〔그런데도〕 모호함이 유지될 수 있는 것은 영화에는 실제로

---

4) 『에스프리』, 1936년.

근본적 리얼리즘이 있기 때문이다. 배우는 자연스럽게 연기해야 하고 연출은 가급적 그럴듯하게 이루어져야 하는데, 왜냐하면 린하르트가 말하는 것처럼 "스크린에서 배어나오는 현실의 힘에는 최소한의 양식화마저도 어울리지 않기 때문이다." 그러나 이 말이 뜻하는 것은 우리가 삶 속에서 (영화가 해주는 것과 똑같은) 사건에 참여하고 있을 때 우리가 직접 보고 듣는 것을 영화가 보여주고 들려줄 목적으로 만들어졌다는 것도 아니고, 영화가 마치 교훈적인 이야기처럼 삶에 대한 일반적 관념을 암시하려는 목적으로 만들어졌다는 것도 아니다.

여기서 우리가 마주치는 문제는 미학이 시나 소설에 대해 이미 마주쳤던 문제다. 한 편의 소설에는 항상 몇 줄로 요약할 수 있는 이념이 있고 몇 줄로 요약할 수 있는 줄거리도 있다. 한 편의 시에는 항상 사물이나 이념에 대한 암시가 있다. 그러나 순수한 소설, 순수한 시는 우리에게 이런 사실, 이런 이념 혹은 이런 사물을 의미하는 기능만을 가진 것이 아니다. 그렇다면 시는 정확하게 산문으로 번역될 수 있고 소설은 몇 줄로 요약해도 아무것도 잃지 않을 것이기 때문이다. 이념이나 사실은 예술의 재료일 뿐이고 소설이라는 예술은 우리가 말하는 것과 말하지 않는 것의 선택에, 시점의 선택──어떤 장章은 어떤 인물의 관점에서 씌어지고 다른 장은 다른 사람의 관점에서 씌어진다 등등──에, 변화하는 이야기의 템포에 놓여 있다. 시라는 예술은 사물을 교육적으로 기술하거나 이념을 드러내는 데 있는 것이 아니라 독자를 거의 항상 어떤 시적 상태에 빠져들게 하는 언어기계의 창조에 놓여 있다.

이와 마찬가지로 한 편의 영화 속에는 항상 이야기와 종종 이념──예를 들면 「덤으로 주어진 삶」[5)의 이념은 죽음이란 이것을 받아들일 수 없는 사람에게만 끔찍하다는 것이다──도 있지만, 영화의 기능은 우리에게 사실이나 이념을 알려주는 데 있는 것이 아니다. 심오하게도 칸트는 인식 속에서는 상상력이 지성을 위해 작용하지만, 예술에서는 지성이 상상력을 위해 작용한다고 말했다. 이 말의 뜻은 이념이나 평범한 사실이 예술가에게 감각적 상징을 찾을 기회를 제공하기 위해, 시각적이면서도 청각적인 합자monogramme를 그릴 기회를 제공하기 위해 존재할 뿐이라는 것이다. 한 몸짓의 의미는 바로 이 몸짓 속에서 즉각적으로 읽을 수 있는 것처럼, 영화의 의미는 영화의 리듬에 통합되어 있고 영화는 영화 그 자체 말고는 어떤 것도 의미하지 않는다. 여기에서 이념은 태어나는 상태로 표현되어 있고 이념은 영화의 시간적 구조에서 (그림에서는 각 부분의 공존에서 드러나는 것처럼) 드러난다. 이미 형성되었거나 획득된 이념의 암시를 통해서가 아니라 요소들의 시간적 혹은 공간적 배치를 통해 어떤 것이 어떤 방식으로 의미를 띠기 시작하는가를 보여주는 것이 예술이 누리는 행복이다. 우리가 앞서 살펴본 것처럼 영화는 한 사물이 의미하는 것처럼 의미한다. 영화나 사물 모두 고립된 지성에 호소하는 것이 아니라 세계 혹은 인간을 암암리에 해독하고 이들과 공존할 수 있는 우리의 능력에 호소한다. 일상적 삶에서 우리는 지각된 가장 작은 것에 대한 미적 가치를 놓치게 된다는 것은 옳다. 또한 현실 속에서는 지각된 형태가 결코 완전하지 않고 여기에는 항상 흔들리는 것, 흠, 질료의 과잉 같은 것이 있다는 것도 옳다. 영화의 드라마는 굳이 이렇게 표현하자면 현실적 삶의 드라마보다 훨씬 더 알맹이가 촘촘하며 현실 세계보다 더 정확한 세계에서 일어난다. 그리고 마지막으로 우리가 영화의 의미작용을 이해할 수 있는 것은 지

---

5) 해럴드 버킷, 「덤으로 주어진 삶On borrowed time」, 미국, 1939, 99분.

각을 통해서다. 즉 영화는 사유되는 것이 아니라 지각되는 것이다.

바로 이 때문에 영화에서 인간의 표현이 그렇게나 감동적일 수 있는 것이다. 소설이 오랫동안 그렇게 해왔던 것처럼 영화는 인간의 사유를 우리에게 제시하는 것이 아니다. 영화는 인간의 행위와 행동을 우리에게 제시하며 세계에 현존하는 특별한 방식, 사물과 타인을 다루는 특별한 방식을 우리에게 직접 제공한다. 이것은 우리가 몸짓과 시선과 거동에서 볼 수 있는 것이며 우리가 알고 있는 사람들 각각을 명백하게 규정해준다. 영화가 우리에게 현기증을 느끼는 사람을 보여주고 싶으면, 다캥이 「로프에 매달린 대원」[6]에서, 말로가 「희망」[7]에서 하려고 했던 것처럼 [주관적인 시점 샷으로] 현기증을 느끼는 내면 풍경을 묘사하려고 시도해서는 안 될 것이다. 현기증을 외부에서 바라봄으로써, 바위 위에서 뒤틀리는 균형을 잃은 신체를 바라보거나 어디서 오는지 전혀 알 수 없는 공간의 전복에 적응하려고 애쓰는 비틀거리는 걸음을 바라봄으로써 우리는 현기증을 보다 잘 느낄 수 있다. 현대 심리학에서 그런 것처럼 영화에서도 현기증, 기쁨, 고통, 사랑, 증오는 행위다.

*

이 심리학과 현대 철학은 우리에게 공통적으로 (고전 철학에서처럼 정신과 세계, 각각의 의식과 타인을 보여주는 것이 아니라) 세계 속에 던져져 있는 의식, 타인의 시선에 내맡겨져 있으며 타인으로부터 자기가 무엇인지를 배우는 의식을 제시한다. 현상학적 철학이나 실존철학의 상

---

6) 루이 다캥Louis Daquin, 「로프에 매달린 대원Premier de Cordée」, 프랑스, 1944, 106분.
7) 앙드레 말로André Malraux, 「희망Sierra de Terruel」, 프랑스, 1945, 88분.

당 부분은 세계에 대한 나의 내재성, 타인에 대한 나의 내재성에 대해 놀라움을 느끼고 이 역설과 혼동을 우리에게 묘사해주려고 하며, 주체와 세계의 연관관계, 주체와 타자의 연관관계를 (고전 철학이 절대정신에 의존해서 했던 것처럼) 설명하지 않고 보여주려고 하는 데 놓여 있다.

　그런데 영화는 정신과 육체의 결합, 정신과 세계의 결합을 나타내는 데 적합하고, 이들 중 하나를 다른 것 속에서 표현하는 데 특히나 적합하다. 바로 이 때문에 영화비평가가 영화비평에서 철학을 환기시키는 것이 놀랍지 않다. 「조던 씨가 온다」[8]에 대한 영화비평에서 알렉상드르 아스트뤽Alexandre Astruc은 이 영화를 사르트르의 용어로 서술한다. 즉 이 영화에서 자신의 몸이 죽은 후에도 살아남아 다른 사람의 몸에 들어가 살아야 하는 사자死者는 즉자적으로는pour soi 같은 사람이지만 대자적으로는pour aurtrui 다른 사람이다. 그는 한 젊은 여인이 사랑을 통해 새로운 몸에서 그를 알아볼 때까지, 따라서 즉자적인 것과 대자적인 것의 일치가 확립될 때까지는 평안을 누릴 수 없다는 것이다. 이에 대해 『카나르 앙쉐네Canard Enchaîné』지는 아스트뤽에게 〔영화비평을 하지 말고〕 철학 연구나 하라고 반발했다. 사실 이들 두 쪽 다 옳다는 것이 진실이다. 즉 한쪽〔『카나르 앙쉐네』〕은 예술이 이념을 드러내기 위해 만들어진 것이 아니라는 점에서 옳다. 그리고 다른 한쪽〔아스트뤽〕이 옳은 것은 현대 철학이 개념들을 연결시키는 것이 아니라 의식이 세계와 혼합되어 있는 양상, 의식이 육체 속에 개입되어 있는 양상, 의식이 타인의 의식과 공존하는 양상을 묘사하는 데 놓여 있고 또 이러한 주제야말로 전형적으로 영화적인 것이기 때문이다.

---

8) 알렉산더 홀, 「조던 씨가 온다Here comes Mr. Jordan」, 미국, 1941, 94분.

마지막으로 이러한 철학이 왜 정확하게 영화의 시대에 발전되었는가라는 질문을 던질 때, 우리는 분명 영화가 이러한 철학에서 나온 것이라고 말해서는 안 될 것이다. 영화는 우선 기술적 발명이고 이 기술적 발명에서 철학은 아무것도 아니다. 그러나 이 철학이 영화에서 나온 것이고 이를 이념의 차원에서 번역한 것이라고 말해서도 안 될 것이다. 왜냐하면 우리는 영화를 잘못 이용할 수 있고 한 번 발명된 기술적 수단은 진정한 영화 만들기에 도달하기 전에 마치 두번째 발명된 것처럼 예술적 의지에 의해 다시 취해져야 하기 때문이다. 따라서 철학과 영화가 일치하며 성찰과 기술적 작업이 같은 방향으로 나아간다면, 이것은 철학자와 영화감독이 어떤 존재 방식, 어떤 세계관——이것은 한 세대의 세계관이다——을 공유하고 있기 때문이다. 이는 또한 사유와 기술이 서로 호응한다는 것, 그리고 "안에 있는 것은 또한 밖에 있는 것이기도 하다"라는 괴테의 말을 검증할 수 있는 또 다른 기회이기도 하다.

7장

사진적 이미지의 존재론(1945)

앙드레 바쟁

조형예술에 대해 정신분석을 해보면 시체의 방부처리 관습을 조형예술 발생의 근본적 요인으로 간주할 수 있을 것이다. 또한 회화와 조각의 기원에 '미라 콤플렉스'가 있다는 것을 발견하게 될 것이다. 모든 것이 죽음에 대항했던 이집트 종교에서는 〔사후死後의〕 생존이 신체의 물질적 영속성에 달려 있었다. 이집트 종교는 이를 통해 인간 심리의 근본적 욕구, 즉 〔흘러가는〕 시간으로부터 스스로를 보호하고 싶다는 욕구를 충족시켰을 것이다. 죽음은 시간의 승리일 뿐이다. 인위적으로 존재의 육체적 외형을 고정시킨다는 것은 이 존재를 시간의 물결에서 건져내서 생명의 연안沿岸에 옮겨 싣는 것이다. 따라서 당연하게도 살과 뼈를 간직한 채 죽음이라는 현실 그 자체에서 이 외형을 구해내야만 했다. 천연 탄산소다로 석화시켜 무두질한 인간의 미라는 바로 최초의 이집트 조각상이다.

그러나 피라미드나 미로 같은 통로가 묘지의 도굴에 맞서는 충분한 보장은 될 수 없었다. 우연에 맞서 또 다른 안전조치를 취해야 했고 보존의 기회를 넓혀야만 했다. 따라서 죽은 자의 식량인 밀가루와 함께 테라코타로 만든 작은 조각상들, 즉 시체가 파괴될 경우 이를 대신할 수 있는 일종의 대체용 미라를 석관 주변에 놓아두게 되었다. 이렇게 해서 조각상의 종교적 기원들 중 최초의 기능이 드러나게 된다. 그것은 바로 외형을 통해 존재를 구원하는 것이다. 그리고 그 적극적 양태를 고려해보면 선사시대 동굴에서 발견된 화살자국투성이의 진흙 곰——이것은 효율적 사냥을 위해 [이미지를] 살아 있는 야수와 동일시한 주술적 대용물이다——을 아마도 동일한 기획의 또 다른 측면으로 간주할 수 있을 것이다.

물론 예술과 문명이 서로 발전하면서 조형예술은 이러한 주술적 기능에서 해방되었다. (루이 14세는 자신의 시체를 방부 처리시키지 않았다. 그는 르브룅Charles Lebrun이 그린 초상화에 만족했다.) 그러나 이는 시간의 마귀를 쫓는다는 이 억제할 수 없는 욕구를 논리적 사유를 사용해 승화시킨 것일 뿐이다. 우리는 더 이상 모델과 초상肖像의 존재론적 동일성을 믿지 않지만 초상이 모델의 회상을 도와주고, 따라서 제2의 정신적 죽음[망각]에서 모델을 구해준다는 것을 인정한다. 이미지의 제조 자체가 모든 인간 중심적 실용주의에서 해방되었다. 이제는 더 이상 인간의 사후 생존이 중요한 것이 아니라 보다 더 일반적으로는 현실을 본떠 자율적인 시간적 운명을 가진 이상적 세계를 창조해내는 것이 중요하다. 회화 작품에 대해 맹목적 찬양을 하면서 여기에서 형태의 영속성을 통해 시간을 이겨내고자 하는 원시적 욕구를 파악해내지 못한다면 "회화란 얼마나 공허한 것인가!" 조형예술의 역사가 미학의 역사일 뿐만 아니라 무엇보다도 심리학의 역사라면, 그것은 본질적으로 유사성의 역사, 혹은 이런 표현을 쓸 수 있다면 리얼리즘의 역사다.

*

이러한 사회학적 관점에서는 사진과 영화가 지난 세기〔19세기〕중엽에 시작된 현대 회화의 엄청난 위기——정신적이고 기술적인 위기——를 자연스럽게 설명해줄 수 있을 것이다.

『베르브*Verve*』지에 실린 글에서 앙드레 말로는 "영화는 조형적 리얼리즘의 가장 발전된 측면일 뿐인데 이 리얼리즘의 원칙은 르네상스와 함께 시작되었고 바로크 회화에서 제한적으로 표현되었다"라고 썼다.

보편적 회화는 분명 형태의 리얼리즘과 상징주의 사이의 다양한 균형을 실현시켰지만, 15세기 서양 회화는 유일하고도 근본적인 목적——자율적 수단을 통한 정신적 현실의 표현——에서 벗어나 외부 세계의 다소간의 완벽한 모방과 정신적 현실의 표현을 결합시키기 시작했다. 여기서 아마도 결정적 사건은 최초의 과학적——어떤 의미에서는 이미 기계적——체계, 즉 원근법의 발명이었다. (다빈치의 카메라 옵스큐라는 니엡스Joseph Niepce의 카메라 옵스큐라의 전조다.) 이 때문에 화가는 사물이 우리의 직접적 지각에서처럼 보이는 삼차원 공간의 환영을 줄 수 있었다.

이때부터 회화는 두 가지 열망 사이에서 양분되었다. 즉 하나는 순전히 미적인 열망——이것은 정신적 현실의 표현으로서 여기서는 상징적 형태가 모델을 초월하게 된다——이고, 다른 하나는 외부 세계를 그 분신으로 대체하려는 순전히 심리적인 욕망이다. 자기만족을 위해 급속하게 늘어난 이 환영의 욕구는 조형예술을 점차 잠식해갔다. 그러나 원근법이 형태의 문제만을 해결했을 뿐 운동의 문제를 해결하지 못했

기 때문에, 리얼리즘은 자연스럽게 순간 속에서 이루어진 극적 표현
—바로크 미술의 고문당하는 듯한 부동성 속에서 생명을 암시할 수
있는 일종의 정신적 사차원—의 탐구를 통해 확장되어야 했다.[1]

물론 위대한 예술가들은 항상 이 두 경향의 종합을 이루어냈다. 즉
이들은 현실을 지배하고 이것을 미술에 통합시킴으로써 이 두 경향 사
이에서 위계를 만들어냈던 것이다. 그러나 우리는 여전히 본질적으로
다른 두 현상—회화의 발전을 이해하기 위해 객관적 비평은 이를 구
분할 줄 알아야 한다—을 대면하고 있다. 16세기 이후로 회화 내부에
서 환영을 만들어내고자 하는 욕구가 끝없이 작용해왔다. 이것은 심리
적 욕구이지 그 자체로는 미적 욕구가 아니다. 그 기원은 주술적 정신
에서 찾을 수 있지만, 이것은 아주 강력한 욕구여서 여기에 매혹되면
조형예술의 균형이 근본적으로 무너지게 된다.

예술에서 리얼리즘 논쟁은 이러한 오해에서 생겨난 것이다. 즉 그것
은 미학과 심리학 사이의 혼동, 즉 구체적이면서도 본질적인 세계의
의미작용을 표현할 필요에서 생긴 진정한 리얼리즘과 형태의 환영에
만족하는 눈속임(혹은 정신 속임)의 가짜 리얼리즘 사이의 혼동에서 생
겨난 것이다.[2] 이 때문에 중세 미술은 이러한 갈등으로 괴로워하지 않

---

1) 이러한 관점에서 1890년에서 1910년까지의 화보잡지에 나타난 (당시에 막 생겨나고 있던)
   사진 르포르타주와 데생 사이의 경쟁을 추적해보는 것도 흥미로울 것이다. 특히 데생은 극적
   인 것에 대한 바로크적 욕구를 충족시켰다. 예를 들면『르 프티 주르날 일뤼스트레Le Petit
   Journal illustré』에 나타난 사진적 기록의 감각[의 가치]은 아주 점진적으로만 인정받았을
   뿐이다. 그런데 이 사진적 기록의 감각이 일정한 포화 상태에 도달한 이후 '라다르Radar'와
   같은 유형의 극적 데생으로 회귀하게 되는 것을 확인할 수 있다.
2) 사진과 영화의 등장 이전인 18세기에는 우리가 회화에서 리얼리즘적 표현주의에 엄청난 중요
   성을 부여할 수도 있었다. 그러나 이제는, 특히 공산주의 비평은 리얼리즘적 표현주의에 그
   토록 중요성을 부과하기 전에 아마도 회화에 대해 그만 말해야 할 것이다. 소비에트 러시아

았던 것으로 보인다. 지극히 리얼리즘적이면서도 고도로 정신적인 중세 미술은 기술적 가능성 때문에 이제 막 드러나기 시작한 이 비극을 알지 못했다. 원근법은 서구 회화의 원죄였다.

*

니엡스와 뤼미에르는 서구 회화의 구원자였다. 사진은 바로크 미술을 완성시킴으로써 조형예술을 유사성에 대한 강박관념에서 해방시켰다. 회화는 근본적으로 환영을 제공하려는 헛된 애를 썼고 미술은 이 환영으로도 충분했지만 사진과 영화는 결정적으로, 또 그 본질 자체가 리얼리즘에 대한 강박관념을 충족시킨 발견이었기 때문이다. 화가가 제아무리 능숙하다 해도 화가의 작품은 항상 어쩔 수 없는 주관성에 붙들려 있다. 인간의 개입 때문에 이미지에 항상 의혹이 남아 있다. 따라서 바로크 회화로부터 사진으로 이행하는 과정에서 본질적 현상은 단순한 물질적 완성— 사진은 색채의 모방에서는 오랫동안 회화보다 열등한 것으로 남게 될 것이다—에 있는 것이 아니라 심리적 사실에 있다. 즉 인간이 배제된 기계적 복제로 인해 환영에 대한 우리의 갈망이 완벽하게 충족된다는 것이다. 해결책은 결과물 속에 있는 것이 아니라 생성 과정genèse에 있다.[3]

이 때문에 양식과 유사성 사이의 갈등은 상대적으로 최근에 일어난

는 좋은 영화를 만들었지만 나쁜 회화를 만들어냈다는 사실이 아마도 그다지 중요하지는 않다. 에이젠슈테인이 그들의 틴토레토이기 때문이다. 반면에 루이 아라공이 우리에게 그것이 바로 레핀Répine[의 회화]이라고 설득하려 한다는 것이 문제다.

3) 그러나 데스마스크의 주형 같은 부차적 조형 장르의 심리학도 연구할 수 있다. 데스마스크 또한 복제에서 일정한 자동성을 보여준다. 우리는 이런 의미에서 사진을 주형, 즉 빛을 매개로 사물의 흔적을 뜨는 것으로 간주할 수 있다.

현상이고 감광판의 발명 이전에 그 흔적을 찾기가 힘들다. 우리는 샤르댕Jean-Siméon Chardin의 〔회화가 보여주는〕 매혹적 객관성이 사진의 객관성이 아니라는 것을 잘 알고 있다. 19세기에 들어와서 진정으로 리얼리즘의 위기가 시작되었다. 피카소는 이 위기가 만들어낸 오늘날의 신화이고, 리얼리즘의 위기는 조형예술의 형식적 존재 조건과 그 사회적 기초 모두를 뒤흔들어놓았다. 유사성 콤플렉스에서 해방된 현대 화가는 이 유사성을 (한편으로는 사진에서, 다른 한편으로는 여기에 들어맞는 회화에서 이것을 찾는) 대중에게 넘겨주었다.[4]

*

따라서 회화와 비교하면 사진의 독창성은 그 본질적 객관성 속에 놓여 있다. 이 때문에 인간의 눈을 대체한 사진의 눈을 구성하고 있는 렌즈entilles의 집합을 정확하게 '렌즈objectif'[5]라고 부르는 것이다. 역사상 처음으로 원래의 대상과 그 재현 사이에 다른 어떤 대상도 끼어들지 않게 되었다. 역사상 처음으로 외부 세계의 이미지가 엄격한 메커니즘

---

4) '대중'이 양식과 유사성 사이의 결별의 원인—오늘날 우리는 실제로 이 결별을 확인할 수 있다—인가? 오히려 이 결별이 산업과 함께 생겨났으며 19세기 예술가를 부각시켰던 '부르주아 정신의 출현'—예술을 심리적 범주로 환원시키는 것을 통해 부르주아 정신을 정의할 수 있다—과 일치하는 것은 아닐까? 따라서 역사적으로 사진은 바로크 리얼리즘을 직접적으로 이어받은 것이 아니다. 앙드레 말로는 정확하게 사진이 회화적 양식을 순진하게 복제함으로써 "미술을 모방하는 것" 이상의 목적이 없었다고 지적했다.

다른 한편 니엡스와 사진의 선구자들 대부분은 판화를 사진으로 복제하려 했다. 이들이 꿈꾸었던 것은 예술가가 되지 않고 전사술을 통해 예술작품을 만들어내는 것이었다. 이 기획은 전형적이면서도 본질적으로 부르주아적 기획이지만, 우리의 테제—이를 약간 기형적으로 뒤틀기는 하지만—를 확증해준다. 예술작품이 이미 자연을 모방한 것이며 "그것도 훨씬 더 잘" 모방한 것이라는 점에서 사진사에게는 당연히 모방할 가치가 있는 최고의 모델이 무엇보다도 예술작품이다. 스스로 예술가가 되는 사진사가 결국 자연만을 모방할 수 있을 것이란 사실을 이해하기 위해서는 일정한 시간이 필요하다.

에 따라 인간의 창조적 개입 없이 자동적으로 형성되게 되었다. 사진사의 개성은 현상의 선택, 방향, 그리고 교육적 목적을 통해서만 개입되게 되었다. 최종 작품에서 사진사의 개성이 두드러지게 나타난다고 할지라도 그것이 화가의 개성과 동일한 정도로 나타나는 것은 아니다. 모든 예술은 인간의 존재에 기반을 두고 만들어지지만, 사진에서만 유일하게 우리는 인간의 부재를 향유한다. 사진은 (그 아름다움이 식물 혹은 대지의 기원과 분리할 수 없는 꽃이나 눈(雪)의 결정처럼) '자연적' 현상으로 우리에게 작용한다.

이 자동적 생성은 급격하게 이미지의 심리학을 전복시켰다. 사진의 객관성은 사진적 이미지에 어떠한 회화 작품에도 없는 강력한 신뢰성을 부여한다. 우리의 비판적 정신이 어떤 반발을 하든 관계없이 우리는 재현된——실제로 재-현된, 다시 말해 시간과 공간 속에 현존하게 된——대상의 존재를 믿지 않을 수 없다. 사진에서는 사물의 현실성이 복제된 것(이미지)으로 전이된다.[6] 대상을 가장 충실하게 그린 데생이 모델에 대한 더 많은 정보를 제공해줄 수도 있지만, 이 데생은 우리가 비판 정신을 가지고 있음에도 불구하고 우리의 믿음을 압도해버리는 사진의 비합리적 힘을 결코 소유할 수 없을 것이다.

따라서 회화는 갑자기 유사성을 재현하는 열등한 기술, 복제 수단의 대용품에 지나지 않게 되어버렸다. 렌즈만이 우리에게 무의식의 근저

---

5) (옮긴이 주) 불어에서 objectif라는 말은 '객관적인'이라는 뜻도 있지만 '렌즈'를 뜻하기도 한다.
6) 미라 콤플렉스에서 생겨난 현실의 전이轉移를 똑같이 누리는 성유골과 '기념품'의 심리학을 여기에서 도입할 필요가 있을 것이다. 여기서는 단지 토리노의 성의聖衣가 성유골과 사진의 종합을 이루어냈다는 것만 지적해두기로 하자.

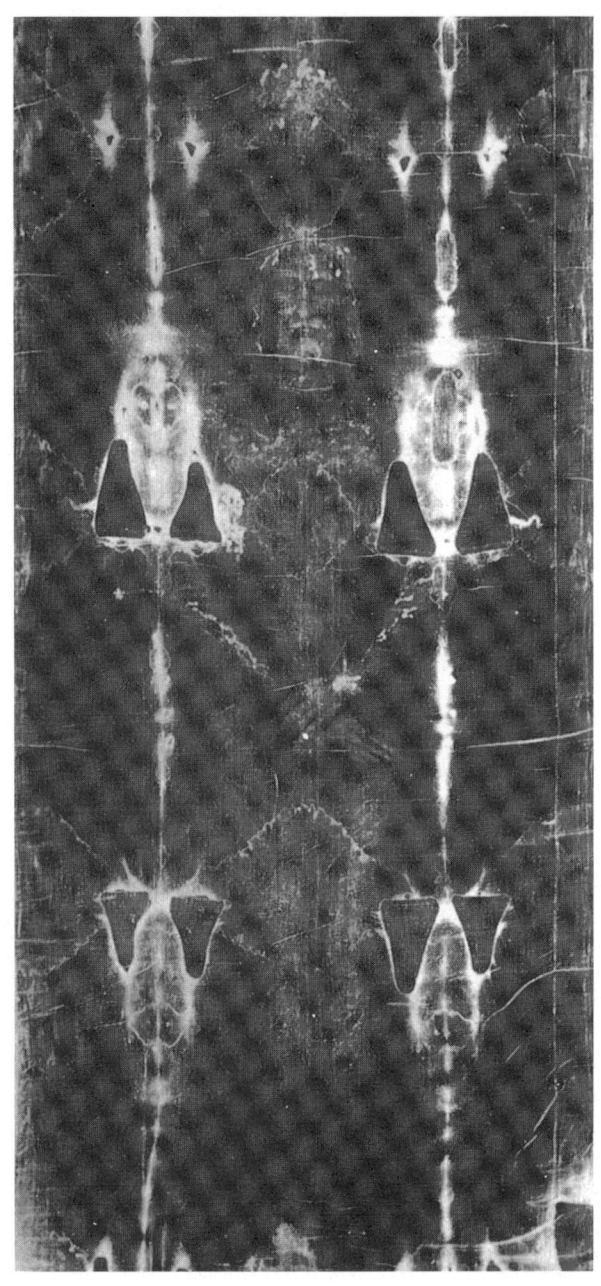

토리노의 성의[7]

에서 근사치의 복제 이상으로 사물을 대신하고 싶은 욕구를 '충족시킬 수 있는' 사물의 이미지를 제공해준다. 이 사진적 이미지는 사물 그 자체이지만 시간의 우연성에서 해방된 사물이다. 이 이미지는 흐릿할 수도 변형될 수도 있고 색 바랜 것 혹은 기록적 가치가 없는 것일 수도 있지만 생성 그 자체가 모델의 존재에서 나온 것이며 모델 그 자체다. 앨범 사진의 매력은 여기서 나온다. 이 환영 같고 거의 읽을 수조차 없는 잿빛 혹은 세피아톤의 그림자[사진]는 더 이상 전통적 가족 초상화가 아니다. 그것은 예술의 위엄을 통해서가 아니라 무감각한 기계장치의 장점을 통해서 지속 도중에 정지되어 자신의 운명에서 해방된 삶의 당혹스러운 현존이다. 사진은 예술처럼 영원을 창조하는 것이 아니라 시간을 방부 처리하고 시간을 부패로부터 구제한 것이기 때문이다.

*

이런 관점에서 보면 영화는 사진의 객관성을 시간 속에서 완성시킨 것으로 보인다. 지나간 시대의 곤충의 사체가 손상되지 않은 채 호박 속에 보존되어 있는 것처럼 영화는 대상을 순간적으로 보존하는 것에 만족하지 않고 바로크 미술을 발작적 강경증에서 해방시킨다. 역사상 처음으로 사물의 이미지는 지속 속에 있는 이미지, 변화의 미라가 되었다. 따라서 사진적 이미지를 특징짓는 유사성의 범주[8]가 회화와 다른 사

---

7) (옮긴이 주) 여전히 진위 논란이 계속되고 있지만, 죽은 예수를 덮은 성의에 예수의 모습이 그대로 나타났다고 여겨지는 이미지다.

8) 내가 '범주'라는 용어를 사용하는 것은 구이에Henri Gouhier가 연극에 대한 저서에서 극적 범주와 미적 범주를 구별하며 범주에 부여했던 의미를 수용한 것이다. 극적 긴장이 어떤 예술적 가치도 개입시키지 않는 것과 마찬가지로 모방의 완성은 미와 동일시될 수 없다. 모방

진만의 미학을 결정한다. 사진의 미적 잠재성은 현실적인 것의 드러남에 있다. 빗물이 고인 보도 위에 비친 그림자, 한 아이의 몸짓을 외부 세계의 조직에서 구별해내는 것은 내가 아니다. 냉정한 렌즈만이 사물에서 습관과 편견을 제거하고 내 지각을 감싸고 있는 모든 정신적 때를 벗겨서 사물을 내 주의注意에, 따라서 내 사랑에 원래 있는 그대로 제시할 수 있다. 사진, 즉 우리가 알지 못했고 볼 수 없었던 세계의 자연스러운 이미지 위에서 자연은 결국 예술을 모방하는 것 이상을 해낸다. 즉 자연은 예술가를 모방한다.

사진은 창조력에서 예술가를 능가하기까지 한다. 화가의 미적 세계는 자신을 둘러싼 세계에 대해 이질적이다. 그림의 틀은 실체적으로나 본질적으로나 [외부 세계와] 전혀 다른 미세 우주를 둘러싸고 있다. 이와는 반대로 사진으로 찍힌 대상의 존재는 마치 지문처럼 모델의 존재에 관여한다. 이를 통해 그것은 자연적 창조물을 다른 것으로 대체하지 않으면서도 실제적으로 자연적 창조물에 첨가된다.

초현실주의가 기형적 조형을 만들어내기 위해 젤라틴 감광판[사진적 이미지]에 도움을 청했을 때 초현실주의는 이를 이미 예감한 것이다. 초현실주의에서는 우리 정신에 미치는 이미지의 기계적 효율성과 미적 목적이 분리되지 않기 때문이다. [초현실주의에서는] 상상적인 것과 현실적인 것의 논리적 구분이 사라지는 경향이 있다. 모든 이미지는 사물처럼 느껴져야 하고 모든 사물은 이미지처럼 느껴져야 한다. 따라서 사진이 자연의 성질을 띠는 이미지, 다시 말해 진짜 환각을 실현시켜주기 때문에 사진은 초현실주의적 창조에서 특권적 기술이 된다. 초현

의 완성은 단지 예술적 사건이 기입되는 일차적 재료를 구성할 뿐이다.

실주의 회화에서 눈속임을 사용하거나 디테일을 꼼꼼하게 구현하는 것은 이를 검증하는 또 다른 예가 된다.

따라서 사진은 조형예술의 역사에서 가장 중요한 사건이다. 서구 회화의 해방이면서 완성이기도 한 바로 이 사진 덕분에 서구 회화는 결정적으로 리얼리즘적 강박관념에서 벗어날 수 있었고 미적 자율성을 되찾게 되었다. 과학적 평계를 갖고는 있지만 인상주의의 '리얼리즘'은 눈속임 그림에 대립한다. 다른 한편 색채가 형태를 잠식할 수 있게 된 것은 모방에서 형태가 더 이상 중요하지 않게 되면서부터다. 세잔과 더불어 그림에 형태가 되돌아오게 되었을 때에도 어쨌거나 이는 더 이상 환영주의적 원근법의 기하학에 따른 것이 아니다. 바로크적 유사성을 넘어 모델과의 동일성을 획득하는 경쟁에서 기계적 이미지가 회화와 대립하게 되었기 때문에 회화는 회화 스스로 대상으로 전환되지 않을 수 없게 되었다.

사진이 한편으로는 재현된 것 속에서 우리의 눈이 사랑할 수 없었던 원본을 찬양하게 해주고 다른 한편으로는 회화 속에서 순수한 대상 — 자연에 대한 참조가 더 이상 존재 이유가 될 수 없는 대상 — 을 찬양하게 해주기 때문에 이제부터 파스칼의 비난[9]은 헛된 것이다.

*

다른 한편, 영화는 언어다.

---

9) (옮긴이 주) 회화에 대한 파스칼의 유명한 비난에 대한 암시. 이 글의 앞부분에 나오는 문구("회화란 얼마나 공허한 것인가!")도 파스칼의 구절에서 따온 것이다. 파스칼은 이렇게 썼다. "우리가 원래의 사물에 대해 감탄하지도 않는데, 사물의 유사성을 통해 감탄을 이끌어내려는 회화는 얼마나 공허한 것인가!"(블레즈 파스칼, 『팡세』, II, 134:I)

8장

영화기호학의 몇몇 문제(1966)

크리스티앙 메츠

    이 글의 목적은 일반기호학이라는 소쉬르의 기획[1]을 '영화 언어'의 영역에서 실현하고자 하는 사람, 영화적 메시지 속에 사용되고 있는 주요한 의미 구조의 배치와 기능을 연구하고자 하는 사람이 부딪치지 않을 수 없는 몇몇 문제와 난점을 검토하는 것이다. 에릭 뷔상스가 지적하듯이[2] 페르디낭 드 소쉬르가 꿈꾸었던 기호학은 아직 시작 단계에 머물러 있다. 그러나 이런저런 비문자 '언어'에 대한 모든 연구는, 엄밀한 기호학적 일관성을 받아들이고 또 '내용'의 성찰에 만족하지 않는다는 조건에서 의미작용 일반에 대한 연구라는 거대한 기획에 크든 작든 기여한다.

---

1) 페르디낭 드 소쉬르Ferdinand de Saussure, 『일반언어학 강의』, Payot, 1962, p. 33.
2) 에릭 뷔상스Eric Buyssens, 『언어와 담론』, Bruxelles: Ed. Office de Publicité, 1943, 1장, p. 5.

'영화 언어langage cinématographique'란 표현 자체에서 이미 영화기호학의 문제 전체를 볼 수 있다. 이 표현에는 이를 정당화할 수 있는 수많은 언급이 필요하다. 영화적 메시지 속에 작동하는 기호학적 메커니즘에 대한 심층적 연구가 충분히 진행된 이후에만 이 표현을 엄밀하게 사용할 수 있을 것이다. 우리가 영화이론가나 영화미학자의 특수한 언어 체계 속에서 점차 인정받고 있는 이 고정된 명사구〔'영화 언어'〕를 사용하는 것은 편의상의 이유 때문이다. 그러나 ('영화 언어 체계langue cinématographique'라는 말과 혼동하지만 않는다면) 엄밀한 기호학적 관점에서도 '영화 언어'란 표현에 대해 지금 일차적 정당화를 제시하는 것이 불가능하지는 않다. 물론 현재의 연구 상태에서 이 정당화는 아직 전반적인 것일 수밖에 없다. 우리는 이 글 전체에서, 특히 이 글의 끝에서 세번째 페이지에서 이를 정당화하려고 애쓸 것이다.

'영화기호학자'가 해야 하는 최초의 선택은 다음과 같다. 즉 자료군이 '장편영화'(다시 말해서 내러티브 영화)로 이루어져야 하는가, 아니면 단편영화, 다큐멘터리, 기술영화, 교육영화, 광고영화 등으로 구성되어야 하는가? 이에 대해 이는 단지 연구하고자 하는 것이 무엇인가에 달려 있으며 영화에는 몇 개의 '방언'이 있고 또 이들 각각에 맞는 특수한 연구가 있을 수 있다고 대답할 수도 있다. 물론 이는 맞는 말이다. 그러나 (최소한 처음에는) 내러티브 영화 연구에 특권을 부여하는 중요도(혹은 방법론적 긴박성)에 따른 위계가 존재한다. 뤼미에르 형제의 발명을 전후한 몇 년의 시기에, 비평가, 신문기자, 그리고 발명가 자신마저도 이들 스스로 영화라는 새로운 장치에 부여했거나 예언했던 사회적 기능에 대해 상당히 다양한 의견을 가지고 있었다는 점은 잘 알려져 있다. 즉 보존이나 보관의 도구, 식물학이나 외과학 같은 과학적 연구나 교육에 보조적인 기록 장치, 새로운 형태의 저널리즘, 그리고 사라졌지만 소중한 사람의 살아 있는 이미지를 영속화할 수 있는 (사적인 혹은 공적인) 정서적 경애심의 도구 등이 그것이다.

영화가 무엇보다도 이야기를 하는 기계가 될 수 있다는 점에 대해 처음에는 정말 예상조차 할 수 없었다. 영화의 초기부터 몇몇 지적이나 선언이 이런 방향에서 이루어졌지만, 이 현상이 이후 엄청난 규모로 전개되었던 것과 비교하면 이 둘 사이에는 어떤 공통점도 없다. 영화와 서사성narrativité의 만남은 엄청난 사건이지만, 이것은 운명적인 것도 우연적인 것도 아니었다. 즉 그것은 역사적이고 사회적인 사건이고, (사회학자 마르셀 모스Marcel Mauss가 소중하게 생각하는 명제를 빌린다면) 문명의 사건이며, 기호학적 실체로서의 이후 영화의 발전을 조건 짓는 사건이다. 이것이 이루어진 방식은 정복, 식민화, 언어 체계의 변화 등과 같은 '외적' 언어학적 사건이 (간접적이고 전체적이지만[3] 또 효율적으로) 관용어의 '내적' 기능에 영향을 주는 것과 비슷하다. 영화의 왕국에서는 내러티브 영화 이외의 다른 모든 '장르'——다큐멘터리, 기술영화 등——는 주변 영역, 이를테면 경계 영역이 되어버린 반면, (의미심장하게도 우리가 통상적으로 한마디로 '영화film'라고 부르는)[4] 공상적인 허구의 장편영화만이 영화적 표현의 왕도王道를 점점 더 분명하게 드러내고 있다.

허구 장편영화의 순전한 수적 우세 혹은 사회적 우세만이 유일한 고려 대상은 아니다. 이보다 더 '내적' 고려 사항이 있다. 다시 말해서 비非내

---

3) 물론 몇몇 어휘상의 사건은 여기서 제외된다.
4) 다음과 같은 표현들이 그렇다. "이 다큐멘터리는 재미없지만 이 영화는 훌륭하다" 혹은 "오늘 저녁에는 뭐가 상영되니? 단편영화 모음이니, 아니면 영화니?"

러티브 영화는 '언어적 과정'에 의해서라기보다는 사회적 용도와 실질적 내용에 의해 본질적으로 '진짜' 영화와 구별된다. 몽타주, 카메라의 움직임, 샷의 크기, 이미지와 말의 관계, 시퀀스나 대통합체의 다른 단위 등과 같은 영화기호학에서 근본적인 주요 개념은 '큰' 영화에서뿐만 아니고 '작은' 영화에서도 대체로 동일하게 쓰인다. 비내러티브적인 다양한 장르에 대한 자율적 기호학이 '보통의' 영화에 대한 차이점을 지적하는 일련의 불연속적 언급 이외의 형태로도 가능할 것인지는 불확실하다. 따라서 픽션영화를 고찰한다는 것은 문제의 중심에 보다 빨리, 보다 똑바로 다가서는 일이다.

더욱이 여기서 우리를 북돋아주는 것은 통시적 고찰이다. 벨라 발라즈,[5] 앙드레 말로,[6] 에드가 모랭,[7] 장 미트리[8] 및 다른 사람들의 언급 이래로 영화가 태어날 때부터 하나의 특수한 '언어'가 아니었다는 것이 잘 알려져 있다. 영화는 우리가 알고 있는 표현 수단이 되기 전에 움직이는 시각적 스펙터클——일상의 스펙터클, 연극의 스펙터클, 혹은 특별하게 구상했지만 근본적으로는 순전히 연극적인 작은 연출——을 녹화하거나 보존하거나 복제하는 단순한 기계적 과정이었고, 앙드레 말

---

5) 벨라 발라즈Béla Balázs, 『영화이론』(London: Dennis Dobson, 1952)의 여러 곳, 특히 이 책의 3장(「새로운 언어형식」, pp. 30~32)과 4장(「창조적 카메라」, pp. 46~51)을 보라.

6) 『베르브Verbe』지에 실린 앙드레 말로의 「영화의 심리학 개요」(1940, II-8, 개별 출판은 Gallimard, 1946)는, 〔총 3권에 달하는〕『예술의 심리학』의 일부인 『상상의 박물관』의 '영화'라는 장의 본질적인 부분이다. 이 글은 마르셀 레르비에Marcel L'Herbier가 엮은 선집 『영화의 지성』(Corréa, 1945, pp. 372~84)에도 실려 있다. 인용된 부분은 pp. 375~76이다.

7) 에드가 모랭Edgar Morin, 『영화, 혹은 상상적 인간』(Minuit, 1956)의 3장 전체(「영화에서 영화기법의 변형」, pp. 55~90).

8) 장 미트리Jean Mitry, 『영화의 미학과 심리학』(Éditions Universitaires, 1963) 1권의 여러 곳, 특히 pp. 157~65(§30 내에서는 pp. 149~65, 「샷과 앵글」).

로의 정식[9]을 빌리자면 한마디로 '복제 수단'이었다. 그런데 이어지는 다양한 모색들 중 영화가 특수한 의미 과정의 총체로 구성된 것은 바로 영화가 이야기의 문제를 직면하면서부터다.

대부분의 영화사가에 따르면 '영화'라는 말이 현재와 같은 의미로 쓰이게 된 것은 대략 1910~15년경이었다. 「에녹 아덴」,[10] 「차르를 위한 생애」,[11] 「쿼바디스」,[12] 「팡토마」,[13] 「카비리아」,[14] 「골렘」,[15] 「게티스버그 전투」,[16] 그리고 특히 「국가의 탄생」[17]과 같은 영화들이 우리가 한정사 없이 영화라는 말을 쓸 때 지금 이 용어의 의미를 담고 있는 최초의 영화들이다. 다시 말해 일정한 규모가 있고 영화적이라고 할 수 있는 특수한 기법에 의존하고 있는 서사敍事가 그것이다. 그런데 이러한 기법들이 제대로 작동하기 시작한 것은 바로 내러티브 기획을 따르면서부터였다. 멜리에스, 포터, 그리피스 같은 '영화 언어'의 선구자들은 다른 것에 크게 개의치 않고 '형식적' 탐구 자체를 밀고 나갔다. 더욱이 (순진하고 혼란스러운 시도를 제외한다면) 이들은 자신들이 만드는 영화의 상징적, 철학적, 혹은 인간적 '메시지'에 거의 신경을 쓰지 않았다. 내포의 인간이라기보다는 외시의 인간이었던 이들은 무슨 수를

---

9) 앙드레 말로, 「영화의 심리학 개요」, 같은 책.
10) 데이비드 워크 그리피스David Wark Griffith, 「에녹 아덴Enoch Arden」, 미국, 1915, 40분.
11) 바실리 곤차로프Vassili Gontcharov, 「차르를 위한 생애jiszn za tzaria」, 러시아, 1911.
12) 엔리코 가조니Enrico Guazzoni, 「쿼바디스Quo vadis?」, 이탈리아, 1912, 120분.
13) 루이 푀이야드Louis Feuillade, 「팡토마Fantomas」, 프랑스, 1913, 54분.
14) 조반니 파스트로네Giovanni Pastrone, 「카비리아Cabiria」, 이탈리아, 1914, 148분.
15) 헨릭 갈린Henrik Galeen & 파울 베게너Paul Wegener, 「골렘Der Golem」, 독일, 1915, 60분.
16) 토머스 인스Thomas Ince & 찰스 기블린Charles Giblyn, 「게티스버그 전투The Battle of Gettysburg」, 미국, 1913, 50분.
17) 데이비드 워크 그리피스, 「국가의 탄생The Birth of a Nation」, 미국, 1915, 190분.

써서라도 이야기를 하려고 했다. 이들은 사진적 복제라는 현실과 유사하고 연속적인 질료를 내러티브 담화의 분절articulation——가장 기본적인 분절이라 할지라도——에 끝없이 종속시키려 했다.

조르주 사둘[18]은 순진한 이야기꾼이었던 멜리에스가 어떻게 이중인화,[19] 마스크와 어두운 배경을 이용한 다양한 표현기법,[20] 페이드와 디졸브,[21] 파노라마 촬영〔팬〕[22] 등을 '발명'하게 되었는지를 잘 보여준 바 있다. 이런 문제에 대해 아주 정확한 종합을 제시한 장 미트리는 초기 영화에서 일정 수의 영화 언어의 기법—— 클로즈업, 파노라마 촬영, 카메라의 움직임, 평행몽타주, 교차몽타주 등——의 출현을 검토했다.[23] 여기서 그가 내린 결론을 요약해보자. 주요한 '발명'은 프랑스인 조르주 멜리에스와 알렉상드르 프로미오Alexandre Promio, 영국인 조지 앨버트 스미스George Albert Smith, 제임스 윌리엄슨James Williamson, 그리고 미국인 에드윈 포터Edwin S. Porter가 한 것이지만, 영화의 이야기에 대한 이 다양한 기법들의 기능을 구체화하고 안정화—— '체계화'라고도 할 수 있다——한 사람, 그리고 이를 통해 이 기법들을 일정 정도까지 하나의 '구문론syntaxe'으로 통합한 사람은 그리피스라는 것이다. (구문론보다는 통합체syntagmatique라고 말하는 편이 나을 것 같고 장 미트리 스스

---

18) 조르주 사둘George Sadoul, 「조르주 멜리에스와 최초의 영화 언어의 발전」, 『국제 '영화학' 잡지Revue internationale de Filmologie』, 1호, 1947년 7~8월, pp. 23~30.
19) 1898년에 찍은 작품들인 「저주받은 동굴」 「예술가의 꿈」 「화가의 아틀리에」 같은 영화에 나타난다.
20) 역시 1898년에 찍은 작품들인 「성가신 네 개의 머리」 「신비한 분열」 같은 영화에 나타난다.
21) 역시 1898년에 찍은 작품들에 나타난다.
22) 1899년에 찍은 영화인 「센 강의 파노라마」 같은 영화에 나타난다.
23) 『영화의 미학과 심리학』, 1권, pp. 157~65와 269~79.

로 구문론이라는 용어를 피했다는 것을 지적해두자.)[24] 그리피스는 1911년부터 1915년 사이에 다소간 의식적으로 실험적 모색의 가치를 지닌 일련의 영화를 찍었고, 1915년작인 「국가의 탄생」은 순진했지만 어쨌거나 체계적이며 근본적이었던 이 탐색의 눈부신 완성이면서 정점, 혹은 공개적 증명으로 나타난다. 이렇게 영화는 동일하고 유일한 운동 속에서 내러티브적인 것이 되었고, 또한 언어가 가진 속성의 일부를 정복하게 되었다.

오늘날에도 여전히 이른바 영화적 기법은 사실상 내러티브적인 것 filmico-narratif이다. 우리 생각에는 영화기호학의 작업에서 내러티브 영화가 누리는 우위가 이런 식으로 정당화된다. 물론 이 우위가 배타성으로 바뀌면 안 될 것이다.

영화기호학에서 외시外示 연구와 내포內包 연구

우리가 방금 환기시킨 사실들은 또 다른 귀결을 낳는다. 영화기호학은 내포의 기호학으로도 외시의 기호학으로도 간주될 수 있다.[25] 이 두 방향은 각자 나름의 장점이 있다. 분명한 것은 영화기호학 연구가 상당한 진전을 이루어 일정한 지식으로 구성되면, 내포된 의미작용과 외시된 의미작용을 동시에 고려하게 될 것이라는 점이다. 내포 연구를 하게 되면 예술('제7의 예술'이라는 개념)로서의 영화에 보다 가까워지

---

24) 다른 한편으로 소쉬르는 이렇게 쓴다. "모든 통합체적 사건은 구문론으로 분류되지 않지만 모든 구문론적 사건은 통합체에 속한다"(『일반언어학 강의』, p. 188).

25) 루이 옐름슬레우Louis Hjelmslev가 내포와 외시라는 말을 사용한 의미로 그렇다. 『언어이론에 붙인 서문』(Indiana University Publications, 1953. 이 책은 1943년에 출간된 덴마크 책의 영어 번역이다)의 마지막 장(「내포와 메타언어」)을 참조하라.

게 된다. 우리가 다른 곳[26]에서 더 자세하게 지적한 것처럼 영화예술은 이때 문학예술과 동일한 기호학적 '단계'에 놓이게 된다. 순전히 미적인 배치와 구속——문학에서는 작시법, 구성, 문채figure 등, 영화에서는 화면틀잡기, 카메라의 움직임, 조명'효과' 등——이 내포의 심급 노릇을 하고, 여기에 외시된 의미가 겹쳐지게 된다. 이 외시된 의미는 문학에서는 관용어에서 작가가 사용한 단위에 결합되는 순전한 언어학적 의미작용으로 나타나지만, 영화에서는 이미지에 복제된 스펙터클이나 '음대'에 복제된 소음騷音의 문자 그대로의 의미(다시 말해 지각적 의미)로 나타난다.

다른 한편 모든 미적 언어에서 중요한 역할을 하는 내포[27]는 기의로서는 이런저런 문학적 혹은 영화적 '양식'이나, 이런저런 '장르'(서사극이나 서부극), 이런저런 (철학적, 인도주의적, 이데올로기적 등의) '상징,' 이러저런 '시적 분위기'다. 그리고 기표로서는 외시된 기호학적 질료의 총체——이것은 기표이면서 동시에 기의다[28]——다. 예를 들면 미국 '누아르' 영화에서는 매끄러운 항구의 도로가 불안이나 냉혹함(=내포의 기의)의 인상을 퍼뜨리는데, 이것은 (상자나 기중기가 길을 가로막고 있는 황량하고 어두운 항구=외시의 기의) 재현된 스펙터클이면서 동시에 이 항구의 어떤 이미지(=외시의 기표)에 도달하기 위해 조명효

---

26) 「영화, 언어인가, 언어체계인가?」, 『영화에서의 의미작용에 대한 논고』(Klincksieck, 1968) 1권의 pp. 39~93, 특히 pp. 79~87을 보라.

27) 미적 언어는 내포를 격상시킨 것이지만, 또한 샤를 발리가 연구했던 것처럼 내포는 일상언어 특유의 다양한 표현 현상에서도 나타난다(『언어와 삶』, Payot, 1926).

28) (옮긴이 주) 내포는 기표와 기의로 이루어진 하나의 기호가 다른 의미를 가질 때 생겨난다. 예를 들면 비둘기라는 기호는 이미 기표와 기의가 결합된 것이지만, 이 기호가 또 다른 기표로서 평화를 가리킬 때 내포가 생겨난다.

과를 철저하게 파고들어간 촬영기술이기도 하다. 동일한 항구도 평범하게 찍으면 이런 인상을 주지 못한다. 웃는 아이의 얼굴에 동일한 촬영기술을 적용해도 동일한 인상이 만들어지지 않는다. 종종 영화미학자들은 영화 효과가 '근거 없이' 사용되면 안 되고 '플롯에 기여해야만' 한다고 지적한 바 있다.[29] 즉 이것은 다른 방식을 취하고 있지만, 단지 적절한 기표가 외시의 기표와 기의를 동시에 작동시킬 경우에만 내포의 기의가 성립될 수 있다고 말하고 있는 셈이다.

따라서 영화를 예술로서 연구──영화적 표현성의 연구──하는 것은 언어학에서 영감을 받은 방법에 따라 이루어질 수 있다. 예를 들면 토머스 소벅이 체레미스 민속음악에 적용한 분석[30]이나 새뮤얼 레빈이 권장한 분석[31]과 비교할 만한 분석이 (필요하다면 변경을 가해) 영화에도 적용될 수 있다는 것은 두말할 나위도 없다. 그러나 이것이 영화기호학의 세심한 주의가 필요한 유일한 과업은 아니다. 영화가 또한 특수한 언어인 것은 무엇보다도 외시의 기법에 의해서다. 예술 이념만큼이나 디제시스diégèse란 개념도 영화기호학에서 중요하다. 이 단어는 그리스어(διήγησις)에서 나온 것으로 '서사narration'를 뜻하며 특별하게는 법적 담화에서 강제적 부분들 중 하나인 사실의 진술을 가리킨다. 이 용어는 에티엔 수리오가 영화에 도입한 것이다.[32] 그것은 영화의 재현된

---

29) 예를 들면 루돌프 아른하임, 『예술로서의 영화』(pp. 73~74), 장 미트리, 『영화의 미학과 심리학』(1권, pp. 337~46), 마르셀 마텡Marcel Martin, 『영화 언어』(Le Cerf, 1955)의 7장(「은유와 상징」, pp. 86~99) 등을 보라. '순수영화'를 둘러싼 논쟁 전체를 여기서 인용해야 한다.
30) 토머스 소벅Th. A. Sebeok, 「한 텍스트의 해독: 체레미스 민속음악에 나타난 수준과 양상」, 토머스 소벅(편), 『언어의 양식』, New York: M. I. T., 1960.
31) 새뮤얼 레빈Samuel R. Levin, 『시에서의 언어학적 구조』, La Haye: Mouton & C˚, 1962.

심급을 가리킨다. 이 심급은 미켈 뒤프렌이 순전히 미적 성격을 갖는 **표현된** 심급과 대립시켰던 것이다.[33] 요컨대 영화적 외시의 총체가 그것인데, 그것은 이야기 자체뿐만 아니라 이야기 속에(이야기를 통해) 포함된 가상적 시간과 공간, 그리고 이를 통해 (외시적 상태로 간주될 수 있는) 인물, 배경, 사건 및 다른 내러티브 요소를 가리킨다. 영화가 연속성, 선행先行, 시간적 간극, 인과성, 반의어적 관계, 결과, 공간적 근접성과 원거리 등을 어떻게 나타낼 수 있을까? 이 모든 질문이 영화기호학에서 핵심적인 질문들이다.

사실상 영화는 기호학적 관점에서는 사진——영화는 기술적으로 사진에서 파생된 것이다——과 아주 다르다는 것을 잊어서는 안 된다. 롤랑 바르트가 분명하게 밝힌 것처럼[34] 사진에서는 화학적 복제라는 자동화된 과정이 전적으로 외시적 의미를 떠맡는다. 외시는 지각의 전사轉寫[35]이고 체계화되어 있지 않으며 독자적 조직화도 없다. 인간의 개입과 더불어 본래적 기호학의 몇몇 요소가 출현했지만, 이 인간의 개입은 단지 내포의 차원——조명, 카메라앵글, 사진의 '효과' 등——에서만 작용할 뿐이다. 그리고 사실상 만약 집을 보여주는 것이라면 외시적

---

32) 에티엔 수리오Étienne Souriau의 주도로 작성된 집단 저작 『영화적 세계』(Flammarion, 1953). 디제시스 개념에 대해서는 서문의 p. 7을 보라. 혹은 동일한 저자가 쓴 「영화세계의 구조와 '영화학'의 어휘」, 『국제 '영화학' 잡지』, 7~8호, pp. 231~40을 보라.

33) 미켈 뒤프렌Mikel Dufrenne, 『미적 대상』, PUF, 1953, '미적 체험의 현상학' 시리즈, 1권, p. 240.

34) 롤랑 바르트Roland Barthes, 「이미지의 수사학」, 『커뮤니케이션Communication』지, 4호, 1964년 11월, pp. 40~51. 인용된 부분은 p. 46.

35) 여기서 우리는 심리학자가 아니라 기호학자로서 말하고 있다. 실제 상황과 영화적 상황에 대한 시각적 지각에 대한 비교연구는 사진과 실제 대상을 구별하는 온갖 광학적 왜곡을 제시해주고 있다. 그러나 광학적 물리학, 에멀전의 화학, 망막의 생리학 등의 법칙에 따르는 이 모든 변형은 의미 있는 체계를 이루지 못한다.

상태로 '집'이라는 기의를 가리키기 위해 사용할 수 있는 특수한 사진적 과정은 존재하지 않는다. 이에 반해 영화는 모든 외시의 기호학이 가능할 뿐만 아니라 또한 필수적이기도 한데, 그것은 영화가 수많은 사진—무한한 결과를 낳는 몽타주의 개념—으로 이루어진 것이기 때문이다. (대부분의 사진은 디제시스적 지시 대상의 부분적 측면만을 전달해줄 뿐이다.) 영화에서 '집'이란 계단의 광경, 그리고 외부에서 찍은 벽, 그리고 창의 클로즈업, 건물 전체의 롱 샷[36]이면 충분할 것이다. 이렇게 해서 일종의 영화적 분절이 나타나는데, 사진에서는 이에 대한 대응물이 없다. 즉 영화에서는 외시 자체가 구축되고 조직되고 일정 정도로 체계화된다. (이것은 체계화codifié지 약호화codé는 아니다.) 그리고 절대적 법칙은 없지만, 영화의 이해가능성의 영역에서 일정 수의 지배적 관습이 있다. 왜냐하면 아무렇게나 편집된 영화는 이해할 수 없기 때문이다.

여기서 우리가 했던 최초의 언급으로 다시 돌아오게 된다. 즉 '영화 언어'는 무엇보다도 플롯의 문학성이다. 비록 예술적 효과가 실제로 의미소 행위—영화는 이를 통해 이야기를 한다—와 분리할 수 없는 것이기는 하지만, 예술적 효과는 어쨌거나 또 다른 의미작용의 층이고 방법론적 관점에서는 '이후에' 오는 것이다.

---

36) 롱 샷만 제시된다고 해도 여전히 선택의 문제라는 결과가 나온다. 현대 영화가 부분적으로 시각적 파편화의 관습과 과도한 몽타주를 포기하고 연속촬영을 선호한다—유명한 '플랑-세캉스' 논쟁—는 것은 잘 알려져 있다. 이런 상황은 영화적 외시의 기호학을 상당 정도 변형시키지만, 그렇다고 이를 폐기시키지는 못한다. 단지 영화 언어도 다른 모든 언어처럼 통시적이다. (예를 들면 몽타주 없이 카메라의 움직임만으로 한 화면에서 다른 화면으로 이행할 때처럼) '샷' 하나에도 몇 개의 모티프가 들어 있다.

통합체와 계열체

영화기호학은 계열체의 축보다는 통합체의 축에 더 많이 의존할 수 있는 위험이 있다. 이것은 영화적 계열체가 존재하지 않기 때문이 아니다. 나타날 수 있는 단위들의 목록이 특정한 연쇄의 지점에 제한되어 있어서 이런 상황에서 일어나는 연쇄가 계열체의 다른 요소와 관련해 의미를 갖게 되기 때문이다. '두 시퀀스의 연접連接' 상황에서 '페이드/디졸브'의 대립이 이런 경우다.[37] 사용자, 다시 말해 관객이 즉각적으로 수행하는 대체commutation 덕분에 이와 대응되는 기의를 끌어낼 수 있다. 깊숙한 추이적 연관관계를 유지하면서 이루어지는 시공간적 단절(= 디졸브)과 솔직한 시공간적 단절(= 페이드)이 그것이다.

그러나 영화적 연쇄가 일어나는 대부분의 위치에서 나타날 수 있는 단위의 목록이 무한하지는 않다고 해도 아주 많이 열려 있다. 어쨌거나 언어학에서 어휘소의 목록——문법적 기호소의 목록이 유한한 데 반해서 어휘소의 목록은 무한하다[38]——이 열려 있는 것보다 훨씬 더 열려 있다. 왜냐하면 조제프 방드리Joseph Vendryes가 『언어』에서 강조한 것처럼 관용어를 단어로 정확하게 나눌 수 없다는 난점이 있지만, 적어도 최대한의 한계와 최소한의 한계는 명확하게 구분할 수 있고 이를 통해 크기의 차원은 분별할 수 있기 때문이다. (예를 들어 불어에서는 'lav-'라는 어휘소는 있지만 'patouf-'라는 어휘소는 없다.)

---

37) 페이드는 또한 다른 상황, 특히 시퀀스 중간에도 나타날 수 있다. 이때는 다른 '가치'를 갖는다.

38) 앙드레 마르티네André Martinet, 『일반언어학의 요소들』, Armand Colin, 3판, 1963, 4-19, p. 117(「어휘소와 형태소: 양태」)과 루이스 프리에토Luis J. Prieto, 『정신론noologie의 원리들』, La Haye: Mouton & Cᵉ, 1964, Janua Linguarum, Series minor, XXXV, 5-12, pp. 125~279(「문법적 대립과 어휘적인 대립」)를 보라.

그러나 영화에서는 만들어낼 수 있는 이미지의 수가 무한하기 때문에 이는 전혀 그렇지 않다. 사실상 무한한 것 이상이라고 말해야 할 것이다. 왜냐하면 '카메라 앞에 놓일 수 있는profilmique'[39] 스펙터클 자체가 수적으로 무한하기 때문이다. 조명의 정확한 성격은 눈에 띌 만한 수많은 경우로 무한하게 바뀔 수 있다. 피사체와 카메라의 축 사이의 거리(스칼라적 변주, 즉 프레임의 크기)도 마찬가지다.[40] 앵글의 차원도 그렇다. 필름 자체의 차원이나 사용된 초점거리의 속성도 마찬가지다. 카메라 움직임—여기서 영점零點이 되는 고정된 샷도 포함해서—의 정확한 궤적도 그렇다…… 그런데 또 다른 이미지를 얻기 위해서는 이런 요소들 중 하나를 지각할 수 있는 양만큼 변화시키는 것만으로도 충분하다.

따라서 샷은 용어사전에 나오는 단어 하나와 비교할 수 있는 것이 아니고, 오히려 완전한 발화(하나 혹은 몇 개의 문장)와 비슷하다. 샷은 이미 상당히 자유로운 조합의 결과, 즉 '파롤parole'에 속하는 조립의 결과인 데 반해, 단어는 약호에 의해 미리 제약된 연속체이고 미쿠스의 말처럼 '수직의' 연속체다.[41] 이와 관련해 이미지와 발화énoncé 사

39) 이 말에 대해서는 에티엔 수리오가 규정한 의미를 따른다(주 32) 참조). 'profilmique'란 카메라 앞에 가져다놓을 수 있는 모든 것, 혹은 뭔가를 '찍기 위해' 카메라를 가져다놓았을 때 카메라 앞에 있는 모든 것을 가리킨다.

40) 프랑수아 슈바쉬François Chevassu는 『영화 언어』(Ligue Française de l'Enseignement, 1962, p. 14)에서 '샷의 크기'도 약호화된다고 주장한다. 사실상 이것은 오히려 기술적 용어('클로즈업' '미국식 샷[니샷knee shot]' '미디엄 샷' 등)라고 생각할 수 있다. 샷의 크기의 단계 자체는 가장 가까운 샷에서 가장 먼 샷까지 연속적 점감漸減의 형태를 띤다. 여기서 약호화가 개입되는 것은 메타언어적 차원(스튜디오의 특수한 언어)이지 사물-언어(종적으로는 영화 언어)의 차원은 아니다.

41) 미쿠스R. F. Mikus, 『언어Lingua』, 1965년 8월, pp. 430~70, 18절.

이에 또 다른 유사성이 있다는 것에 주목해보자. 둘 다 실현된 단위지만 단어는 그 자체로는 순전히 잠재적인 약호의 단위에 불과하다. 이미지는 항상 단언적인 것이고 단언은 현실화, 즉 의미소 행위의 거대한 '양태'들 중 하나다.[42]

따라서 영화의 계열체는 (우리가 그것을 최소한 이미지의 차원에서 찾는 한) 부분적이고 단편적인 것이 되지 않을 수 없다. 이는 분명 창조가 관용어의 조작에서보다 영화 언어에서 더 중요한 역할을 한다는 사실에서 비롯된다. 다시 말해 언어를 '말한다'는 것은 언어를 사용한다는 것이다. 그러나 영화 언어를 '말한다'는 것은 어떤 의미로는 영화 언어 자체를 만들어낸다는 것이다. 화자話者들은 사용자 그룹을 형성하지만 감독은 창조자 그룹을 형성한다. 대신 영화 관객도 나름대로 사용자 그룹을 형성한다. 이 때문에 영화기호학은 종종 감독의 편에 서기보다 관객의 편에 서게 된다. 에티엔 수리오가 영화적filmique 관점과 '영화감독의cinéastique' 관점 사이에 도입한 구분[43]은 여기서 큰 쓸모가 있다. 영화기호학은 주요하게는 **영화적** 연구다. 이와 비슷한 상황이 언어학에도 있다. 즉 화자는 메시지의 편에 있지만, 청자는 일정 정도 약호를 '대변한다'는 것이 몇몇 언어학자에게 알려져 있다.[44] 왜냐하면 청자는

---

42) 에릭 뷔상스, 『언어와 담론』, Ⅲ B, pp. 22~30(「의미소 행위와 어의소 사이의 구별」) 그리고 Ⅷ C, pp. 74~82(「담론의 양태와 내용」)를 보라.

43) 에티엔 수리오, 「영화적 세계의 주요한 특징들」, 앞서 인용한 『영화적 세계』의 기고문, pp. 30~31.

44) 소쉬르는 언어적 기표를 항상 '청각적 이미지'로 규정했지 근육의 이미지나 발성적 이미지 혹은 운동도식으로 규정하지 않았다. 따라서 그것은 발화적 사건이 아니라 청취적 사건이다(『일반언어학 강의』, pp. 30, 98). 소쉬르 책을 편집했던 발리Ch. Bally와 세쉬에A. Séchehaye도 『일반언어학 강의』의 p. 98에 붙인 주석에서 동일한 생각을 표현하고 있다. 샤를 발리가 쓴 『언어와 삶』에서 보다 구체적 형태를 볼 수 있다. 즉 청자라는 경로를 통해

자기가 들은 것을 이해하는 데 약호밖에는 가진 것이 없지만, 화자는 자기가 하고 싶은 말을 미리 알고 있다고 간주되기 때문이다.

통합체적 성찰이 계열체적 연구보다도 영화적 외시外示의 문제에 중요하다.[45] 각각의 이미지가 자유 창조라고 할지라도 이런 이미지를 이해할 수 있는 연속된 형태로 배치하는 것──샷 분할découpage과 몽타주──은 영화기호학적 차원의 핵심에 있는 문제다. 이미지라는 이 풍부한──은밀하지 않은!──단위들이 **영화를 구성할** 때 갑작스럽게 몇몇 대통합체적 구조를 기꺼이 받아들이기 시작하는 것은 약간은 역설적인 상황이다. 한 이미지는 결코 다른 이미지와 비슷하지 않지만, 연속체 syntagme의 주요한 형태를 놓고 보면 대부분의 내러티브 영화는 서로 비슷하다. **영화적 서사성**敍事性──영화적 서사성을 다시 언급하게 되는데──은 수없이 많은 영화에서 관습과 반복을 통해 안정화되면서 점차 고정된 형태를 갖게 되었다. 물론 고정되었다고 불변하는 것은 전혀 아니다.

이 형태는 또한 공시적 '상태'──현재 영화의 상태──를 대변하지만, 변형되어야 한다면 완벽한 긍정적 변화를 필요로 하게 될 것이고 이는 언어 체계에서 시제와 상相의 배치에 이런저런 통시적 변화를 불러일으키는 변화들처럼 증명될 수 있을 것이다. 영화에 소쉬르적인 사

비로소 개별적 혁신들이 언어적 사건이 될 수 있다.

45) 『영화의 미학과 심리학』, 2권(Éditions Universitaires, 1965)에서 장 미트리는 영화적 '은유'라고 부를 수 있는 것이 근본적으로는 항상 환유라는 생각을 발전시킨다(같은 책, p. 447 참조). 다른 한편 우리는 이 분석에 전적으로 동의하는 것은 아니다. 『영화에서의 의미작용에 대한 논고』에 포함되지 않은 논문 「영화이론의 현 문제」, 『미학 잡지Revue d'Esthétique』, 20권, 2~3, 1967년 4월~9월, '영화' 특집호, pp. 180~221. 문제가 되는 지점에 대해서는 pp. 213~17을 보라.

유[46]를 적용하면서 내러티브 영화의 대통합체는 변할 수 있지만 어떤 사람도 하룻밤 사이에는 이를 바꿀 수 없다고 말할 수 있다.[47] 사용자 관객 측에 지적 작용이 결핍되면, 이는 (체계가 인정하지 않으려 하는) 순전히 개인적 혁신에 대한 자동적 제재制裁가 될 것이다. 그리고 창조자 예술가 측의 독창성은 언제나처럼 약호를 정면에서 공격하거나 이를 위반하는 것 혹은 이를 무시하는 것이라기보다는, 약호에 대해 계략을 쓰거나 이를 교묘한 방식으로 이용하는 데 있다.

하나의 예: 교차 연속체

영화적 대연속체의 주요한 유형을 자세히 분석하는 것은 이 글의 한계를 넘는 일이다. 여기서는 하나의 예로서 교차 연속체syntagme alternant의 몇몇 특징을 지적하는 데 만족하기로 하자. (예를 들면 어머니의 이미지/딸의 이미지/어머니의 이미지 등과 같이 이어지는) 교차 연속체는 두 개 혹은 그 이상의 디제시스적 요소의 교차적 배치라는 원리에 기반을 두고 있다. 따라서 이미지는 두 개 혹은 그 이상의 계열들에 속하며, 이들 계열에 속하는 이미지 각각이 연속적으로 제시되면 일반적 시퀀스 하나가 생겨날 수 있다. 그러나 교차 연속체는——이런저런 '구성'이나 이런저런 '효과'의 추구와 같은 내포의 이유 때문에——샷을 연속된 하나의 계열로만 집결시키는 것——따라서 이것은 잠재적인 것으로

---

46) 페르디낭 드 소쉬르, 『일반언어학 강의』, 1부 2장, pp. 104~13(「언어기호의 불변성과 가변성」).

47) 그러나 통합체는 이때도 또한 계열체를 내포하고 있다는 것을 덧붙여야 하며, 이는 결과적으로 우리가 영화의 계열체의 가능성에 대해 회의적이지 않다는 것을 보여준 셈이다. 이에 대해서는 『영화에서의 의미작용에 대한 논고』의 p. 73의 주 1)과 5번 글의 9장 pp. 137~38을 참조하라.

만 남아 있게 된다——을 분명하게 거부하는 데 있다. 교차 연속체는 1901년 영국에서 윌리엄슨의 영화 「중국에서 선교사에 대한 공격」[48]에서 처음으로 출현했다. 이 영화는 당시에 많이 만들어졌던 '재구성된 뉴스영화'였다. 권투선수들이 (이 이름을 가진 반란 기간 동안) 포위한 선교사의 이미지와 선교사들을 석방시키려고 전진하는 해군의 이미지가 스크린에서 교차된다.[49] 그리고 이 기법은 이후에 점차 일반적인 것이 되었다.

교차는 기표의 형태를 규정하지만, 곧 보게 될 것처럼 반드시 기의의 형태를 규정하는 것은 아니다. 이 말은 결국 교차 연속체 내에서는 기표와 기의의 관계가 항상 현실과 유사한 것은 아니라는 뜻이 된다. 시간적 외시를 나타내는 특성을 적절한 기반으로 생각한다면 교차 연속체의 세 가지 경우를 구별할 수 있다. 선택적 연속체syntagme alternatif라고 부를 수 있는 첫번째 경우에는, 기표의 교차가 기의의 평행적 교차(여기서는 유사한 관계)를 가리킨다. 예를 들면 두 명의 테니스 선수가 각자 공을 가지고 있을 때마다 교대로 '카메라에 잡히는' 경우가 그렇다.

교차된 연속체syntagme alterné라고 부를 수 있는 두번째 경우에는 기표의 교차가 기의의 동시성에 상응한다. 예를 들면 쫓는 자와 쫓기는 자가 그렇다. 관객은 누구나 이것이 각기 연대기적으로 일어나는 두 개의 계열이고, 이 계열이 매 순간 동시간대에 일어나며, 쫓기는 자가 (기표의 장소인 스크린에서) 뛰어다니는 것을 볼 때 쫓는 자 역시도

---

48) 제임스 윌리엄슨James Williamson, 「중국에서 선교사에 대한 공격Attack on a China Mission」, 영국, 1900, 4분.
49) 여기서 교차는 동시성을 의미한다. 따라서 잠시 후에 규정될 의미로는 '교차된 연속체'다.

(기의의 장소인 디제시스에서) 계속 추적하고 있다는 것을 이해한다. 따라서 기호학적 연계—여기서 교차는 동시성이다—는 더 이상 현실과 유사한 것이 아니지만, 그렇다고 '자의적인' 것도 아니다. 다시 말해서 이 연계는 정당한 것—현실과의 유사성 역시 정당화의 한 형태에 불과하다는 것을 잊지 말자—이며, 관객이 이런 종류의 연속체를 이해하는 것 역시 상대적으로 '자연스러운' 것이다. 여기서 정당화는 영화적 지각에 즉각적으로 발생하는 심리적 메커니즘 쪽에서 찾아야 한다. 안느 수리오는 '쫓는 자/쫓기는 자'와 같은 유형의 이행이 별도의 큰 훈련 없이도 쉽게 이해될 수 있다는 것을 잘 보여준 바 있다.[50] 왜냐하면 교차의 리듬이 너무 느리면 안 된다는 유일한 조건만을 지켜주면 관객은 영화가 제공하는 시각적 재료에 '즉각적 가필加筆'을 행하기 때문이다. 관객은 이미지에서 계열 2를 보는 동안 계열 1이 플롯 속에서 계속 진행된다고 짐작한다.

평행적 연속체syntagme parallèle라고 부를 수 있는 세번째 경우는 두 계열의 사건 사이에 기의(디제시스)의 차원, 최소한 외시의 차원에서 적절한 시간적 관계없이 이 두 계열의 사건이 몽타주에 의해 뒤섞이는 경우다. 영화이론가들이 때로 '중립적 시간관계'와 같은 표현으로 암시하는 것이 바로 이 세번째 경우다.[51] 예를 들면 도시의 음침한 밤 풍경이 나오고 햇볕이 가득한 전원 풍경이 나온 다음에 다시 최초의 테마로 되

---

50) 안느 수리오Anne Souriau, 『영화적 세계』의 기고문 「영화에서 연속과 동시성」, pp. 59~73. 인용된 부분은 p. 68.
51) 예를 들면 앞서 인용한 루돌프 아른하임의 『예술로서의 영화』에 제시된 몽타주 표(pp. 118~19)나, 역시 앞서 인용한 마르셀 마르탱의 『영화 언어』에서 '평행몽타주'의 정의(pp. 148~49)를 보라.

돌아가는 구성이 그렇다. 여기서 이 두 장면이 동일한 순간 혹은 다른 순간에 일어났다고 지시해주는 것은 아무것도 없다. (다른 순간에 일어났다는 가정을 따른다면 진행 방향이 어떤 것인지 가리켜주는 것 역시 아무것도 없다.) 이것은 이 둘의 시간을 일관성 있게 제시하지 않고 몽타주가 '상징적' 목적(부와 가난, 삶과 죽음, 백군과 적군 등)으로 결합시킨 두 개의 모티프이다. 풍요롭고 다양한 내포적 가치——이것은 맥락뿐만 아니라 기의의 내용에도 달려 있다——를 위해 외시적 시간관계에서 벗어난 것이다.

교차 연속체의 이 세 가지 변형태는 작은 체계를 이루는데, 여기서 그 내적 지형은 에밀 벤베니스트가 생각했던 동사의 인칭적 구조를 상기시킨다.[52] 일차적 상관관계(적절한 시간적 외시의 존재나 부재) 때문에 평행몽타주(=부재)는 한쪽에 놓이고, 선택적 몽타주와 교차된 몽타주(=존재)는 다른 쪽에 놓인다. 두번째 관계 내에서는 또 다른 상관관계(시간적 외시를 나타내는 특성) 때문에 교차된 몽타주(기의=동시성)와 선택적 몽타주(기의=교차) 사이에서 구별이 이루어진다.[53]

52) 에밀 벤베니스트Émile Benveniste, 「동사에서 인칭적 관계의 구조」, B. S. L. P., XLIII, 1946(출간연도는 1947년), pp. 1~12. 이 글은 『일반언어학의 문제들』(Gallimard, 1966, pp. 225~36)에 다시 실렸다. '인칭적 상관관계'는 삼인칭(실제로는 비인칭)을 일인칭과 이인칭에 대립시킨다. 일인칭과 이인칭은 모두 일차적 상관관계를 표시하는 용어다. 이 관계 내에서 '주관적 상관관계'(이차적 상관관계)는 (눈에 띄는) 일인칭과 (눈에 띄지 않는) 이인칭을 대립시킨다.

53) 영화의 자료군 속에서 대체가 어떤 것이 될 수 있는가에 대한 단순한 예를 보여주기 때문에 이 부분은 삭제하지 않고 남겨두지만, 여기서 제시된 사실상의 결론은 이 문제에 대한 현상태의 분석에 호응하지 않는다. 우선 영화의 다양한 이행에 대한 연구를 보면 '선택적' 연속체가 결정적 대체에 의해 교차된 연속체(혹은 드문 경우지만 평행적 연속체)와 항상 구별되는 것이 아니라는 것을 알 수 있다. 테니스 선수의 예에서 두 선수가 서로 동시적이면서

다른 문제들

앞서 빠르게 훑어본 언급들은 영화적 외시에 대한 통합체적 연구가 어떤 것이 될 수 있는지에 대한 예가 된다. 영화기호학은 엄밀한 의미의 언어학과 큰 차이로 구별된다. 우리가 다른 곳에서[54] 지적한 차이를 반복하지 않고 중요한 몇 가지 지점만 상기해보기로 하자. 영화 안에는 순전히 변별적인 기능만을 갖는 두번째 분절의 단위에 상응하는 것은 어떤 것도 없다. 영화의 단위 전체, 심지어 디졸브나 와이프 같은 가장 단순한 단위의 경우에도 직접적으로 의미작용을 한다. (더욱이 앞서 지적했듯이 이 단위는 실현된 상태로만 나타난다.) 따라서 영화기호학이

도 지속적으로 행동하고 있다(따라서 교차된 연속체)고 간주될 수도 있다. 비록 교차된 연속체가 실현되는 몇몇 경우가 다른 경우보다 분명하게 (여기서 '선택적'이라고 부를 수 있는 것과 비슷한 변형태의 형태로) 살아남을 수도 있지만, 우리는 더 이상 선택적 연속체를 하나의 유형, 혹은 분리된 하위 유형으로 간주하지 않는다.

다음으로 스크린에서 이미지의 교차가 시간적 관계와 일치하는 경우가 있지만, 이 논문에서는 이를 환기시키지 않았다. 예를 들면 '현재의' 계열과 '과거의' 계열을 뒤섞는 '교차 연속체' (따라서 교차된 일종의 플래시백)가 있고, 결과적으로 두 계열의 관계는 여기서 동시성으로도 '중립적 시간관계'로도 규정될 수 없다. 다른 곳(『영화에서의 의미작용에 대한 논고』, pp. 163~64, 이 영화의 32번째 '자율적 분절체')에서 분석한 「아듀 필리핀」에 좋은 예가 나온다. 다른 한편 '교차 연속체'라는 개념은 '빈번한 연속체'——이에 대해서는 같은 책의 p. 124에 나오는 주 2)와 3)을 보라——라는 개념과 모호한 관계에 있다고 주장할 수 있다. 그러나 우리가 사실상 '교차 연속체'를 분류할 수 있는 전반적 범주로 간주하지 않는다면, 이것은 (다양한 조정으로 제거될 수도 있을) 여기서 제시한 단점들 때문이 아니라 영화적 배치에 대한 거대유형의 표 전체를 재정식화했기 때문이다. 이 재정식화는 「픽션영화에서 외시의 문제」의 5절(pp. 121~34)에 나온다. 그러나 따로 떼놓고 생각하면, 여기서 제시된 분석은 부분적으로 유효하다.

54) 한편으로는 논문모음집 『영화에서의 의미작용에 대한 논고』에 실린 글들이 있다. 「영화, 언어인가? 언어체계인가?」에서 특히 pp. 67~77, 그리고 「픽션영화에서 외시의 문제」에서 특히 pp. 111~13과 116~19를 보라. 다른 한편으로는 여기에 실리지 않은 글들이 있다. 「영화에 대한 반성의 한 단계」(장 미트리, 『영화의 미학과 심리학』, 1권에 대한 글), 『비판 Critique』, 214호, 1965년 3월, pp. 227~48(문제가 되는 부분은 pp. 228~34), 그리고 「영화이론의 현 문제」(주 44)를 참조). 문제가 되는 부분인 pp. 213~21을 보라.

행하는 대체나 또 다른 조작은 의미작용을 하는 큰 단위를 대상으로 하게 된다. 영화 언어의 '법칙'은 한 이야기 내에서 발화를 규정하지, 발화 내에서 기호소를 규정하거나 기호소 내에서 음소를 규정하는 것은 전혀 아니다.

많은 무성영화의 이론가들이 말했거나 또 ('영화-언어 체계'나 '시각적 에스페란토' 등과 같은 테마를 통해) 암묵적으로 생각했던 것과 달리 영화는 분명 언어 체계langue가 아니다. 그러나 영화가 관용어의 배치와 다른 방식으로 조정된 배치 속에서 유의미한 요소들을 조직하는 한, 그리고 현실이 우리에게 제공하는 지각적 총체를 복제하지 않는 한——현실은 우리에게 연속적 이야기를 해줄 수 없다[55]——, 영화는 언어langage로 간주될 수 있다. 영화적 조작은 현실의 시각적 복제에 불과한 것일 수도 있는 어떤 것을 담화로 변형시킨다. 순전히 현실과 유사하고 연속적인 의미작용——움직이는 사진, 즉 시네마토그라프cinématographe——에서 출발해서 영화는 통시적 성숙을 해가는 와중에 점차 순수하게 기호학적인 몇몇 요소를 드러내기 시작했다. 이 순수하게 기호학적인 몇몇 요소는 단순한 시각적 복제의 무정형적 단면들 속에 산발적이고 파편적인 형태로 존재했던 것이다.[56]

---

55) 알베르 라페Albert Laffay, 『영화의 논리』(Masson, 1964)를 보라. 이 저작의 전반적인 이념이 그렇고, 특히 3장(pp. 51~90)을 보라.

56) 그러나 여기서 다음의 사실을 덧붙여야 할 것이다. 즉 기계적 유비와 복제를 통해 전달된 의미작용이 특수한 체계로서 영화 언어에 속하지 않는다고 할지라도, 어쨌거나 이 의미작용은 다른 체계들에 속하는 구성과 요소를 (이번에는 전체로서의) 영화에 도입시키는 효과를 낳았다. 이 다른 체계들 역시 문화적인 것이고, 또한 의미를 가지고 있으며, 또한 다소간 조직되어 있는 것이다. 여기에 대해서는 「픽션영화에서 외시의 문제」의 2절(『영화에서의 의미작용에 대한 논고』, pp. 113~16)과 p. 67의 주 2)와 p. 210의 주 54)를 참조하라.

'샷shot/plan'은 그 자체로 복잡한 단위이고 더 심화된 연구가 필요한 것인데, 마치 언어학적 연구에서 '단어'라는 단계와 약간 비슷하게 당분간은 필수불가결한 준거로 남아 있을 것이다. 샷을 루이 옐름슬레우가 사용했던 의미대로[57] 문법특정소taxème로 동화시키는 것은 모험적 시도이지만, 샷이 영화에서 가장 작은 분절체segment minimum ——앙드레 마르티네가 사용한 표현[58]——를 이룬다고는 주장할 수 있다. 왜냐하면 언어학적 발화에 최소한 하나 이상의 음소가 있어야 하는 것과 마찬가지로, 영화 혹은 영화의 일부를 만들려면 최소한 하나 이상의 샷이 있어야 하기 때문이다. 한 시퀀스 내에서 샷 몇 개를 따로 떼어내더라도 아마도 이 시퀀스를 더 분석해야 할 것이고, 한 샷에서 포토그램 몇 개를 따로 떼어내면 그것은 이미 이 샷을 파괴하는 것이다. 샷이 영화적 의미작용의 가장 작은 요소가 아니라고 해도 샷은 적어도 영화적 연쇄의 가장 작은 요소이기는 하다.[59]

이로부터 가장 작은 영화적 분절체가 샷이라는 결론을 내려서는 안된다. 샷 이외에도 다른 유형의 가장 작은 분절체가 있다. 디졸브나 와이프 등과 같은 광학적 기법들이 그것인데, 이를 시각적이지만 사진적이지는 않은 요소로 규정할 수 있다. 이미지의 지시 대상은 현실의 대상이지만 아무것도 재현하지 않는 광학적 기법들의 지시 대상은 이미지다.

---

57) 루이 옐름슬레우, 「언어의 지층」, 『말Word』, X, pp. 163~88; 『언어학 논고』, Copenhague: Nordisk Sprog of Kulturforlag, 1959, pp. 36~68. 문법형태소에 대해서는 pp. 57, 65를 보라.
58) 앞서 인용한 앙드레 마르티네, 『일반언어학의 요소들』, 3-12(「불변하는 특성을 찾아서」), pp. 62~63.
59) 이와 마찬가지로 음소가 가장 작은 변별적 단위는 아니다. 왜냐하면 후자는 '특성'이기 때문이다. 그러나 음소는 말해진 연쇄séquence의 가장 작은 요소이고, 이를 넘어서면 연속의 차원이 동시성의 차원으로 바뀌어버리는 문턱이다.

이 기법들과 촬영의 관계는 약간은 형태소[60]와 어휘소의 관계와 같다. 이 기법들은 맥락에 따라 두 가지 주요한 기능을 갖고 있다. '트릭' — 이 경우에는 인접한 이미지들에 영향을 미치는 일종의 기호학적 지수指數다 — 과 '구두점'이 그것이다. 관용적으로 인정된 이 '영화적 구두점'이라는 표현을 쓴다고 해서 다음의 사실을 잊고 있는 것은 아니다. 즉 엄밀한 의미의 구두점 — 즉 인쇄상의 구두점 — 은 문장(마침표, 물음표, 느낌표, 세미콜론 등)이나 절(쉼표, 세미콜론, 가운뎃줄), 다시 말해서 (두 '단어' 사이의 아포스트로피나 가운뎃줄 같은 지표를 동반하든 동반하지 않든) '언어적 기반'을 나누는 데 반해, 광학적 기법들은 복잡하고 광범위한 발화를 분리시키고 이를 통해 (예를 들면 다른 줄이나 다른 페이지로 넘어가는) 문학적 이야기의 분절에 대응한다.

결론을 대신해서

언어학의 개념들은 극도로 신중한 방식으로만 영화기호학에 적용될 수 있다. 반면에 대체, 분할, 기표와 기의, 내용과 형식, 적절한 것과 부적절한 것 사이의 엄밀한 구분 등과 같은 언어학적 방법들은 영화기호학에 귀중하고 지속적인 도움을 준다. 이를 통해 영화기호학은 아직까지는 대략적인 상태지만 시간이 지나면 — 그리고 한 사람의 연구자 이상의 작업이 축적되면 — 점진적으로 세련될 단위들을 설립할 수 있게 될 것이다.

---

60) 영어가 가진 의미에서가 아니고 불어가 가진 의미에서의 형태소를 말한다.

9장

봉합(1969)

장-피에르 우다르

　우리는 로베르 브레송이 결코 다른 모든 영화적 분절articulation로 환원될 수 없는 핵심적 발견을 했다고 말할 수 있다. 이 발견은 「소매치기」[1]에서 예고되고 「잔다르크의 소송」[2]에서 확고하게 나타나는데, 우리는 이를 봉합suture이라고 부르고자 한다.

　봉합은 영화적 발화énoncé의 종결이라고 말할 수 있다. 이때 영화적 발화는 발화 주체——영화내적 주체, 아니 이보다는 영화적 주체——와 맺는 관계에 상응하며 관객에 의해 인지되고 그 자리에 놓인다. 이렇게 말하는 것은 봉합을 다른 모든 영화, 특히 소위 '주관적' 영화와 구별하기 위해서인데, 이 '주관적' 영화에는 봉합의 원리가 제시되지 않지만 여기서도 봉합이 존재한다. 왜냐하면 영화감독들이 봉합의 근본

---

1) 로베르 브레송Robert Bresson, 「소매치기Pickpocket」, 프랑스, 1959, 75분.
2) 로베르 브레송, 「잔다르크의 소송Procès de Jeanne d'Arc」, 프랑스, 1962, 65분.

적 필요성에 의해 우선은 직관적으로 그 효과만을 실험했기 때문이다. 이들은 이미지에 대해 주관적 관념을 가지고 있었고 또 영화적 주체를 카메라에 찍힌 대상le sujet filmé과 혼동했기 때문에 봉합의 원인은 알지 못했다.

브레송은 영화적 주체를 인식했으므로 카메라에 찍힌 대상은 그의 영화에서, 고다르의 영화에서만큼 급진적으로, 의미 있는 대상의 자리로 되돌아가게 된다. 어쨌거나 브레송의 영화가 다른 모든 현대 영화와 다른 것은 그가 현대 영화에서 빼앗은 것보다 더 많은 것을 간접적으로 현대 영화에 제공했기 때문이다. 이것은 브레송이 카메라에 찍힌 대상을 영화 본래의 구조, 즉 상징적 지점 속에 놓음으로써 가능했던 것이다. 여기서 카메라에 찍힌 대상은 가상적 주체로서 주변과 환영적이고 실존적인 관계를 갖는 것이 아니라 재현의 동인動因으로서의 자격을 갖게 되는데, 그 상징적 차원은 독해와 관람의 과정 속에서 드러난다.

봉합이 무엇인가를 이해하기 위해서는 영화의 '독해'라고 부르는 과정에서 어떤 일이 벌어지는지를 잘 살펴볼 필요가 있다. 이 '독해' 과정에서 나타나는, 그리고 특히 '주관적' 영화에 의해 드러났던 이미지의 특성들은 실제로는 의문에 부쳐지기보다는 억압되었고, 결과적으로 장-다니엘 폴레Jean-Daniel Pollet 같은 젊은 감독들의 탐구에 의해 다시 모습이 드러나게 되었다. 이런 특성들을 인정한다는 것은, 영화 자체가 영화적인 것 le cinématographique을 만들어내고 이미지 자체가 기표의 차원에 접근하며, 그리고 이 '독해' 과정에 의해(그리고 이 과정을 통해) 의미작용을 할 수 있는 힘을 가진 이미지의 특성, 조건, 한계가 규정된다는 것을 뜻한다. 이를 인정하면 영화적인 것에 대해, 그리고 영화의 의미작용에 대해 더 깊은 이론적 질문을 제기하지 않을 수 없다.

이를 이해하기 위해서는 이미지에 해가 될 수도 있다는 위험을 각오하고 이미지를 독해하는 것이 필요하다. 이러한 독해를 통해 현시대의 영화를 보면 우리는 때로 친숙함을 잃어버리기도 하는데, 왜냐하면 현시대의 영화는 공간적 깊이(심도) 없는 이미지를 사용하지만, 이는 공간적 깊이를 가진 영화가 매 순간 우리에게 보여줬던 것을 가려버리기 때문이다. 즉 카메라가 훑고 지나가는 모든 영화적 장場과 (때로는 고정된 카메라로) 공간적 깊이 속에서 드러나는 대상 전체와 반향을 이루는 것은 또 다른 장, [카메라가 존재하는 쪽에 있는] 네번째 면 그리고 여기서 퍼져 나오는 부재다.

물론 이는 진부한 사실이지만, 의미론적 차원에서 이루어지는 다른 모든 성찰보다 중요하다. 이미지의 기능을 드러내주는 이차적 독해를 통해 우리는 영화적인 것의 논리에 접근할 수 있다. 모든 영화적 장場에는 부재의 장이 반향을 이루며 관객의 상상계l'imaginaire가 상정한 한 인물의 자리가 반향을 이루는데, 우리는 이를 부재자l'Absent라고 부르고자 한다. 그리고 독해의 어떤 순간에 영화적 장에 놓여 있는 모든 대상이 함께 모여 부재의 기표를 형성한다. 이 핵심적 순간에 이미지는 기표의 차원에 도달하며, 부정형의 필름 띠는 불연속적인 것, '은밀한' 것의 지배하에 놓이게 된다. 이를 이해하는 것이 핵심적인데, 왜냐하면 지금까지 영화감독들은 최대한 '은밀한' 영화적 단위들에 의존함으로써 언어적 담화의 규칙을 되찾았다고 생각했지만, 이와는 반대로 스스로를 영화적인 것으로 지칭하면서 영화의 발화를 '은밀한' 단위로 구성하려 한 것은 영화 그 자체이기 때문이다.

두번째 단계에서 〔발화에서 제 기능을 하지 못하는〕 응결된 문자lettre figée 같은 부재의 기표는 의미총계Somme signifiante로 제시되고 이미지 전체는 절대적 의미작용의 자율적 단위를 형성하려고 한다. 이것은 한 글자 한 글자 띄엄띄엄 말하는 〔언어적〕 담화의 의미작용처럼 본질적으로 빈약한 의미작용이며 실제 말하기parole라기보다는 의미 있는 도표에 가까운 것이다. 이 단계의 독해에서는 영화적 장에서 추상된 기표가 아직 여기에 정박碇泊하고 있지 않다. 그것은 부유하는 의미총계가 되었지만 몇몇 이미지는 이 발화의 연쇄에서 추상되는 경향, 혹은 여기에 통합되지 않으려는 경향을 보여준다. (이들 이미지의 상징적 특성 때문에, 프리츠 랑의 영화에서 볼 수 있는 것처럼 실제 의미론적 자율성이 생겨난다.)

　　따라서 대부분의 감독이 생각하듯이, 영화적 담화discours cinématographique가 연속되는 샷들의 단순한 분절이라는 생각의 난점을 쉽게 파악할 수 있다. 왜냐하면 단지 연속되는 두 개의 이미지는 분절되는 경향을 보이지 않고, 우선적으로 각기 자율적 세포핵처럼 기능하기 때문이다. 우리는 언어적 관습의 희생자이기 때문에 이와 반대로 생각한다. 이 두 이미지의 분절은 초영화적 요소──정확하게는 언어학적 발화──에 의해, 혹은 각각의 이미지 속에 있는 공동의 의미요소의 존재에 의해 이루어질 수밖에 없다. 어떤 경우든 연속체의 구성은 기의의 잉여를 필요로 한다. (이 기의의 잉여를 기표의 이중화와 혼동하지 않아야 한다. 앞으로 보겠지만 영화에서 기표의 이중화 없이는 독해가 불가능하다.) 다른 한편으로 연속체의 구성은 불가피하게 상당한 '정보'의 손실을 발생시키며, 여기서 담화의 연쇄를 구성하는 요소들과, 분절되지 않은 채 과도하게 일종의 잡동사니──그 무기력증은 영화를 마비시킨다——를 이루는 요소들 사이에서 진정한 균열이 이루어진다.

「중국 여인」[3] 같은 작품에서 고다르는 이러한 균열, 즉 이미지의 사물과 귀중하면서도 부서지기 쉬운 그 기호 사이에서, 사물화된 담화와 (이 담화 뒤에 존재하며 색채가 회화적일 정도의 밀도를 부여한) 어두운 배경 사이에서 일어나는 균열을 시적으로 격화시켰다. 이러한 형태의 영화적인 것과, 「잔다르크의 소송」에서 그 원리가 드러났던 영화적인 것을 대립시키는 것이 적절하다. 이 원리 중 가장 중요한 것은, 우리가 '주관적' 영화 때문에 익숙해진 원리인데 이미지들이 무엇보다도 자기들끼리 분절되지 않고 영화적 장이 부재의 장, 다시 말해 상상의 장에 의해 분절된다는 것이다.

바로 여기서 우리는 봉합의 문제를 만나게 된다. 브레송의 다음 작품〔「당나귀 발타자르」〕에 나오는 모호성을 피하기 위해 두 이미지 사이의 의미론적 '교환'——브레송은 이미지가 단지 '교환가치'만을 가져야 한다고 선언한다——이전에 이루어지는 봉합은 다음과 같은 곳에 있다고 말할 수 있다. 즉 정사/역사의 형태로 구축된 영화적 발화의 틀 속에서는, 누군가(부재자)의 형태로 결핍manque이 출현하고 이것이 〔다음 샷에서〕 장 내부에 존재하는 누군가(혹은 무엇인가)에 의해 메워지는 것으로 이어진다는 것이다. 이 모든 것은 동일한 샷 안에서, 혹은 동일한 테이크가 규정한 영화적 공간 안에서 이루어진다. 이것은 근본적 사실이고 그 효과는 여기에서 나온다. 즉 부재의 장이 결과적으로 두 개의 장——부재하는 장과 현존하는 장——으로 이루어진 영화적 공간의 상상계의 장이 된다. 기표는 이 장 속에서 반향되고 영화

---

3) 장-뤽 고다르Jean-Luc Godard, 「중국 여인La Chinoise」, 프랑스, 1967, 96분.

적 장 속에 소급하여 정박한다. 그리고 브레송이 말했던 '교환'은 이 두 장 사이에서 일어나는데, 바로 이 지점에서 진정으로 기의가 나타나게 된다.

따라서 봉합, 즉 '부재자의 폐지와 부재자가 누군가로 부활하는 것'이 이중적 효과를 갖는다는 것을 주목해볼 수 있다. 한편으로 봉합은 기의의 차원에서는 본질적으로 소급적이다. 왜냐하면 봉합은 정사/역사라는 다소간 엄격한 틀 속에서 현존하는 장과 (여기에 이어지는 장을 대변하는) 상상의 장 사이에서 의미론적 교환을 주재하기 때문이다. 다른 한편으로 기표의 차원에서는 예견적이다. 왜냐하면 현존하는 영화적 분절체segment가 부재자에 의해 의미 단위로 구성되는 것과 마찬가지로, 부재자의 자리를 차지하는 어떤 것, 혹은 누군가는 (이들이 그 출현을 예고하는) 단위의 어쩔 수 없이 '은밀한' 성격을 예고하기 때문이다.

사실상 「잔다르크의 소송」에 나타난 본질적으로 영화적인 형상을 정사/역사와는 다르게 명명해야 한다. 왜냐하면 그것은 '주관적' 영화의 형상과는 아무 관계도 없기 때문이다. 다른 한편 '주관적' 영화는 픽션이 드러날 수 있는 위험 때문에 이들 형상을 간접적으로밖에는 사용할 수 없다는 것을 너무나 빨리 깨달았다. 사실상 영화사의 '진정한' 정사/역사들 중 하나는 「니벨룽겐의 반지: 크림힐트의 복수」[4]에 나오는 비정상적 정사/역사인데, 프리츠 랑이 등장인물의 시선의 위치에 따라 카메라의 위치를 옮기는 것을 완강하게 거부했기 때문에 등장인물은

---

4) 프리츠 랑, 「니벨룽겐의 반지: 크림힐트의 복수Die Nibelungen: Kriemhild's Rache」, 독일, 1924, 129분.

여기서 비현실적으로 보인다. 「잔다르크의 소송」에서는 카메라의 경사각이 마침내 솔직하게 드러나 있으며 체계적으로 구축되어 있다. 대상이 찍혀지기를 요구하는 유일한 시점이 있다는 브레송의 기이한 생각이 우선적으로 좋은 앵글, 카메라의 경사각을 찾아야 할 필요성만을 표현하고 있다고 생각하자. 그런데 바로 이 카메라의 경사각은 누구에 의해, 혹은 누구를 위해 봉합의 작용이 행해지고 있는가를 보여준다. 그것은 특정한 자리에 있는 영화적 주체, 즉 관객이다. 관객이 영화적 장 속으로 사라질 때 빈 상태로 남아 있다고 해도, 그럼에도 불구하고 영화 전체에 걸쳐서 자기 몫으로 남아 있는 자리가 있어야 한다. 그렇지 않다면 관객은 영화적 담화에서 상상적 주체의 역할을 수행하지 못하게 되는데, 관객은 부재자가 아니기 때문에 이 역할은 상상계의 장이나 부재자의 자리와 관련해서 단지 어긋난 위치에서만 수행될 수 있다.

영화에서 관객은 중심에서 이중적 방식으로 벗어난다고 말할 수 있다. 한편으로는 최초에 발화되는 것은 관객의 담화가 아니며 어느 누구의 담화도 아니다. 이렇게 해서 관객은 의미 있는 대상을 누군가의 부재의 기표로 상정하게 된다. 다른 한편으로 발화 행위énonciation의 비현실적 공간은 주체가 자기의 담화와 맺는 교차 명멸éclipse alternative의 관계를 (모든 담화의 가능성이 무화되는) 일종의 최면적 연속체 속에 침잠시켜버리는 경향이 있다. 이는 주체가 자신의 장 속에 들어갈 때 생겨날 수밖에 없는 거의 완전한 주체의 소멸에 의해서인데, 이 관계는 이로 인해 이중화되는 영화의 독해 과정 속에서 재현되어야만 한다.

주체와 영화적 장 자체의 관계에 대해 우리는 어떤 것도 말할 수 없다. 그 과정 속에서 어떤 것도 '말해지지' 않기 때문이다. 비록 프레임의 지각에 의해 장에서 배제되고, 또 독해를 무화시키는 이 리듬감 있는 희열jouissance이 에로틱한 관계로만 환기될 수 있고, 혹은 이 희열이 최소한 영화에 대한 영화 자체의 에로틱한 언급을 지속적으로 불러일으킬 수 있다고 해도 마찬가지다. 이것이 현상적 기반이라고 말해보자. 이 현상적 기반 덕분에 관객은 질료——즉 영화 그 자체——를 가지고 주체가 자기 담화의 연쇄와 맺는 관계를 재현하는 장소와 전개를 조직할 수 있다.

한 영화를 독해하는 복잡한 과정——사람들은 항상 한 영화의 독해가 지연된 혹은 중복된 독해였다는 것을 느끼고 있었다——은 무엇보다도 영화적 장소의 기본적 세포핵을 구성하는 두 장 사이에서 이루어지는 재현 과정에 다름 아니다. 이를 통해 갑자기 영화에 대한 연극적 은유, 그리고 영화와 연극을 연결하는 심오한 관계가 밝혀진다. 주체가 기표와 맺는 관계에 대한, 공간적이면서도 극적인 은유적 재현의 장소가 그것이다.

우리가 여기서 봉합이라고 부르는 것은 주요하게는 오늘날 동일한 용어로 '주체가 자기 담화의 연쇄와 맺는 관계'를 지칭하는 것의 재현이다. 이것은 (누군가의 결핍인) 결핍으로 고통받고 (연쇄의 다음 고리를 대변하며 생성될 영화적 분절체를 예견하는 누군가가 오기 위해 스스로 사라지는) 부재로 고통받는 이 의미총계의 특징 속에서 행해지는 재현이다. 이처럼 모든 영화적 독해 과정의 핵심이 자기의 기능이 작동하고 있다는 것을 모르면서도 독해 과정에서 재현되는 주체에 의해 제공된다면, 아마도 브레송은 이를 실행한 최초의 감독은 아닐지 몰라도 영화적인 것의 원리를 최초로 제기했던 감독이다. 이 원리 덕분에 이 기능이 부적절한 시기에 행해지거나 헛되이 실행되지 않고 적절하게 제때에 실행될 수 있다. 「잔다르크의 소송」은 주체가 자기의 담화와 맺는 관계의 필수적 재현〔봉합〕에 그 구문론syntaxe을 종속시킨 최초의 영화라고 할 수 있다.

애석한 것은 「당나귀 발타자르」[5]에서 브레송이 자신의 발견을 무시한 채로 '원인보다 먼저 결과를 보여주는' 구문론적 트릭에 억지스러울 정도로 의존하면서 자신의 발견을 스스로의 눈에서 가려버리고 있다는 것이다. '원인보다 먼저 결과를 보여주는' 구문론적 트릭은, 프리츠 랑에게서 볼 수 있는 것처럼 고의적으로 테러리스트적 목적에 이용될 때를 제외하면 거의 항상 빈약해지는 결과를 낳는다. 사실상 모든 위대한 감독이 다소간 여기에 의존했던 것은 우연이 아니다. 소급적 의미작용의 효과에 체계적으로 의존함으로써 이들은 자기도 모르게 기표의 유희를 실험했던 것이다. 우리가 앞서 보았듯이 봉합의 효과로서 교환은 무엇보다도 영화적 장과 여기에 반향하는 상상의 장 사이에서 벌어지지만, 이는 불행하게도 브레송이 점점 더 '교환'을 두 이미지 사이에서 작용하는 것으로 보고 있다는 것을 말해준다. 「당나귀 발타자르」에서 브레송이 충격적으로 모든 심도화면을 포기한 것은 이런 이유에서다. 「당나귀 발타자르」에서 보다 더 심각한 것은, 봉합이 불가능하기 때문에, 또 상상의 장이 항상 부재의 장으로 남아 있기 때문에 재현이 끝난 뒤에만 나타나는 기의가 해결될 수 없는 재현의 '대가'를 치른다는 것이다. 결과적으로 의미의 죽은 문자와 구문만이 지각될 뿐이다.

따라서 봉합된 담화의 이상적 연쇄는 형상들figures로 분절되는데, 이를 정사/역사라고 부르는 것은 더 이상 적절하지 않다. 이 연쇄가 작동하기 위해 이 형상들은 공간이 다음과 같이 분절되어야 한다는 요구

---

5) 로베르 브레송, 「당나귀 발타자르Au harsard Balthazar」, 프랑스, 1966, 95분.

를 표시한다. 즉 이 공간의 분절은 동일한 비율의 공간이 최소한 두 번, 즉 한 번은 영화적 장 속에서, 그리고 다른 한 번은 상상의 장 속에서 (주체의 자리에 대해 카메라의 경사각이 허용하는 모든 종류의 촬영 각도의 변주와 함께) 재현되는 방식으로 이루어져야 한다는 것이다. 이 이상적 연쇄는 진전되면서 이중화된 재현으로 제시된다. 이 이중화된 재현에 필요한 것은, 공간을 구성하고 배우를 제시하는 요소 각각이 정확하게 묘사되어야 하는 왕복운동 속에서 구별되고 이중화되며 두 번씩 독해되고 환기되어야 한다는 것이다. 이것은 본질적 역할을 하는 화면틀잡기의 지각을 통해 스스로 구두점이 찍혀지는데, 왜냐하면 상상의 장의 환기는 화면틀잡기에 의존하고 있기 때문이다. 이것이 영화적 장이며 네번째 면이고, 부재의 장이며 상상계의 장이고, 부재의 기표이며 의미총계이고, 부재자와 그 자리를 채우는 인물이다……

기의가 이 행위의 결말에서만 진정으로 출현할 수 있다는 것은 이 상징적 의미작용을 잘 보여준다. 기의는 총계만으로 만들어지는 것이 아니다. 총계는 그것이 (총계를 실체로 만들어주는) 부재의 기표로 머물러 있는 한 마비되어 있다. 기의는 이 총계가 사라짐으로써 생겨나는 두 장의 요소 사이의 관계로 만들어진다. 왜냐하면 '주체에 대한 기의'가 (그 자체로 주체의 소멸의 귀결이면서 주체가 결핍으로 이행하는 것의 귀결인) '기표의 반복으로 통제되는 의미작용의 효과'로 나타나기 때문이다. 이와 마찬가지로 영화에서 기의는 이 명멸의 유희가 끝날 때에만, 부재와 인위적 의미총계를 번갈아서 재현하는 기표의 동요가 끝날 때에만 나타난다. 프리츠 랑이 탁월하게 통제했던, 부재자의 순간적 소멸로 인한 관객에 대한 전복적 효과는 부재자가 누군가에 의해 대체될 때 무화되어버린다.

더욱이 부재자가 이 과정에서 어떤 역할을 하는지를 잘 볼 수 있다. 왜냐하면 주체의 구조가 "명멸하는 깜박거림"으로 분절되기 때문이다. 이는 마치 "수數를 열고 닫는 운동이 이어지는 것에서 이를 제거하기 위해 결핍을 1의 형태로 전달하는"것과 같다. 이는 주체와 제로(0)와의 비교, 나아가 결핍과 수의 비교인데, 이는 "재현과 배제를 오가는 교차 운동에 따라 (수의) 연쇄 아래서 움직이는 부재(절대적 제로)의 봉합 장소를 점유한다." 이 과정에서 부재자는, 영화적 연속체가 가급적 은밀한 단위로 분할되기를 요구하면서 이미지의 대상을 전체적으로 하나의 기표로 지칭한다. 그러나 부재자는 또한 스스로를 결핍으로 지칭한다. 다시 말해〔자크-알랭 밀러Jacques-Alain Miller가 했던〕주체의 정의를 다시 취한다면, 부재자는 스스로를, 다가올 발화의 분할을 예고하면서 연쇄 속에서 다음 고리를 예고하며, 마침내 이 연쇄가 나타났을 때 사라지는 "더 많은 기표의 가능성"으로 지칭한다. 따라서 관객의 상상계의 응결된 산물인 부재자는 (스스로의 질서에 종속되어 있는) 발화 속에 재현될 수 있는 기표의 직접적 요구이며, 그 명멸은 담화 주체의 봉합적 기능을 보장해준다.

우리는 단지 영화적 발화의 이상적 유형의 주요한 특징만을 스케치했을 뿐이다. 영화적 발화의 절대적 독창성은 하나의 지점에서 말해진다는 것인데, 이 지점은 동시에 담화의 연쇄에서 '주체-관객'의 관계가 재현되는 지점이기도 하다. 이 재현은 모든 영화적인 것의 근본적 모호성을 밝혀주는 발화 고유의 요소와 함께 수행된다. 이 근본적 모호성은 영화가 이 불가피한 재현을 만들어낼 수 있는 능력에서 생겨나며, 이 불가피한 재현은 발화 고유의 요소들의 '독해'——이것에 대한 '독해'가 없다면 궁극적으로 어떤 독해도 가능하지 않다——를 조건 짓는 요소들과 함께 이루어질 수밖에 없다. 그리고 이 '독해'는 이중화된 말하기가 되며, 여기서 뭔가가 말해지는데 이는 막간에 말해진 것에 구두점을 부여하고 분절시키고 심지어 이를 가리기까지 한다. 독해는 그 과정 도중 영화적 지점에 종속된다. 진정으로 연극적인, 이 영화적 기표의 유희를 밝혀내는 것이 문제이고, 이 기표가 만들어내는 의미작용의 효과를 보다 자세하게 분석하는 것이 적절할 것이다.

버스터 키튼의 「제너럴」[6]에는 하나의 장면, 아니 이보다는 단 하나의 샷 안에 새겨진 장면의 단편이 있는데, 여기서 이미지의 특성이 마치 느린 화면에서처럼 펼쳐진다. 북부군과 남부군이 이미 불타버린 다리 근처의 강가에서 서로 만날 때, 일군의 북부군 병사가 강을 건너온다. 이는 피사체에서 아주 멀리 떨어져 있으며 부감의 위치에 있는 카메라(롱 샷 하이앵글)로 포착된다. (그러나 관객은 사실상 이 단계에서는 아직 프레임도, 거리도, 카메라의 위치도 지각하지 못한다. 왜냐하면 여기서 이미지는 아직 관객에게 움직이는 사진, 즉 활동사진에 불과하기 때문이다.) 갑자기 화면 아래쪽에서 엄청나게 큰 남부군 병사들이 등장한다. 관객은 일순간, 마치 나비를 배만큼이나 크게 본 포Poe라는 인물처럼, 이 군대가 강을 내려다보는 위치를 점거하고 있었고 이것이 카메라의 위치에 의해 숨겨져 있었다는 것을 깨닫게 된다. 이때 관객은 환희와 현기증으로 두 그룹의 군대를 나누고 있던 비현실적 공간을 파악하게 된다. 관객 자신이 유동적이고 유연하며 팽창하고 있다. 관객은 영화 속에 있는 것이다.

---

6) 버스터 키튼Buster Keaton, 「제너럴The General」, 미국, 1926, 75분.

바로 한순간 후에 관객은 뒤로 물러서게 되고 그때 프레임을 발견하게 된다. 갑자기 관객 안에서 카메라가 숨기고 있었기 때문에 보지 못했던 공간의 직관이 솟아나고 왜 이런 프레임이 사용되었을까 하는 회고적 질문이 제기된다. 바로 이 질문은 비록 답을 찾지 못한다 해도 관객이 영화에 참여하는 방식을 근본적으로 변형시킨다. 즉 방금 전까지 희열의 장이었던 이 비현실적 공간이 카메라와 등장인물들을 분리시키는 거리가 되어버렸다. 이 등장인물들은 더 이상 그곳에 있지 않다. 즉 이들은 방금 전까지의 순수한 '그곳에 있음être-là'이 아니라 단지 '무엇인가를 위해 그곳에 있음être-là-pour'만 될 수 있을 뿐이다. 왜 그럴까? 이는 부재자를 재현하기 위한 것, 관객의 상상이 카메라의 위치에 놓았던 인물의 부재를 의미하기 위한 것이기 때문이다. 동시에, 아니 그 중간 시간에 관객의 몽상이 팽창시켰던 영화적 장이 꽉 조여졌던 것이다. 그 대상들(두 그룹의 군대, 경사, 강)은 이제 의미총계를 형성하는데, 이는 마치 일종의 절대적 사건의 나눌 수 없는 의미작용처럼 스스로 닫힌 의미총계다. 그러나 아직 또 다른 장, 즉 부재자의 집요한 현존이 남아 있다.

1. 이 이미지의 변형을 보다 체계적으로 묘사해보자. 앞서 봤던 예에서는 우리가 지금부터 무시하게 될 하나의 단계가 문제였다. 그것은 이미지가 영화적 장으로 파악되지 않고 움직이는 사진처럼 파악되는 단계다. 영화 이전에 존재하는 이 단계에서 우리는 영화의 특성에 대해서는 아무것도 알 수 없고 단지 다음과 같은 명백한 사실만 부각될 뿐이다. 즉 카메라 쪽에 있는 또 다른 장은 궁극적으로는 영화적 공간에 대해서만, 영화의 심도에 대해서만 반향을 이룬다는 것이다. 이 상

호 반향의 궤적 속에서 영화cinéma가 영화적인 것cinématographe으로 이행하고 또 그 역의 이행이 이루어진다.

영화만이 지배하고 관객이 이를 이원론적 관계 속에서 즐기는 순전히 신화적인 시기를 가정해보자. 여기서 공간은 순수한 희열의 확장에 불과하며, 문자 그대로 어떤 존재도 관객과 대상 사이를 가리거나 대상의 포착을 방해하거나 하지 않고 대상이 관객에게 제공된다. 그러나 금지가 갑작스럽게 스크린의 형태로 제기된다. 즉 스크린의 존재가 우선 관객의 매혹에, 관객이 비현실적인 것에 끌리는 것에 종지부를 찍는다. 스크린의 지각은, 이미지가 경계에 대한 지각에 의해 변형된 채 다시 태어나기 전에, 이미지가 소멸되고 또 비현실적이라고 비난받는 한계 지점이다. (그러나 관객이 틀이 있고 네모난 한계를 가진 이미지를 지각한다고 말하는 것은 지나친 단순화다. 왜냐하면 관객은 프레임, 공간, 카메라에 찍힌 대상을 동시에 지각하지 않기 때문이다. 프레임을 지각하면 항상 대상을 보지 못하게 되고 이와 동시에 공간의 희열이 끝나게 된다.)

그 대신 동요하는 이미지가 다시 나타난다. 이 이미지의 요소(공간, 프레임, 대상)는 하나씩 하나씩 사라지고 이 혼돈 속에서 네번째 면, 그리고 관객의 상상이 그 자리에 상정하는 유령, 즉 부재자가 솟아난다. 이 부재를 드러내는 것이 이미지의 운명에 결정적 순간이다. 왜냐하면 이는 이미지를 기표의 질서에, 영화를 담화의 질서에 삽입시키기 때문이다. 이 변형 속에서 희열의 확장인 영화적 장은 카메라에 찍힌 대상에서 카메라를 분리시키는 공간——상상의 네번째 면은 이 공간과 반향을 이룬다——이 되는 것과 마찬가지로, 이미지의 대상은 어느 순간에 부재자의 대변자로, 그 부재의 기표로 제시된다. 이때 이미지라는 무규정적 몸체에서 남아 있는 것은 문자 그대로 단지 무의미의 기표뿐이다. 그러나 이미지는 바로 이러한 축소로부터 의미총계의 형태로 다시 태어난다. 이 의미총계는 함께 모여서 뭔가를 의미해야 하는 이미지의 의미론적 특징이 결합되어 만들어진 것이다. 이 의미총계와 항상 반향을 이루는 것은 결핍(부재)인데, 이 결핍은 이미지를 단지 이미지의 기표에 불과한 것으로 축소함으로써 이미지 자체를 무화시키려고 위협한다.

2. 우리는 이들 단계의 논리에 대해 아주 막연한 언급 이상을 하지 않은 채로 이를 대략적으로만 검토했다. 그러나 이들 단계에서 비극적이고 불안정한 이미지의 특성이 도출될 수 있다. 이미지는 공시적으로는 파악될 수 없는 전체이고, 구조적으로 대립되는 요소로 이루어져 있으며, 상호 소멸되는 요소로 이루어져 있다. 사실상 공간이 항상 대상을 소멸시키고 또 오토 프레밍거Otto Preminger나 미조구치 겐지Mizoguchi Kenji의 영화에서 볼 수 있듯이 화면심도가 그 안에 있는 육체를 지워버리기 때문에, 영화에는 독해와 희열의 대립이 있다고 말할 수 있다. 그러나 희열은 단지 의미작용의 소멸——그 역도 마찬가지다——과 함께만 가능하고, 덕분에 관객의 몽상은 신체나 카메라의 예상치 못한 운동, 공간의 갑작스러운 팽창 등과 같은 이미지의 표현적 특성을 포착할 수 있다.

영화적 공간은 동요하는데, 장과 기호 사이에서 번갈아서 움직이는 이 영화적 공간의 동요를 통해 이미지는 기표의 질서 속으로 들어가게 되고, 이는 축소라는 대가를 치르고 나서만 가능하다. 대상 역시 동요 속에 있는데, 사실상 대상은 이미지의 요소 중 가장 변덕스러운 것이다. 왜냐하면 그것은 공간 속에 용해될 수 있는 위험 속에 있고, 이미지가 문자 그대로 축소되는 순간에 자기의 그림자로 존재하며, 이미지가 의미총계로 다시 태어나는 순간에 그 의미작용 뒤에 숨어 있기 때문이다. 마지막으로 기표 자체도 동요하는데, 기표는 글자 그대로 누군가의 부재만을 환기하면서 기호와 응결된 문자 사이에서 번갈아 움직인다. 이 기표의 동요 때문에 영화는 독특한 형태의 말하기parole가 된다. 이 말하기는 스스로를 말하고 때로는 스스로에 대해서만 말하는데, 이 말하기의 운명은 부재자의 손에 달려 있다. 왜냐하면 누군가가, 혹은 무엇인가가 그 자리를 차지할 때, 부재자——부재자의 특성은 명명되는 순간 사라진다——는 사라지기 때문이다.

부재자를 도입하는 것만으로도 결핍이 채워지고, 비어 있는 장의 부재가 지워지며, 영화적 담화를 새로운 차원, 즉 상상계 속에 에워쌈으로써 이 영화적 담화가 봉합된다. 왜냐하면 네번째 면, 즉 순수한 부재의 장은 영화의 상상의 장이 되고 영화의 상상계의 장이 되기 때문이다. 영화에는 지평이 없다고들 말한다. 사실상 영화에는 하나의 지평이 있는데, 또 다른 면의 상상적 지평이 그것이다. 따라서 현존하면서 동시에 부재하고 비현실적이면서 상상적인, 장의 모호성과 이중성을 영화적인 것이라고 부를 수 있다. 왜냐하면 영화적인 것이 스스로 생겨나는 것은 바로 그 이중성으로 인한 것이기 때문이다. 상상의 장 속에서 모든 현존의 봉합적 효과는 영화에서 공간과 기표가 심지어 사라지면서도 어떻게 함께 효과를 산출해내는가를 보여준다. 사실상 「잔다르크의 소송」 같은 영화가 보여주는 것처럼, 공간의 분절만이 하나의 샷에서 다른 샷으로 이행할 때 일어나는 의미론적 교환을 뒷받침해주고, 이미지의 대상들과 (이들이 여기서 다른 대상과 공명하는) 상상의 장 사이의 관계만이 의미총계의 고정, 의미의 고착을 막아준다. 이 의미의 고착은 영화의 말하기를 위협해서 (관객이 이에 의해 전복되는 순간) 항상 이 말하기가 발원된 영화적 장 밖에서 이 말하기가 드러나게 해버린다. 그것이 상상의 장에 반영되고 반향을 일으키기도 전에.

영화를 찍는다는 것은 항상 또 다른 장을 상기시키는 하나의 장의 윤곽을 그린다는 것이다. 대상을 의미총계로 다시 태어나게 하기(혹은 죽이기) 전에 또 다른 장에서 손가락 하나가 (이를 숨김으로써) 대상을 무의미의 기표처럼 가리킨다. 이 의미총계에 (이를 만들어냈던) 부재가 반향을 이루는데, 이 의미총계는 영화가 즉각적으로는 도달할 수 없는 풍요로운 의미를 암시하지는 않는다. 왜냐하면 영화는 항상 채워져야 할 결핍으로 고통받고 있기 때문이다. 오히려 이 의미총계는 영화적 기표의 특별한 효과——기호의 진정한 테러리즘——를 보여주는데, 이는 문자 그대로 축소의 순간과 대립되는 어떤 순간에 대응된다. 바로 이 순간에 의미작용이 고독하고 반향 없는 지고의 말하기에서처럼 관객을 진정으로 관통하게 된다.

따라서 이를 전달하는 대상에서 추출된 영화적 말하기의 운명은, 먼저 등장하는 순간 부재를 나타내는 응결된 문자 같은 것으로, 다음으로는 테러리스트적이고 전복적인 말과 같은 것으로 스스로를 교대로 드러낸다. 이 두 개의 극단적 단계 사이에서 영화적 말하기는 상상의 장에서 반향을 만나게 되는데, 이 반향 덕분에 그것이 생겨났던 장에 정박할 수 있게 된다. 그러나 상상의 장이 부재의 장으로 남아 있다면, 그 유일한 반향은 스스로의 무용성일 뿐이고 정박은 일어날 수 없다. 대상이 영화적 말하기를 수행하지 않기 때문에 영화적 말하기는 부유하게 되고 더듬더듬 말하게 되고, 상상계에 의해 뒷받침되고 봉합되지 못하기 때문에 붕괴된다.

3. 아주 위대한 몇몇 감독을 제외한다면 지금까지는 영화적인 것의 문제는 제기되지 않았다. 이들 위대한 감독은 부재하는 장이 현존하는 장만큼이나 중요하고, 기표의 운명이 이 두 개의 장을 서로 분절하는 것에 달려 있다는 것을 이해하고 있었다. 영화적인 것의 문제를 제기한 것은 현대적 감독들이었는데, 이들은 이것을 리듬과 관련해서, 이후에는 의미론과 관련해서 제기했다. 이들은 오늘날까지도 거의 항상 픽션의 공간으로 머물러 있는 공간을 거부함으로써, 영화 언어를 사물화réification의 경계까지 몰고 갈 수 있는 위험을 무릅쓰고 영화 언어에 모범적 열정을 쏟아부었다.

이 사물화가 「잔다르크의 소송」 이후에 나온 「당나귀 발타자르」 같은 영화까지 강타했다는 것은 놀라운 일이고, 이 때문에 브레송은 현대 영화에서 가장 애매한 인물이 된다. 우리 생각에 「당나귀 발타자르」의 실패는, 공간의 이중성을 받아들여서 이를 영화적 장으로 분절하지 않았던 다른 모든 영화의 실패를 요약적으로 보여준다. 순전히 선형적으로 전개되는 「당나귀 발타자르」에서 카메라는 유의미한 대상을 따라가든지 혹은 카메라가 움직이는 중에 이 대상이 부각되든지 하는 식으로, 단지 유의미한 대상을 가리키는 손가락 역할만을 하고 있을 뿐이다. 이 영화에서 브레송은 모든 구문론적 기법을 드러내고 싶었던 것 같고, 이와 동시에 어쩔 수 없이 여백과 결핍으로 차 있는 담화를 카메라의 운동을 통해, 말하자면 봉합하고자 했던 것 같다.

그러나 「당나귀 발타자르」의 카메라 움직임은 매 순간 생겨나는 부재 때문에, 「잔다르크의 소송」을 상기시키는 몇몇 드문 장면(제라르와 마리의 만남)에서만 채워지는 부재 때문에, 관객의 상상계를 작용시키고 담화를 봉합하는 데 방해가 된다. 결과적으로 이 담화는 끝없이 죽은 문자로만 의미작용을 하고 그 구문론만이 매 순간 영화의 유일한 기의로 등장하게 된다. 따라서 연속체syntagme의 해체가 생겨나고 이를 지속적으로 확인할 수 있다. 예를 들면 영화의 마지막에 제라르와 그의 부하가 당나귀에 짐을 싣는 장면이 그렇다. 이들이 '향수, 스타킹, 황금'을 싣고 난 다음 프레임에서 벗어날 때, 카메라는 한동안 지저분한 난장을 지켜본다. 이는 의미의 의도가 스스로를 가리킨 것이다……

「잔다르크의 소송」의 경우는 영화적인 것의 모델로 남아 있다. 그것은 영화 언어 특유의 비극성을 떠맡아서 심지어 이를 강조하고, 고의적으로 리듬감이 부여된 담화의 봉합이 이루어진 영화다. 우선 브레송은 이미지의 시간에 대해 아주 의식적으로 작업했는데, 이는 때로는 프리츠 랑이 그랬던 것처럼 기호의 환상성을 만들어내기 위해서, 때로는 이와 반대로 이미지가 문자 그대로 축소되는 시간에 기호가 겪게 되는 변질로부터 기호를 보존하기 위해서다. 전자의 경우는 잔다르크에게 신호를 보내는 서기와 사제의 손을 보여주는 샷들이 그러한데, 이 순간은 너무 짧아서 궁극적으로는 무의미한 기표나 읽을 수 없는 메시지로만 지각될 수 있다. 후자의 경우는, 예를 들면 잔다르크와 판사가 대립할 때 샷들이 이어지는 순간과, 판사가 한 말의 효과가 잔다르크의 얼굴에 나타나는 것(보이지 않는 채찍질에 의해 생겨난 것같이 목젖을 조이는 것, 입술의 움직임)이 미세한 시차로 구별되는데, 이 시차가 없었으면 잔다르크의 얼굴에 나타나는 효과는 지각될 수 없었을 것이다. 샷의 변화로 생겨난 생략 이후에, 카메라 쪽에 있는 또 다른 인물의 존재로 부재가 지워진 이후에, 카메라의 위치를 통해 등장인물들 사이의 대결의 장이 영화적 장의 형태로 재구성된 이후에, 바로 이 순간 덕분에 기호는 봉합의 작용을 따라 그 효율성이 정점에 오른 순간 분출될 수 있다.

브레송에 의해 영화적 장이 극도로 섬세하게 그려졌고 또 재창조되었다고 말할 수 있다. 그는 '주관적' 영화의 환영과 모호성을 없애버렸다. 그는 카메라 쪽에 있는 인물의 위치와 카메라 위치 사이의 불일치를 고의적으로 강조하면서 이를 통해 촬영 각도의 끝없는 변주를 도입했다. 즉 때로는 등장인물이 거의 정면(판사)으로 나오고 때로는 4분의 3의 각도(잔다르크)로 나온다. 피사체를 비추는 각도의 변주 결과 기이하게도 사형을 집행하는 사람[판사]이 희생자[잔다르크]보다 약하게 보인다. 이 각도의 변주는 필요할 경우 카메라가 그려낸 장의 중요성을 증명해주고, 비스듬한 카메라는 관객 자신의 위치를 알려준다. 카메라가 취할 수 있는 유일한 위치가 이 비스듬한 위치라는 것은 다음의 사실을 보여준다. 즉 관객은 보이지 않는 장에 있는 등장인물과 동일시되지 않고 스스로 이 인물에 대해서도, (그 자리를 차지하는 인물이 거기 있지 않을 때에만 상상적으로 존재하는) 부재자의 위치에 대해서도 편차를 가진 위치를 점유한다는 것이다.

4. 따라서 관객의 상상계의 응결된 산물인 부재자는 두 개의 순간 사이에 드러난다. 영화의 말하기가 관객의 우주론적 희열 속에 사라지는 순간이 하나요, 영화의 말하기가 관객을 관통할 때가 다른 하나다. 이 둘 사이의 매개적 시간은 관객이 자신의 차이를 만회하는 시간인데, 이 작용은 우선 관객이 장 바깥에 놓인다는 사실로 이해될 수 있다. 왜

240

냐하면 관객은 부재자를 (자신의 것이 아닌) 관람의 주체로, 이미지를 자기 부재의 기표로 설정하기 때문이다.

관객의 상상계는 이 경계선상의 순간들 사이에서만 자유롭게 작동할 수 있으며, 따라서 관객은 담화에서 탈중심화되어 있고 사라지는 주체의 위치—공간적으로는 비스듬한 것이 이 위치에 대응된다—를 점할 수 있다. (이 담화는 스스로 닫히고 자기 안에서 봉합되며, 주체가 상상적 시점에서만 취할 수 있는 것이다.) 다시 말해서 관객이 주체로서 소멸되는 순간과 그 차이를 회복하는 순간 모두가 동시에 해당되고 이 지점은 (관객의 상상이 배치하는) 등장인물의 자리가 아닌 자리다. 등장인물이 이미지라는 이 가상적 관람의 주체가 아닌 것과 마찬가지로 등장인물은 관객이 아니다. 「니벨룽겐의 반지: 크림힐트의 복수」에 나오는 정사/역사, 그리고 프리츠 랑 영화의 거의 모든 정사/역사가 만들어내는 불편함은 여기에서 나온다. 프리츠 랑의 샷에서 카메라는 실제로 카메라 쪽에 있는 등장인물의 자리를 점유하고 있다. 그리고 이 지점은 [등장인물의 자리가 아닐 뿐 아니라] 자의적 지점도 아닌데, 이 자의적 지점은 관객이 이 부재자를 지속적으로 (자신의 관람이 아닌) 관람의 가상적 주체로 설정하도록 강요하는 것이고 여기서 관객의 상상력이 중단되어버린다.

주관적 환영으로부터 해방된 영화에서는 모든 샷의 연결이, 봉합의 작용을 이루어낼 수 있는 유일한 각도의 시선에 의해 얼마나 엄청난 역할을 할 수 있는지를 상상할 수 있다. 봉합만이 픽션을 넘어서 브레송이 꿈꾸었던 지점, 즉 이미지 각각이 단지 '교환가치'만을 갖는 지점에 도달할 수 있다. 아직 완전히 태어나지 못한 이 영화적 장은 한 사건의 공간이라기보다는 상징적인 것이 출현하는 장이 될 것이다. 이 영화적 장의 상징은 아마도 장 루슈의 영화 「활로 하는 사자 사냥」[7]에 나오는 탁월한 정사/역사일 것이다. 루슈는 이 정사/역사로 죽어가는 암사자와 이 사자에게 기도를 하는 일군의 사냥꾼을 포착한다. 소통이라는 사건 자체를 자기만족적으로 재창조하려고 했던 로버트 플래허티Robert Flaherty 영화와는 아주 다르게, 브레송은 「잔다르크의 소송」에서 단지 사건의 기호들만을 보여준다. 그러나 브레송은 이를 영화적 장의 내부에서만 행하는데, 그가 즉각성의 환영을 만들어내려고 하지 않기 때문에 이 영화적 장은 영화에 상징적 차원을 되돌려주고 이는 독해의 과정에서만 드러난다.

5. 영화적 말하기의 특징을 처음에는 순진하게, 다음에는 (특히 프리츠 랑과 알프레드 히치콕과 함께) 점점 더 의식적으로 실험하고 나서 오늘날에 이르러 영화는 더 이상 어떤 것에 대해서도 말하지 않게 되었다. 영화의 거의 모든 특성이 알려진 지금에는 영화적 말하기가 대상을 재창조하는 것이 아니라 하나의 지점, 즉 영화적 장을 재창조하기를 기대하고 있다. 이 영화적 장은 더 이상 픽션에 실체를 부여하는 특권적 수단이 아니라 오히려 영화적 말하기가 스스로의 특성에 맞게 펼쳐지는 데 실체를 부여하는 특권적 수단이다. 왜냐하면 영화가 담화의 질서로 태어나는 것은 공간을 통해서고, 영화가 그 부재를 환기하는 지점에서 영화는 말하기로 지칭되며, 영화의 상상계가 펼쳐지기 때문이다.

그러나 "이 말하기가 어떻게 발화되는가?"로부터 단지 영화적 기표

---

7) 장 루슈Jean Rouch, 「활로 하는 사자 사냥La Chasse au lion à l'arc」, 프랑스, 1965, 88분.

를 배분하는 보다 효율적 방식만을 끌어내는 것, 그리고 「당나귀 발타자르」에 대해서처럼 단지 그 특성에 대한 오해만을 고발하는 것은 불합리한 아카데미즘이 될 것이다. 의미할 수 있는 능력의 조건과 한계를 드러냄으로써 영화는 또한 에로티즘에 대해 말한다는 사실을 인정하는 것이 본질적이기 때문이다.

이 브레송의 걸작이 소통에 대한 것이든 특히 에로티즘——이 속에서 비극성이 분출한다——에 대한 것이든, 브레송은 단지 영화적 장을 창조함으로써만 이에 대해 말할 수 있었다. 이 영화적 장은 그가 하고자 하는 말을 재창조한 공간이면서 동시에 영화적인 것의 말하기 장인데, 이는 심지어 가장 단순하고 가장 작은 단위——현존과 부재——로 축소된 영화적 공간의 상징적 특수성을 분명하게 가리키고 있다. 다시 말해서 그는 기표의 '격정,' 배우의 육체, 심지어는 관객 자신의 육체를 연출하는데, 이는 소통, 특히 에로티즘에서 작용하는 격정을 특권적 방식으로 재현한다.

너무나 오랫동안 영화의 에로티즘은 영화내적 차원에서 주목되고 탐구되어왔다. 다시 말해서 우리는 마치 '카메라-시선'이나 감독에 의한 세계의 소유 등에 대해 말했던 것처럼 부적절하게 카메라 움직임의 에로티즘에 대해 말해왔다. 그런데 사실상 관점상의 본질적 이동이 일어났다. 즉 영화 특유의 '유사-관람' 현상은 오늘날에는 단지 에로티즘의 조건으로서만 나타난다는 것이다. 이 에로티즘의 조건은 영화와 영화적인 것의 분절에서 확인할 수 있고 기표와 이 기표를 전달하는 현상에까지 영향을 미친다. 이것이 바로 문제가 되고 있는 영화적 담화의 본성이다. 영화가 스스로에 대해 말하면서 동시에 에로티즘에 대해 말한다는 것, 영화가 항상 에로티즘이 의미작용을 할 수 있는 특권적 장소라는 것은 아마도 프리츠 랑에게 귀속시킬 수 있는 발견일 것이다. 비록 여기에서 어떤 귀결이 도출되지는 않았지만, 이 발견은 영화 전체와 관련된다.

후기

다음의 언급은 이 글에 나타난 극단적 입장을 요약하고 또 약간은 이를 교정하고자 한 것이다.

1) 한 영화의 희열이면서 동시에 한 영화의 '독해'가 되는 하나의 과정에서 어떤 것이 말해진다. (이 '독해'는 나타나고 무화되고 관객을 전복시킨다.) 이에 대해 우리는 에로티즘의 용어로만 말할 수 있을 뿐이며, 어떤 것은 에로티즘의 과정 자체와 가장 비슷한 재현으로서만 제시된다.

2) 한 영화에서 막간에 말해진 것은 두 가지 이유 때문에, 그리고 두 가지 방식으로 예속되지 않을 수 없다. 우선 영화적 기표의 운명이 이 과정의 분절에 의해 결정되기 때문이다. 그러나 이보다 더 중요하게는, 영화를 상징적 장소로 만들면서 영화적 장소에서 일어나는 이 과정 자체와 여기서 말해진 모든 것이, 항상 상징적인 것의 봉인을 가리키지 않을 수 없기 때문이다. 이 상징적인 것은 그 반향에 의해 조정되고 그 체에 의해 형성된다.

3) 이렇게 영화가 스스로에 대해 말하고, 그 지점에서 그리고 자기의 특별한 지점에서 말하며, 에로티즘에 대해 말한다고 하면 에로티즘 너머에 있는 영화의 상징과 형상이 무엇인가 하고 묻게 된다. 에로티즘을 넘어서면 본질적으로 형상적figuratif 영화의 실재가 드러나는데, 이는 「벵갈의 호랑이」,[8] 「잔다르크의 소송」 혹은 「불멸의 이야기」[9] 같은

영화에서 볼 수 있다.

8) 프리츠 랑, 「벵갈의 호랑이Der Tiger von Eschnapur」, 서독, 1962, 101분.
9) 오손 웰즈Orson Welles, 「불멸의 이야기The immortelle Story」, 프랑스, 1968, 58분.

10장

영화/이데올로기/비평(1969)

장-루이 코몰리 & 장 나르보니

일관성을 갖고자 하는 영화비평의 기획에 대해 우리는 비평이 스스로의 영역과 행위 수단을 가능한 한 가장 엄격하게 제한하기를 기대할 권리가 있다. 여기에는 비평이 놓여 있는 지점, 비평이 연구한다고 주장하는 영역, 비평을 필요로 하고 또 비평을 가능하게 하는 것뿐만 아니라 이 지점에서 그리고 이 지점을 겨냥해서 비평이 수행하려고 작정한 기능, 비평만의 특수한 임무가 포함된다.

우리가 관여하는 영화잡지 『카이에 뒤 시네마*Cahiers du cinéma*』에 대해서 오늘날 우리의 입장과 방향에 대한 전반적 규정이 불가피해졌다. 이것은 지금까지의 입장과 방향 규정이 전적으로 잘못되었다는 것이 아니다. 비록 파편적일지라도 최근의 글들——논문과 비평, 편집자의 말, 논쟁, 독자에 대한 답변——을 통해 이를 읽을 수 있지만, 이것은 약간은 모호하고 또 우연적으로 제시된 것이었다. 따라서 독자뿐만 아니라 우리 자신을 위해서도 우리가 실천하는 비평, 그리고 이와 분리할 수 없는 그 장場에 대한 이론화의 필요성을 느낄 수 있다. 이것은 선포함으로써 우리에게 자기만족감을 주는 '프로그램'을 그려 보이는 것도 아니고 '혁명적' 선언이나 계획에 그치는 것도 아니다. 이와 반대로 우리가 '원하는' 것에 대해서가 아니라 우리가 하고 있고 또 할 수 있는 것에 대한 성찰을 시도하는 것이다. 이 성찰이 들어설 수 있는 조건은 현 상황에 대한 분석이다.

1) 어디에서?

　a) 우선 우리는 어떤 지점에서 말하고 있는가? 『카이에 뒤 시네마』는 일하는 집단이고 그 결과물[1] 중 하나는 잡지의 형태로 나타난다. 잡지는 (여기에 글을 쓰는 사람들뿐만 아니라 이 잡지를 만드는 사람들, 나아가 이 잡지를 읽는 사람들에게) 일정량의 노동을 필요로 하며 일정한 가격에 팔리는 생산품이다. 우리는 이런 생산품이 정확하게 자본주의적 출판의 경제체제——제작 양태, 배포 체제 등——안에 놓여 있다는 것을 숨기고 싶지 않으며, 어쨌거나 우리는 〔현 경제체제 내에서 이와 평행하게 유지되는 또 다른 경제체제를 꿈꾸는〕 '평행주의parallélisme'라는 유토피아에 빠지지 않고서 오늘날 다른 식으로는 어떻게 할 수 있는지를 모른다. 이 평행주의가 가진 최초의 역설적 효과는 그것이 벗어난다고 표방하는 〔경제〕체제 옆에 가짜 외부를 설정한다는 것이다. 이 가짜 외부는 단지 스스로 거부하는 데 만족하는——관념론적 순결주의——, 체제를 없앨 수 있다는 자기 능력에 환상을 품고 있는 '신-체제'

---

1) 다른 결과물로는 지방이나 변두리 지역에 영화의 배급, 소개 및 토론, 그리고 영화제작 및 이론 세미나가 있다(『몽타주』, 210호를 보라).

다. 따라서 자신이 설정한 '모델'에 의해 얼마 못 가서 위기를 맞게 된다.[2] (우리가 그 양쪽 끝으로 지탱해야 한다고 주장할 때) 틈이 생긴 외부의 한쪽 끝에만 작용하는 이 일방적 '평행주의'에 맞서, 그리고 무한 속에서의 결합이라는 곧바로 예정된 위협에 맞서 우리는 유한 속에서의 분리를 선택했다고 가정해보자.

이렇게 가정한다면 문제는 다음과 같다. 현재 우리가 놓여 있는 지점에 관해 우리의 태도는 무엇인가? 프랑스에서 제작되고 배급되는 대부분의 영화들——솔직하게 말해서 개봉되기 위해 어떤 우회로를 택하든 결국 모든 영화들——은 지배이데올로기 속에서 자본주의적 경제체제에 의해 제작되고 배급되는 대부분——모든——의 책이나 잡지와 같다. 따라서 이들 책이나 잡지에 대해서처럼 이들 영화에 대해서도 다음의 사실을 알아내는 것이 중요하다. 즉 이데올로기가 이들 영화를 있는 그대로 관통하고 있는가, 따라서 이들 영화가 이데올로기의 통과 지점이나 투명한 매개, 혹은 선택된 언어가 되는 데 만족하고 있는가, 아니면 반성이나 성찰을 수행하려 하고 이데올로기에 대해 개입하려 하며 이 이데올로기의 메커니즘을 보여줌으로써, 즉 이 메커니즘을 저지함으로써 이데올로기 자체를 보여주려고 하는가를 알아내는 것이 중요하다.

---

2) 혹은 〔체제에 의해〕 묵인되지만, 이 묵인 자체에 의해 위기를 맞게 된다. 온갖 경계를 하면서도 조심스럽게 무시해온 반체제적 '여백'들을 유지시키는, 은밀하게 억압적인 체제가 터득한 전략에 대해 강조할 필요가 있을까? 이것은 이중적으로 효율적인 태도다. 즉 어떤 사람들에게는 묵인이라는 보증금을 제공하고 다른 사람들에게는 비밀스러운 양심을 제공하기 때문이다.

b) 우리가 **활동하고** 있는 지점은 영화의 장이다. (『카이에 뒤 시네마』³⁾다.) 그리고 보다 정확하게 말해서 우리가 연구해야 하는 것은 자기 고유의 역사 속에 있는 영화이고, 작품 생산, 영화제작, 영화 배급,⁴⁾ 영화의 독해다.

'오늘날 한 편의 영화film란 무엇인가?'는 단지 하나의 질문만은 아니다. 그것은 '영화 일반cinéma이란 무엇인가?'라는 질문을 내포한다. 최소한 이 비어 있는 용어를 개념으로 채워주는 지식이나 (우리가 도움을 주고자 하는) 이론적 인식이 '영화 일반'에 대해 구성되지 않았다는 점에서 그렇다. 그리고 영화잡지에도 '수많은 영화로 구성된 이 장에서 수행해야 할 작업은 무엇인가?'라는 질문이 있다. 그리고 『카이에 뒤 시네마』에는 보다 더 특수하게 다음과 같은 질문이 있다. '이 장에서 우리만의 특수한 기능은 무엇인가?' '다른 '영화잡지들'에 대해 우리의 차별성을 어떻게 설정해야만 하는가?'

2) 영화들

한 편의 영화란 무엇인가? 이것은 한편으로는 제작을 위해 노동이나 돈이 필요한 특정 경제체제에서 제작된 일정한 생산품—'독립영화'나 '새로운 영화'조차도 이런 경제적 규정에서 벗어나지 않는다—이고, 이를 위해서 일정 수의 노동자들—이 중에는 '감독'도 있는데, 제

---

3) 이것은 편협한 동업조합의 몸짓으로 정치적 목표가 분명하게 나타나는 훨씬 더 넓은 다른 장에서 〔잡지라는〕 장을 분리시키는 문제는 아니다. 복잡한 사회적 실천 중에서 단지 하나의 구체적인 장에 집중하는 것은 이 글에서 보다 분명한 작업의 필요에 응하기 위해서다.

4) 점점 더 시급해지는 이 배급의 문제를 이론적으로 제기하고 분산되어 있는 주도권을 혼란스럽게 하지 않는 것이 중요하다. 배급의 문제는 곧 따로 다룰 생각으로, 이 텍스트에서 다루지 않는다.

라르 우리Gérard Oury가 되었든 뤽 물레Luc Moulet가 되었든 최종 분석에서는 '영화노동자'에 지나지 않는다──을 결합시키며, 이를 통해 입장권이나 계약서 같은 형태로 팔리기 때문에 상품, 즉 교환가치──이 때에는 배포나 배급 등과 같은 '자금 회수'의 순환으로 결정되는 상품──가 된다. 다른 한편으로 그리고 결과적으로 영화를 제작하고 판매하는 경제체제의 이데올로기──프랑스에서 만들어지고 상영되는 영화의 경우에는 자본주의 이데올로기[5]──에 의해 결정된 생산품이다.

어떤 영화도 혼자서는 제작과 배급의 경제적 상황을 아무것도 바꿀 수 없다면, 따라서 지속적 결정 요소 속으로 한 영화의 경제적 동화同化가 우리가 다루어야 할 문제라면, 경제적 규정을 통해 모두 지배이데올로기 속에 포섭되어 있고 이를 통해 단번에 이데올로기적 퍼즐 조각──스스로에 대해 맹목적이기 때문에 어쨌거나 그 조각들로서는 극도로 일관된 퍼즐 조각──이 된 영화들은 여기서 다른 역할을 맡을 수 있고 다른 방식으로 반응할 수 있을 것이다. (여기서 한 번 더 반복해보자. 메시지나 형식의 차원에서 '혁명적'이려고 하는 영화들마저도 경제체제를 급진적으로 단번에 바꿀 수 없다. 경제체제를 변질시키거나 굴절시키거나 부분적으로 왜곡시킬 수는 있지만, 이를 부정하거나 완벽하게 전복시킬 수는 없다. 더 이상 '체제' 안에서 작업하고 싶지 않다고 말한 고다르마저도 단지 이 체제의 반영에 불과한 또 다른 체제 속에서 작업하는 것을 피

---

5) 이 글의 이어지는 부분에서 (충분히 분명하기 때문에) 보다 더 명확하게 이 '자본주의 이데올로기'란 용어를 규정하지 않고 사용하는 것을, 우리가 이 자본주의 이데올로기에 어떤 '추상적 본질'이 있다는 환영을 갖고 있다는 신호로 여겨서는 안 된다. 우리는 이 자본주의 이데올로기가 역사적이고 사회적으로 결정되며 이런 장소, 이런 시기에 복수적으로 나타나고 역사 속에서 변할 수 있다는 것을 알고 있다.

할 수 없다. 제작비를 단지 샹젤리제에서 취하지 않고 런던이나 로마나 뉴욕에서 취하는 것일 뿐이다. 영화가 독점배급체에 의해 배급되지는 않지만 어쨌거나 독점기업인 코닥필름으로 촬영된다 등등.)

이때 비평의 임무는 이런 차이들을 드러내는 것이고 이데올로기──그 이름들 중 하나는 '영화' 혹은 '예술'이다──의 광범위한 장 내부에서 영화의 특별한 상황을 연구하는 것이며 그 변형을 돕는 것이다. (그 결과는 갑작스러운 결정의 추진력으로 단번에 마술적으로 일어나는 것이 아니라 천천히 지속적으로 이루어진다.)

되짚어봐야 할 몇몇 논점을 지나는 길에 지적해보자. 영화가 (자기를 만드는) 주어진 이데올로기에 의해 결정되는 한, 혹은 영화가 주어진 이데올로기 속에서 만들어지는 한──이것은 결국 동일한 지점에서 출발한 것이다──모든 영화는 정치적이다. 이 규정은 영화의 경우에는 영화 배급, 광고, 판매──이 영역들은 영화가 '문학'이나 '책' 판매상을 전혀 부러워할 것 없는 영역이다──뿐만 아니라 영화제작의 차원에서도, 다른 예술이나 다른 이데올로기 체제, 혹은 규모가 큰 경제력에 비해 훨씬 더 강력하고 완벽한 규정이다. 카메라와 필름은 바로 이 목적으로 그리고 이 목적을 강요하는 이데올로기 속에서 만들어졌기 때문에 영화는 '아주 자연스럽게' 현실을 '복제한다'고 알려져 있다. 그러나 다른 한편 (이 현실 자체에 속해 있는) 도구와 기술에 의해 충실하게 복제되고 반영될 수 있는 이 '현실'은 전적으로 이데올로기적이라는 것을 알 수 있다.

이런 의미에서 '투명성'(영화의 고전주의)의 이론은 두드러지게 반동적인 것이다. 중립적 도구에 의해 '파악되는'(혹은 스며드는) 것은 '구체적 현실' 속에 있는 세계가 아니고 정식화도 이론화도 사유도 되지 않는 모호한 지배이데올로기의 세계다. 세계가 스스로에 대해 말하면서 이데올로기적 환상 양태에 따라 경험되고 파악되는 대로 주어진다는 점에서 (영화까지 포함한) 세계가 자기를 표현하는 언어는 그 이데올로기를 구성한다. (알튀세르의 엄밀한 묘사는 다음과 같다. "이데올로기는 '지각되고-수용되고-겪은' 문화적 대상이고 사람들이 파악할 수 없는 과정에 의해 사람들에게 기능적으로 작용한다. [……] 사실상 사람들은 이데올로기 속에서 자신들의 존재 조건에 대한 자신들의 관계를 표현하는 것이 아니라, 자신들의 존재 조건에 대한 자신들의 관계를, 즉 살아가는 방식 그 자체를 표현한다. 이것은 현실적인 관계뿐만 아니라 이와 동시에 '경험된' 관계, '상상적' 관계까지 전제한 것이다.") 이렇게 해서 영화는 감광된 필름 첫 부분부터 단번에 구체적 현실 속에 있는 사물이 아니라 이데올로기에 의해 굴절된 사물을 복제한다는 숙명을 지게 된다.

그리고 이 재현 체계는 영화제작의 모든 단계에 작용한다. 주제, '양식,' 형식, 의미, 전통적 내러티브 모두가 일반적 이데올로기 담론을 되풀이한다. 이렇게 해서 영화에 의해 이데올로기 자체가 재현된다. 이 자기 재현 속에서 이데올로기는 스스로를 드러내고 스스로에 대해 말하고 스스로에 대해 가르친다. 따라서 자신을 이데올로기의 도구로 만드는 이 체제의 본성을 알고 있는 영화를 대상으로 해서는, 자기의 이데올로기적 기능에 간극 혹은 단절을 불러일으키기 위해 재현의 체제 자체를 의문에 부치고 영화로서 스스로를 의문에 부치는 것이 가장 중요한 임무가 된다.

바로 이러한 요구와 관련해서 오늘날의 영화들이 구분된다.

a) 가장 광범위하게 퍼져 있는 첫번째 범주는, 모든 점에서 이데올로기에 잠겨 있으며 이데올로기에 맹목적으로 충실하고, 특히 이러한 충실성 자체에 맹목적인 채 어떠한 간극도 변질도 없이 이데올로기를 표현하고 전달하는 영화들의 범주다. 대부분의 영화가 정확하게 자기를 만들어준 이데올로기의 '무의식적' 도구이며 이데올로기를 일상적으로 되풀이한다. (이른바 '상업영화'만큼이나 '야심 있는 영화'도, '현대적 영화'만큼이나 '전통적 영화'도, '에세이-예술영화'만큼이나 '대중영화'도, '젊은 영화'만큼이나 '늙은 영화'도, 즉 앞서 말했듯이 정치적 담화를 명시적으로 표현하는 영화까지 포함해서 모든 영화가 상품이며, 따라서 판매 대상이다. 이 때문에 오늘날 많은 사람들이 명시적으로 표명하는 '정치영화'[6]란 개념의 특수성이 엄밀하게 규정되어야 한다.) 이러한 [이데올로기와 영화의] 완벽한 합치adéquation는 대중의 '요구'와 경제적 '응답' 사이의 균등화——합치의 반복——를 통해 드러난다. 이것은 정치적 실천과 직접적 연속선상——이것은 과학적으로 입증된 사실이며 가설이 아니다——에 있으며, 사회적 요구를 다시 정식화시키고 이를 담론으

---

6) '정치영화'와 마찬가지로 '투쟁영화cinéma millitant'란 범주도 오늘날 전적으로 모호하고 미규정된 상태다. 따라서 ⓐ 우리가 '투쟁영화'에 부여하는 기능, 우리가 기대하는 목표, 예상되는 효과(정보, 각성, 비판적 성찰, "항상 뭔가를 만들어내는" 도발), 이 영화가 누구에게 작용하는가 등의 특수성이 엄밀하게 규정되어야 한다. 나아가 ⓑ 어떤 엄밀한 정치적 전선의 요청으로 이 영화들이 만들어졌고 또 보여졌는가가 구체화되어야 하며, '혁명적'이라거나 기타 등등의 모호한 규정에 만족해서는 안 된다. 마지막으로 ⓒ 영화의 "실천이 적으면 적을수록 '투쟁적' 효과가 강력해지고 분명해진다"라는 (환상 속에 사는 불쌍한 부모의 환상과 같은) 활동을 이런 용어를 통해 제시하고 있는 것은 아닌지가 알려져야 한다. 예를 들면 이 모든 것은 '평행영화'와 같은 모순을 피하기 위해서다. '평행영화'는 마약이나 섹스와의 연관성 및 형식에 대한 지나친 염려를 통해 '영화-관객'관계의 새로운 양태를 만들어낼 수 있다는 구실로 '언더그라운드 영화'의 범주에 포함되어야 하는지 아닌지를 밝혀내야 하는 문제에 무한정 매몰되어 있다.

로 반복하는 이데올로기적 실천이다. 이데올로기가 스스로 말한다. 다시 말해서 이데올로기는 준비된 답변을 가지고 있으며 여기에 맞는 가짜 질문을 던진다. (이것이 뜻하는 바는 실제로 관객의 요구가 있으며, 다시 말해 한 사회 속에서 지배이데올로기의 요구가 있다는 것이다. 왜냐하면 스스로를 정당화하고 영속적으로 존재하기 위해 '관객'의 개념, 관객의 취향을 만들어내는 것이 바로 이데올로기이기 때문이다. 이때부터 폐쇄된 회로의 도식, 환영 같은 신기루의 도식 위에서 작동하는 '관객'은 이데올로기의 사유 양태를 통해서만 자신을 표현할 수 있다.)

다른 한편으로 형식 구성의 과정이란 차원에서 이런 승인 및 요구 (이런 합치)는 재현 체계를 완벽하게 받아들인 영화들에 의해 동일한 방향으로 반복된다. '부르주아 리얼리즘'의 승리, 치안治安이라는 무기의 승리, '삶'과 휴머니즘 혹은 '양식良識' 등에 대한 맹목적 신뢰의 승리가 바로 그것이다. 이를 통해 '상업영화'의 범주에 속하는 영화들을 가장 가까이서 규정할 수 있게 되었다. 그것은 입장객 수를 통해서가 아니라 영화제작의 전 단계에 걸쳐 영화의 재현적 본성에 대한 최소한의 질문도 던지지 않는다는 이른바 '질문의 부재'를 통해 규정된다. 이런 영화들 중 어떤 것도 [이데올로기와의] 완벽한 합치나 매혹과 단절하려고 하지 않는다. 왜냐하면 이데올로기는 이들 영화 속에서 스스로에 대해 말하고 처음부터 끝까지 어떠한 간극도 없이 아주 확실한 방식으로 말하기 때문이다. 그렇다면 영화관 속의 이데올로기와 영화의 이데올로기 사이에는 어떠한 차이도 없다고 말할 수 있다. 따라서 특정한 경우에 이데올로기의 산물과 이데올로기 체제 사이에서 벌어지는 (모든 차원에서) 이런 완벽한 합치를 보고하는 것, 그리고 예를 들면 장-피에르 멜빌Jean-Pierre Melville이나 제라르 우리 혹은 클로드 를루슈Claude

Lelouch와 같은 감독들이 찍은 영화의 성공을 자기 스스로에 대해 이야기하는 이데올로기의 독백으로 분석하는 것이 영화비평가에게 부여되는 부차적 임무라고 할 수 있다.

b) 두번째 범주는 스스로의 이데올로기적 동화에 대해 이중적 행위를 하는 영화들의 범주다. 먼저 직접적으로 정치적인 행위가 있다. 이것은 명시적으로 정치성을 드러내는 이런저런 주제의 처리를 통해 먼저 '기의'의 차원에서 이루어진다. 명시적으로 정치적 주제를 다룬다는 것은 이데올로기에 대한 비판적 반성이며 이데올로기의 절대적 대립물인 이론 작업을 전제하는 것이다. (여기서 '다룬다'는 것은 장광설이나 군말을 늘어놓거나 부연 설명을 한다는 의미가 아니고 타동사적으로 이해해야 한다. 즉 어떤 것에 대한 행위다.) 다음으로 정치적 행위가 효율성을 갖기 위해서는 불가피하게 재현 체계의 비판적 해체와 연결되어야 한다. 형식 구성 과정의 차원에서는 「화해불가」,[7] 「주변부」,[8] 「고뇌하는 땅」[9]과 같은 영화들이 영화적 재현에 대한 문제 제기를 수행하고 이 재현을 구성하는 전통과 단절한다.

단지 이 이중적 행위—— '기의'의 차원에서 그리고 '기표'의 차원에서[10] ——만이 지배이데올로기에 맞서 (혹은 지배이데올로기 속에서) 작용할 수 있는 몇몇 기회를 제공한다. '경제적-정치적'/형식적이라는, 분리

---

7) 장-마리 스트로브Jean-Marie Straub, 「화해불가Non réconciliés」, 서독, 1965, 55분.
8) 로버트 크레이머Robert Kramer, 「주변부The Edge」, 미국, 1968, 100분.
9) 글라우버 로샤Glauber Rocha, 「고뇌하는 땅Terra em Transe」, 브라질, 1967, 106분.
10) 여기서 단지 기능적일 뿐인 이 두 용어(기표/기의)의 구분이 정적이며 지나친 단순화일 수 있다는 것을 숨기지는 않겠다. 이것은 특히 영화의 경우에 그러한데, 영화에서 기의는 대개 기표적 치환의 산물에 불과하며 관용어lexie의 유희에 달려 있다.

할 수 없는 두 가지 행위.

c) 동일한 이 이중적 행위가 '거꾸로' 이루어지는 또 다른 범주가 있다. 기의가 명시적으로 정치적이지는 않지만, 어떤 방식으로는 그렇게 '되는' 영화들의 범주다. 기의에 작용하는 비판적인 '형식적' 작업[11]에 의해 이것이 이루어진다. 「지중해」,[12] 「벨보이」,[13] 「페르소나」[14]와 같은 영화들이 그렇다. 『카이에 뒤 시네마』에는 b와 c에 속하는 영화들이 영화의 정수精髓이며 이 잡지에 가장 중요한 영화들이다.

d) 네번째 경우는 명시적으로 정치적 '내용'을 가지고 있는 (수적으

---

11) 이 시도는 (특히 영화에서 지배적인) '재현 체계'를 불가능하게, 마술적으로 벗어나려는 시도가 아니다. 그것은 이 재현, 가능성의 조건, 그리고 재현 체계를 정당화하는 메커니즘 등에 대한 엄밀하고 정교하며 실질적인 작업의 시도다. 다시 말해 재현을 지시함으로써 이를 분명하게 하고 이를 배치하며 유희하게 하는 것(재현을 좌절시키기 위하여 이를 사용하는 것)이다. 이것은 (가장 질이 낮은 비연대기적 영화마저도 부정확한 '현대성'의 이름으로 이를 수행했다고 주기적으로 주장하는) '영화적 구문의 전복'에만 환원할 수 없는 작업이다. 연대기적 진행을 왜곡시키는 수많은 영화가 사실상 자연주의적 특성을 은폐하고 있는 바로 그곳에서, 우리가 '모델'로 설정하지는 않지만, 이런 관점에서는 루이스 브뉘엘의 「절멸천사」(1962)나 다니엘 위예 & 장-마리 스트로브의 「안나 막달레나 바흐의 연대기」(1968)와 같이 철저하게 연대기적인 영화도 전복적 작업을 수행할 수 있다. 마찬가지로 지각의 방해(잠재의식의 옹호, 필름 자체의 다양한 변형)만으로 재현의 한계를 넘어서는 데 충분하다고 기대하는 것은, 의미 없는 말이나 엉뚱한 의성어를 창조함으로써 언어를 무한하게 하려고 했던 문자주의 같은 유형이나 '자움Zaoum'〔러시아 미래주의의 시 유형〕의 실패에 대해 숙고해보지 않은 것이다. 이 경우든 저 경우든 모두 언어의 가장 피상적 측면의 변형만을 가져왔을 뿐이고 불온하지 않으면서 불가능한 (그렇기 때문에 완강하게 거부된) 약호의 즉각적 창조만을 낳았을 뿐이다.
12) 장-다니엘 폴레Jean-Daniel Pollet & 폴커 슐뢴도르프Volker Schlöndorff, 「지중해Méditerranée」, 프랑스, 1963, 45분.
13) 제리 루이스Jerry Lewis, 「벨보이The Bellboy」, 미국, 1960, 72분.
14) 잉마르 베리만Ingmar Bergman, 「페르소나Persona」, 스웨덴, 1966, 85분.

로 점점 더 많아지는) 영화들이다. (「제트」[15]가 가장 좋은 예는 아니겠지만 어쨌거나 이런 영화에서 정치는 처음부터——대책 없이——이데올로기적으로 재현된다. 이 영화보다는 오히려 「살아야 할 시간」[16]을 언급해야 할 것이다.) 그러나 이런 영화들은 사실상 자기들이 포획되어 있는 이데올로기 체제에 대해 어떠한 진정한 비판도 수행하지 못한다. 왜냐하면 이들 영화는 아무런 문제 제기 없이 이 이데올로기 체제의 언어와 형상화 양태를 받아들이기 때문이다.

이때 비평은 이런 영화들이 지향하는 정치적 비판의 영향력에 대해 질문을 던지는 것이 중요하다. 즉 이들 영화가 고발한다고 믿고 있는 것을 표현하는지 강화시키는지 배가시키는지, 아니면 스스로 무너뜨리려고 하는 체제 속에 이들 영화가 갇혀 있는지——a 범주를 보라——에 대해 질문을 던지는 것이다.

e) 다섯번째 범주의 영화들은 다음과 같다. 즉 이들 영화는 겉보기에는 자신들이 종속되어 있는 이데올로기적 연쇄를 재현하는 것처럼 보이지만, 영화 속에서 혹은 영화에 의해 작동하는 진정한 작업 덕분에 출현 조건——타협적인, 솔직히 말해서 반동적이거나 비판 기능이 거의 없는 이데올로기적 기획——과 최종 산물 사이에 간극, 왜곡, 단절이 들어서는 영화들이다. 즉 이데올로기는 감독의 의도 그대로 영화 속에 옮겨지는 것이 아니라——이런 취약한 영화들은 우리에게 중요하지 않다——, 장애물을 만나고 그 앞에서 우회하고 갑자기 다른 것으로

---

15) 코스타-가브라스Costa-Gavras, 「제트Z」, 프랑스/알제리, 1969, 127분.
16) 베르나르 폴Bernard Paul, 「살아야 할 시간Le Temps de vivre」, 프랑스, 1969, 100분.

옮겨간다. 이데올로기는 그것이 들어 있으며 여기에 맞서서 작용하는 영화의 줄거리에 의해 전시되고 드러나고 고발되며, 비판적 작업〔비평〕을 통해 그 한계뿐만 아니라 이와 동시에 이를 넘어서는 것까지 드러난다. 이 비판적 작업은 삐딱하고 징후적이며 설득력 있는 독해를 통해 한 영화의 외면적인 형식적 일관성을 넘어서 그 간극과 (평범한 영화는 불러일으킬 수 없는) 균열을 밝혀내야만 하는 작업이다.

이데올로기는 텍스트의 효과가 되고 그 자체로 지속되지 않으며 단지 영화의 〔내적〕 작업만이 이데올로기의 제시, 그 전시를 가능하게 한다. 이것은 예를 들어 수많은 할리우드 영화의 경우인데, 이런 영화들은 한 체제와 그 이데올로기에 완전히 통합되어 있으면서도 그 내부에서 일정한 해체를 이루어내기에 이른다. 이때는 무엇이 이런 영화들 속에서 이데올로기를 변질시키는 자기 지시autodésignation를 만들어내는가를 알아내야만 한다. 이것이 단지 '자유주의적'한 감독의 일반적 기획인지(이 경우는 즉각적이고 결정적으로 이데올로기의 복구가 이루어진다), 아니면 보다 복잡한 방식으로(앞부분을 보라) 영화가 형상화의 수많은 메커니즘을 가지고 유희함으로써 간극이나 단절의 효과가 만들어지는 것은 아닌지를 알아내야 한다. 후자의 경우 (물론) 영화를 지배하는 이데올로기를 깨는 것이 아니라 영화 속에 있는 그 그림자, 즉 이데올로기가 스스로에 대해 만들어내는 이미지를 깨는 것이다. (존 포드John Ford나 칼 드레이어Carl Dreyer나 로베르토 로셀리니Roberto Rossellini의 영화들.)

오늘날 가장 쉽게 테러리즘적 공격이 이루어지는 이런 범주의 영화들에 대해 우리의 입장은 분명하다. 이런 영화들은 스스로가 만든 신화의 신화학〔스스로의 신화에 비판적 작업을 하는 영화들〕이다. (최초의 기획

에는 들어 있지 않다고 할지라도) 이들 고유의 비판적 작업에는 아랑곳
하지도 않고 이들 영화를 경멸적으로 내던져버림으로써 이들의 자리를
몰아내는 판단은 이들 영화에 필요하지 않다. 영화 속에서 이루어지고
있는 이런 비판적 작업을 드러내는 것이 우리에게 더욱더 중요하다.

  f) '다이렉트 시네마'에 속하는 영화들이 있다. 다수를 점하는 첫번째
그룹은 사건이나 정치적(사회적) 성찰에서 시작되어 구성되지만, 영화
를 이데올로기적 재현 체계로서 문제시하지 않고 단지 「대가족」[17]과 동
일한 형식적 체계 속에서 광부들의 파업을 그려내는 한, 진정으로 비정
치적 영화들과 구별되지 않는다. 이런 영화의 근본적이며 주요한 환영
은 다음과 같다. 즉 이데올로기적 필터가 일단 고전적 내러티브 전통
—극작, 구성, 구성 요소의 지배, 조형적 정성—과 단절하면 현실이
'진실'되게 드러날 것이라고 믿는 것이다. 그러나 단 한 개의 필터만 단
절된 것이고 이것이 그나마 가장 중요한 필터도 아니다. 즉 현실은 자
기 고유의 인식, 이론화, 진실 그리고 과일에서와 같은 핵을 전혀 포함
하고 있지 않기 때문에 ('객관적 대상'과 '인식 대상' 사이의 엄격한 마르
크스주의적 구분에 따르면) 이런 것들이 만들어져야만 하는 것이다. 리
콕의 「대장들」[18]과 상당수의 1968년 5월혁명의 영화들이 그렇다.
  이것이 바로 이 '다이렉트 시네마'가, 자기의 기능을 표현하고 '성공'
을 뒷받침하기 위해 가장 타협적인 영화들이 쓰는 용어와 동일한 이상

---

17) 드니 드 라 파텔리에Denys de La Patellière, 「대가족Les Grandes Familles」, 프랑스, 1958,
    92분.
18) 리처드 리콕Richard Leacock & 노엘 파르먼틀Noel Parmentel, 「대장들Chiefs」, 미국,
    1968, 18분.

주의적 용어에 의존하는 이유이다. '공정성' '체험감' '현실에서 포착한 순간' '강렬한 진실의 순간' '투명성' 마지막으로 '매혹' 같은 용어가 그것이다. '시선'의 마술적 개념에 대한 의존을 통해 이데올로기는 스스로를 고발하지 않기 위해 제시되고, 명상되지만 비판되지 않는다.

g) '다이렉트 시네마'에 속하는 두번째 그룹의 영화들이 있다. 이 영화들은 '외관을 꿰뚫는 시선'에 만족하지 않고, 영화적 질료를 질료 밖에서(이데올로기 속에서) 만들어지는 의미작용의 수동적 용기로서가 아니라 곧바로 의미를 생산하는 것으로 기능하게 함으로써 재현의 문제를 전유하는 영화들이다. 「낮의 지배」,[19] 「원더 공장의 작업재개」[20]와 같은 영화들이 그것이다.

3) 비판적 기능

이것이 우리의 비판적 활동의 장이다. 이데올로기에 포섭된 영화들이 있고 이들 영화와 이데올로기의 관계가 있으며 이런 관계 사이에 차이들이 있다. 이렇게 구체적으로 표시된 장에서 네 가지 기능이 도출된다. ① a 범주에 속한 영화들에 대해서는 이들이 정확하게 무엇에 대해 맹목적인가를, 즉 이데올로기에 의한 이들의 전면적 규정과 주형鑄型을 밝힌다. ② b나 c 그리고 g 같은 유형의 영화들에 대해서는 이중적 독해를 수행하고, 영화가 기표와 기의에 대해 수행하는 이중의

---

19) 피에르 페로Pierre Perrault, 「낮의 지배Le Règne du jour」, 캐나다, 1967, 118분.
20) 자크 윌르몽Jacques Willemont, 「원더 공장의 작업재개La Reprise du travail des Usines Wonders」, 프랑스, 1968, 10분.

반성적 작용을 분명히 한다. ③ d나 f의 유형에 속하는 영화들에 대해서는 기표에 대한 기술적/이론적 작업의 부재 때문에 (정치적) 기의가 항상 어떤 정도로까지 약화되고 '무해한 것이 되는가'를 보여준다. ④ e에 속하는 영화들에 대해서는 영화 작업에 의해 만들어진 이데올로기적 간극과 이런 작업을 찾아낸다.

이것은 '사변적' 유형(주석, 주해, 심지어는 해독)도 '허공에 대고 말하는 것'(비평 관료의 수다)도 원하지 않는 비평을 결정하는 네 가지 기능이다. 왜냐하면 이 네 가지 기능은 영화 생산을 지배하는 사실——이런 경제, 이런 이데올로기, 이런 요구와 응답——에 대한 연구와 비교, 그리고 또한 이만큼이나 생생한 영화 속에서의 의미 생산과 형식 생산에 대한 연구와 비교에 기반을 두고 있기 때문이다.

영화에 대한 무용하고 덧없는 수많은 글들의 집요하고 끈질긴 전통을 이어가는 영화 분석은, 오늘날 실질적으로 이상주의적 전제들에 의해 결정되고 있고 점점 더 종잡을 수 없는 방식으로 경험주의에 귀착되고 있다. 영화의 가장 가까이로, 즉 의미작용을 하는 영화 구조 속에 있는 영화 요소의 물질성과 그 형식적 조직으로 되돌아가는, 필수적이지만 또 반드시 넘어서야 하는 단계——글 속에 알아볼 수 있는 모순이 있었지만, 그 최초의 표지는 앙드레 바쟁이 세운 것이고 또 다른 표지는 구조주의적 언어학을 모델로 추구한 길이 있다. 현상학적 실증주의와 기계적 유물론이라는 두 가지 주요한 결점(우리 역시 이 결점들을 피하지 못했다)이 드러나는 길이다——를 거친 후 비평에 남아 있는 유일한 방향은 다음과 같다. 즉 그것은 1920년대 러시아 영화감독들(가장 중요한 인물은 에이젠슈테인)의 이론적 탐색에 기대어 영화의 비평 이론과, (변증법적 유물론의 방법을 직접적으로 참조해서) 엄밀하게 규정된 대상 파악의 특수한 양태를 섬세하게 다듬어 적용하려고 시도하는 것이다.

한 잡지의 '정책'이 수정될 수 있고 심지어 수정되어야 한다는 것은, '즉각적이고' 또한 마술 같은 수술에 의해서가 아니라 매달매달 추구해야 하는 작업에 의해서라는 것을 필요하다면 분명하게 밝혀두자. 우리 고유의 장에서 어떠한 즉흥성이나 어떠한 '혁명적' 조급증도 피하도록 하자. 따라서 현 단계에서는 드러난 진실(기적 같은 변화나 '전향'의 신화)의 선언이 중요한 것이 아니고 이미 진행되고 있는 작업의 확립이 중요하다. 바로 이 작업과 관련하여 여기서[21] 출판된 텍스트 각각이 명시적으로든 내포적으로든 규정되어야 한다.

바로 이런 관점에서 잡지의 다양한 구성 요소가 어떻게 위치 지어지는지를 간략하게 지적해보자. 이 작업의 본질적 부분이 이루어지는 것은 분명 이론적 글과 비평 속에서다. (이론적 글과 비평 사이의 구분은 점차 지워지는 경향이 있다. 비평은 뉴스적 가치 때문에 말하지 않을 수 없는 개봉된 영화가 지닌 특성과 결점──가치──을 점점 더 보고하려고 하지 않고, 어릿광대 같은 선언에서 읽을 수 있는 것처럼 '작품을 자랑하려고' 하지 않는 경향이 있다.) 이와는 반대로 주로 인터뷰와 관련되지만 또한 '작은 신문'이나 '영화 리스트'와 같이 종종 정보적 기능(미래의 토론을 위해 제공되는 문서나 작은 글들)이 이론적 기능을 능가하는 난에 관련된 것인데, 이런 글들이 언제 어떤 정도로 거리를 취하고 있는지(혹은 아닌지)를 평가하는 것은 독자의 몫이 되어야 한다.

---

21) (옮긴이 주) 『카이에 뒤 시네마』, 1969년 10월호, 통권 216호.

11장

기본적 영화 장치가 만들어낸 이데올로기적 효과
(1970)

장-루이 보드리

　『꿈의 해석』의 끝부분에서 프로이트는, 꿈의 발전 과정과 그 독특한 구성을 심리 현상 전체에 통합시키려고 모색하면서, 이 심리 현상에 광학적 모델을 부여한다. "심리적 생산에 쓰이는 도구를 일종의 복잡한 현미경이나 사진기 같은 것으로 생각해보기로 하자." 그러나 프로이트는 이 광학적 모델에 과도하게 집착하지는 않은 것 같다. 데리다가 강조하듯이,[1] 이 광학적 모델은 꿈에 대한 작업으로 이미 포괄된 영역에서 그래픽적 재현의 지연만 부각시킬 뿐이다. 게다가 프로이트는 이후 글 쓰는 기계, 신비로운 메모지철[과 같은 모델]을 채택하면서 광학적 모델을 포기하게 된다. 그러나 이 광학적 선택은 서구 과학의 전통을 계승하는 것처럼 보이는데, 이 서구 과학의 탄생은 인간 세계의

---

1) 이 주제에 대한 데리다의 작업은 『글쓰기와 차이』(Seuil, 1967) 가운데 「글쓰기의 장면」을 참조하라.

탈중심화, 지구 중심 세계관의 종말(갈릴레이)이란 결과를 낳았던 광학 장치의 발전과 정확하게 일치한다.

그러나 동일한 역사적 시기에 카메라 옵스큐라라는 광학 장치는 역설적이게도 회화 작품의 생산에서 새로운 재현 양태, 즉 인위적 원근법perspectiva artificialis을 발전시키는 데 쓰이게 된다. 이 인위적 원근법은 인간의 눈에 중심이 자리 잡게 되고, 다시 말해 '주체'를 역동적 중심이나 의미의 기원으로 설정함으로써 결과적으로 인간을 다시 중심에 놓거나 최소한 중심 자체를 이동시키게 된다. 아마도 과학의 교차와 이데올로기 생산의 연장선상에서 광학기계가 차지하는 특권적 위치에 대한 질문들이 이미 있었을 것이다. 과학적 실천과 직접 연결되어 있는 광학기계의 기술적 특성 때문에, 광학적 도구가 이데올로기 생산에 쓰이고 있다는 사실이 숨겨질 뿐만 아니라 광학기계 자체가 불러일으킬 수 있는 이데올로기적 효과 또한 숨겨지는 것은 아닌지를 왜 물을 수 없을 것인가? 그 과학적 기반 때문에 광학기계에 일종의 중립성이 보장되고, 따라서 광학기계 자체가 질문의 대상에서 벗어날 수 있었을 것이다.

그러나 이미 하나의 질문이 제기된다. 즉 이 장치의 불완전성과 한계를 고려해야만 한다면 이것들은 어떤 기준에 의해 규정되는가? 예를 들면 우리가 심도深度에 대해 말할 수 있다면, 이 용어 자체가 현실—여기서 이런 한계는 존재하지 않을 것이다—에 대한 특별한 개념에 의존하고 있는 것은 아닌가? 현대의 중요한 작품들이 여기서 특별히 문제가 되는 것은 집합적 장치instrumentation가 점점 더 중요한 역할을 하고 있고 이들 작품의 배급이 점점 더 확대되고 있기 때문이다. 이들 작품이 의존하고 있는 기술적 기반과 그 특성에 대해서는 무관심한 채

로 완성된 작품들, 이들의 내용, 기의의 영역 등이 가질 수 있는 영향
과 효과만이 강조되고 있다는 것은 어쨌거나 기이하다— 그러나 이것
이 또 그렇게나 기이한 것일까? 과학이 보장한다고들 하는 일종의 불
가침성이 바로 여기에 개입한다. 우리는 영화를 위해 앞으로 보완되고
검증되고 교정되어야 할 몇몇 지침을 끌어내고자 한다.

　　결국에는 한 영화의 제작으로 수렴되는 작용들 전체 속에서 우선 도
구적 기반의 위치를 확립해야 할 것이다. 이 수준에서는 경제적 함의
가 제외된다.

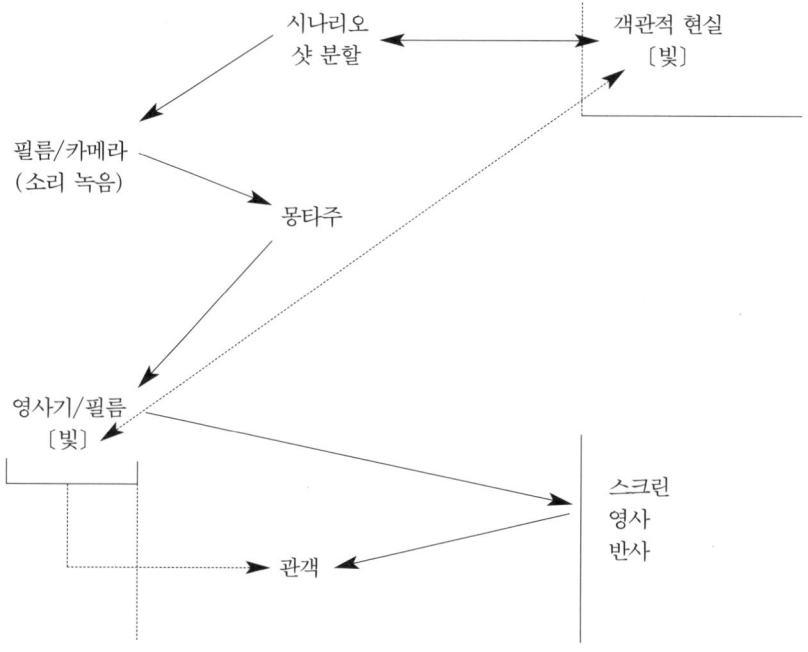

　　이 그림[2]을 보면 다음의 지점들이 강조된다. 즉 '객관적 현실'과 기
입inscription의 장소인 카메라 사이에서, 그리고 기입과 영사 사이에서

일정한 작용들, 결과적으로는 완성된 작품을 만드는 작업이 끼어든다.

완성된 작품(영화)이 날것 그대로의 질료('객관적 현실')에서 단절되고 분리된다는 점에서 이 완성된 작품만을 보고서는 중간에 이루어진 변형을 구분할 수 없다. 카메라는 '객관적 현실'과 완성된 작품에서 극도로 먼 위치를 차지할 뿐만 아니라 질료에서 완성된 작품으로 가는 작업 과정에서 매개 역할을 수행한다. 다른 한편 샷 분할découpage과 몽타주가 아무리 상호 의존적이라고 할지라도 이들이 다루는 의미 있는 질료— 샷 분할은 언어(시나리오), 몽타주는 이미지— 의 본질적 차이 때문에 실제로 샷 분할과 몽타주를 구분하는 것이 필요하다. 생산의 이 두 단계 사이, 정확하게는 카메라가 점유한 지점에서 의미 있는 질료의 변이變異— 이미지는 말로 환원될 수 없는 것이기 때문에 이것은 분명 번역도 전사도 아니다— 가 이루어진다. 마지막으로 ('교환가치,' 즉 상품이라는 지표가 붙은) 완성된 작품과 그 소비(그 교환가치) 사이에 일련의 도구들—영사기, 스크린— 에 의해 이루어지는 또 다른 작용이 끼어든다. 영사기와 스크린은 이 과정을 거치면서 상실된 빛을 복구시키고, 끝과 끝을 이은 분리된 이미지들의 연속을 변형시켜 '객관적 현실'에서 채취한 움직임까지 (그러나 또 다른 리듬에 따라) 복구시킨다.

따라서 영화적 특수성은 하나의 작업, 다시 말해 하나의 변형 과정을 가리킨다. 이 작업이 드러나서 완성품의 소비가 '인식 효과'[3]를 불러일으키느냐 아니면 이 작업이 감춰지느냐를 알아내는 것이 중요하

---

2) 각 요소의 배치와 점선으로 그린 이데올로기적 과정은 뒤따르는 부분에서 해명할 것이다.
3) (영어판 주) 알튀세르의 개념.

다. 후자의 경우 완성된 작품의 소비에는 명백하게 이데올로기적 잉여가치가 수반될 것이다. 이것은 실천적 차원에서는 실제로 어떤 기법을 통해 이 작업이 기입된 것 속에서 읽혀질 수 있는가라는 기법상의 문제를 제기한다. 이 기법은 불가피하게 영화기술을 개입시킬 수밖에 없다. 그러나 다른 한편으로, 그리고 첫번째 질문과 이어져 있는 것이지만 도구들(기술적 기반)이 특수한 이데올로기적 효과를 불러일으키는지, 그리고 이 효과들 자체가 지배이데올로기에 의해 결정되는지를 물을 수 있다. 이 경우 기술적 기반의 은폐 또한 분명한 이데올로기적 효과를 일으키게 될 것이다. 이와 반대로 기술적 기반을 기입시키고 이를 그 모습 그대로 드러내는 것은 작업 과정의 현재화actualisation일 뿐만 아니라 이데올로기 고발이자 관념론 비판으로서 인식 효과를 만들어낼 것이다.

주체의 눈

우리는 카메라가 한 영화의 생산 과정[4]의 전개에서 중심적 지위를 차지한다는 것을 살펴보았다. 광학적이고 기계적인 장치들의 조합으로 구성되어 있는 카메라의 매개를 통해 일정한 기입의 양식이 이루어진다. 이 양식은 광도光度의 차이── 색채에 대해서는 파장의 길이── 나 이미지들 사이에 존재하는 차이의 고정이나 기록 같은 특징을 갖는다. 카메라 옵스큐라를 모델로 만들어진 카메라는, 이탈리아 르네상스가 발전시킨 원근법적 투사와 비슷한 이미지를 구성해낼 수 있다. 아마도 초점거리의 차이가 있는 렌즈를 사용하면 원근법적 장을 변화시킬 수

---

4) 물론 우리가 여기서 자본의 투자에 대해 말하는 것은 아니다.

있을 것이다. 그러나 최소한 영화사에 분명하게 나타나는 것은 본래 르네상스의 원근법적 구성이 모델로 쓰였다는 것이다. 그리고 다양한 렌즈에 의존하는 것은, 그것이 (확대하거나 축소해야 하는 제한된 공간이나 넓은 공간에서의 촬영에서와 같이) 습관적인 원근법적 장을 복구시키고자 하는 기술적 고려에 의해 이루어진 것이 아닌 한, 원근법을 파괴한다기보다는 오히려 원근법이 기준적 규범의 역할을 하게 만든다. 광각렌즈나 망원렌즈 때문에 생겨난 간극은 이른바 정상적 원근법과의 비교를 통해 두드러진다. 게다가 우리는 여기서 발생한 이데올로기적 효과 역시 원근법에 내재된 이데올로기와의 관계를 통해 규정된다는 것을 보게 될 것이다. 이미지 자체의 크기, 가로와 세로의 비율은 이젤 화畵에서 끌어낸 평균치에서 출발해서 계산된 것처럼 보인다.

르네상스의 원근법적 구성을 조건 짓는 공간 개념은 그리스인들의 공간 개념과 다르다. 그리스인들에게 공간은 불연속적이고 이질적인 것이었다. (아리스토텔레스뿐만 아니라 데모크리토스에게도 공간은 나눌 수 없는 아톰atom들이 무한하게 존재하는 곳이었다.) 반면 니콜라우스 쿠자누스Nicholaus Cusanus와 더불어 "모든 생명의 원천"에서 가깝거나 멀리 있는 요소들 사이의 관계로 이루어진 공간 개념이 생겨났다. 다른 한편, 그리스인들의 회화적 구성은 장면의 조직에 대응하는 것, 다시 말해 복수의 시점에 기반을 둔 것이었지만, 르네상스 회화는 중심이 있는 공간을 발전시키게 된다. (알베르티: "회화는 다름 아니라 주어진 거리, 고정된 중심, 정해진 빛에 따르는 가시적인 사각뿔의 교차이다.") 이 중심은 장 페를랭 비아토르Jean Pellerin Viator가 정확하게 '주체'라고 명명한 눈[目]과 일치한다. ("원근법에서 주요한 점은 눈높이에 놓여야만 한다. 이 점을 고정점 혹은 주체라고 말한다.")[5] 단안원근법의 시각vision── 마르셀랭 플레네Marcellin Pleynet가 강조한 것처럼 이것은 카메라의 시각이다── 은 일종의 '반사' 놀이를 불러일으킨다. 고정점 ── 여기서 출발해서 시각화된 사물들이 조직된다── 의 원리에 입각한 단안원근법의 시점은 거꾸로 '주체'[6]의 위치, 즉 주체가 반드시 점유해야 하는 지점 자체를 한정한다.

이 지점에 초점을 맞춤으로써 광학적 구성은 환영적 현실을 창조하는 '잠재적 이미지'의 '영사─반사'로 나타나게 된다. 이 광학적 구성은 이상적 보기의 지점을 정돈하고, 결과적으로 초월의 필연성을 은유적인 동시에 환유적으로 보장한다. (이것이 은유적인 것은 이 광학적 구성이 요청하는 미지의 것에 의해서인데, 여기서 소실점이 차지하는 구조적 위치를 상기해야만 한다. 그리고 이것이 환유적인 것은 이 광학적 구성이 수행하는 이동에 의해서인데, 주체는 "─의 자리에서"이면서 동시에 "전체를 위한 부분"이기도 하다.) 중국이나 일본의 회화와는 반대로 부동의 연속적 전체를 제시하는 서구의 이젤화는 총체적 비전을 발전시킨다. 이 총체적 비전은 '존재'의 완전성과 동질성이라는 관념론적 개념에 대응하는 것이고,[7] 이를테면 이젤화는 이런 개념을 대변한다. 이런 의미에서 이젤화는 독특하게 강화된 방식으로 형이상학의 감각적 재현을

---

5) 브리옹-게리L. Brion-Guerry의 『장 페를랭 비아토르: 원근법의 역사에서 그의 위치』(Belles Lettres, 1962)를 참조하라.

6) 우리는 이 '주체'라는 말을 (우리가 앞으로 점차 구체화하고자 하는) 이데올로기적 내포의 교차 지점 혹은 운반체라는 뜻으로 쓰고자 하는 것이지 (분석적 담론이 그 위치를 정하려고 노력하는) 구조적 기능으로서 쓰고자 하는 것이 아니다. 여기서 주체는 오히려 부분적으로 나 Moi의 위치를 점유할 것이다. 여기에 대해서는 주체가 분석적 장에서 어떤 일탈을 간직하고 있는지만 알려져 있을 뿐이다.

7) 영화 촬영에 강력한 영향을 끼쳤던 원근법적 '화면틀잡기'의 역할은 스펙터클의 밀도를 강화 및 상승시키는 것이다. 어떤 간극도 스펙터클에 균열을 만들어서는 안 된다.

보장하는 예술의 이데올로기적 기능에 협력한다. 회화 속에 그리고 회화를 모방한 사진 이미지 속에 재현된 원근법적 구성에 의해 조건 지어지고 또 이를 조건 짓는 이 초월의 원리는, 영화가 만들어낸 관념론적 담론 전체에 영감을 준 것처럼 보인다.

인간의 정신을 모방한 저 기이한 기계는 인간의 정신보다 그 고유한 업무를 잘 수행하는 것 같다. 지성의 형제이면서 경쟁자인 이 흉내 내기 놀이는 궁극적으로는 진실을 발견할 수 있게 해주는 수단이다(코앙-세아Cohen-Séat).

우리가 정당하게 믿을 수 있는 것처럼, 날것 그대로의 사실이나 순수한 외관에는 무관심하며 모든 예술 중 가장 긍정적인 이 예술은, 결정론적 경로로 우리를 인도하기는커녕 이와는 반대로 우리에게 궁극적 목적을 위해 정렬되고 위계화된 세계에 대한 관념을 제공한다. 영화가 보여주는 것 뒤에서 우리가 찾게 되는 것은 아톰들의 존재가 아닌, 현상들 저 너머나 영혼의 존재, 혹은 전혀 다른 정신적 원리의 존재다. 무엇보다도 정신적 존재의 이 계시 속에서 여러분들이 찾았으면 하고 내가 바라는 것은 바로 시詩이다"(앙드레 바쟁).

영사: 차이의 부정

그러나 광학 고유의 효과가 어떤 것이든 영화 카메라의 기계장치 덕분에 연속된 이미지를 녹화할 수 있다는 점에서 사진기와 다른 영화 카메라는, 원근법적 이미지 한 개의 통합적이고 '실체화시키는' 특성을 교정하는 것처럼 보일 수도 있다. '현실'——그러나 이 현실도 항상 이미 작업한 것, 즉 다듬어지고 선택된 것이다—에서 직접 이루어진 순간들의 절단 혹은 채취로서의 이런 이미지들은 카메라가 움직이기 때문에 '주체-눈'의 고정된 위치를 중화시키고 결국에는 무화시키는 시점의 다양성을 암시할 수 있다. 여기서 우리는 당분간 이데올로기의 생산 전략에서 결정적 역할을 담당하는 몽타주의 지위를 내버려두고, 카메라가 〔필름에〕 새겨 넣은 연속된 이미지들과 영사 사이의 관계를 제기해야만 한다.

영사작용(영사기, 스크린)은 고정된 연속적 이미지에서 출발해서 움직임의 연속성과 시간적 차원을 복구시킨다. 이미지들과 이들을 영사했을 때 생긴 결과물 사이의 관계는 점들과 곡선의 관계와 같다. 그러나 정확하게 이 관계, 그리고 불연속적 요소들에서 출발해서 이루어진 이 연속성의 복구가 문제를 만들어낸다. 의미 효과는 단지 이미지의 내용에만 달려 있는 것이 아니고 물질적 처리에도 달려 있다. 이 물질적 처리를 통해 망막 인상의 지속에 달려 있는 환영적 연속성이 불연속적 요소들—이전의 이미지와 이후의 이미지 사이에서 차이를 내포한 이미지들—에서 출발해서 복구된다. 연속성의 환영, 연속된 이행(움직임, 시간)의 환영이 만들어지기 위해 이 차이는 필수불가결한 것이다. 그러나 여기에 하나의 조건이 있는데, 그것은 이 차이 자체가 지워져야 한다는 것이다.[8]

---

8) "관객은 눈앞에서 흘러가는 이미지들이 끝과 끝을 연결해서 만들어졌다는 것을 알아챌 수 없다는 사실이 알려져 있다. 왜냐하면 스크린 위에서 영화의 영사는 연속성의 인상을 제공하지만, 이를 구성하는 이미지들은 실제로는 별개의 것들이고 나아가 시공간의 변화에 의해 차별화된 것이기 때문이다."

"한 영화 안에 수백수천의 절단과 간극이 있을 수 있다. 그러나 필름 띠가 직업적으로 능숙한 전문가에게 맡겨지면 관객은 이를 알아보지 못할 것이다. 관객이 파악할 수 있는 것은 실

따라서 유기적 요소와 관련해서 차이가 나타나지 않아야 하는 것처럼, 기술적 차원에서는 각 이미지들 사이에서 차이 선택의 최소화에 도달하는 것이 중요하다. 따라서 아마도 이 점에서 [다른 예술보다도] 예시적인 영화는 차이의 부정으로 살아간다—차이가 영화의 생존에 필수적이지만, 영화는 이 차이의 부정으로 살아간다—고 말할 수 있다. 감광된 필름을 관찰해보면 바로 이 역설이 두드러진다. 즉 인접한 이미지들은 거의 비슷하게 반복되지만 이 반복은 이를테면 간극이 있는 반복인데, 이 간극은 서로 충분히 구별되는 두 이미지의 비교를 통해서만 확인될 수 있다. 다른 한편으로 움직임을 전달할 때 영사기의 고장에서 생겨난 교란 효과를 상기해보면, 관객은 이때 갑작스럽게 불연속성, 다시 말해서 영화의 육체, 잊고 있었던 기술적 장비 등과 마주치게 된다.

아마도 우리는 꿈에서 파악하는 무의식의 '언어,' 실수, 히스테리적 증상이 연속성의 파괴나 단절, 두드러진 차이의 갑작스러운 분출로 표현된다는 점을 상기함으로써 이 물질적 기반에 작용하는 것을 파악할 수도 있다. 그렇다면 영화가, 물질적 기반으로 구성된 쓰기의 체계뿐만 아니라 이 체계를 숨기면서 이를 이용하는 반체계(이데올로기, 관념론)를 내포하는 장치의 기계적 모델을 형성하고 또 재구성한다—여기에 단순화가 있을 수 있지만—고 말할 수 있지 않을까? 한편으로는, 차이를 기입할 수 있는 광학 장치와 필름이 있다. (그러나 앞서 보았듯이 이 차이는 거울像의 효과를 내는 원근법적 이미지의 구성에서 이

수나 능력 부족뿐인데, [이렇게 생긴] 시간의 변화나 행위 장소의 변화는 불쾌감을 자아낸다"(푸도프킨, 「몽타주」, 『오늘의 영화와 내일의 영화』, 모스크바, 1956).

미 부정된다.) 다른 한편으로는, 최소한의 차이를 선택하고 (방향이고 연속성이면서 움직임인) 의미가 구성될 수 있도록 영사 시에 이 차이를 억압하는 기계장치가 있다. 영사의 메커니즘은 단지 관계만을 작용시킴으로써 차별적 요소들—카메라가 새겨 넣은 불연속성—을 제거할 수 있다. 움직임과 연속성이 나타날 수 있도록 이미지 그 자체는 지워진다. 그러나 움직임과 연속성은 최소한의 차별적 요소에 따라 계산된 이들 관계의 시각적 표현—영사라고 말해야 할지 모르겠다—이다. 이렇게 해서 원근법적 이미지의 구성적 기반으로 이미 작용하고 있었던 것, 다시 말해서 눈과 '주체'는 불연속적으로 이어지는 이미지들—엄밀하게 말해서 이들은 고립된 이미지로서는 의미를 말할 수 없으며 최소한 의미의 통일성은 말할 수 없다—을 연속성, 움직임, 의미로 변형시키는 작용에 의해서만 활성화되고 또 (실체가 화학적 작용으로 해방되는 것처럼) 해방된다고 가정할 수 있다. 연속성이 복구되면 이와 동시에 의미와 의식意識도 복구된다.[9]

초월적 주체

아마도 이것은 의미와 의식이다. 그리고 우리는 정확하게 이 지점에서 카메라로 되돌아와야만 한다. 앞서 보았듯이 카메라는 우리가 원하는 만큼 빠른 속도로 광경을 포착할 수 있는 광학 장치인 것만은 아니다. 최소한의 차이도 고정시킬 수 있는 기계장치 덕분에 카메라는 위치를 바꾸고 이동할 수 있게 만들어져 있다. 영화사를 보면, 회화와 연

---

9) 따라서 우선 장치의 차원에서 영화는 언어처럼 기능한다. 불연속적인 요소들을 새겨 넣고 이들 사이에 생겨나는 관계 속에서 이 불연속적 요소들을 지우는 것이 의미를 생산한다.

극과 사진을 결합시킬 수 없었기 때문에 영화의 메커니즘에 내재된 이 유동성을 깨닫는 데 일정한 지연이 있었음을 알 수 있다. 움직임을 재구성할 수 있다는 사실은 이보다 일반적인 움직임의 부분적이고 기본적인 측면에 지나지 않는다. 움직임을 포착한다는 것은 스스로 움직임을 만들어낸다는 것이다. 궤적을 쫓는다는 것은 스스로 궤적이 된다는 것이다. 방향을 포착한다는 것은 방향들 중 하나를 선택할 가능성이 있다는 것이다. 의미를 규정한다는 것은 스스로에게 의미를 부여한다는 것이다. 바로 여기에서 출발해서 인위적 원근법을 구성하며, 또 여기에 내포되어 있는 '눈-주체' —— 이것은 초월성의 규정된 질서를 되찾고자 하는 노력 속에서 사실상 초월성의 대변자일 뿐이다 —— 는 그것이 수행할 수 있는 움직임에 따라 보다 광범위한 기능 속에 흡수되고 '고양된다.'

그리고 이 스스로 움직이는 눈이 몸에 의해, 물질적 법칙에 의해, 시간적 차원에 의해 구속되지 않는다면, 〔눈의〕 이동에 부여할 수 있는 한계—— 촬영과 필름의 가능성에 의해 충족된 조건—— 가 없다면, 세계는 눈에 의해서 구성될 뿐만 아니라 또한 눈을 위해서 구성될 것이다.[10] 카메라의 움직임은 초월적 주체가 드러날 수 있는 가장 우호적 조건을 실현시킨 것 같다. 이미지, 소리, 색채와 같은 객관적 현실의 몽환화fantasmatisation뿐만 아니라, 제약된 능력을 축소시킨 만큼 주체의 가능성과 권력을 강화시키는 객관적 현실의 몽환화가 동시에 이루

---

10) "영화에서 나는 이 행위 속에 있고 이와 동시에 그 행위 밖에 있으며, 이 공간 속에 있고 동시에 이 공간 밖에 있다. 편재성이라는 특권을 갖고 있는 나는 어디에나 있으며 동시에 어디에도 없다" (장 미트리, 『영화의 미학과 심리학』, 1권, PUF, 1965, p. 179).

어진다.[11] 우리가 의식에 대해 말하는 것처럼[12]—— 다른 한편 이것 말고는 전혀 같은 것이 없다——, 이미지는 항상 어떤 것에 대한 이미지다. 이미지는 지향적 목표에 반응한다. "지향성이라는 단어는, 의식이 다른 어떤 것에 대한 의식이고 자아의 특성을 지니고 있으며 '의식된 것 cogitatum'을 자기 안에 지니고 있다는 의식의 특성 바로 그것을 의미한다."[13] 아마도 이 정의에서 영화 이미지의 지위, 아니 오히려 영화 이미지가 실현시키는 실행 양태나 작용의 지위를 발견하는 데 큰 위험은 없을 것이다. 왜냐하면 어떤 것의 이미지가 되기 위해 영화 이미지는 정확하게 이 어떤 것을 의미로서 구성해야 하기 때문이다. 이미지는 세계를 반영하는 것처럼 보이지만, 단지 그 토대를 이루는 위계의 순진한 전복 속에서만 그렇다. "따라서 자연적 존재의 영역은 부차적 권위만을 가질 뿐이고 항상 초월적 영역을 전제하고 있다."[14]

세계는 단지 "열려 있고 미결정된 지평"만은 아니다. 겨냥되어서 적당한 거리를 두고 화면틀 안에 포착된 세계는 의미를 갖춘 사물, 지향적 사물을 전달하는데, 이 사물은 이를 겨냥하는 '주체'의 행위를 내포하고 또 이 행위에 의해 내포된 것이다. 이 사물을 이미지로서 전달하는 것은 이 현상학적 환원을 실현시키지만, 이와 동시에 자아의 명증성에 기반을 제공하는 그 실제적 존재의 괄호 치기—— 앞으로 살펴보겠지만 현실감의 형성에 필요한 유예—— 도 실현시키는 것처럼 보인다.

11) 프로이트가 묘사한 바에 따르면, 신경증적 방어 메커니즘에서 너무도 중요한 역할을 하는 사유의 전능성에 대한 믿음을 영화는 환각적 방식으로 드러낸다.
12) (옮긴이 주) 사르트르의 명제. "의식은 항상 어떤 것에 대한 의식이다."
13) 에드문트 후설Edmund Husserl, 『데카르트의 성찰』, Vrin, 1953, p. 28.
14) 같은 책, p. 18.

겨냥된 사물의 다양한 측면은 종합적 작용, 이 구성적 주체의 통일성을 가리킨다. 후설은 이렇게 말한다.

(나에게 동시에 나타나는 '내 고유의 몸'속에—나에 대해—존재하는) 절대적 여기와 대립된, '여기'와 '저기'의 다양한 양태 속에 나타나는 때로는 '가깝고' 때로는 '먼' 측면들. 이 절대적 여기에 대한 의식은 비록 지각되지 않지만[15] 항상 이 측면들을 따라다닌다. 〔게다가 우리는 영사의 미장센에서 몸에서 일어나는 일을 살펴보게 될 것이다.〕[16] 거꾸로 정신이 포착하는 각각의 '측면들,' 예컨대 '가까이 있는 구球 안에 내접한 이 정육면체' 같은 것은 해당 현현 양태의 다양성을 종합하는 통일성으로 제시된다. 가까운 사물은 동일하게 제시될 수 있지만 이런저런 '국면'으로 제시될 것이다. 시각적 원근법의 변화가 있을 수 있지만, 우리가 적절한 방향에 주의를 기울임으로써 관찰할 수 있는 것처럼 '촉각적이거나' '청각적인' 현상의 변화나 다른 '현현 양태'의 변화[17]도 있을 수 있다.[18]

그리고 후설은 또한 이렇게 쓴다. "지향적 분석의 본래적 작용은 의식의 현 상태 속에 내포되어 있는 잠재성들을 드러내는 것이다. 그리고 바로 이를 통해 의식에 의해 의미를 갖게 된 것, 다시 말해 의식의 객관적 의미에 대해 할 수 있는 설명, 구체화, 해명이 노에마적 관점에서 밝혀질 것

---

15) (옮긴이 주) 필자 보드리의 강조.
16) (옮긴이 주) 필자 보드리가 후설의 텍스트에 덧붙인 것.
17) 이 점에서 영화가 불완전하게 보이는 것도 사실이다. 그러나 영화가 탄생한 이래 이미 상당 부분 개선된 것은 기술적 불완전성뿐이다.
18) 에드문트 후설, 앞의 책, p. 34.

이다."[19] 그리고 다시 『데카르트의 성찰』에서 이렇게 쓴다. "두번째 종류의 양극화, 또 다른 종류의 종합이 지금 우리에게 제시된다. 이 종합은 '사유된 내용cogitationes'의 특별한 복수성을 포괄하고 이 모든 복수성을 특별한 방식으로, 다시 말해서 동일한 내가 '사유한 내용'으로 포괄한다. 이것은 의식이 경험한 모든 상태 속에 능동적이든 수동적이든 살아 있는 것이며 이 의식의 상태를 통해 모든 사물에 연결된다."[20]

이렇게 의미의 구성에 필수적인 연속성과 이 의미를 구성하는 '주체' 사이의 관계가 연결된다. 즉 연속성은 주체의 속성이다. 연속성은 주체를 전제하며 주체의 위치를 제한한다. 영화에서 연속성은, 차이를 부정하는 체계에서 출발하여 확립된 '형식적 연속성'과 영화적 공간 속에서 내러티브적 연속성이라는 보족적인 두 측면으로 나타난다. 게다가 이 내러티브적 연속성은 대부분의 영화감독이나 비평가의 글에서 해독되는 것처럼 도구적 기반에 대한 폭력을 실행하지 않고서는 정복될 수 없을 것이다. 이것은 이미지의 차원에서 지워진 불연속성이 (이데올로기가 정복해야만 하고 이와 동시에—— 이미 이데올로기에 의해 지배된 것으로—— 충족시켜야만 하는, 다시 말해 채워야 하는 지점으로서의) 관객을 교란하는 단절 효과를 불러일으킴으로써 내러티브 시퀀스의 차원에서 복구될 수 있기 때문이다. "한 영화에서 중요한 것은 움직임의 통일성과 일관성을 유지함으로써 샷들과 시퀀스들을 연결하는 연속성의 감정이다. 이 연속성은 가장 획득하기 어려운 것 중 하나였다."[21] 그리고 푸도프킨은 몽타주를 "관객에게 연속된 움직임이라는 인상을 주

---

19) 같은 책, p. 40.
20) 같은 책, p. 56.
21) 장 미트리, 『영화의 미학과 심리학』, 1권, p. 157.

기 위해 각기 따로따로 감광시킨 필름조각들을 모으는 기술"이라고 정의했다. 물질적 기반에서는 획득하기 너무 어려운 이런 내러티브적 연속성에 대한 추구는 이 지점에 투영된 본질적인 이데올로기적 목표에 의해서만 설명될 수 있다. 즉 (내러티브적 연속성이 그 자연적 분비물처럼 가리키는) 의미가 발원하는 지점〔주체〕의 종합적 통일성, 초월적인 구성의 기능을 어떤 대가를 치르더라도 보존하는 것이 문제다.[22]

스크린-거울: 초월적 관찰과 이중동일화

이처럼 묘사한 메커니즘이 이데올로기적 기계로서의 역할을 효과적으로 수행하기 위해서는, 또 '객관적 현실'의 재작업일 뿐만 아니라 앞서 묘사했던 대로 스스로를 재현할 수 있는 특수한 기능이 되기 위해서는 여기에 특수한 배치가 만들어낸 보족적 작용을 첨가해야 한다.

부고計告 편지와 비슷하게 검은색 경계가 있는 스크린과 어두운 극장은 아마도 이미 극도의 효율성을 갖는 특권적 조건을 제시하고 있다. 외부와의 어떠한 왕래도 어떠한 교류도 어떠한 혼동도 없다. 영사와

---

22) 카메라의 '렌즈/객관성objectif'은 물론 '주관성'의 특수한 지점일 뿐이다. '내부/외부'라는 관념론적 대립으로 특징지어지고 또 위상학적으로 이 둘이 만나는 지점에 놓여 있는 카메라의 렌즈는, 말하자면 주관성의 경험적 기관에, 감각기관의 개방과 균열에 대응한다. 이 균열을 통해 외부 세계가 내부로 침투하고 의미를 갖는다. 브레송은 이렇게 말한다. "명령하는 것은 바로 내부다. 나는 이 말이 전적으로 외적인 예술〔영화〕에서 역설적으로 보일 수도 있다는 것을 알고 있다." 따라서 다양한 렌즈의 사용은 의미의 궤적과 내포로서의 카메라의 움직임에 의해, 우리가 규정하고자 하는 초월적 기능에 의해 이미 조건 지어져 있다. 이것은 하나의 장場을 '지향적 목표'의 강화와 변화로서 선택할 수 있는 가능성이기 때문이다.
   물론 이 초월적 기능은 별다른 어려움 없이 심리적 장에 부합한다. 이것은 다른 한편으로 후설 자신이 강조한 것이다. 브렌타노Franz Brentano의 발견을 지적하면서 후설은 지향성 덕분에 "철학적이고 초월적일 뿐만 아니라 심리적이기도 한 의식의 기술記述과학의 방법을 실제로 끌어낼 수 있게 되었다"라고 강조한다.

반사는 닫힌 공간에서 일어나며, 이 극장 안에 있는 사람들은 알든 모르든—— 그러나 이들은 이를 모른다—— 얽매여 있고 붙잡혀 있으며 포획되어 있다. (이 포획에서 머리의 기능에 대해 말할 수 있을 것이다. 바타유Georges Bataille가 유물론은 머리가 없다고 말했던 사실만 상기하면 충분하다. 즉 피 흘려서 수혈하는 상처처럼 머리가 없다.) 그리고 거울은 반사하는 표면처럼 틀 지워지고 제한되어 있으며 한정된 표면이다. 무한한 거울은 더 이상 거울이 아니다. 아마도 영화의 '스크린-거울'의 역설적 성격은, 이미지를 반사하기 때문에 '스크린-거울'이 반사하는 이미지가 '현실'의 이미지가 아니라는 모호성이 있다는 것이다. ('반사한다'라는 타동사 때문에 이 모호성은 해결될 수 없다.) 어쨌거나 괄호 친 (현실)은 관객의 머리 뒤에서 온다. (관객이 머리를 돌릴 수 있고 현실을 정면에서 볼 수 있으면, 관객은 분명 이미 막이 쳐진 하나의 원천에서 나오는 움직이는 빛다발 말고는 아무것도 볼 수 없을 것이다.)

영사기, '암실〔어두운 극장〕,' 스크린이라는 서로 다른 요소의 배치가 상당히 충격적인 방식으로 〔플라톤이 말했던〕 동굴의 미장센—— 이것은 모든 초월의 모범적 배경이며 관념론의 위상학적 모델이다[23]—— 을 재생산한다는 것 말고도, 이 서로 다른 요소의 배치는 라캉이 묘사한 거울단계가 작동하는 데 필수적 배치를 재구성한다. 생후 6개월부터 18개월까지 이루어지는 발생론적 시기인 거울단계는, 자기 몸의 통일성에 대한 '초월적 관찰spéculation'을 통해 상상적 형성으로서의 '나'에 대한 구성,

---

23) 여기서 말하는 동굴의 배치는, 영화에서는 카메라라는 암실이 영사실이라는 또 다른 암실에 얹히는 일종의 끼워 맞추기를 통해 이 동굴의 배치가 이미 배가되어 있다는 사실을 제외한 동굴의 배치다.

최소한 '나'에 대한 최초의 밑그림을 그려낸다고 알려져 있다. "반사상 image spéculaire은 거울에 비친 이 붙잡을 수 없는 이미지에 자기의 옷을 준다."[24] 그러나 라캉이 강하게 강조한 것처럼, 자신에 대한 이 상상적 구성이 일어나기 위해서는 두 가지 보완적 조건이 있어야 한다. 운동 능력의 미성숙과 (탄생한 지 처음 며칠부터 눈에 띄는) 시각기관의 조숙한 성숙이 그것이다. 영화를 영사할 때 이 두 조건—— 운동 능력의 유예와 시각 기능의 지배—— 이 반복된다고 생각한다면, 아마도 우리는 여기에 단순한 유비 이상의 것이 있다고 가정할 수 있을 것이다. 그리고 아마도 영화에 대해 그렇게나 자주 언급되었던 현실감의 기원을 여기서 찾을 수도 있을 것이다. 그러나 이 현실감에 대한 다양한 설명은 하나의 질문을 회피하고 있는 것처럼 보인다. 현실감이 만들어지려면 형체를 부여하는 장면의 조건이 반드시 재생산되어야 할 것이다. 그리고 (요컨대 현실에서 일어나는 초월적 관찰에 의해 활성화되는) 상상적 질서가 기표의 질서 속에서 주체의 분열과 간극을 채우거나 숨기는 자기 고유한 기능을 여기서 수행할 수 있도록 이 장면이 반복되고 연출되어야 할 것이다.[25]

다른 한편, '제삼'의 존재 안에 있는 또 다른 시선을 감당할 수 있는 한에서 아이는 자기 몸의 이미지와 동일시할 수 있다. 여기서 이중적 관계가 확립된다는 사실로부터 상상계 속의 나의 형성과 결합되는 이

---

24) 라캉, 『에크리』, Seuil, 1966. 특히 「 '나'라는 기능의 형성자로서 거울단계」를 보라.
25) 우리가 앞서 현실감으로 정의한 것은 현실을 가리킨다기보다는, 비록 환각적 질서에서 나온 것이라 할지라도 어쨌거나 이런 가능성을 만들어주는 장치를 가리킨다. 현실은 이 현실을 반영하는 이미지와 관련된 것으로만 나타날 뿐이고 일정 정도 이 현실 이전에 존재하는 반영에 의해 촉발된 것이다.

거울단계는 이차적 동일시의 핵심을 이룬다.[26] 바로 이 때문에 라캉이 상상계의 질서에 속해 있는 것으로 발견한 나의 기원은, 영사실이 은밀하게 만들어내는 관념론적 광학기계를 독창적으로 전복시킨다.[27] 자아가 영화에서 자기 '자리'를 찾는 것은, 상상계의 특수한 질서에 속하는 것으로서나 첫번째 구성의 산물로서가 아니라 이와는 반대로 일단 반복을 통해 구성된 후 이런 기능에 대한 일종의 증거나 검증으로서이다.

따라서 영화가 흉내 내는 '현실'은 우선 '자아'의 현실이다. 그러나 반영된 이미지가 자기 몸의 이미지가 아니라 세계의 이미지이고 이미 의미로서 주어진 세계의 이미지이기 때문에, 우리는 이중적 차원의 동일시를 구분할 수 있다. 첫번째 동일시는 이미지 그 자체에 대한 동일시다. (이미지의 시공간적 이동에 따라 이루어지는 동일시로, 다시 말해서 이차적 동일시의 핵심이며 끝없이 파악되고 복구되기를 요구하는 정체성의 담지자로서의 등장인물에 대한 동일시다.) 두번째 동일시는 첫번째 동일시가 출현할 수 있게 해주고 이를 작동시켜주는 질서, 다시 말해 초월적 주체와의 동일시다. 이 초월적 주체의 자리는 '세계' 속에 있는 사물을 구성하고 지배하는 카메라가 차지한다. 따라서 관객은 재현된 것, 즉 스펙터클 그 자체와 동일시한다기보다는 이 스펙터클을 작동시키고 이를 장면으로 보여주는 것과 동일시한다. 다시 말해 관객은 가시적이지는 않지만 보게 해주는 것, 관객이 보는 동일한 움직임을 보

---

26) 여기서 라캉이 동일시에 대해 했던 말을 참조할 수 있다. 즉 광학 장치(거울)로 결정된 구조와 연관관계에 있는 동일시는, 나의 지배적 형상 속에서 그 자체로 분석 작업의 진전에 저항선抵抗線이 된다.

27) "자아는 여기서 정확하게 경험 속에서 오인誤認의 기능으로 밝혀지는 것이다"(라캉, 『에크리』, p. 637).

게 해주는 것, 관객이 보는 것을 보도록 강제하는 것과 동일시한다. 일종의 중계로서 카메라가 수행하는 기능이 정확히 이것이다.[28] 자아에 대한 일종의 상상적 통합 속에서 거울이 조각난 몸을 모아주는 것처럼, 초월적 자아는 경험한 것이나 현상의 불연속적 조각들을 통합적 의미로 결합시킨다. 이를 통해 각각의 것이 '유기적' 통일성으로 통합되면서 의미를 갖게 된다. 조각난 몸을 통일된 몸으로 복구시키는 것, 그리고 통합적 의미를 부여하는 자아의 초월성 사이에서 이 흐름은 무한정 되돌릴 수 있다.

따라서 영화에서 작용하는 이데올로기적 메커니즘은 카메라와 주체 사이의 관계로 집중되는 것 같다. 카메라는 거울상의 반영이라는 특별한 양태 속에서 주체가 구성되게 할 수 있는지, 주체가 스스로를 포착할 수 있는지를 알아내는 것이 중요하다. 동일시가 가능한 순간에 도입된 이야기의 형식이나 이미지의 '내용'은 근본적으로는 전혀 중요하지 않다.[29] 여기서 이데올로기의 기반과 도구로서 영화가 수행하는 특수한 기능의 윤곽이 나타나는 것을 볼 수 있다. 그것은 (이 자리가 신의 자리든 혹은 다른 모든 대리인의 자리든) 중심적 자리의 환영적 제한을 통해 '주체'를 구성하려는 기능이다. 구체적인 이데올로기적 효과를 획득할 목적으로 만들었으며 지배이데올로기에 반드시 필요한 장치가 그것이다. 주체의 몽환화를 창조함으로써 영화는 탁월한 효율성으로

---

28) "그가 '주체'로서 유지된다는 것은 언어 덕분에 그가 스스로를 모든 상상적 포획의 무대장치가나 연출가로 간주하게 된다는 것을 뜻한다. (그러나) 그는 이 상상적 포획의 살아 있는 꼭두각시에 불과하다"(같은 곳).
29) 바로 이 지점에서, 또 우리가 정돈하고자 하는 요소들과의 관련 하에서 몽타주에 대한 논의가 열릴 수 있다.

관념론의 유지에 협력한다.[30)]

영화는 사실상 서구의 역사에서 서로 다른 예술이 수행했던 역할을 계승한다. 미적 '창조'란 개념의 방향을 정하는 주요한 축으로서의 재현의 이데올로기와, 초월적 기능의 구성에 필수불가결한 미장센을 조직하는 초월적 관찰은 여기서 독특하게 일관된 체계를 구성한다. 모든 것은 마치 주체 그 자체가 자기 고유의 자리에서 반응할 수 없는 것── 그리고 그만한 이유가 있다──처럼 진행되기 때문에, 이를 (결함이 있는 자기 기관들을 대체하기 위해 이식된) 이차적 기관이나 주체로서의 기능을 수행할 수 있는 도구나 이데올로기적 형성으로 대체하는 것이 필수적이었다. 사실상 이러한 대체는 도구 자체가 감춰지고 억압된다는 조건에서만 가능하다. (정확하게 억압된 것의 귀환을 알려주는 효과와 비슷한) 베르토프의 「카메라를 든 사나이」에서처럼 〔영화의〕 '살과 뼈를 보이는' 도구의 도래가 만들어낸 교란 효과가 바로 여기서 나온다. 메커니즘의 폭로를 통해, 즉 영화의 작업 과정을 보여줌으로써 거

---

30) 이렇게 해서 영화에 대한 담론은 거의 몽유병자 같은 관념론의 캐리커처를 만들어낼 수 있다. "카메라의 눈, 그 정확성, 그 구체성, 그 중립성, 그 능력. 카메라의 눈은 거울처럼 사물의 이미지를 모아서 마술적으로 고정시킨다. 카메라는 모든 것을 보고 아무것도 빠트리지 않으며 절대 태만하지 않다. 손에 돋보기를 들고 태만의 현장을 잡으려고 애를 써보라. 당신이 아무리 집요하게 탐색해도 무한한 디테일 속에서 이를 찾지 못할 것이다. 명령하는 것은 빛이다. 즉 빛이 쓴다. 누가 빛을 사기꾼이라고 비난할 것인가? '초현실적 눈'의 리얼리즘은 아마도 우리가 정상적으로 보는 리얼리즘과 충분히 다를 수 있다. 기계적 객관성이라는 일정한 방식 아래에서 우리는 사물에 있는 그대로의 모습을 돌려주기 위한 빛의 복잡성을 발견할 수 있을 것이다. 알려져 있는 사물의 이름 아래에서 우리의 시각이 결국 우리에게 제공하고야 마는 추상에서 우리는 때때로 멀리 떨어져 있다. 그러나 한 '장場' 속에 놓여 있고 집중되어 있으며 이 지점에서 정확하고, 따라서 제한된 이 정확성은 가치와 의미로 풍부해진다. 현실적이었던 사물이 현재적인 것이 된다. 우리는 이 사물을 보았고 또 알게 될 것이다. 이것이 로고스의 선행善行/b.a이다"(코앙-세아).

울상의 고요와 자기 고유의 정체성에 대한 보장이 동시에 무너지는 것이다.

따라서 영화는 지배이데올로기가 규정한 모델에 호응하는 일종의 대체적 심리 장치로서 나타날 수 있다. (우선은 경제적인) 억압적 체계는 일탈이나 이 '모델'[31]에 대한 적극적 고발을 막는 것을 목적으로 한다. 우리는 유비적으로 '무의식'이 여기서 자신의 모습을 알아보지 못한다고 말할 수 있다. (우리는 장치에 대해 말하고 있는 것이지 우리가 무의식에 대해 알고 있는 것을 이용하는 영화의 내용에 대해 말하는 것이 아니다.) 바로 이 무의식에 영화의 생산 양태, 다시 말해서 수많은 결정 요소——이 중에서 집합적 장치에 달려 있는 결정 요소를 언급해야만 한다——속에서 이루어지는 작업 과정이 연결되어 있다. 영화의 기본 장치에 대한 성찰이 영화의 이데올로기 일반에 대한 이론에 통합되어야 하는 이유가 이것이다.[32]

---

31) (영어판 주) 장-다니엘 폴레와 (이 영화의 시나리오 작가인) 필립 솔레스Phillipe Sollers의 「지중해」(1963)는 모범적인 효율성으로 우리가 묘사하려고 애쓴 '초월적 관찰'을 공격하고 이 지점에 대한 분명한 증거를 제공한다. 그러나 이 영화는 경제적 봉쇄를 극복할 수 없었다.

32) (영어판 주) 1970년에 『시네티크Cinéthique』, 7/8호에 실린 글.

12장

반反영화[1](1973)

장-프랑수아 리오타르

상투적 움직임의 니힐리즘

영화는 움직임을 새겨 넣는 것inscription이다. 영화는 움직임으로 쓴다. 모든 종류의 움직임이 여기에 해당된다. 예를 들면 샷에는 배우, 움직이는 대상, 빛, 색채, 프레임, 초점 등의 움직임이 있고, 시퀀스에는 이 모든 움직임에 덧붙여 샷들을 연결하는 (몽타주의) 움직임이 있고, 한 편의 영화에는 샷 분할découpage의 움직임이 있다. 그리고 이 모든 움직임을 넘어서 혹은 이를 통해서 소리와 말의 움직임이 이들 움직임과 결합된다.

따라서 다수——어쨌거나 열거할 수는 있는——의 움직이는 요소가

---

1) 몇 년 전부터 파리 제8대학 연구팀 안팎에서 도미니크 아브롱Dominique Avron, 클로딘 에지크망Claudine Eizykman, 기 피망Guy Fihman과 함께했던 이론적·실천적 작업이 없었다면 여기서 제시된 성찰은 불가능했을 것이다.

있고 필름에 새겨 넣을 수 있는 다수의 동체動體가 있다. 영화라는 직업의 견습은 영화를 만들 때 이 가능한 움직임들 중 상당수를 제거하는 법을 습득하는 데 놓여 있다. 이미지를 하나의 시퀀스나 한 편의 영화로 구성한다는 것은 바로 이 배제라는 대가를 치러야 하는 것 같다.

바로 여기에서 현재의 영화비평 담론과 관련된 정말로 순진한 두 가지 질문이 나온다. 이 움직임, 이 동체란 무엇일까? 왜 이들을 선별하는 것이 필수적일까?

어떤 움직임도 선별하지 않는다는 것은 우연히 찍힌 것, 보기 싫은 것, 흔들린 것, 포커스가 맞지 않은 것, 수상쩍은 것, 〔촬영 장비 등이〕 숨겨지지 않은 것, 엉성한 것, 인화가 잘못된 것 등을 받아들인다는 뜻이다. 예를 들어 비디오카메라로 시인 생-존 페르스Saint-John Perse가 시에서 묘사했던 방식으로 한 샷에서 멋진 나뭇잎을 찍는다고 생각해보자. 그런데 편집기를 보는 와중에 카메라가 피사체를 놓친 순간을 확인한다. 그렇게 갑자기 엉뚱한 섬의 풍경, 깎아지른 듯한 절벽과 습지가 시야에 들어와 눈을 당혹스럽게 만들고, 이렇게 당신이 찍은 샷에 다른 데서 온 장면이 끼어든다. 이 장면은 식별 지표가 될 만한 어떤 것도 보여주지 않고 당신이 찍은 샷의 논리에도 부합하지 않는데, 이를 다시 찍지도 반복하지도 않을 것이기 때문에 심지어는 인서트로서의 가치도 없다. 따라서 이 답이 없는 장면은 덜어내게 될 것이다.

장 뒤뷔페Jean Dubuffet가 '날것 그대로의 미술art brut'을 주장했듯이 우리가 '날것 그대로의 영화'를 주장하는 것은 아니다. 습작의 보존이나 실패한 작품의 복권을 위해 단체를 만들자는 것도 아니다. 우리는 어쨌거나 단지 '피사체를 놓친 장면décrochage'이 제거된다면 이는 부적합성 때문이고, 따라서 전체적 질서——샷, 시퀀스, 영화 한 편의 질서

──를 보호하면서 동시에 이 장면이 전해주는 강렬함intensité을 금지하기 위한 것이라는 사실을 지적하고자 할 뿐이다. 그리고 이 전체적 질서의 근거는 영화의 기능뿐이다. 즉 움직임 속에는 질서가 있다는 것, 움직임이 질서 있게 행해진다는 것, 움직임이 질서를 만들어낸다는 것이 그것이다. 움직임으로 쓴다는 것, '영화를 한다cinématographier'는 것은 움직임의 끝없는 조직으로 간주되고 또 실천된다. 이것은 공간적 위치에 대해서는 재현의 규칙이 되고, 언어에 심급을 부여하는 행위에 대해서는 내러티브의 규칙이 되며, 청각적 시간에 대해서는 '영화음악'이라는 형식의 규칙이 된다. 소위 말하는 〔영화의〕 현실감은 질서의 실제적 억압이다.

이 억압은 움직임에 니힐리즘을 적용하는 데 놓여 있다. 어떠한 움직임도, 또 이 움직임이 부각시키는 어떠한 장場도 관객의 눈과 귀에 있는 그대로, 즉 시청각의 장 속에 단순한 비생산적 차이différence stérile로 주어지지 않는다. 이와는 반대로 영화에 제시된 모든 움직임은 다른 것을 가리키고 크건 작건 영화라는 장부에 기입된다. 그리고 다른 것으로 귀착되고 잠재적 소득과 수익성에 속하기 때문에 이 움직임이 가치를 갖게 된다. 영화가 이것으로 씌어지는 진정으로 유일한 움직임은 이렇게 가치의 움직임이다. (이른바 정치경제적) 가치법칙에 따르면, 셀 수 있는 단위의 수량數量으로 다른 대상이나 이런 수량 자체와 교환할 수 있는 한에서 대상──우리의 경우에는 움직임──이 가치를 갖는다. 따라서 대상이 가치를 갖기 위해서는 움직임을 만들어내야만 한다. 다시 말해서 이 대상은 다른 대상에서 발생해야 하고(좁은 의미의 '생산'), 또한 다른 대상을 발생시킨다는 조건 하에서 사라져야 한다(소비). 이런 과정은 전혀 비생산적인 것stérile이 아니라 생산적이며 넓은 의미에서 생산이다.

불꽃놀이 제조술

이를 비생산적 움직임과 구별해보자. 켜진 성냥은 소비된다. 일하러 가기 전에 커피물을 데우고자 당신이 성냥으로 불을 켠다면, 이 소비는 비생산적이지 않다. 그것은 '상품-성냥' — '상품-노동력' — '봉급-돈' — '상품-성냥'으로 이어지는 자본의 순환에 속하는 움직임이다. 그러나 아이가 보기 위해 쓸데없이 성냥을 켤 때는 아이는 단지 움직임을 좋아하는 것이다. 차례차례 바뀌어가는 색채를, 켤 때 정점에 오르는 빛을, 작은 성냥개비의 소멸을, 쉬익 하는 소리를 좋아하는 것이다. 따라서 아이는 아무것도 만들어내지 않는 비생산적 차이를 좋아하는 것이다. 다시 말해 이 손실은 메울 수도 보충할 수도 없으며, 물리학자라면 이를 에너지의 감손이라고 부를 것이다.

이 비생산성에서 희열jouissance이 나타나는데, 그것은 희열에 번식의 여지뿐만 아니라 도착perversion의 여지도 있기 때문이다. 프로이트는 『쾌락의 원리를 넘어서』의 끝부분에서 삶의 충동(에로스)과 죽음의 충동(타나토스)의 조합의 본보기로 이 희열을 제시한다. 그러나 여기서 그는 '정상적' 생식능력의 경로를 통해 획득한 희열에 대해 생각하고 있다. 왜냐하면 히스테리적 울혈증이나 변태적 시나리오의 계기가 되는 희열까지 포함한 다른 모든 희열처럼, 정상적 희열에도 치명적 요소가 포함되어 있기 때문이다. 그러나 정상적 희열은 이 치명적 요소를 회귀revenu의 움직임 속에 숨기는데, 이 회귀의 움직임은 생식능력의 움직임이다. 생식의 성욕이 정상이라면 임신을 시킬 수 있고 아기는 이 움직임의 회귀다. 그러나 종의 번식의 움직임에서 벗어난 희열의 움직임 그 자체는 생식능력이 있든 없든, 성적이든 아니든, 되돌아올 수 있는 지점을 지나 전체 밖으로 또 전체를 희생시키면서(전체의 파손과 붕괴를 대가로 치르면서) 리비도적 힘을 방출해버리는 움직임이다.

아이는 성냥을 켬으로써 에너지를 낭비하는 이 전용轉用/détournement ——이것은 피에르 클로소프스키Pierre Klossowski가 소중하게 생각했던 말이다——을 좋아한 것이다. 아이는 특유의 움직임을 통해 이른바 죽음의 구성 요소에서 희열의 대용물simulacre을 만들어낸다. 따라서 아이가 예술가라면 이것은 분명 그가 대용물을 만들어냈기 때문이지만, 그것은 무엇보다도 이 대용물이 다른 대상에 값할 만한 가치의 대상이 아니기 때문이다. (이 다른 대상으로 아이는 몇몇 구성 법칙——예를 들면 단체의 구조——으로 정해진 전체로서 자신을 구성할 수도, 자신을 보충할 수도, 자신을 닫아버릴 수도 있을 것이다.) 그러나 이와 반대로 대용물에 투입된 관능적 힘 모두가 여기서 승화되고 펼쳐지며 헛되이 불타버린다는 것이 중요하다. 이렇게 해서 아도르노는 유일하게 위대한 예술은 불꽃놀이 제조인의 예술이라고 말했다. 불꽃놀이 제조술은 희열 에너지의 비생산적 소비를 완벽하게 나타내기 때문이다. 제임스 조이스는 『율리시스』의 해변 장면에서 이 특성을 인정한다. 클로소프스키적 의미의 대용물은 무엇보다도 재현의 범주로, 예를 들면 희열을 표현하는 재현물로 파악되어서는 안 된다. 그것은 근육운동의 문제의식 속에서 무질서한 충동들의 역설적 산물로, 해체의 구성 요소로 파악되어야만 한다.

영화와 재현적 내러티브 예술 일반에 대한 토론은 바로 여기에서 시작된다. 왜냐하면 불꽃놀이 제조술의 요구에 부합되는 (특히 영화적인)

대상을 구상하고 만들어내기 위해 두 개의 방향이 열리기 때문이다. 겉보기에는 완전히 대립되는 것처럼 보이는 이 두 개의 경향은 오늘날의 회화 속에서 강렬하게 나타나는 두 경향과 동일한 것 같다. 이 두 경향은 또한 실제로 실험영화와 언더그라운드 영화에서 활발하게 나타나는 형식 속에 작용할 수도 있다.

이 두 개의 대극은 부동성immobilité과 과도한 움직임excès des mouvements이다. 이 두 개의 대극에 이끌리면서 영화는 느낄 수 없을 만큼 서서히 질서유지군秩序維持軍〔의 역할〕에서 벗어나고 있다. 영화는 소비할 수 있는 생산품이 되는 대신에 진정한 것, 다시 말해 헛된 것, 대용의 것, 강렬한 희열을 주는 것을 만들어낸다.

회귀의 움직임

약간 뒤로 돌아가 보자. 대규모로 배급되는 영화의 재현적이고 내러티브적인 형식과 관련이 있는 회귀revenu의 움직임 혹은 되돌아온 움직임이란 무엇일까? 이 질문에 영화라는 산업의 상부 구조적 기능만으로 대답하는 것이 얼마나 보잘것없는지를 강조해보자. 이 산업의 산물인 개별 영화들은 이데올로기적 침투를 이용해 관객의 의식을 잠재우려고 관객에게 작용해야 할 것이다. 만약 연출mise en scène이 움직임에 질서를 부여하는 것이라면, 이것은 연출이 선전propagande──어떤 사람들은 부르주아지를 위한 선전이라고 할 것이며 다른 사람들은 관료 집단을 위한 선전이라고 할 것이다──이 아니라 번식propagation이기 때문이다. 리비도는 정상적 생식능력 아래서 종을 번식시키기 위해 변태적 방탕을 거부해야만 하고, 또 이 유일한 목적에 맞는 '생식력 있는 육체'로 구성되어야 한다. 이와 마찬가지로 예술가가 자본주의 산업──

그리고 지금까지 서구에 알려진 모든 산업——속에서 만들어내는 영화, 그리고 흔히들 말하듯이 비정상적 움직임, 헛된 방출, 순전한 소비를 위한 차이 등을 제거함으로써 만들어진 영화는 통일되어 있으며 번식력 있는 육체, 즉 생식력 있고 집중된 전체로 구성되어 자기가 운반하는 것을 상실하지 않고 전달하게 된다. 이야기는 통합된 움직임을 시간의 질서 속에, 원근법적 재현을 공간의 질서 속에 감금한다.

그런데 이런 감금이 회귀의 형식에 따라 영화적 재료를 배치하는 것이 아니라면 도대체 무엇으로 이루어질 수 있겠는가? 우리는 여기서 제작자가 예술가에게 부과하는 수익성의 요구만을 말하는 것이 아니다. 그것은 예술가가 질료에 부과하는 형식적 요구에도 해당된다. 이른바 좋다고 하는 모든 형식에는 동일한 것의 회귀가 내포되어 있고, 다양한 것의 가치를 동일한 통일성으로 환원시키는 것이 내포되어 있다. 이것은 회화에서는 조형적 대구rime나 색채 간의 균형, 음악에서는 불협화음을 지배음의 화음으로 용해하는 것, 건축에서는 비례proportion가 될 수 있다. 계량의 원리일 뿐만 아니라 리듬의 원리이기도 한 반복은 동일한 것——즉 동일한 색채나 선, 동일한 각도, 동일한 일치나 간극——의 반복이라는 좁은 의미로 해석될 경우, 움직임을 통제하고 주어진 체계나 전체의 특징이 되는 관용의 한계 속으로 움직임을 제한하려는 에로스와 아폴론의 일이다.

프로이트 이후 우리가 여기서 충동적 움직임 자체를 발견했다고 믿었을 때, 우리는 이 움직임의 주체에 대해 상당한 착각을 했다. 왜냐하면 프로이트는 『쾌락의 원리를 넘어서』에서 삶의 충동[에로스]이 가진 체제를 알려주는 동일한 것의 반복과, 죽음의 충동[타나토스]에 고유하며 앞서 명명한 반복의 타자가 될 수밖에 없는 타자의 반복을 항상 조심스럽게 분리했기 때문이다. 이 죽음의 충동은 정확히 육체나 관련된 전체가 정해주는 체제 바깥에 놓여 있기 때문에, 죽음의 충동이 극단적인 강렬한 희열과 위험을 전해줄 때 여기서 무엇이 되돌아오는지는 구분할 수 없다. 따라서 문제가 되는 것이 정말로 반복인지, 혹은 이와는 반대로 매번 다른 것이 되돌아오는 것은 아닌지, 리비도의 방출이라는 이 비생산적 폭발의 영원회귀가 (이들의 공존이 양립할 수 없기 때문에) 동일한 것이 반복되는 시공간과 전혀 다른 시공간에서 파악되어야 하는 것은 아닌지를 물어야 할 정도이다. 여기서 분명 사유의 불충분함과 마주치는데, 사유는 불가피하게 개념이라는 동일한 것을 통해 이루어지기 때문이다.

일반적으로 영화의 움직임은 회귀의 움직임이다. 다시 말해 동일한 것의 반복과 그 번식의 움직임이다. 대단원이 있는 플롯인 시나리오는 음악에서의 소나타 형식과 마찬가지로, 기의—크리스티앙 메츠라면 이 기의가 외시되었을 뿐만 아니라 내포되었다고 말했을 것이다—와 관련된 정감affects의 질서 속에서 불협화음을 화음으로 옮기는 것을 의미한다. 이런 관점에서 모든 결말은 그것이 결말인 한에서 좋은 것이다. 이 결말이 살인이라고 할지라도 그러한데, 왜냐하면 살인 또한 불협화음의 해결이기 때문이다. 영화적 '기표'와 결부된 정감의 영역에서 다양성을 통일성 속으로 해소시키는 동일한 규칙, 그리고 타자성처럼 보이는 것을 통해 동일한 것이 회귀하는 법칙—사실상 우회에 불과하다—이 모든 장場, 즉 포커스, 화면틀잡기, 장면 연결, 조명, 인화 등에 적용된 것을 볼 수 있을 것이다.

동일화의 심급

흔히들 이 규칙이 적용될 때 주요하게는 배제와 삭제의 형태로 작용한다고 말한다. 직업적으로 영화를 만드는 사람들이 의식하지 못하는 몇몇 움직임의 〔사전적〕 배제와, 이와 반대로 영화적 활동의 중요한 부분이 여기에 있기 때문에 이들이 모를 수 없는 〔사후적〕 삭제가 그것이다. 그런데 이 삭제와 배제는 연출이라는 활동 자체를 구성한다. 촬영하기 전이나 후에 그림자를 제거함으로써 촬영감독과 감독은 눈이 알아볼 수 있어야 한다는 신성한 책무를 필름에 맺히는 이미지에 부여하는 것이고, 따라서 눈이 이 대상 혹은 대상들 전체를 현실적이라고 간주된 상황의 대체물로 파악할 것을 요구하는 셈이다. 이미지가 재현적인 것은 그것이 알아볼 수 있는 것이고, 눈의 기억에 호소하며, 고정되어 있으며, 잘 알려진 기성의 식별 지표repère에 호소하기 때문이다. 이 식별 지표는 움직임의 회귀나 귀환을 측정하는 동일성이다. 식별 지표는 심급(혹은 여러 심급의 모임)을 구성하는데, 이 심급에서 모든 움직임이 유예되며 이 심급 덕분에 움직임이 불가피하게 순환의 형태를 띠게 된다. 이렇게 해서 모든 이탈, 동요, 간극, 상실, 착란이 일어날 수 있고, 이 모든 것은 더 이상 진정한 전용이나 손해를 감수하고 이루어지는 표류가 아니며, 단지 모든 것을 계산했을 때 이익이 되는 우회일 뿐이다. 정확하게 동일화를 목적으로 이루어지는 바로 이 회귀의 지점에서, 좋은 움직임들의 종합으로 간주된 영화적 형식이 자본의 순환적 조직으로 이어진다.

수많은 예들 중 하나만을 들어보자. 전적으로 현실감 위에 구축된 영화인 「조」[2]에서 움직임은 두 차례에 걸쳐 왜곡된다. 첫번째는 아버지가 자신의 딸과 같이 사는 어린 히피 소년을 때려서 죽일 때이고, 두번째는 아버지가 히피 공동체를 총으로 '청소하면서' 자기도 모르게 딸을 죽일 때이다. 이 마지막 시퀀스는 움직이는 도중 총을 맞은 젊은 여자의 얼굴과 상반신을 클로즈업으로 보여주면서 부동의 상태로 멈춘다. 첫번째 살인에서 우리는 곧 혼수상태로 빠져들게 되는 무방비 상태의 얼굴 위에 빗발치듯 내리꽂히는 주먹질을 거의 알아보지 못한다. 이 두 효과——즉 하나는 부동성, 다른 하나는 과도한 움직임——는 초당 24개의 이미지로 필름에 기록되는 실제의 움직임이 영사할 때, 이와 동일한 속도로 복구되기를 요구하는 재현의 규칙을 위반함으로써 획득된 것이다.

현실적 리듬에 대한 이 다소간의 도착倒錯이 거대한 감정을 불러일으키는 유기적 리듬의 도착에 대응하기 때문에, 우리는 이 사실로부터 강력한 정서적 하중荷重을 기대할 수도 있을 것이다. 그리고 이것이 실제로 일어난다. 그러나 어쨌거나 그것은 영화적 전체성을 위해, 요컨대 질서를 위해 일어난다. 왜냐하면 이 두 개의 반反리듬〔부동성/과도한 움직임〕은 비정상적 방식으로 일어나지 않고 시나리오가 암시하고 있는 아버지/딸이라는 불가능한 근친상간의 비극의 정점에서 일어나기 때문이다. 몇몇 순간에 재현적 질서의 조건이 되는 필름 자체를 제거할 정도로 재현적 질서를 교란시킬 수 있기 때문에, 결과적으로 이 두 개의 반리듬은 이와 반대로 계속해서 내러티브적 질서를 정돈하게 된다. 따라서 가속 상태로 진행되는 첫번째 살인이 부동의 상태인 두번째 살인 속에 용해되면서 내러티브적 질서에 매끄러운 곡선을 새겨 넣는다.

---

2) 존 아빌드슨John G. Avildsen, 「조Joe」, 미국, 1969, 107분.

따라서 영화는 기억에 호소하지만 기억 그 자체는 아무것도 아니다. 이는 마치 자본이 자본화시키는 심급 이상이 아닌 것과 같다. 기억은 심급이며, 결코 내용을 통해 작동하지 않는 비어 있는 심급들의 총체다. 좋은 형식, 좋은 조명, 좋은 몽타주, 좋은 동시녹음은 좋은 것이 아니다. 이 모든 것이 지각적이거나 사회적인 현실과 일치하기 때문이다. 그러나 또한 이 모든 것이 스크린 위에, 그리고 '현실' 속에 녹화될 대상을 결정하는 무대장식의 선험적 조작자opérateur이기 때문이다.

장면 밖으로 옮기는 것La mise hors scène[3]

연출mise en scène은 '예술적' 활동이 아니다. 연출은 모든 활동의 장에 영향을 미치는 일반적 과정이고, 식별과 배제와 삭제를 하는 깊은 무의식적 과정이다. 달리 말해서 연출 작업은 두 개의 차원에서 동시적으로 이루어지는데, 이것이 가장 수수께끼적인 것이다. 한편으로 이 작업은 기본적으로 한쪽에 현실을, 다른 쪽에 유희의 영역——렌즈 안에 포착된 것에서 '현실적인 것'과 '비현실적인 것'——을 분리시키는 것으로 귀착된다. 연출한다는 것은 이런 한계, 이런 틀을 정하는 것이고, 필연적으로 책임져야 할 것으로 상정된 전체——우리는 이를 자연이나 사회 혹은 **최종심급**으로 부를 것이다——내에서 책임질 필요가 없는 영역déresponsabilité의 한계를 정하는 것이며, 한 영역과 다른 영역 사이에서 재현이나 복제의 관계를 정하는 것이다. 여기서 어쩔 수 없이 단지 실제 현실의 재현물에 불과한 장면에 대한 상대적 평가절하가

---

3) (옮긴이 주) 리오타르가 연출, 즉 장면 안으로 옮기는 것mise en scène과 대비되는 개념으로 만들어낸 용어.

이루어지게 된다.

그러나 다른 한편으로, 또 이와 분리할 수 없지만, 재현의 기능이 보장되기 위해서 연출 작업은 방금 말했던 것처럼 또한 '장면 밖으로 옮기는 작업'이 되어야만 한다. 이것은 화면틀의 한계 안팎에 있는 모든 움직임을 통합하는 작업이고, 이쪽과 저쪽, 즉 현실뿐만 아니라 [스크린 안의] '현실' 속에도 동일한 규범을 부과하는 작업이며, 모든 충동에 똑같이 심급을 부여하는 작업이다. 결과적으로 장면 속에서뿐만 아니라 장면 밖에서도 배제하고 삭제하는 작업이다. 연출은 영화적 대상에 부과하는 식별 지표들을 어쩔 수 없이 영화 밖에 있는 모든 대상에도 부과한다. 따라서 연출은 우선 재현의 축에서 연극적 한계 덕분에 현실과 그 분신을 분리하는데, 이 분리는 명백한 퇴행이다.

게다가 연출은 이 재현적 분리를 넘어 '연극 이전의' 경제적 질서 속에서 모든 충동적 움직임을 제거한다. 이 충동적 움직임은 현실에서 나온 것이든 탈현실에서 나온 것이든 배가시킬 수 없는 것이고 인식이나 식별이나 기억 상의 고착에서도 벗어나는 것이다. 영화 영역의 내부뿐만 아니라 '외부'로까지 확장된 이 배제라는 근원적 기능의 관점에서 바라보면, 그 내용이 아무리 '폭력적으로' 보여도 모든 '내용'과 독립적으로 이루어지는 연출은 항상 리비도적 정상화의 요인으로 작용한다. 명백하게도 이 정상화는 장면 안에서는 영화의 육체로, 장면 밖에서는 사회적 육체로 환원시킬 수 없는 모든 것을 배제하는 데 놓여 있다.

정상이라고 간주되는 이 기이한 구성인 영화는 사회나 유기체가 정상이 아닌 것처럼 정상이 아니다. 그러나 비정상적이지 않은 영화의 대상은 모두 총체성 실행의 기대와 부과에서 발생한 것으로 전형적으로 합리적인 일을 실현한다고 간주된다. 이 합리적인 일이란 부분적이고 상반되며 비생산적인 모든 충동적 움직임을 유기체의 통일성에 종속시키는 것이다. 영화는 영화적 움직임들의 유기체다. 정치가 부분적인 사회적 기관들의 민회ekklesia인 것처럼, 영화는 이미지들의 민회다. 배제와 삭제의 기술이며 전형적으로 정치적인 행위——정치적 행위는 전형적 연출이다——인 연출이, 현대적 비종교의 종교이고 세속성의 성직자인 이유가 이것이다. 여기서나 저기서나 재현적 배치가 중심적 문제는 아니다. 또한 여기에 결부된 문제는 무엇을 어떻게 재현할 것인지를 아는 것이나 진정한 재현이란 무엇인지를 규정하는 것이 아니다. 오히려 되돌아오는 것이 아니기 때문에 재현할 수 없다고 판단된 모든 것의 배제 혹은 소권상실forclusion이 문제다.

영화는 이렇게 라캉이 1949년에 그 상상적 주체 혹은 대상 a의 구성적 기능에 대해 분석했던 정형외과적 거울로서 작용한다. 이 거울이 사회적 신체의 단계에 작용한다는 사실은 그 기능의 어떤 것도 변화시키지 못한다. 그러나 라캉이 헤겔주의 때문에 피했던 진정한 문제는, 다형의 신체에 산발적으로 나타나는 충동에 왜 '스스로 통합되는 대상'이 필요한지를 알아보는 것이었다. 의식의 철학에서는 이 의식이라는 말만 봐도 통합의 요구가 이미 가설로서 주어지며, 또 이것이 이런 철학이 하는 일 자체라고 충분히 알 수 있다. 무의식의 '사유'——프로이트가 여기저기서 스케치해놓은 구성이 이 사유의 형태들 중 불꽃놀이와 가장 유사한 형태가 될 것이다——에서는, 심지어 상상적인 것이라고 할지라도 통일성을 생산하는 문제는 불투명한 상태로밖에 제기될 수 없다. 거울 속에 비친 자신의 이미지에서 출발해서 주체의 통일성의 구성을 이해하는 척할 수도 없을 것이다.

이보다는 반사벽 일반, 특히 영화의 스크린이 왜, 그리고 어떻게 해서 리비도적 투여의 특권화된 장소가 될 수 있는지를 물어야만 할 것이다. 충동이 왜, 그리고 어떻게 해서 작은 피부 위, 다시 말해 **필름** 위에 멈추게 되는지, 이를테면 이 충동이 기입되는 장소로서의 필름이 충동 스스로와 대립하는지를 물어야만 할 것이며, 영화적 작용이 모든 측면에서 삭제하게 될 기반support으로는 또 어떤 것이 있는지를 물어야 할 것이다. 영화의 리비도적 구성은, 사회적이고 유기적인 신체에서 일탈을 배제하고 충동을 이 배치 속에 집중시키는 조작자를 문자 그대로 구성해야 할 것이다. 나르시시즘이나 마조히즘이 적절한 조작자인지 아닌지는 불확실하다. 이것들은 (자아의 이론에서) 아마도 너무 고양된 주관성을 함유하고 있기 때문이다.

활인화

흔히들 반反영화는, 움직임의 기록으로 본 영화의 두 극점 사이에 놓여 있다고들 한다. 부동화immobilisation와 극도의 동화mobilisation extrême가 그것이다. 이 두 양태는 단지 사유에서만 병존할 수 없는 것으로 보인다. 이와는 반대로 구성에서 이 둘은 불가피하게 연결되어 있다. 경악, 공포, 분노, 증오, 희열, 모든 강렬한 감정은 항상 즉석에서 이루어지는 이동이다. 감정émotion이라는 용어를 스스로 소진되어가는 움직임motion, 정지된 움직임, 부동화된 동화動化로 분석해야만 할 것이다. 재현예술에는 이 강렬한 감정들에 대한 두 개의 대칭적 예가 있다. 하나는 부동성이 나타나는 것, 즉 '활인화tableau vivant'가 그것이고, 다른 하나는 동요動搖, 즉 서정적 추상이 그것이다.

현재 스웨덴에서는 소위 '포즈 취하기posering'라고 불리는 기관이 있는데, 이 용어는 초상사진의 포즈pose에서 빌려온 용어다. 젊은 여인들이 특별한 집을 빌려 서비스를 제공하는데, 이 서비스란 옷을 입거나 벗고서 고객들이 바라는 포즈를 취하는 것이다. 반면에 매춘은 하지 않는 이런 집들의 특성 때문에 고객들이 어떤 식으로든 모델을 만지는 것은 금지되어 있다. 이것은 클로소프스키가 꿈꾸었던 몽환성 phantasmatique에 맞게 만들어진 기관이라고 할 수 있는데, 그가 역설적 강렬함을 갖는 '성적 환상fantasme'의 거의 완벽한 대용물로서 활인화活人畫에 부여했던 중요성은 잘 알려져 있다. 그러나 이 경우 역설이 어떻게 분배되는지를 잘 살펴보아야만 한다. 즉 부동화는 에로틱한 대상에만 영향을 미치는 것처럼 보이는데도 주체는 가장 생생한 격동에 사로잡히게 되는 것이다.

아마도 이것은 보이는 것만큼 단순하지 않다. 이 때문에 오히려 두 육체——즉 모델의 육체와 고객의 육체——에 대해 이들 둘 중 하나——즉 고객의 육체——를 위한 통합적인 상태를 잃지 않으면서 극도의 에로틱한 강화가 이루어지는 지점들régions을 분할하는 배치를 이해해야 할 것이다. 희열에 대한 사드적 문제의식에 근접한 이런 정식화 때문에 우리는 다음과 같은 것을 주목하지 않을 수 없다. 즉 활인화 일반이 일정한 리비도적 잠재성을 가지고 있다면 그것은 활인화가 연극적 질서와 경제적 질서를 소통시키기 때문이고, '완전한 인간'을 관객의 충동——여기서 모든 것을 너무 빨리 관음증으로 돌리지 않도록 조심하자——이 이어질 수 있는 분리된 성감대처럼 이용하기 때문이다.

클로소프스키가 탁월하게 설명했듯이, 활인화는 이렇게 해서 되돌릴 수 없는 비생산성 속에서 희열이 분출하기 위해 유기체가 지불해야만 하는 대가, 턱없는 대가——주체라고 일컬어지는 것의 이른바 통일성——를 느끼게 한다. 영화가 그 첫번째 극단, 즉 부동화로 가려 한다면,

이것이 영화가 치러야 하는 대가다. 왜냐하면 부동성immobilité이 아닌 부동화immobilisation가 뜻하는 것은, 이미지가 동일시할 수 있는 가장 합리적이고 통합적인 좋은 형식들 대신, 매혹적인 마비를 통해 가장 강렬한 동요의 여지를 제공하기 위해 모든 영화적 움직임의 적절한 종합을 끝없이 해체해야 한다는 것이기 때문이다. 이 부동화로 가는 방향을 예시하기 위해서는 이미 많은 탐색의 영화들과 언더그라운드 영화들을 찾을 수 있을 것이다.

여기서 독특한 중요성을 가진 사건의 서류를 개봉할 필요가 있다. 즉 당신이 만약 사드나 클로소프스키를 읽는다면, 부동화의 역설이 분명하게 재현의 축을 통해 분배됨을 볼 수 있을 것이다. 대상이자 희생자인 창녀는 포즈를 취하고 이렇게 해서 〔완전한 인간에서〕 떨어져 나온 지점처럼 몸을 맡기지만, 이와 동시에 완전한 인간으로서 모습을 감추거나 모욕당해야 한다. 이 완전한 인간에 대한 암시는 강화에 필수불가결한 요인인데, 이 암시는 도착적 희열이 수행하는 충동의 전용이라는 비할 데 없는 대가를 가리키기 때문이다. 따라서 이 몽환성이 재현적인 것이 되어야 한다는 것, 다시 말해 관객에게 동일화의 심급과 알아볼 수 있는 형식을 제공해야 한다는 것, 한마디로 말해 기억에 질료를 제공해야 한다는 것이 본질적이다. 다시 반복하자면 강렬한 감정이 느껴지게 하는 번식의 질서를 왜곡시키고 기억을 넘어서는 대가를 치러야 하기 때문이다. 대용품의 기반─작가 클로소프스키에게 나타나는 묘사의 구문론이든, (『살아 있는 화폐』를 사진으로 장식했던) 사진가 피에르 쥐카Pierre Zucca의 필름이든, 삽화가 피에르 클로소프스키의 종이든 ─이 여기에서 나온다. 도착倒錯이 이 기반support이 보여주는 것, 즉 희생자의 재현에만 도달할 수 있도록 이 기반 자체는 주목할 만한 어떠한 도착도 겪지 않아야 한다는 것도 여기에서 나온다. 따라서 도착은 기반을 무감각이나 무의식 속에 내버려둔다. 재현적 조형성을 옹호하는 클로소프스키의 적극적 행동주의와 추상회화를 향한 그의 저주는 여기에서 나온다.

추상

그런데 이와 반대로 〔화가나 감독이〕 도착적인 손을 대는 곳이 기반 그 자체라면 무슨 일이 일어나게 될까? 여기서 필름, 움직임, 조명, 초점 맞추기 등은 희생자나 부동의 모델에 대해 식별할 수 있는 이미지를 만들어내기를 거부하고, 충동적 방출이나 동요의 대가를 몽환화된 육체에 버려두지 않고 이들 스스로가 책임진다. 여기서는 필름——회화에서는 화폭——이 몽환화된 육체가 된다. 회화에서 모든 서정적 추상은 이런 이동에서 일어난다. 여기에는 더 이상 모델의 부동성을 향해서가 아니라 기반의 유동성을 향해 양극화가 일어난다는 것이 내포되어 있다. 이 유동성은 영화적 움직임과 정반대의 것이다. 즉 단순하든 복잡하든 (이 기법이 만들어내는) 영화적 움직임이 일정 정도 암시하는 아름다운 형태를 왜곡시키는 모든 기법에서 이 유동성이 발생한다. 이 유동성은 동일시의 종합을 가로막고 기억의 심급들을 좌절시킨다. 이 유동성은 도상적 요소들의 평정 상태ataraxie의 방향으로 아주 멀리 갈 수 있는데, 이 또한 기반의 동화動化로 이해해야 한다. 그러나 **기반을 통해** 움직임을 좌절시키는 이런 방식은, (모티프로 기능하는) 희생자를 마비시키는 공격을 통해 이루어지는 방식과 혼동되어서는 안 된다. 여기서는 모델이 필요하지 않을 뿐만 아니라 '고객-관객'의 육체와 맺는 관계가 완벽하게 전도되어 있기 때문이다.

잭슨 폴록Jackson Pollock이나 마크 로스코Mark Rothko의 거대한 화폭 앞에서, 게르하르트 리히터Gerhard Richter나 장프랑코 바루첼로Gianfranco Baruchello나 비킹 에겔링Viking Eggeling의 연구 작품 앞에서 느끼는 희열에 어떤 심급을 부여할 수 있을까? 통일된 육체의 상실을 가리키는 기준이 없다면, 또 부분적 방출을 목적으로 한 모델의 부동화와 전용 덕분에 '고객-관객'이 가질 수 있는 배치가 얼마나 미세한지가 더 이상 나타나지 않는다면, 재현된 것이 리비도의 대상이 되기를 중단하고 스크린 자체가 가장 형식적 측면에서 그 자리를 차지하게 된다. 이 작은 피부〔스크린〕는 그런 살〔肉〕을 위해 더 이상 소멸되지 않고 생성되고 있는 살 그 자체로 제공된다. 이 작은 피부는 어떤 통일된 육체에서 떼어낸 것이기에 관객이 여기에서 희열을 느끼고 이 작은 피부가 귀중하게 보이는 것일까? 마크 로스코의 화폭에 나오는 일정 영역의 색채들을 연결시키는 접촉 지역의 미세한 떨림들 앞에서, 폴 뷔리Pol Bury의 작은 대상이나 기관의 거의 지각할 수 없는 이동 앞에서, 관객 자신의 신체는 스스로를 존재하게 했던 움직임들의 종합과 육체적 전체성의 포기를 통해서만 여기서 희열을 느낄 수 있다.

이런 대상들이 요구하는 것은 더 이상 '대상-모델'의 마비가 아니다. 그것은 '주체-관객'의 마비이고, 자기 조직체의 해체이며, 아주 작은 부분적 지역들('눈-피질')로 리비도적 분출과 이행 경로의 제한이고, 긴장 속에 있는 육체 거의 전체의 중립화다. 이 중립화된 육체는 충동이 대상에 대한 아주 미세한 차이의 검출에 필수적인 경로와 다른 경로로 이탈하는 것을 막는다. 이와는 양태가 다르지만, 회화에서 폴록 같은 사람이나 영화에서 톰슨Thompson 같은 사람(렌즈에 대한 작업)의 과도한 움직임의 효과도 마찬가지다. 추상회화에서 그런 것처럼 기반을 불투명하게 하는 추상영화는 장치를 전복시키고 고객을 희생자로 만든다. 다른 방식이지만, 일본의 노能극에 나타나는 거의 감지할 수조차 없는 이동 속에서도 또한 이것이 있다.

연출의 문제이며, 따라서 (장면 밖에서) 사회를 만드는 문제이기 때문에 우리 시대에 핵심적이라고 말해야 할 문제는 다음과 같다. 희열이 강화되기 위해서는 희생자가 장면 속에 있는 것이 필수적인가? 희생자가 고객이라면, 단지 필름, 스크린, 화폭, 기반만이 장면에 놓인다면, 이 배치에서 비생산적 방출의 강렬함을 잃게 되는 것인가? 그리고 만약 그렇다면 영화적일 뿐만 아니라 사회적이고 또 정치적인 것이기도 한 환영과 모든 관계를 끊는 것을 포기해야만 하는가? 이 환영은 그중 하나가 아닌가? 이것이 환영이라고 믿는 것인가? 극도로 강렬한 감정의 회귀는 반드시 최소한 이 비어 있는 불변성에 대해, 고유명사─여기에 정착할 수 없으면서도─인 주체나 유기체의 유령에 대해 심급을 부여하는 것인가? 이 심급의 부여, 이 사랑은, 자본을 만드는 이 무無에 대한 정박과 어떤 점에서 다른 것인가?

창조 행위란 무엇인가?(1987)¹⁾

질 들뢰즈

저 역시 여러분과 저 자신에게 질문을 던지고 싶습니다. 이 질문은 이런 종류의 것입니다. 영화를 하는 여러분들은 정확하게 무엇을 하고 있습니까? 그리고 철학을 하고 있고 또 철학을 하려고 하는 제가 하고 있는 것은 정확하게 무엇입니까?

이 질문을 다른 식으로도 제기할 수 있을 것입니다. 영화에서 아이디어idée가 있다는 것은 무엇입니까? 영화를 하거나 하고 싶을 때 아이디어가 있다는 것은 무슨 뜻입니까? "봐, 나한테 아이디어가 있어"라고 말할 때 어떤 일이 일어나고 있습니까? 이런 질문을 제기하는 것은, 한편으로는 모든 사람이 알고 있듯이 아이디어가 있다는 것은 드물게

---

1) (옮긴이 주) 이 글은 질 들뢰즈가 장 나르보니Jean Narboni의 초청으로 1987년 3월 17일 프랑스국립영화학교인 페미스FEMIS의 학생들을 대상으로 했던 강연록이다.

일어나는 사건이고 자주 오지 않는 일종의 축제이기 때문입니다. 그리고 다른 한편으로 아이디어가 있다는 것은 뭔가 일반적인 것이 아니기 때문입니다. 아이디어 일반은 있을 수 없습니다. 마치 아이디어가 있는 사람이 그렇듯이 아이디어는 이미 이런저런 영역에 속해 있습니다. 때로는 회화의 아이디어일 수도 있고 때로는 소설의 아이디어일 수도 있으며 때로는 철학의 아이디어일 수도 있고 때로는 과학의 아이디어일 수도 있습니다. 그리고 물론 똑같은 사람이 이 모든 것을 가질 수 있는 것은 아닙니다. 아이디어, 그것은 이런저런 표현 양태에 이미 속해 있고 또 표현 양태와 분리할 수 없는 잠재력으로 다루어야 합니다. 따라서 제가 아이디어 일반이 있다고 말할 수 없는 것입니다. 내가 알고 있는 테크닉과 관련해서 나는 영화의 아이디어나 철학의 아이디어 같이 어떤 영역에서 아이디어를 가질 수 있을 뿐입니다.

어떤 영역에서 아이디어가 있다는 것은 무엇입니까?

따라서 저는 철학을 하고 여러분은 영화를 한다는 원칙에서 다시 출발해보기로 하겠습니다. 일단 이것을 받아들이면, 철학은 어떤 것에 대해서도 성찰할 준비가 되어 있기 때문에 왜 영화에 대해 성찰하지 못할까라고 너무 쉽게 말하게 됩니다. 이것은 어리석은 말입니다. 철학은 '아무것이나n'importe quoi'에 대해 성찰하기 위해 만들어진 것이 아닙니다. 철학을 '어떤 것에 대해서도 성찰할 수 있는' 능력으로 취급함으로써 우리는 철학에 너무 많은 것을 부여하는 경향이 있고, 이는 사실상 철학에서 모든 것을 빼앗는 것입니다. 왜냐하면 성찰하기 위해 철학이 필요한 사람은 없기 때문입니다. 영화에 대해 실제로 성찰할 능력이 있는 사람들은 영화감독이나 영화비평가, 혹은 영화를 좋아하는 사람들뿐입니다. 수학자가 수학에 대해 성찰하기 위해 철학을 필요로 한다는 생각은 우스꽝스럽지요. 철학이 어떤 것의 성찰에 봉사해야 한다면 철학이 존재할 이유는 없을 것입니다. 철학이 존재한다면 그것은 철학이 자기만의 내용을 갖고 있기 때문입니다.

이것은 너무 간단합니다. 즉 철학도 다른 모든 분과만큼이나 창조적이고 창의적인 분과이고 철학은 개념들을 창조하거나 고안해내는 일을 합니다.[2] 그리고 개념들은 한 철학자가 자기를 붙잡아주기를 기다리면서 하늘에서 다 만들어진 상태로 존재하는 것이 아닙니다. 개념들을 만들어내야 합니다. 물론 이처럼 개념들이 스스로 만들어지지는 않습니다. 우리는 어느 날 "봐, 나는 이런 개념을 고안해낼 거야"라고 말하지 않습니다. 이것은 한 화가가 어느 날 "봐, 나는 이와 같은 그림을 그리게 될 거야"라고, 혹은 한 영화감독이 "봐, 나는 이런 영화를 만들 거야"라고 말하지 않는 것과 마찬가지입니다. 다른 곳에서도 그렇지만 철학에서도 필요nécessité가 있어야 합니다. 그렇지 않으면 아무것도 없습니다. 창조자는 즐거움을 위해 일하는 사람이 아닙니다. 창조자는 자기에게 절대적으로 필요한 것만을 만들 뿐입니다. 아무튼 이 필요 —이 필요가 있다면 이것은 아주 복잡한 것입니다—때문에 철학자 —저는 최소한 철학자가 무엇에 몰두하고 있는지는 알고 있습니다— 는 개념을 창조하거나 고안하는 것을 목표로 합니다. 영화에 대해서도

---

2) (옮긴이 주) 여기에 대해서는 들뢰즈, 가타리가 함께 쓴 『철학이란 무엇인가』를 참조할 수 있다.

마찬가지지만 철학이 [어떤 것에 대한] 성찰에 몰두하는 것을 목표로 하는 것은 아닙니다.

저는 제가 철학을 한다고, 다시 말해 개념을 고안하려고 애쓴다고 말합니다. 만약 제가 여러분들은 영화를 한다고 말한다면, 여러분들은 [정확하게] 무엇을 하고 있습니까?

여러분들이 고안해내는 것은 개념——이것은 여러분들의 일이 아닙니다——이 아니라 '운동/지속'의 블록bloc입니다. 누군가가 '운동/지속'의 블록을 만들어낸다면 아마도 그는 영화를 하고 있는 것입니다. [영화에서] 이야기를 내세우거나 혹은 이야기를 비난하는 것은 전혀 중요한 문제가 아닙니다. 모든 것에는 이야기가 있습니다. 철학도 이야기를 하지요. 개념들로 이야기를 합니다. 영화는 '운동/지속'의 블록으로 이야기를 합니다. 회화는 전혀 다른 유형의 블록을 고안합니다. 이것은 개념의 블록이나 '운동/지속'의 블록이 아니고 '선/색'의 블록입니다. 음악은 또 다른 유형의 블록, 이 역시 아주 특별한 블록을 고안합니다. 이 모든 것 옆에서 과학 역시 창조적이지요. 저는 과학과 예술 사이에 그렇게 큰 대립이 있다고 생각하지 않습니다.

과학자는 무엇을 하고 있는지에 대해 물으면, 과학자 역시 고안합니다. 과학자는 발견하지 않고——발견이란 것은 분명히 있지만 과학적 활동을 그 자체로 정의해주는 것은 발견이 아닙니다——과학자도 예술가만큼이나 창조적입니다. 과학자는 전혀 복잡한 사람이 아니라 함수 관계fonction를 고안하거나 창조하는 사람입니다. 그리고 여기서는 과

310

학자밖에 없지요. 과학자로서 과학자는 개념과는 아무런 상관이 없습니다. 개념을 위해서는——다행스럽게도——철학이 있습니다. 반면에 과학자만이 할 줄 아는 한 가지가 있습니다. 그것이 함수관계를 고안하고 창조하는 것이지요. 함수란 무엇입니까? 최소한 두 개 이상의 집합에 대응관계가 설정되는 순간 함수가 생겨납니다. 과학의 기본 개념은——엊그제부터 그런 것이 아니고 아주 오래전부터——집합입니다. 집합은 개념과 아무런 관계가 없습니다. 여러분이 집합들 사이에 상관관계를 설정하는 순간 함수를 얻을 수 있고, 그러면 "나는 과학을 한다"라고 말할 수 있습니다.

누군가가 다른 누군가에 대해 말할 수 있다면, 영화감독이 과학자에게 말할 수 있고 과학자가 철학자에게, 철학자가 과학자에게 말할 것이 있다면, 이것은 각자의 창조적 활동에 한해서, 이 창조적 활동과 관련해서 말할 수 있습니다. 창조——창조는 아마도 아주 고독한 어떤 것입니다——에 대해 말할 것이 있다는 것이 아니라 내가 창조하는 것의 이름으로 다른 사람에게 말할 것이 있다는 뜻입니다. 제가 만약 각자의 창조적 활동으로 규정되는 이 모든 분과를 정렬할 수 있다면, 저는 이들 모든 분과에 공통되는 하나의 한계가 있다고 말할 것입니다. 함수의 고안, '운동/지속' 블록의 고안, 개념의 고안 등 이 모든 종류의 고안에 공통되는 한계는 시공간입니다. 모든 분과가 서로 소통할 수 있다면, 그것은 즉자적으로는 결코 분명하지 않지만 이 모든 창조적 분과에 개입되어 있는 차원, 다시 말해 시공간의 구성이라는 차원에서입니다.

잘 알려져 있지만 로베르 브레송 감독[3]에게는 (롱 샷으로 찍은) 전체적 공간이 매우 드물게 나타납니다. 브레송에게 자주 나타나는 것은 우리가 끊어진 공간espaces déconnectés이라고 부를 수 있는 공간들입니다. 예를 들어 한 구석, 감옥의 구석이 있습니다. 그리고 또 다른 구석, 혹은 칸막이가 있는 장소가 나옵니다. 모든 것은 마치 브레송적인 공간이 어떻게 연결할지 미리 결정되어 있지 않은 일련의 작은 조각들로 제시되는 것처럼 진행됩니다. 이와는 반대로 전체적 공간을 이용하는 아주 위대한 감독들이 있습니다. 제 말은 전체적 공간을 조작하는 것이 더 쉽다는 것이 아니라 브레송의 공간이 특별한 유형의 공간이라는 것입니다. 아마도 브레송의 공간은 (다른 감독들에 의해) 이후에 다시 취해졌으며, 이를 쇄신한 다른 감독들이 아주 창조적으로 이용했습니다. 그러나 브레송은 끊어진 작은 조각들로, 다시 말해 어떻게 연결될지 미리 결정되어 있지 않은 조각들로 공간을 만들어낸 최초의 감독들 중 한 명입니다. 그리고 제가 말하는 것은, 창조하고자 하는 그 모든 시도의 한계에 시공간이 있고 또 시공간밖에 없다는 것입니다. 브레송의 '운동/지속'의 블록은 무엇보다도 이런 유형의 공간을 향해 나아갔습니다.

여기서 제기되는 질문은 이것입니다. 어떻게 연결될지 미리 주어져 있지 않은, 시각적 공간의 이 작은 부분들은 무엇으로 연결될까요? 손

---

3) (옮긴이 주) 이하 들뢰즈의 언급에 해당하는 영화로 「저항」과 「소매치기」를 들 수 있을 것이다. (로베르 브레송, 「저항Un condamné à mort s'est échappé」(원제: 사형수 탈옥하다), 프랑스, 1956, 95분; 「소매치기Pickpocket」, 프랑스, 1959, 75분).

〔手〕으로 연결됩니다. 이것은 이론도 아니고 철학도 아닙니다. 이런 식으로는 연역되지 않습니다. 제 말은 브레송의 공간 유형이 이미지 속에서 손에 영화적 가치를 부여한다는 것입니다. 브레송적인 공간의 작은 단편들——이것이 끊어진 공간의 단편이고 조각이라는 사실 때문에라도——의 연결은 손에 의한 연결일 수밖에 없다는 것입니다. 브레송의 모든 영화에서 온갖 손의 사례들은 바로 여기에서 나옵니다. 이를 통해 브레송의 '연장延長/운동'의 블록은, 곧바로 여기에서 나온 손의 역할을 이 창조자〔브레송〕의, 이 공간의 고유한 성격으로 받아들이게 됩니다. 실제로 한 부분을 공간 속의 다른 부분과 연결시킬 수 있는 것은 손밖에 없습니다. 그리고 아마도 브레송은 영화에 촉각적 가치를 다시 도입했던 가장 위대한 감독입니다. 이것은 그가 단지 손을 이미지로 탁월하게 포착할 줄 알았기 때문만은 아닙니다. 그가 손을 이미지로 탁월하게 포착할 줄 알았다면, 그에게는 이것이 필요했기 때문입니다. 창조자는 즐거움을 위해 일하는 존재는 아닙니다. 창조자는 자기에게 절대적으로 필요한 것만을 할 뿐입니다.

다시 한 번 말씀드리지만, 영화에서 아이디어가 있다는 것은 다른 데서 아이디어가 있다는 것과 같지 않습니다. 그렇지만 영화의 아이디어가 다른 분과에서도 가치를 가질 수 있고, 예를 들면 소설에서도 탁월한 것이 될 수 있습니다. 그러나 〔다른 곳으로 옮겨간〕 이 아이디어는 전혀 같은 모습을 띠지 않을 것입니다. 그리고 단지 영화적인 것밖에 될 수 없는 영화의 아이디어가 있습니다. 그렇다고는 해도 소설에서 가치 있는 영화의 아이디어도 이미 (미리 이것을 영화에 귀착되게 해주는) 영화적 과정 속에 포함되어 있습니다.

저에게 흥미 있는 것은 질문을 제기하는 방식입니다. 즉 영화감독은 무엇 때문에, 예를 들면 소설을 각색하고 싶어 할까요? 저에게 분명해 보이는 것은, 그가 영화에서 [이미] 아이디어를 가지고 있고 이것이 소설이 자기 아이디어라고 제시하는 것과 공명을 이루기 때문이라는 것입니다. 그리고 바로 여기에서 종종 아주 위대한 만남이 이루어집니다. 제가 악명 높을 정도로 진부한 소설을 각색하는 감독의 문제를 제기하는 것은 아닙니다. 감독은 진부한 소설을 필요로 할 수도 있고, 이 때문에 대단한 영화를 만들 가능성 자체가 배제되는 것도 아닙니다. 이 문제를 다루는 것도 흥미로울 것입니다. 그러나 저는 이와는 다른 문제를 제기합니다. 즉 소설이 위대한 소설이고 이러한 친화성——즉 어떤 감독이 소설의 아이디어에 부응하는 영화의 아이디어를 이미 가지고 있다는——이 드러날 때, 도대체 무슨 일이 벌어지는 것일까?

가장 탁월한 경우들 중 하나가 구로사와 아키라입니다. 그는 왜 셰익스피어와 도스토옙스키에게 친밀성을 느꼈을까?[4] 왜 한 일본인이 셰익스피어와 도스토옙스키에게 이처럼 강한 친밀성을 느낄 수 있을까요? 저는 하나의 답을 제시하려고 하는데, 이것은 제 생각에 약간은 철학까지 건드리는 대답입니다. 도스토옙스키의 인물들에게는 아주 종종 상당히 이상한 것——이것은 아주 작은 디테일에서 유래합니다——

---

4) (옮긴이 주) 여기서 들뢰즈가 언급하는 영화들로, 먼저 셰익스피어에 대해서는 『맥베스』를 중세의 일본을 배경으로 각색한 「거미의 성」, 그리고 『리어왕』에 대한 각색이라고 볼 수 있는 「란」이 있다(구로사와 아키라Kurosawa Akira, 「거미의 성蜘蛛巢城/Trone of Blood」, 일본, 1957, 104분; 「란亂/Ran」, 일본, 1985, 162분). 그리고 도스토옙스키에 대해서는 『백치白痴/The Idiot』의 각색인 「백치」가 대표적이다(「백치」, 일본, 1951, 166분).

이 일어납니다. 일반적으로 이들은 아주 흥분한 상태입니다. 한 인물이 가고 있습니다. 그가 거리로 내려가면서 이렇게 말합니다. "내 사랑하는 여인 타냐가 나에게 구조를 요청했어. 뛰어가자, 내가 가지 않으면 그녀는 죽을 거야." 그는 계단을 내려가다가 친구를 만나거나 죽은 개를 봅니다. 그리고 잊어버립니다. 그는 타냐가 죽어가면서 자신을 기다리고 있다는 것을 까맣게 잊어버립니다. 그는 혼잣말을 시작하고 우연히 다른 사람을 만나 그의 집에 차를 마시러 갑니다. 그리고 갑자기 그는 다시 말합니다. "타냐가 날 기다리고 있어, 거기 가야 해."

　이것은 무슨 뜻입니까? 도스토옙스키의 인물들은 영원히 긴급한 일에 사로잡혀 있다는 것입니다. 사느냐 죽느냐가 달려 있는 긴급한 일에 사로잡혀 있는 동시에 이들은 보다 더 긴급한 질문이 있다는 것을 알고 있습니다. 그리고 그것이 어떤 질문인지 모릅니다. 그리고 바로 그것이 이들을 멈추게 합니다. 모든 것은 마치 최악의 긴급함 속—"불이 났어, 내가 가봐야 해"—에서 이들이 다음과 같이 혼잣말을 하는 것처럼 진행됩니다. "아니야, 더 급한 것이 있어. 그것이 뭔지 알지 못하는 한 나는 절대로 움직이지 않을 거야." 이것이 『백치』입니다. 『백치』의 정식은 다음과 같습니다. "아세요? 보다 심오한 문제가 있어요. 어떤 문제인지는 모르겠습니다. 그렇지만 나를 내버려두세요. 모든 것이 불타버릴 수 있지요…… 이보다 긴급한 문제를 알아야만 합니다." 구로사와는 이것을 도스토옙스키에게서 배운 것은 아닙니다. 구로사와의 모든 인물이 이렇습니다. 바로 이것이 아름다운 만남입니다. 구로사와가 도스토옙스키를 각색한다면, 그것은 최소한 그가 "나는 그와 공통의 일이 있어, 공통의 문제, 바로 이 문제가"라고 말할 수 있기 때문입니다.

구로사와의 인물들은 불가능한 상황 속에 있습니다. 그러나 주의할 것은 보다 더 긴급한 문제가 있다는 것입니다. 그들은 이 문제가 무엇인지 알아야만 합니다. 「이키루」[5]는 아마도 이 방향으로 가장 멀리 나아간 구로사와의 영화들 중 하나입니다. 실제로 그의 모든 영화가 이 방향으로 나아갑니다. 예를 들면 「7인의 사무라이」[6]가 그렇습니다. 즉 구로사와의 공간 전체가 여기에 달려 있는데, 이것은 비를 맞은 타원형의 공간일 수밖에 없습니다. 「7인의 사무라이」에서 인물들은 긴급한 상황——마을을 방어해주기로 한 것——에 붙들려 있고 영화의 시작부터 끝까지 보다 심오한 질문이 이들을 괴롭힙니다. 이 질문은 영화가 끝날 때쯤 이들이 마을을 떠날 때 사무라이 대장이 던지는 질문입니다. "사무라이란 무엇일까? 사무라이 일반이 아니라 바로 이 시대에 사무라이란 무엇일까?" 아무짝에도 쓸모없는 존재입니다. 군주들은 더 이상 이들을 필요로 하지 않고 농부들은 이제 곧 스스로 방어하는 법을 알게 될 것입니다. 상황의 긴급성에도 불구하고, 이 영화 전체에 걸쳐 사무라이들에게는 『백치』에 걸맞은 이 질문이 머릿속을 떠나지 않습니다. 타자인 우리들 사무라이, 우리는 도대체 누구일까?

　영화의 아이디어는 영화적 과정 속에 개입되는 순간, 이미 이런 유형에 속하게 됩니다. 여기서 여러분들은, 심지어 그 아이디어를 도스토옙스키에게서 빌려왔다고 해도, "내게 아이디어가 있어"라고 말할 수 있습니다.

---

5) 구로사와 아키라, 「이키루生きる/Ikiru」(산다는 것), 일본, 1952, 142분.
6) 구로사와 아키라, 「7인의 사무라이七人の侍/Seven Samourai」, 일본, 1954, 206분.

아이디어란 아주 단순한 것입니다. 비록 우리가 모든 아이디어에서 개념을 끌어낼 수 있다고 해도 아이디어는 개념도 아니고 또 철학에서 나온 것도 아닙니다. 여기서 제가 생각하는 감독은 꿈에 대해 탁월한 아이디어를 갖고 있었던 빈센트 미넬리Vincent Minnelli입니다. 이 아이디어는 아주 단순한 것—이렇게 말할 수 있겠지요—이고 미넬리의 작품이라는 영화적 과정에 개입되어 있습니다. 꿈에 대한 미넬리의 위대한 아이디어는, 꿈이 무엇보다도 전혀 꿈꾸지 않는 사람들에게 관련되어 있다는 것입니다. 꿈꾸는 사람들의 꿈이 꿈꾸지 않는 사람들에게 관련되어 있다는 것이지요. 그렇다면 왜 이것이 그들에게 관련되어 있을까요? 왜냐하면 다른 사람들의 꿈이 있는 바로 그 순간 위험이 있기 때문입니다. 사람들의 꿈이란 항상 우리를 삼켜버릴 위험이 있는 탐욕적인 것이지요. 다른 사람들이 꿈꾼다는 것은 아주 위험한 일입니다. 꿈은 아주 끔찍한 권력의지이지요. 우리들 모두는 다소간 다른 사람들이 꾸는 꿈의 희생자입니다. 심지어 〔꿈꾸는 사람이〕 아주 상냥한 젊은 여자라고 해도 끔찍하고 게걸스러운데, 이것은 그의 영혼 때문이 아니라 그가 가진 꿈 때문이지요. 다른 사람의 꿈을 조심하세요. 여러분이 다른 사람의 꿈에 사로잡히면 여러분은 끝장이기 때문입니다.

상대적으로 최근 영화들 중에서 가장 잘 알려진 경우들만 언급한다면, 한스-위르겐 지버베르크Hans-Jürgen Syberberg, 스트로브 부부〔장-마리 스트로브Jean-Marie Straub와 다니엘 위예Danièle Huillet〕, 마르그리트 뒤라스Marguerite Duras의 영화에서 나타나는, 유명한 '보는 것과 말하는 것의 분리'가 영화적 아이디어입니다. 이 영화들에 어떤 공통점이 있고, 시각적인 것과 청각적인 것의 분리는 어떤 점에서 고유한 영화적 아이디어가 될 수 있습니까? 왜 이것이 연극에서 이루어질 수 없을까요? 최소한 연극에서 이것이 이루어질 수 있고 이 경우 이것이 예외가 아니라면, 또 연극이 이런 수단을 찾을 수 있다면, 우리는 연극이 영화에서 이것을 빌려왔다고 말할 수 있을 것입니다. 이것도 그리 나쁘지는 않을 것입니다. 그러나 보는 것과 말하는 것, 시각적인 것과 청각적인 것의 분리를 이루어내는 것은 너무도 영화적이라서, 예를 들면 영화에서 아이디어란 무엇인지를 알고자 하는 질문에만 답이 될 수 있을 것입니다.

목소리 하나가 뭔가에 대해 말합니다. 누군가 무슨 말을 합니다. 이와 동시에 우리는 〔말해진 것과〕 다른 것을 봅니다. 그리고 마침내 우리에게 들리는 것은 우리에게 보이는 것 아래에 있게 됩니다. 이 세번째 지점이 아주 중요합니다. 연극이 쫓아갈 수 없는 지점이 바로 이 지점이라는 것을 여러분들은 잘 느낄 수 있을 것입니다. 연극은 앞서 나온 두 가지 명제, 즉 우리에게 어떤 것을 말하고, 이와는 다른 것을 보여준다는 명제를 충족시킬 수 있을 것입니다. 그러나 〔영화에서〕 우리에게 들리는 것은 이와 동시에 우리에게 보이는 것 **아래로** 들어가기 시작합니다. 이것이 필수적인데, 그렇지 않으면 앞의 두 작용은 어떤 의미도, 어떤 흥미도 없을 것이기 때문입니다. 이를 다른 방식으로 말할 수 있을 것입니다. 말이 공기 중으로 상승하는데, 이와 동시에 우리에게 보이는 땅이 점점 더 깊은 곳으로 가라앉고 있습니다. 아니, 이렇게 말해봅시다. 말이 공기 중으로 상승하는 동시에 이것이 우리에게 말해주었던 것은 땅속으로 가라앉았습니다.

영화만이 이것을 할 수 있다는 것은 무슨 뜻입니까? 제가 말하고자 하는 것은 영화가 이것을 해야 한다는 것이 아니라 이것이 영화에서 두세 번 이루어졌다는 것이고, 단지 제가 말할 수 있는 것은 이런 아이디어를 가졌던 사람들이 위대한 영화감독들이었다는 것입니다. 영화적 아이디어란 이것입니다. 이것은 경이로운데, 왜냐하면 영화의 차원에서 원소들의 진정한 변형, 그리고 영화가 원소들의 질적인 물리성에 갑작스럽게 공명하게 만드는 순환이 이루어지기 때문입니다. 이 때문에 영화에서 일종의 변형, 그리고 공기, 흙, 물, 불에서 출발해서 원소들의 거대한 순환이 일어납니다. 제가 말한 모든 것에서 이야기가 사라지는 것은 아닙니다. 이야기는 항상 그곳에 있지만, 충격적인 것은 이 이야기가 왜 그렇게 흥미가 있는가 하는 것입니다. 그것은 이 모든 것이 이야기 뒤에, 그리고 이야기 옆에 있기 때문이 아니면 무엇이겠습니까?

여러분들은 제가 방금 너무도 빠르게 정의했던 이 순환——목소리가 상승하면서, 이와 동시에 이 목소리가 말하는 것이 땅속으로 가라앉는——속에서 스트로브 부부가 찍은 대부분의 영화를 알아볼 수 있고, 〔거꾸로〕 스트로브 부부의 영화에서 원소들의 거대한 순환을 식별할 수 있습니다. 보이는 것은 단지 황량한 땅일 뿐이지만, 이 황량한 땅은 그 아래에 있는 것 때문에 무겁게 가라앉습니다. 그렇다면 여러분들은 "그러나 그 아래에 있는 것을 무엇으로 알 수 있습니까?"라고 저에게 물을 것입니다. 이것이 바로 영화의 목소리가 우리에게 말해주는 것입니다. 마치 목소리가 우리에게 말해주는 것 때문에, 그리고 그 시간, 그 장소에서 땅 아래에 자리를 잡으러 오는 것 때문에 땅이 뒤틀리기라도 하는 것처럼 말이지요. 그리고 목소리가 우리에게 시체에 대해, 땅 아래에 자리를 잡으러 오는 모든 계통의 시체에 대해 말한다면, 황량한 땅 위에서, 당신이 지금 눈으로 보고 있는 빈 공간에서 일어나는 미세한 바람의 떨림, 이 땅속에 있는 미세한 빈틈, 이 모든 것이 의미를 가지게 되는 것이지요.

제가 생각하는 것은 아이디어가 있다는 것이 어쨌거나 커뮤니케이션의 차원은 아니라는 것입니다.

바로 이 지점으로 되돌아오기로 합시다. 사람들이 말하는 모든 것이 다 커뮤니케이션으로 환원될 수 없습니다. 걱정할 일은 아닙니다. 이 말은 무슨 뜻입니까? 첫번째 뜻으로 커뮤니케이션은 정보의 전달과 확산입니다. 그런데 정보란 무엇입니까? 아주 복잡한 것은 아니고, 모든 사람이 알고 있듯이 정보는 명령어의 집합입니다. 누군가가 여러분들에게 무엇인가를 알려줄 때는 여러분이 믿어야 한다고 생각되는 것을 말해주는 것입니다. 달리 말해서 알려준다는 것은 명령어를 유통시키는 것입니다. 경찰 포고문은 〔불어에서는〕 적절하게도 '전달된 것 communiqués' 〔공식성명이라는 뜻〕이라고 불립니다. 우리에게 정보를 소통시킨다는 것은 우리가 믿는 상태에 있는 것, 믿어야만 하는 것, 믿을 책임이 있다고 생각되는 것을 말해주는 것입니다. 심지어는 믿을 책임은 없어도 마치 우리가 믿는 체해야 하는 것을 말해주는 것입니다. 우리에게 믿으라고 요구하지는 않지만, 믿는 것처럼 행동하라고 요구하는 것이지요. 이것이 바로 정보이고 커뮤니케이션입니다. 이러한 명령어나 전달에서 독립적으로 존재하는 정보도 없고 커뮤니케이

선도 없습니다. 반복해서 말씀드리지만, 정보란 정확하게 통제 체계라는 것입니다. 이것은 명백한 것이고, 특히 오늘날 우리와 관련되어 있습니다.

실제로 우리는 통제사회société de contrôle라고 부를 수 있는 사회로 진입하고 있습니다. 미셸 푸코 같은 사상가는 우리와 아주 밀접하게 연결되어 있는 두 종류의 사회를 분석한 적이 있습니다. 그는 하나의 유형을 주권사회sociétés de souveraineté라고 불렀고, 다른 하나의 유형을 훈육사회sociétés disciplinaires라고 불렀습니다. 그는 주권사회에서 훈육사회로 가는 전형적인 이행이 나폴레옹과 더불어 일어났다고 보았습니다. 푸코의 분석은 유명할 만한 이유가 있는데, 훈육사회는 감옥, 학교, 작업장, 병원 등 감금 환경의 구성으로 규정되었습니다. 훈육사회는 이것이 필요했습니다. 이 분석은 몇몇 푸코의 독자들에게 모호성을 불러일으켰는데, 그들은 이것이 푸코의 최종적 사유라고 믿었기 때문입니다. 전혀 그렇지 않습니다. 푸코는 전혀 그렇게 믿고 있지 않았고 훈육사회가 영원한 것이 아니라고 분명하게 말했습니다.

더 나아가 그는 우리가 새로운 유형의 사회로 진입하고 있다고 생각했습니다. 물론 오랜 기간 동안 훈육사회의 수많은 잔여물이 남아 있겠지만, 우리는 이미 또 다른 종류의 사회 속에서 살고 있음을 알고 있습니다. 이 사회는 윌리엄 버로스William Burroughs——푸코는 버로스에게 아주 강한 찬탄을 했습니다——가 제안한 단어, 즉 통제사회라고 불러야 할 것입니다. 우리는 훈육사회와 아주 다르게 정의될 수 있는 통제사회에 진입하고 있습니다. 우리의 재산을 감시하는 사람들은 감금의 환경이 필요하지 않고 앞으로도 필요하지 않게 될 것입니다. 이 모든 것, 감옥, 학교, 병원은 이미 끝없이 논의되는 장소입니다. 방문 의사를 늘리는 게 낫지 않겠습니까? 그렇습니다. 그것이 분명 미래입니다. 작업장, 공장 등은 모든 점에서 삐거덕거립니다. 하청 체제나 가택 노동이 더 낫지 않겠습니까? 사람들을 처벌하는 데 감옥 말고 또 다른 방법이 없겠습니까?

통제사회는 더 이상 감금의 환경을 통해 이루어지지 않게 될 것입니다. 학교도 마찬가지지요. 직업과 학교를 동시에 하는 것이 멋질 거라고 우리에게 설명하고 있는, 지금 막 태어나고 있는 테제들, 앞으로 40~50년 동안 발전될 테제들을 잘 감시해야 합니다. 학생들을 감금의 환경 속에 강제로 군집시킬 필요가 없으며, 또 우리의 미래가 되고 있는 평생교육을 통해 학교와 직업의 정체성이 어떻게 될 것인가를 알아보는 것이 흥미로울 것입니다. 통제는 훈육이 아닙니다. 고속도로로 사람들을 감금하지는 않지만, 고속도로를 통해 통제 수단을 늘릴 수 있게 됩니다. 제가 말하는 것은 이것이 고속도로의 유일한 목적이라는 것이 아니라, 사람들이 전혀 갇혀 있지 않고 무한히 '자유롭게' 돌아다닐 수 있는데도 완벽하게 통제된다는 것입니다. 이것이 바로 우리의 미래입니다.

정보는 바로 이것, 즉 주어진 사회에서 통용되는 명령어의 통제 체계라고 간주합시다.

예술작품은 이런 상황에서 무엇을 할 수 있습니까?

예술작품에 대해 말하지 말고 최소한 '반反-정보'라는 것이 있다고 말해봅시다. 독재의 나라들이 있었고 이렇게 특히나 힘들고 잔인한 조건에서도 '반-정보'가 있었습니다. 히틀러의 시대에 독일에서 빠져나와 사람을 몰살하는 수용소가 있다는 것을 우리에게 최초로 알려준 유대인들은 '반-정보'를 만든 것입니다. 우리가 인정해야만 하는 것은 '반-정보'는 어떤 것이 되었든 뭔가를 하기에는 결코 충분하지 않다는 것입니다. 어떠한 '반-정보'도 결코 히틀러를 방해하지 못했습니다. 하나의 경우만 빼고요. 이 경우란 무엇입니까? 중요한 것은 바로 여기입니다. 유일한 대답은 '반-정보'는 실제로 그것이 저항 행위— '반-정보'는 본래 저항 행위입니다—일 때 혹은 저항 행위가 될 때에 한해서 효과적이라는 것입니다. 그리고 저항 행위는 결코 정보도 '반-정보'도 아닙니다. '반-정보'는 그것이 저항 행위가 될 때에 한해서 유효한 것이 됩니다.

예술작품과 커뮤니케이션의 관계는 무엇입니까?

아무 관계도 없습니다. 예술작품은 커뮤니케이션의 도구가 아닙니다. 예술작품은 커뮤니케이션과 아무 관계도 없습니다. 엄밀하게 말해서 예술작품은 최소한의 정보도 포함하고 있지 않습니다. 반면에 예술작품과 저항 행위 사이에는 근본적 친화성이 있습니다. 여기서는 그렇습니다. 예술작품은 저항 행위라는 자격으로서만 정보나 커뮤니케이션과 같이 뭔가 할 수 있습니다. 저항하는 사람들이 시간도 없고 때로는 예술작품과 최소한의 관계를 맺기 위해 필요한 문화적 소양을 갖고 있지 않은데도, 예술작품과 저항 행위 사이의 이 신비로운 관계는 무엇입니까? 저는 잘 모르겠습니다. 앙드레 말로André Malraux는 아주 멋진 철학적 개념을 발전시켰고 예술에 대해 아주 단순한 말을 했습니다. 그에 따르면 예술은 죽음에 저항하는 유일한 것입니다.

처음으로 되돌아가 봅시다. 철학을 할 때 우리가 하는 것은 무엇입니까? 개념을 고안하는 것입니다. 저는 여기서 이것이 아주 멋진 철학적 개념의 기본이라고 생각합니다. 생각해봅시다. 죽음에 저항하는 것은 무엇입니까? 말로의 대답이 상당히 좋은 대답이라는 것은 우리 시대보다 3,000년 전에 만들어진 작은 조각상을 보는 것만으로도 충분합니다. 여기서 우리의 관점으로는, 최소한 예술만이 유일하게 저항하는 것은 아니라고 해도, 예술은 저항하는 것이라고 말할 수 있습니다. 저항 행위와 예술작품 사이의 긴밀한 관계는 여기서 나옵니다. 예술작품이 어떤 방식으로는 저항 행위이기는 하지만, 모든 저항 행위가 예술작품은 아닙니다. 모든 예술작품이 저항 행위는 아니지만, 어떤 방식으로는 예술작품은 저항 행위입니다.

영화에서 아이디어가 있다는 것은 무엇입니까?

스트로브 부부의 예를 들어봅시다. 이들이 시각적 이미지와 청각적 이미지를 분리시킬 때, 그리고 이들이 다음과 같은 방식을 취할 때 말이지요. 즉 목소리가 상승하고 상승하고 또 상승하고, 이 목소리가 우리에게 말하는 것이 시각적 이미지가 보여주고 있는 벌거벗은 황폐한 땅 아래로 지나가는데, 시각적 이미지는 청각적 이미지와 어떤 직접적 관련도 맺고 있지 않습니다. 그런데 그 대상이 땅 아래로 지나가고 있는 동안 공기 중에 상승하고 있는 이 말하는 행위는 무엇입니까? 저항입니다. 저항 행위입니다. 그리고 모든 스트로브 부부의 작품 속에서 말하는 행위는 저항 행위입니다.

「모세」[7]에서부터 「화해불가」[8]나 바흐[9]――제가 순서대로 인용하고 있는 것은 아닙니다――를 거쳐 최후의 카프카[10]에 이르기까지 그렇습니다. 바흐의 말하는 행위, 그것은 성聖과 속俗의 분할에 맞선 적극적 투쟁이자 저항 행위인 그의 음악입니다. 음악 속에서 이 저항 행위는 절규에 이르러 정점에 달합니다. 「보이젝」[11]에 절규가 있는 것처럼, 바흐 속에도 절규가 있습니다. "나가, 나가라고, 가버려, 나는 당신을 보고 싶지 않아!" 스트로브 부부가 이 절규, 즉 바흐의 절규나 「화해불가」에 나오는 늙은 분열증 환자의 절규에 가치를 부여할 때, 이 모든 것이 이중적 측면을 가지고 있다는 것을 고려해야 합니다. 저항 행위는 두 얼굴을 가지고 있습니다. 저항 행위는 인간적인 행위이면서 동시에 예술의 행위이기도 합니다. 예술작품의 형태를 띠건 인간들의 투쟁의 형태를 띠건, 단지 저항 행위만이 죽음에 저항할 수 있습니다.

인간의 투쟁과 예술작품은 어떤 관련을 가지고 있습니까?

이 관계는 가장 긴밀한 관계이고 제게는 가장 신비로운 관계입니다. 이것은 정확하게 파울 클레Paul Klee가 "아세요? 민중이 없어요"라고

---

7) 장-마리 스트로브 & 다니엘 위예, 「모세와 아론Moses und Aron」, 독일, 1975, 107분.
8) 장-마리 스트로브, 「화해불가, 혹은 폭력이 지배하는 곳에는 폭력만이 도움이 된다Nicht versöhnt oder Es hilft nur Gewalt wo Gewalt herrscht」, 독일, 1965, 55분.
9) 장-마리 스트로브 & 다니엘 위예, 「안나 막달레나 바흐의 연대기Chronik der Anna Magdalena Bach」, 독일/이탈리아, 1968, 94분.
10) 장-마리 스트로브 & 다니엘 위예, 「계급관계Klassenverhältnisse」, 독일/프랑스, 1984, 127분.
11) 베르너 헤어조크Werner Herzog, 「보이젝Woyzeck」, 독일, 1979, 82분.

말했을 때 그가 하고자 했던 말입니다. 민중peuple이 없고[12] 이와 동시에 민중은 없지 않습니다. "민중이 없다"라는 말의 뜻은 예술작품과 존재하지 않는 민중 사이의 근본적 친화성이 분명하지 않고, 또 앞으로도 분명하지 않을 것이라는 점입니다. 아직 존재하지 않는 민중에게 호소하지 않는 예술작품은 없습니다.

---

12) (옮긴이 주) 이 민중은 예술작품의 관객뿐만 아니라 새로운 세계를 만들어갈 대중이나 민중으로도 이해할 수 있다. 지금 존재하는 관객이나 민중이 불충분하기 때문에 '민중이 없다'라는 명제가 나온다. 따라서 이 명제는 새로운 관객, 새로운 민중을 만들어내야 한다는 문제의식으로 자연스럽게 이어질 수 있다. 덧붙여 이 강연록의 마지막 문장은 "모든 예술작품은 아직 존재하지 않는 민중에게 호소합니다"라는 문장으로 바꿔 읽을 수 있는데, 예술작품이 이렇게 아직 존재하지 않는 민중을 추동한다는 뜻으로 이해할 수 있다.

세르주 다네

    내가 보지 못한 수많은 영화 중에는 「시월」[1]이나 「여명」,[2] 「밤비」[3]만 있는 것이 아니라 저 음산한 「카포」[4]도 있다. 이탈리아 좌파감독 질로 폰테코르보가 1960년에 찍은 나치 강제수용소에 대한 영화 「카포」는 영화사에 획을 긋는 작품이 아니었다. 그러나 이 영화를 보지 않고서도 결코 이 영화를 잊지 못하는 사람이 나뿐일까? 왜냐하면 나는 「카포」를 보지 않았지만 동시에 이 영화를 보았기 때문이다. 내가 이 영화를 보았다고 말하는 것은 누군가가 나에게 이 영화를—말로써—보여주었기 때문이다. 이 영화는 그 제목과 함께 마치 비밀번호처럼 내 영화 인생 전체를 따라다녔다. 나는 이 영화를 짧은 글 하나를 통해서만

---

1) 세르게이 에이젠슈테인, 「10월Oktyabr」, 소련, 1928, 103분.
2) 마르셀 카르네Marcel Carné, 「여명Le jour se lève」, 프랑스, 1939, 93분.
3) 데이비드 핸드David Hand, 「밤비Bambi」, 미국, 1942, 70분(월트 디즈니 만화영화).
4) 질로 폰테코르보Gillo Pontecorvo, 「카포Kapo」, 이탈리아/프랑스/유고슬라비아, 1960, 118분.

알고 있을 뿐이다. 이 글은 자크 리베트Jacques Rivette가 이 영화에 대해 『카이에 뒤 시네마』 1961년 6월호에 쓴 비평이다. 이 글은 통권 120호에 실려 있었고 제목은 「천함에 대하여」였으며, 리베트는 당시 서른세 살, 나는 열일곱 살이었다. 나는 이 글을 읽기 전에는 내 인생에서 '천함abjection'이라는 단어를 입에 담은 적도 없었다.

리베트는 이 비평에서 영화의 줄거리를 말하지 않고 단 한 문장으로 샷 하나를 묘사하는 데 만족했다. 내 기억에 새겨진 그 문장은 바로 이렇다. "「카포」에서 리바Riva가 스스로 전기 철조망에 몸을 던져 자살하는 장면을 보자―바로 이 순간, 마지막 프레임의 앵글에 정확하게 〔시체의〕 올려진 손을 잡으려고 갖은 신경을 쓰면서 시체를 잡기 위해 앙각으로 트래블링-인을 하기로 결심한 사람, 바로 이 사람은 가장 깊은 경멸만을 받을 수 있을 뿐이다." 이렇게 단순한 카메라의 움직임 하나가 결코 해서는 안 되는 움직임이 되어버렸다. 실행하면 명백하게 '천해지지' 않을 수 없는 카메라 움직임. 이 몇 줄을 읽자마자 나는 이 글을 쓴 사람이 전적으로 옳다는 것을 알았다.

명철하면서도 거친 리베트의 글 덕분에 나는 천함의 얼굴에 대해 말할 수 있게 되었다. 내 반란이 표현에 필요한 말들을 찾아낸 것이다. 그러나 그뿐만이 아니었다. 이 반란이 이보다는 덜 분명하고 아마도 이보다 덜 순수한 감정을 동반했다는 것도 있었다. 미래 영화비평의 〔기준이 될〕 내 최초의 확신을 얻는 데 도움이 되었다는 감사의 감정이 그것이다. 시간이 흐르면서 '「카포」의 트래블링'은 사실상 나에게 휴대용 도그마, 논란의 여지없는 공리, 모든 토론의 한계 지점이었다. '「카포」의 트래블링'의 천함을 즉각 느끼지 못하는 사람은 결단코 나하고 아무 관계도 없을 것이고 아무것도 나눌 수 없을 것이다.

다른 한편 이런 종류의 거부감은 시대의 분위기였다. 과도하고 성내는 듯한 리베트 글의 문체를 보고 나는 이미 격렬한 토론이 일어났다는 것을 느낄 수 있었고, 영화가 모든 논쟁에 특권적인 공명상자라는 것은 나에게 당연해 보였다. 알제리 전쟁이 끝났고, 알제리 전쟁은 영화로 찍을 수 없었기 때문에 역사에 대한 그 어떤 재현도 미리부터 의심하게 되었다. 금기의 형상, 범죄적 경향, 금지된 몽타주가—영화에서조차, 아니 특히 영화에서—있을 수 있다는 것을 누구나 이해하는 것 같았다. 트래블링에서 '도덕의 문제'를 보았던 고다르의 유명한 정식〔"트래블링은 도덕의 문제다"〕은 내 눈에는 자명한 이치들 중 하나였고, 여기에 대해서는 재론할 필요가 없었다. 어쨌거나 나는 그랬다.

리베트의 글은 『카이에 뒤 시네마』가 노란색 표지를 쓰던 시기가 끝나기 3년 전에 이 잡지에 실렸다. 이 글이 다른 어떤 영화잡지에도 실릴 수 없었으리라는 느낌, 그리고 이후에 내가 이 잡지에 속해 있었던 것처럼 이 글이 『카이에 뒤 시네마』의 근원에 속해 있다는 느낌을 내가 가지고 있었던 것일까? 가족이 거의 없었던 나에게는 항상 〔『카이에 뒤 시네마』를 만나면서〕 가족을 찾았다는 느낌이 있었다. 따라서 내가 속물적 모방심리 때문에 2년 전부터 꼬박꼬박 『카이에 뒤 시네마』를 사고 이 잡지에 대해 볼테르 고등학교의 친구—클로드D. Claude—와 경탄에 찬 의견을 나누었던 것은 아니다. 마찬가지로 내가 순전한 변덕 때문에 〔이 잡지가 나왔나 보려고〕 매달 초 레퓌블리크 거리에 있는 작은 서점의 유리창에 코를 붙이고 서점 안을 들여다보았던 것도 아니다. 노란 띠 아래에 있는 『카이에 뒤 시네마』의 흑백 표지사진이 바뀐 것만 봐도 심장이 두근거렸다. 나는 이번 달 호가 나왔는지 아닌지를 서점 주인이 알려주는 것이 싫었다. 내가 직접 알아내고 싶었고 마치 공책 한 권을 사는 것처럼 음색 없는 목소리로 냉정하게 그것을 사고 싶었다. 정기구독을 할 생각은 아예 없었다. 이 들뜬 기다림이 좋았기 때문이다. 이 잡지를 사기 위해서든, 이후 여기에 글을 쓰기 위해서든, 마지막으로 이 잡지를 만들기 위해서든 나는 『카이에 뒤 시네마』의 문 앞에 서 있을 수 있었다. 어쨌거나 『카이에 뒤 시네마』는 '내 집'이었기 때문이다.

볼테르 고등학교에서 은밀하게 시네필cinéphile이 되었던 우리의 수는 얼마 되지 않았다. 연도까지 말할 수 있다. 1959년이었다. 당시 시네필이란 말은 아직 생기 있는 말이었지만, 이미 병적인 함의와 고약한 아우라가 들어 있어서 이 말의 평판이 차츰 떨어지고 있었다. 내 경우에는 (몇 년 후 우리의 모습이 되었던) '시네마테크의 쥐들'이 영화는 열정으로 살고 자기 삶은 대리로 산다고 조롱하던 치들——이들은 너무 평범했다——을 단번에 경멸했다. 60년대 초반 영화계ciné-monde는 아직 매혹의 세계였다. 한편으로 영화계는 〔주류 문화와〕 동시에 존재하는parallèl 대항문화의 모든 매력을 가지고 있었다. 다른 한편으로 영화계는 진중한 역사, 이미 알려진 가치, 조르주 사둘Georges Sadoul의 껍질〔사둘의 『세계영화사』〕——이 불충분한 성서——, 지도자의 말과 어두운 신화, 이념들의 전투, 전쟁 중인 잡지들로 이루어져 있었다는 이점이 있었다. 전쟁은 거의 끝났고 우리는 분명 늦게 도착했지만, 아직 이 시대의 나이에 이르지 못한 이 역사 전체를 다시 전유한다는 암묵적 기획을 가지지 못할 정도로 늦은 것은 아니었다.

시네필이 된다는 것은 단순하게는 고등학교 교과과정에 나란히, 이것을 흉내 낸 또 다른 교과과정을 게걸스럽게 집어삼킨다는 것을 뜻했다. 그리고 노란색 『카이에 뒤 시네마』가 아드리아네의 실처럼 함께했고, 음모를 꾸미는 사람처럼 신중하게 "발견해야 할 세계가 여기에 있으며 아마도 단연코 우리가 거주해야 할 바로 그 세계"라는 것을 우리에게 알려준 몇몇 '어른' 인도자가 함께했다. 볼테르 고등학교의 문학 교사였던 앙리 아젤Henri Agel은 이런 독특한 인도자들 중 하나였다. 우리만큼이나 라틴어 수업의 사역을 피하고 싶었던 그는, 티투스 리비우스의 글로 한 시간을 보낼 것이냐 아니면 영화를 볼 것이냐를 놓고 투표에 부쳤다. 영화를 선택했던 학급은 생각에 잠겨 정기적으로 교실에서 빠져나갔고 낡은 시네클럽의 덫에 걸렸다. 아젤은 사디즘 때문에, 그리고 아마도 그가 이 영화들의 필름복사본을 소장하고 있었기 때문에 청소년들에게 진지하게 세상물정을 알려주는 작은 영화들을 상영했다. 프랑쥐의 「야수의 피」[5]가 그랬고 알랭 레네의 「밤과 안개」[6]가 특히 그랬다. 따라서 나는 영화를 통해 인간의 조건과 대규모 학살이 공존할 수 없으며, 최근에 최악의 사태가 벌어졌음을 알았다.

오늘 나는 아젤——그는 악惡이 대문자로 씌어진다고 믿었다——이 이 독특한 계시의 효과가 고등학교 2학년 B반 청소년들의 얼굴에 나타나는 것을 보고 싶었을 거라고 짐작한다. 왜냐하면 그것은 정말 독특한 계시였기 때문이다. 영화를 통해 이 피할 수 없는 죽음의 지식——우리는 전적으로 이 지식을 물려받은 첫 세대였다——을 전달해주는 잔인한 방식에는 일정 정도의 관음증이 있었을 것이다. 아마도 개종자는 아닌 개신교인이었고 약간은 엘리트적 투사였던 아젤은 〔영화를 보여주

---

5) 조르주 프랑쥐George Franju, 「야수의 피Le Sang des bêtes」, 프랑스, 1949, 20분.
6) 알랭 레네Alain Resnais, 「밤과 안개Nuit et brouillard」, 프랑스, 1955, 32분.

면서) 그 자신을 보여주었다. 그에게는 그런 재주가 있었다. 그가 자신을 보여준 것은 그래야 했기 때문이다. 왜냐하면 그가 만들고자 애썼던 고등학교의 영화 문화는 「밤과 안개」를 결코 잊지 못하는 사람들과 그렇지 않은 사람들 사이의 조용한 선별을 통해서도 이루어졌기 때문이다. 나는 '그렇지 않은 사람들'에 속하지 않았다.

아젤의 변덕에 따라 라틴어 수업이 한 번, 두 번, 세 번 희생당해감에 따라 나는 (「밤과 안개」에 나오는) 유명한 시체, 머리카락, 안경, 치아 등의 더미를 바라보았다. 미셸 부케Michel Bouquet의 음성으로 비탄에 잠긴 장 케롤Jean Cayrol의 내레이션을 들었고, 존재하는 것 자체를 후회하는 듯한 한스 아이슬러Hans Eisler의 음악을 들었다. 이미지의 기이한 세례. 이것은 나치 강제수용소가 실제로 있었으며 이 영화가 공정하다는 것을 동시에 이해하는 것이었다. 그리고 영화가——영화만이?——타락한 인류의 한계 지점에 자리 잡을camper 수 있다는 것을 이해하는 것이었다. 나는 1955년(「밤과 안개」가 나온 해)뿐만이 아니고 1959년(「히로시마 내 사랑」이 나온 해)에도 촬영된 대상과 촬영하는 주체와 관객이라는 주체 사이에서 레네가 설정한 거리距離가 유일하게 가능한 거리라고 느꼈다. 「밤과 안개」는 '아름다운' 영화인가? 아니다. 공정한juste 영화다. 「카포」는 아름다운 영화가 되고자 했으나 그렇지 못한 영화다. 그리고 나는 공정한 것과 아름다운 것 사이에 어떠한 차이도 두지 않게 되었다. 아름다운 이미지들 앞에서 내가 항상 느꼈던 '두드러질' 것조차 없는 권태는 바로 여기에서 나온다.

영화에 사로잡혀 있었던 나는 더 이상 영화에 매혹될 필요가 없었다. 사람들이 어린 아기에게 말하듯 나에게 말할 필요도 없었다. 어렸을 때 나는 월트 디즈니의 어떤 영화도 보지 않았다. 나는 공립학교l'école communale에 바로 들어갔기 때문에 아이들 프로그램으로 시끌시끌한 유치원la maternelle에 다니지 않았던 것을 자랑스럽게 생각했다. 최악은 이렇다. 즉 만화영화는 항상 나에게 영화와 다른 것이었다. 또 최악은 이렇다. 즉 만화영화는 항상 약간은 적이었다. 카메라로 찍힌 것choses enregistrées 앞에서 느끼는 정서——두려움과 전율——가 없었기 때문에 어떤 '아름다운 이미지'도, 하물며 그려진 것은 더욱더, 나를 사로잡지 못했다. 그리고 너무도 단순한 이 모든 것, 그리고 이렇게 단순하게 정식화하는 데 내게 수년의 시간이 걸렸던 이 모든 것은 레네의 이미지와 리베트의 글 주변에서 시작되었던 것이다. 1944년 연합군이 노르망디에 상륙하기 이틀 전에 태어난 나는 내 영화와 내 이야기를 동시에 발견할 만한 나이가 되어 있었다. 이것은 어쨌거나 내 이야기일 뿐이라고 내가——이후에——깨닫기 전에, 내가 다른 사람과 공유하고 있었다고 오랫동안 믿었던 기이한 이야기.

한 아이는 무엇을 알고 있는가? 그리고 자신에 관한 것만 빼고 모든 것을 다 알고 싶었던 이 세르주 D.라는 아이는? 세상의 이미지〔영화〕와 함께하는 것은 이후 세상에 대한 어떤 부재에 기반을 두고 이루어지는가? 장-루이 쉐퍼Jean-Louis Schefer가 『영화의 보통 사람』에서 "우리의 유년 시절을 지켜보았던 영화들"에 대해 말했을 때, 나에게는 이 표현보다 더 아름다운 표현이 없었다. 왜냐하면 영화들을 '직업적으로' 보는 법을 배우는 것——다른 한편 이 영화들이 우리를 점점 덜 지켜보는 영화라는 것을 확인하기 위해——과, 우리가 자라는 것을 지켜보았고 우리들 자신을 지켜보았던 영화들——다가올 우리 인생의 때 이른 인

질들이며 우리 개인사의 올가미에 이미 얽혀 있는 영화들——과 사는 것은 다르기 때문이다. 「사이코」,[7] 「달콤한 인생」,[8] 「인도의 묘지」,[9] 「리오 브라보」,[10] 「소매치기」,[11] 「살인의 해부」,[12] 「신 헤이케 이야기」[13] 그리고 특히 「밤과 안개」는 나에게 다른 영화들과 같은 영화가 아니다. '이들이 너를 지켜보는가?'라는 갑작스러운 질문에 이 영화들은 모두 나에게 그렇다고 답한다.

「밤과 안개」의 시체들, 그리고 2년 후에 「히로시마 내 사랑」[14]의 첫 장면에 나오는 육체들은 내가 이들을 보았던 것보다 나를 더 많이 지켜보았던 '것들'에 속한다. 이런 이미지들을 만들어내려고 시도한 감독은 에이젠슈테인이지만, 여기에 도달한 감독은 히치콕이다. 하나의 예에 지나지 않지만, 「사이코」와의 첫 만남을 어떻게 잊을 수 있을까? 우리는 파리의 파라마운트 오페라 극장에 몰래 들어갔고, 이 영화는 세상에서 가장 평범한 방식으로 우리를 공포에 몰아넣었다. 그리고 영화가 끝나갈 무렵 내 지각에 스쳐간 장면이 있는데, 여기에서 입체파식 잠옷, 떨어지는 가발, 휘두르는 칼과 같은 그로테스크한 소품들만 나오는 '육6-사4-이2' 방식의 몽타주가 나온다. 모두가 함께 겪은 공포에 뒤이어 체념한 듯한 고독한 침묵이 이어진다. 이때 뇌는, 자기 없이도

---

7) 알프레드 히치콕Alfred Hitchcock, 「사이코Psycho」, 미국, 1960, 109분.

8) 페데리코 펠리니Federico Fellini, 「달콤한 인생La dolce vità」, 이탈리아, 1960, 174분.

9) 프리츠 랑, 「인도의 묘지Das Indische Grabmal」, 독일, 1959, 102분.

10) 하워드 혹스Howard Hawks, 「리오 브라보Rio Bravo」, 미국, 1959, 141분.

11) 로베르 브레송Robert Bresson, 「소매치기Pickpocket」, 프랑스, 1959, 75분.

12) 오토 프레밍거Otto Preminger, 「살인의 해부Anatomy of a Murder」, 미국, 1959, 160분.

13) 미조구치 겐지Mizoguchi Genji, 「신 헤이케 이야기新平家物語/Shin heike monogatari」, 일본, 1955, 103분.

14) 알랭 레네, 「히로시마 내 사랑Hiroshima mon amour」, 프랑스, 1959, 90분.

영화와 세계가 계속 흘러가도록 내버려두고 이미지들이 저절로 전개되
도록 내버려두는 두번째 영사 기구처럼 작동한다. 나는 바로 이 '나 없
이 계속하시오'라는 도둑맞은 현재에 기반을 두지 않은 그 어떤 영화에
대한 사랑도 상상할 수 없다.

이 상태를 누가 겪었을까? 누가 이런 스크린 체험을 알고 있을까?
식별되지 않는 이미지들이 망막 위에 기입되고, 미지의 사건이 불가항
력처럼 일어나며, 내밷은 대사가 자기에 대한 불가능한 지식의 비밀번
호가 된다. '보지도 못하고 붙잡지도 못한' 이런 순간들은 영화애호가
가 겪는 최초의 장면이며 그것이 자기에게만 일어나는데도 자기가 존재하지
않는 장면이다. 장 폴랑Jean Paulhan이 문학에 대해 "우리가 존재하지
않을 때" 겪는 세계 체험이라고 말하고, 라캉이 "자기 자리에 없는 것"
이라고 말할 때의 바로 그 의미에서 그렇다. 시네필이라고? 시네필은
눈을 크게 떴지만 아무것도 볼 수 없었다고 어떤 사람에게도 말하지 못
하는 사람이다. 전문적 '관찰자'의 삶이 만들어져가는 사람. 늦은 사람
의 이야기, '다시 어른이 되고' 성장해가는 이야기. 가능한 한 가장 늦
게.

내 삶은 바로 이렇게 기반을 갖게 되었고 이렇게 두번째 탄생을 겪고
즉각 그것을 기념하게 되었다. 이 날짜가 기억나는데, 여전히 1959년
이었다. 이 해——이것은 우연인가?——는 바로 뒤라스가 쓴 유명한 대
사 "당신은 히로시마에서 아무것도 보지 못했어. 아무것도"의 해이다.
어머니와 나——우리만 그런 것이 아니다——는 「히로시마 내 사랑」을
보고 각자 아연실색한 채로 영화관을 나왔다. 이전에는 영화가 '이런
것'을 할 수 있다고 생각해본 적이 없었기 때문이다. 그리고 지하철을

기다리면서 나는 내가 어떻게 대답해야 할지 몰랐던 진절머리 나는 질문——"커서 뭐가 될 거니?"——에 바로 몇 분 전에 결국 답을 찾았음을 깨달았다. "이후에는," 어떤 식으로든 영화를 하게 될 것이다. 따라서 나는 내가 영화로 다시 태어난 것ciné-naissance à moi-même에 대한 디테일 하나하나를 빠짐없이 떠올릴 수 있다. 「히로시마 내 사랑」, 지하철 플랫폼, 어머니, 아그리퀼퇴르 영화관의 불빛과 안락의자 등은 바람직한 기원——내가 내 자신을 위해 선택한 기원——의 전설적 장식으로 이후에 한 번 이상 떠오르게 된다.

돌이켜보면 레네는 2년 동안 일어난 이 원풍경과 세 가지 행위를 연결하는 이름이다. 왜냐하면 바로 「밤과 안개」가 가능했기 때문에 「카포」는 시대에 뒤떨어진 것이 되었고 리베트는 자기 비평을 쓸 수 있었기 때문이다. 레네는 이후 '현대적인' 감독의 원형으로 자리 잡기 전에 나에게는 인도자passeur 이상의 존재였다. 당시 사람들의 말처럼 그가 '영화 언어'에 혁명을 일으켰다면, 그것은 그가 자신의 **주제**를 진지하게 포착하는 데 만족했기 때문이고, 다른 모든 주제 가운데서 이 **주제**를 알아볼 수 있는, 거의 운에 가까운 직관이 있었기 때문이다. 그 주제는 다름 아니라 나치 강제수용소와 원자폭탄의 트라우마에서 막 벗어난, 있는 그대로의 인류가 그것이다. 깊은 상처를 입었으며 끔찍하게 일그러진 얼굴의 인류. 따라서 이후에 내가 레네의 '다른' 영화들에 대해 약간은 지루한 관객이 되었던 방식을 생각해보면 항상 어떤 이상한 것이 있었다. 세계——유일하게 레네만이 이 세계의 질병을 제때에 찍을 수 있었다——에 다시 **생기**를 불어넣으려는 그의 시도는 단지 거북함만을 만들어내는 것으로 보였다.

336

따라서 내가 '현대' 영화와 그 생성 과정을 따라가는 여행을 하게 된 것은 레네와 함께가 아니라 오히려 로베르토 로셀리니Roberto Rossellini 와 함께였다. 사태와 도덕의 교훈을 마음으로 받아들이거나 거부하게 된 것은 레네와 함께가 아니라 항상 장-뤽 고다르Jean-Luc Godard와 함 께였다. 왜 그랬는가? 우선 고다르와 로셀리니는 큰 목소리로 말하고 쓰고 성찰했지만, 이와 반대로 재킷 속에 움츠러든 채 자신이 지식인 이 아니라고 선언하면서 이를 믿어달라고——정당하지만 헛되이——요 구하는 '조각상-지휘관'인 레네의 이미지는 결국 내 신경을 거스르게 되고 말았기 때문이다. 이렇게 해서 나는 그의 영화들 중 두 편의 영화 가 내 인생의 '막을 열어준' 역할을 했다는 데 대해 '복수'를 한 것일 까? 레네는 나에게 유년 시절을 빼앗아간 감독이었고, 이보다는 오히 려 30년 동안이나 나를 진지한 아이로 만든 감독이었다. 그리고 정확하 게는 어른이 된 내가 아무것도 나누고 싶지 않은 사람이었다. 내가 기 억나는 것은, 「인생은 소설」[15]의 개봉 때문에 레네와의 인터뷰를 끝내 고 나서 내가 겪은 「히로시마 내 사랑」의 충격에 대해 그에게 이야기하 는 것이 좋겠다고 생각했던 일이다. 이에 대해 그는, 내가 마치 그가 최근에 산 외투가 좋다고 말하는 것처럼 새침하면서도 거리를 두는 모 습으로 나에게 감사했다. 나는 기분이 상했지만 틀린 것은 오히려 나 였다. "우리의 어린 시절을 지켜본" 영화들은 나눌 수 없는 것이다. 심 지어 이 영화들을 직접 만든 사람하고도.

이 이야기가 마무리되고 내가 「히로시마 내 사랑」과 관계가 있던 '약

---

15) 알랭 레네, 「인생은 소설La vie est un roman」, 프랑스, 1983, 110분.

간의' 내 몫 이상의 것을 가진 지금, 나는 혼자서 숙명적으로 질문을 던진다. 이 영화가 다른 식으로 될 수 있었을까? 나치 강제수용소에 대해 「밤과 안개」의 반反스펙터클이 가진 공정성과 또 다른 공정성이 가능했을까? 최근에 한 친구가, 2차 세계대전 말기에 찍었고 이후 매장되었다가 다시 발굴되어서 최근 프랑스 텔레비전에서 상영된 조지 스티븐스의 다큐멘터리[16)가 있다고 알려주었다. 나치 강제수용소가 개방되는 것을 찍은 최초의 색채영화이며 그 색채마저도——전혀 천하지 않게——예술로 옮겨간 영화. 이것은 왜일까? 색채와 흑백의 차이일까? 미국과 유럽의 차이일까? 스티븐스와 레네의 차이? 스티븐스의 영화에서 놀라운 것은 그것이 여전히 여행기旅行記라는 점이다. 즉 한가로운 촬영병들과 감독들로 이루어진 소집단의 일상에서 시작해서 파괴된 생-로Saint-Lô와 황폐화된 유럽을 거쳐 아무도 예상하지 못했고 이 소집단을 뒤흔들어놓은 아우슈비츠로 나아가는 전진. 그리고 내 친구는 내게, 이 영화에 나오는 시체더미가 20세기의 위대한 회화를 생각나게 하는 기이한 아름다움을 가지고 있다고 말했다. 언제나 그랬듯이 내 친구 실비P. Sylvie는 옳았다.

　오늘날 내가 이해한 것은 스티븐스 영화의 아름다움이 적정한 거리를 찾아낸 공정성의 산물이라기보다는, 여기에 던진 시선의 순수성inno-cence에서 비롯되었다는 점이다. 공정성은 '뒤늦게' 온 사람이 짊어지는 짐이다. 순수성은 맨 먼저 온 사람에게 부여된 끔찍한 은총이다. 단지 영화가 가진 동작들을 실행했을 뿐인 맨 먼저 온 사람에게 부여된

---

16) 조지 스티븐스George Stevens, 「나치 강제수용소Nazi Concentration Camps」, 미국, 1945, 59분.

은총. 나는 70년대 중반에 와서야 비로소 파솔리니의 「소돔 120일」[17]
이나 심지어는 지버베르크의 「히틀러」[18]에서도 '순수하다'라는 말의 다
른 의미를 알아볼 수 있게 되었다. 이 말의 다른 의미란 죄가 없다는
것이 아니라 악惡을 찍으면서 악에 대해 생각하지 않는 것이다. 1959년
에 나는 악을 발견하고 약간은 뻣뻣해져서 이미 모든 사람이 느끼는 죄
책감을 나눠 갖고 있었다. 그러나 1945년에는 아마도 미국인이면 충분
했고 조지 스티븐스나 혹은 팔케나우Falkenau에서의 하사관 사무엘 풀
러[19]처럼 카메라를 손에 들고 진짜 어둠의 문이 열리는 순간에 그 자리
에 있는 것만으로도 충분했다. 파헤친 무덤 앞으로 독일 국민을 행진
하게 하고, 이들이 좋든 싫든 바로 어떤 것 옆에서 살아왔는지를 보여
주기 위해서는 미국인이어야만 ── 다시 말해 스펙터클의 근본적 순수
성을 믿어야만 ── 했다. 레네가 몽타주 테이블에 앉기까지 10년의 세월
이 흘러야만 했고, 폰테코르보가 여기에 우리, 즉 리베트와 나를 격분
시켰던 약간의 과도한 카메라 움직임을 덧붙이기까지는 15년의 세월이
흘러야만 했다. 따라서 시간屍姦/nécrophilie은 이 '뒤늦음'의 대가였고
'공정한' 시선의 관능적 대역이었다. 그것은 죄지은 유럽의 시선, 레네
의 시선, 그리고 결과적으로 나의 시선이었다.

---

17) 피에르 파올로 파솔리니Pier Paolo Pasolini, 「소돔 120일Saló, or the 120 Days of Sodom」,
  이탈리아, 1976, 116분.
18) 한스-위르겐 지버베르크Hans-Jürgen Syberberg, 「히틀러Hitler-ein Film aus Deutschland」,
  독일, 1978, 442분.
19) (옮긴이 주) 여기서 다네의 말은 영화감독이 되기 전에 촬영병으로 2차 세계대전에 참여했
  던 사무엘 풀러가 나치 강제수용소의 개방 당시 찍은 다큐멘터리 영상을 가리킨다. 이 영상
  은 에밀 바이스Emil Weiss가 감독한 「팔케나우, 있을 수 없는 광경Falkenau, Vision de l'
  impossible」(프랑스, 1988, 52분)에 통합되어 있다.

이것이 바로 내 이야기의 첫번째 패貝였다. 『카이에 뒤 시네마』의 지적 가족이 이미 내 가족이었듯이 리베트의 구절이 열어준 공간은 내 공간이었다. 그러나 내가 고려하지 않을 수 없었던 것은 이 공간이 넓은 들판이었다기보다는 좁은 문이었다는 것이다. 이 문 옆에는, 고상한 쪽으로는 적정한 거리가 주는 즐거움과 그 이면의 숭고한 혹은 승화된 시간屍姦이 있었다. 그리고 고상하지 않은 쪽으로는 승화시킬 수 없는 전혀 다른 즐거움의 가능성이 있었다. 어느 날 고다르는 롤Rolle에 있는 자신의 비디오테크 구석에서 정교한 '강제수용소 포르노' 테이프 몇 개를 나에게 보여주면서 이런 영화들에 맞서 어떤 담화도 발표된 적이 없고 공개적 금지도 없었다는 사실에 놀라워했다. 마치 이 테이프들을 만든 사람들의 의도가 너무도 천박하고 이를 소비했던 사람들의 성적 환상이 너무도 저속해서 이들 테이프들이 일종의 검열과 분노로부터 '보호받고' 있는 것 같았다. 이는 살인자들과 희생자들 사이에서 불가피한 교착交着이 일어난다는 맹목적 요구가 하위문화의 측면에서는 사라진다는 증거다. 이런 영화들이 존재한다는 것 때문에 내가 실제로 흔들린 적은 없었다. 나는 이들 영화에 대해—노골적으로 포르노를 표방하는 모든 영화에 대해 그랬던 것처럼—점잖을 정도로 인내심을 가지고 있었고, 성적 환상이 너무 적나라해서 불가피한 반복 행위의 처량한 단조로움만이 제시될 때 내게는 성적 환상의 표현에 인내심이 생겨난다.

나를 항상 분개하게 만들었던 것은 또 다른 포르노, 즉 「카포」처럼 예술적 포르노, 그리고 이후 「밤의 문지기」[20]나 70년대의 또 다른 '복

---

20) 릴리아나 카바니Liliana Cavani, 「밤의 문지기Ⅱ portiere di notte」, 이탈리아, 1974, 118분.

고'영화들이다. 나는 「밤과 안개」의 반反-이미지의 집요한 회귀를 사후에 이루어진 합의된 미화美化보다 더 좋아했다. 다시 말해서 볼 생각은 없지만 「나치 친위대의 암늑대 일자」[21]와 같은 영화가 가진 충동적 폭발 쪽을 더 좋아했다. 이런 영화들에는 최소한, 이야기가 응결되거나 공허하게 열광할 때, 말할 수 없다고 행하는 정직함, 진행 중인 이야기 속에서 대담한 멈춤을 행하는 정직함이 있었다. 따라서 기억상실증이나 억압에 대해서가 아니라 **시효상실**forclusion에 대해서 말해야만 한다. 이후 나는 시효상실에 대한 라캉의 정의를 배웠다. 그것은 '현실 판단'을 내릴 수 없었던 것이 현실 속에 환상적으로 돌아온다는 것이다. 달리 말해 영화감독들이 비시 정부의 정책을 그 당시 영화에 담지 않았기 때문에, 이들의 의무는 이로부터 50년 후에 「아이들아, 안녕」[22]과 같은 영화를 이용해 자기 자신을 상상적으로 속죄하는 것이 아니라, 벨 디브 Vel' d' Hiv의 유대인 대공습을 포함해 1940년부터 1942년까지 꼼짝도 하지 않았던 이 '선한' 프랑스 민중들로부터 현재의 초상화를 끌어내는 것이다. 영화는 현재의 예술이기 때문에 영화가 하는 후회는 무가치하다.

「밤과 안개」 앞에서 관객이었던 나와, 이 영화로 재현할 수 없는 것을 보여주려고 했던 감독이 은밀한 공모의 대칭〔관계〕으로 얽혀 있었던 것은 이 때문이다. 이것은 둘 중 하나다. 즉 영화가 계속되는데도 관객이 갑자기 "자기 자리에서 없어져서" 멈춰버릴 수도 있다. 아니면, 영화가 "계속되는" 대신 영화 스스로를 되돌아보면서 잠정적으로 결정적

---

21) 돈 에드먼즈Don Edmunds, 「나치 친위대의 암늑대 일자Ilsa, She Wolf of SS」, 미국, 1975, 96분.

22) 루이 말Louis Malle, 「아이들아, 안녕Au revoir, les enfants」, 프랑스/서독, 1987, 104분.

이미지——이 덕분에 '관객-주체'는 영화를 계속 믿을 수 있게 되고 '시민-주체'는 자기 삶을 계속 살 수 있게 된다——를 되돌아볼 수도 있다. 관객에게서 멈추거나 이미지 위에 멈추는 것, 영화는 이로써 성년의 시기에 접어들었다. 가시적인 것의 영역은 더 이상 마음대로 처분할 수 있는 것이 아니다. 부재, 구멍, 어쩔 수 없는 틈, 가득 찬 잉여, 영원히 채워지지 않는 이미지와 항상 무기력한 시선이 있기 때문이다. 스펙터클과 관객은 더 이상 서로에게 모든 공﹝求﹞을 다 넘기지 않는다. 바로 이렇게 나는 '움직이는 이미지의 예술'이란 평판을 가진 영화를 선택함으로써 이미지 위에 멈추었던 내 첫 경험의 역설적 보호를 받으며 영화광cinéphage의 삶을 시작했다.

바로 이 멈춤이 말 그대로의 시간﹝屍姦﹞에서 나를 보호해주었고, 나는 「카포」 이후에 나온 '나치 강제수용소에 대한' 희귀 영화나 희귀 다큐멘터리 중 어떤 것도 보지 않았다. 나에게 이 일은 「밤과 안개」와 리베트의 글로 해결되었기 때문이다. 나는 오랫동안, 오늘날까지 벌어지는 반유대주의 사건에 맞서 레네의 영화를 〔텔레비전을 통해〕 대량으로 유포하는 프랑스 정부와 같았다. 마치 이 영화가 마귀 쫓는 효능이 탁월해서 회귀하는 악과 무한정 맞설 수 있는 비밀병기라도 되는 것처럼. 그러나 나는 '「카포」의 트래블링'이란 공리를 천함에 노출될 만한 영화들에만 적용한 것이 아니었다. 나는 이 공리를 모든 영화에 적용하려고 시도했기 때문이다. 리베트는 이렇게 썼다. "불안과 동요로만 접근되어야 하는 것들이 있다. 아마도 죽음이 그중 하나다. 이처럼 신비로운 것을 찍는 순간에 어떻게 스스로 사기꾼이 된 것 같은 기분을 느끼지 않을 수 있을까?" 나는 여기에 동의했다.

그리고 다소간 누군가가 죽지 않는 영화가 드물었기 때문에 〔관객을〕

불안하게 하고 동요시킬 기회는 많았다. 몇몇 감독은 사실상 사기꾼이 아니었다. 여전히 1959년에, 「우게쓰 이야기」[23]에 나오는 미야기의 죽음이 나를 베르트랑 극장의 좌석에서 꼼짝 못하게 하고 가슴이 미어지게 했던 것도 이 때문이었다. 왜냐하면 미조구치는 죽음을 애매한 숙명처럼 찍었고, 이 장면에서 죽음이 일어날 수도 있고 일어나지 않을 수도 없다는 것을 잘 볼 수 있었기 때문이다. 이 장면을 떠올려보자. 일본의 한 시골에서 피난민들이 굶주린 도적떼의 공격을 받는다. 이 도적떼 중 한 명이 미야기를 단번에 창으로 찌른다. 그러나 그는 거의 부주의 때문인 것처럼 비틀거리면서 여분의 폭력이나 백치 같은 반응에 이끌린 것처럼 살인을 한다. 이 사건은 카메라에 너무 적게 노출되기 때문에 카메라는 두 손가락 정도 '그 옆으로 지나가게' 되고, 확신컨대 「우게쓰 이야기」를 본 모든 관객에게는 터무니없고 거의 미신에 가까운 똑같은 생각이 스쳐지나갔을 것이다. 그것은, 카메라가 그처럼 느리게 움직이지 않았다면 이 사건은 '외화면'에서 일어났거나 혹은— 누가 알겠는가?—전혀 일어나지 않았을 것이라는 생각이다.

카메라의 잘못이라고? 미조구치는 카메라와 배우의 동작을 분리시킴으로써 「카포」와 정확히 정반대로 행한다. 한 번 더 미화시키는 눈길을 던지는 대신, 그것은 "아무것도 보지 않은 체하는" 시선, 아무것도 보지 않은 것을 선택하는 시선, 벌어지고 있는 사건을 사건으로서, 즉 피할 도리는 없지만 곁눈질로 보여주는 시선이다. 불합리하고 무가치한 사건—다시 말해 악화되어가는 모든 세상의 잡사처럼 불합리하고

---

23) 미조구치 겐지Mizoguchi Genji, 「우게쓰 이야기雨月物語/Ugetsu monogatari」, 일본, 1953, 94분.

미조구치가 정말로 싫어했던 전쟁이나 참화처럼 무가치한 사건. 부끄러워서 제 길을 가지 못할 정도로는 우리와 관련되지 않은 사건. 왜냐하면 나는 「우게쓰 이야기」의 모든 관객이 영화의 바로 이 순간에 전쟁의 불합리성이 무엇인지 전적으로 알게 된다고 확신하기 때문이다. 관객은 서구 관객이고 영화는 일본영화이며 전쟁은 중세의 전쟁이라는 것이 여기서는 전혀 중요하지 않다. 순간적이면서 보편적이기도 한 이 지식이 우리에게 주어져 있다──이것은 영화만이 줄 수 있다──는 것을 알기 위해서는 단지 손가락으로 가리키는 행위에서 시선으로 가리키는 예술〔영화〕로 이행하기만 하면 된다.

나는 「카포」의 트래블링에 맞서 너무 일찍 「우게쓰 이야기」의 파노라마 촬영을 선택함으로써 하나의 선택을 하게 된 셈이다. 이로부터 10년 후에, 즉 68혁명 이후에 『카이에 뒤 시네마』의 뒤늦고도 급격한 정치화의 물결 속에서 나는 비로소 이 선택의 무게를 스스로 가늠할 수 있게 되었다. 왜냐하면 만약 미래의 「알제리 전투」[24]의 감독인 폰테코르보가 용기 있는 감독──나도 전반적으로는 그의 정치적 신념에 공감한다──인 반면에, 미조구치는 자신의 예술만을 위해 살았던 것처럼 보이고 정치적으로는 기회주의자였기 때문이다. 그렇다면 차이는 어디에 있는가? 그것은 정확히 '불안과 동요' 속에 있다. 미조구치는 전쟁이 두려웠는데, 그것은 자기보다 어린 구로사와 아키라와는 달리, 중세적 남성성의 기반 위에서 서로의 경동맥을 자르는 백성들이 그를 짓눌렀기 때문이다. 〔미야기의 살해 장면에서〕 바로 이 두려움, 즉 토하고 싶고 도망치고 싶은 욕구로부터 얼빠진 듯한 파노라마 촬영이 나온

---

24) 질로 폰테코르보, 「알제리 전투La Battaglia di Algeri」, 이탈리아/알제리, 1966, 121분.

것이다. 바로 이 두려움이 이 순간을 공정한 순간으로, 다시 말해 공유할 수 있는 순간으로 만들어준다. 폰테코르보는 흔들리지도 두려워하지도 않는다. 그러나 그는 나치 강제수용소에 대해 이데올로기적으로만 격분했을 뿐이다. 이 때문에 그는 (리바의 자살을 찍는) 장면에 아무 짝에도 쓸모없는 예쁜 트래블링 하나를 '추가로' 새겨 넣었던 것이다.

내가 지켜본 바에 따르면, 영화는 상당히 자주 이 두 개의 대극對極 사이에서 움직인다. 폰테코르보와는 다른 식으로 줏대 있는 감독들에게서 나는 최소한 한 번 이상, 전혀 그럴 수 없었던 장면에 기생적 아름다움이나 은밀한 정보를 '덧붙이는' 이 사기꾼의 방식──위선적이고 일반화된 눈짓이라는 일종의 행위──과 부딪치게 되었다. 이처럼 사무엘 풀러의 「메릴의 약탈자」[25]에서 수의壽衣처럼 죽은 병사를 덮고 있던 하얀 낙하산이 한 번의 바람에 벗겨지는 장면은 몇 년 동안 나를 괴롭혔다. 그러나 「무방비도시」[26]의 한 에피소드에 나오는, 총을 맞고 쓰러진 안나 마냐니의 시체에서 치마가 들춰지는 장면은 이보다는 덜했다. 로셀리니 역시 '허리띠 아래'를 때리는 반칙(권투의 규칙)을 했지만, 그러나 너무 새로운 방식이라서 그것이 도대체 우리를 어떤 심연으로 인도하는지를 이해하는 데는 몇 년의 시간이 걸렸다. 사건은 어디에서 끝나는가? 잔혹은 어디에 있는가? 외설은 어디에서 시작되고 포르노는 어디에서 끝나는가? '나치 강제수용소 이후'의 영화에 내재된 가슴을 에는 질문이 바로 이것이라고 나는 잘 느끼고 있었다. 나 혼자, 그

---

25) 사무엘 풀러Samuel Fuller, 「메릴의 약탈자Merrill's Marauders」, 미국, 1962, 98분.
26) 로베르토 로셀리니Roberto Rossellini, 「무방비도시Roma città aperta」, 이탈리아, 1945, 100분.

리고 이 영화가 나와 같은 나이였기 때문에 내가 '현대 영화'라고 부르기 시작했던 영화.

이 현대 영화는 하나의 특징이 있었다. 그 영화는 잔혹했고 그리고 또 하나의 특징이 있었다. 그것은 우리가 이 잔혹성을 받아들였다는 것이다. 잔혹성은 '좋은 편' 쪽에 있었다. 아카데미적 '도해'를 거부했고 또 당시 너무 수다스러웠던 '휴머니즘'의 위선적 감상주의를 근저에서 무너뜨리고 있었던 것은 바로 이 잔혹성이었다. 예를 들면 미조구치의 잔혹성은 화해할 수 없는 두 개의 움직임을 조합해서 '위험에 처한 사람을 도와주지 못한다'는 가슴을 찢는 듯한 감정을 만들어내는 데 있었다. 이것이 「주말」[27]의 위대한 불굴의 트래블링보다 15년이나 앞서 나온 전형적으로 현대적인 감정이다. 이는 또한 고풍스러운 감정이기도 한데, 왜냐하면 이 잔혹성은 「시티라이트」[28]의 마지막 장면에서부터 「나나」[29]의 종결 부분을 거쳐 브라우닝의 「미지의 인물」[30]의 마지막 장면에 이르기까지 영화 안에 근본적으로 현대적이었던 것을 가리키는 지표로서 영화 그 자체만큼이나 오래된 것이기 때문이다. 매독에 걸린 채 침대에 누워 단말마의 신음을 하고 있는 나나 앞에서 젊은 르누아르 감독이 만들어낸 떨리는 듯한 느린 트래블링을 어떻게 잊을 수 있을까? 초기 영화부터 르누아르는 트래블링 한 번으로 한 인물을 끝내버릴 수 있는 몇 안 되는 감독이었는데도, 르누아르 안에서 지복의 삶을 노래하는 서정시인── '시네마테크의 쥐들'이 된 우리는 떠들썩해졌다

---

27) 장-뤽 고다르Jean-Luc Godard, 「주말Weekend」, 프랑스, 1967, 105분.
28) 찰리 채플린, 「시티라이트City Lights」, 미국, 1931, 83분.
29) 장 르누아르Jean Renoir, 「나나Nana」, 프랑스, 1926, 150분.
30) 토드 브라우닝Tod Browning, 「미지의 인물The Unknown」, 미국, 1927, 63분.

――을 보기 위해서는 어떻게 해야 했을까?

사실상 잔혹성은 투쟁적인 『카이에 뒤 시네마』를 따라가는 내 여정의 논리 안에 있었다. 잔혹영화에 대한 이론을 만들어냈던 앙드레 바쟁은, 잔혹성이 영화의 본질과 너무도 긴밀하게 얽혀 있어서 영화가 거의 '자기 일'을 하는 것으로 보았다. 세속의 성인聖人 바쟁은 「루이지애나 스토리」[31]에서 악어가 새 한 마리를 잡아먹는 장면을 실시간으로, 그리고 한 샷으로 볼 수 있다는 이유로 이 영화를 좋아했다. 이것이 영화가 만들어낸 금지된 몽타주의 증거였다.[32] 『카이에 뒤 시네마』를 선택했다는 것은 리얼리즘을 선택했다는 것이고, 내가 결국 발견하게 된 것이지만, 상상력에 대해 어떤 경멸을 갖기로 선택했다는 것이다. "보고 싶니? 그러면 이걸 봐!"라는 라캉의 말에 미리 대응하는 것은, "이것이 카메라로 찍힌 거야? 그러면 봐야겠네"다. '이것'이 심지어, 그리고 특히 고통스럽고 참을 수 없으며 확실하게 보이지 않을 때에도.

이 리얼리즘은 두 개의 얼굴을 가졌다. 현대인들이 바로 이 리얼리즘을 통해 살아남은 세계를 보여주었다면, 1940년대에 영화로 찍힌 [정치적] 선전들이 거짓말과 협력했고 죽음을 미리 보여주었던 것은 또 다른 리얼리즘――아니면 '현실 같아 보이는 것une réalistique' ――을 통한 것이기 때문이다. 바로 이 때문에 이탈리아에서 태어난, 이 두 리얼리즘 중 첫번째 리얼리즘을 어쨌거나 네오리얼리즘néo-réalisme이라고 불렀던 것은 정당했다. 이 예술이 시대의 광기를 증언하려고 애썼으며 동시에 이 예술에 시대의 광기가 작용했음을 보지 않고서 이 '세기의

---

31) 로버트 플래허티Robert J. Flaherty, 「루이지애나 스토리Louisiana Story」, 미국, 1948, 78분.
32) (옮긴이 주) 앙드레 바쟁의 『영화란 무엇인가?』에 실린 「금지된 몽타주」 참조.

예술〔영화〕'을 사랑할 수는 없다. 집단적 위기와 치료인 연극과 달리, 정보와 개인적 애도哀悼인 영화는 공포와 긴밀한 관련을 갖게 되었고 겨우 이것을 딛고 일어섰다. 내가 물려받은 것은 죄 지은 회복기 환자, 늙은 아이, 취약한 가설이었다. 우리〔영화와 나〕는 함께 늙을 것이지만, 영원히 함께 늙지는 않을 것이다.

의식적 상속인이었으며 모범적 영화-아이ciné-fils〔시네필ciné-phile과의 언어유희〕였고 수호 부적처럼 '「카포」의 트래블링'을 가지고 있던 나는, 몇 년의 세월을 보내면서 내 부적이 효력을 잃을지도 모른다는 어렴풋한 두려움마저 없었던 것은 아니다. 나는 '파리 제3대학 소르본 누벨' 영화학과에 고용된 강사 신분으로 리베트의 글을 복사해서 학생들에게 나눠주고 어떤 것을 느꼈는지 물어본 기억이 난다. 그때는 아직 '혁명'의 시기였고 몇몇 학생은 교수들에게 68혁명의 약간은 급진적 정치 이념을 긁어모으려고 하던 시기였다. 이들 중 동기가 가장 뚜렷한 학생들은 나에 대한 존경 때문에 이 「천함에 대하여」란 글이 흥미 있는 역사적 자료라는 데까지는 동의했지만, 이미 시대에 뒤떨어진 것으로 간주하는 듯했다. 이들의 의견을 진지하게 생각한 것은 아니다. 내가 우연히 오늘날의 학생들에게 내 경험을 들려주었던 것은, 이들이 트래블링을 문제로 삼는지 아닌지를 알고 싶었기 때문이 아니다. 반면에 나는 진심으로 이들 학생에게 어떤 천함의 표지가 있는지를 알고 싶었다. 솔직히 말해 이런 것이 없을까 봐 두려웠다. 그것은 트래블링이 도덕과 어떤 관계도 없을 뿐만 아니라 이런 질문을 담아내기에는 영화가 너무 약해졌다는 것을 보여주는 증거이기 때문이다.

이것은 볼테르 고등학교에서 「밤과 안개」를 반복 상영한 지 30년 후에, 나에게는 근원적 장면으로 작용했던 나치 강제수용소가〔요즘 학생들에게는〕더 이상 성스러운 존경심 속에 붙들려 있지 않게 되었기 때문이다. 알랭 레네와 장 케롤, 그리고 다른 많은 사람은 나치 강제수용소에 성스러운 존경심을 갖도록 만들어놓았다. 이제부터 강제수용소의 문제는 역사가나 호기심 많은 사람에게만 관심을 끌게 되어 이들이 하는 작업, 이들의 다양성, 이들의 광기를 받아들인다. '현실 속에서 환상적 방식으로' 되돌아오는 시효가 상실된forclos 욕망은 분명 결코 되돌아오지 않을 욕망이다. 가스실이 없었으며 '최종 해결책'도 없었고 급기야는 강제수용소도 없었다는 욕망. 수정주의, 역사 왜곡, 부정주의, 음산한 최신의 여러 이념들이 그렇다. 오늘날 영화를 배우는 학생이 물려받는 것은 '「카포」의 트래블링'뿐만이 아니다. 그는 불확실하게 이어지는 전수, 잘못 해제된 금기, 요컨대 역사——여기에는 동일자의 그룹 의식이나 타자에 대한 공포가 없다——에 낸 새로운 길까지도 물려받는다. 이미지 위에 멈추는 것이 더 이상 작동하지 않지만, 악의 평범성〔한나 아렌트Hannah Arendt의 정치 이념〕이 여기에 새롭게 갑작스러운 생기를 불어넣을 수 있을지도 모른다.

최근의 프랑스에서 적지 않은 징후가 생겨났기 때문에, 내 세대의 누군가가 자신이 역사로서 살도록 주어졌던 것으로 되돌아올 때는 커갈 때 속해 있었던 배경을 의식하게 된다. 비극적이면서도 동시에 위안을 주는 배경. 얄타회담에 의해 경표가 설치된 두 개——미국적인 것과 공산주의적인 것——의 정치적 꿈. 우리들 뒤에는 아우슈비츠가 상징하는 도저히 되돌아갈 수 없는 도덕적 지점과 '반인류적 범죄'라는 새로운 개념이 있었다. 우리들 앞에는 핵전쟁의 묵시록이라는 사유할 수 없는 것impensable이 있어서 거의 위안을 줄 정도였다. 이것은 최근에 끝났지만 40년 이상 지속되었다. 사실상 나는 인종주의와 반유대주의가 결정적으로 '역사의 쓰레기통'에 던져지는 것을 목격한 첫 세대에 속한다. 처음이면서 유일한 세대? 어쨌거나 파시즘은 지나간 것처럼 보였고 아무것도 아닌 것 같았으며 단 한 번만 도래한 것 같았기 때문에 파시즘이라는 늑대—'파쇼 타도!'—에 맞서 너무 쉽게 절규했던 유일한 세대. 물론 이것은 오류였다. 이 오류를 겪었다고 '영광스러운 30년'—작은따옴표를 치긴 했지만—을 잘 살아가는 데 아무 지장이 없었던 오류. 물론 이는 순진함이기도 했다. 레네의 우아한 시간屍姦이 이른바 미적 영역에서 모든 거친 침입을 영원히 '멀리' 붙잡아둘 것처럼 믿었던 순진함.

아도르노는 '아우슈비츠 이후에 서정시는 없다'라고 선언했고 이 유명해진 정식을 나중에 취소했다. 나는 이 말에 대한 반향으로 '레네 이후에 허구는 없다'라고 말할 수 있었지만, 나 역시 약간 과도한 이 생각을 포기했다. 나치 강제수용소의 발견으로 인한 충격파에 '보호를 받았기' 때문에 우리는, 인류가 비인류로 넘어간 것은 단 한 번뿐이었고 또다시 여기로 돌아갈 수는 없다고 믿었던 것일까? 우리는 정말로 이번만은 '분명 이것이 최악이다'라고 생각했던 것일까? 당시에 아직 쇼아Shoah[33]라는 말로 부를 수 없었던 것이 유일한 역사적 사건이었고, 이 '덕분'에 온 인류가 역사에서 '벗어나서' 역사 밖으로 잠시 튀어나와, 여기서 피할 수 있으며 자신의 운명이 가질 수 있는 최악의 얼굴을 알아보리라고 우리가 기대했던 것일까? 그런 것 같다.

그러나 '유일한'과 '온'이라는 말이 여전히 지나친 것이라면, 또 인류

---

33) (옮긴이 주) 나치의 유대인 대학살을 가리키는 말로 세계적으로 합의된 용어.

가 쇼아를 그것이 자기 모습의 은유이며 또 자신이 할 수 있었던 것의 은유로 물려받지 않는다면, 유대인의 절멸은 유대인의 역사로만 남을 것이고, 따라서 그것은——죄책감이 적은 순서, 즉 환유에 의해서——아주 독일적인 역사, 적지 않은 프랑스의 역사, 간접적으로만 아랍의 역사, 거의 덴마크적이지는 않은 역사, 전혀 불가리아적이지는 않은 역사로 남게 될 것이다. 바로 이 은유의 가능성에 대해 응답하는 것은 영화에서 이미지 위에 멈추는 것과 허구에 대한 금지embargo를 발음하는 '현대의' 정언명령이다. 다른 역사——'인류'는 여기서 유일한 주인공이며 최초의 반反스타가 될 것이다——를 다른 식으로 이야기하는 것을 배우는 역사. 또 다른 영화를 낳을 역사. 이 영화는, 사건을 너무 일찍 허구로 묘사하는 것이 사건에서 그 유일성을 빼앗는 것이라는 것을 '알고 있는' 영화다. 왜냐하면 허구는 부스러뜨리는 자유이며 미리부터 진실처럼 거짓말하고 싶은 유혹과 무한한 변주에 열려 있는 자유이기 때문이다.

1989년에 『리베라시옹』지를 위해 프놈펜과 캄보디아의 시골 지역을 돌아다니다가 나는 아무런 이미지도 없이, 심지어 아무런 흔적조차 없이 남아 있는 집단학살——심지어는 자기 집단학살——이 '어떤 모습을 하고 있는지' 살필 기회가 있었다. 나는 영화가 더 이상 인간의 역사——그 비인류의 측면일지라도——와 긴밀하게 연결되어 있지 않다는 증거를 아이러니하게도 다음의 사실에서 볼 수 있었다. 즉 희생자를 영화로 찍었던 나치의 살인자들과 달리 크메르 루주Khmer Rouge는 자기들 뒤에 사진과 시체안치소밖에는 남기지 않았던 것이다. 그런데 바로 캄보디아 집단학살 같은 또 다른 집단학살이 이미지도 없고 동시에 처벌받지도 않고 남아 있게 됨에 따라 쇼아 그 자체도 소급적인 오염 효과로 인해 상대적인 것의 지배하에 놓이게 되었다. 단절된 은유에서 적극적 환유로의, 이미지 위의 멈춤에서 유비적 감염성viralité으로의 회귀. 이것은 너무 빨리 진행되었다. '루마니아 혁명'은 1990년부터 지휘관의 지휘를 받았던 논란의 여지없는 살인자들을 '무기 불법소지죄와 집단학살'과 같은 사소한 죄목으로 고발했다. 따라서 모든 것을 다시 시작해야 하는가? 그렇다. 모든 것을. 그러나 이번에는 영화 없이 다시 시작해야 한다. 애도는 여기서 나온다.

왜냐하면 아마도 우리는 영화를 믿었고, 다시 말해 영화를 믿지 않으려고 모든 것을 다 했기 때문이다. 이것이 68혁명 이후의 『카이에 뒤 시네마』의 모든 역사이며, 바쟁주의에 대한 (이 잡지의) 불가능한 거부의 모든 역사이다. 현실적인 것과 재현된 것을 혼동함으로써 롤랑 바르트를 유감스럽게 만들거나 '평평한 침대에서 자는 것'이 전혀 문제가 아니었음은 물론이다. 물론 우리는 너무도 영리해서 유의미한 연쇄 속에 관객의 자리를 새겨 넣었고, 테크닉의 가짜 중립성 속에서 음산한 이데올로기를 찾아냈다. 쾌활한 좌파들로 꽉 찬 대형강의실에서 파스칼Bonitzer Pascal과 나는 너무도 용감할 정도였고, 그래서 갈라진 목소리로 영화는 '보는 것이 아니고' '읽는 것'이라고 목소리를 높였던 것이다. 속지 않는 사람들 편에 있고 싶은 칭찬할 만한 노력. 칭찬할 만하지만 나에게서 나온 것으로는 헛된 노력. 어쨌거나 순박한 믿음의 상자에 자기 몫을 지불해야만 하고 본 것을 감히 믿고자 하는 순간은 항상 온다.

물론 나는 본 것을 믿으라——이것은 위험하기까지 하다——고 강요받지도 않았고, 영화에 애착을 가지라고 강요받은 것도 아니다. 무엇인가를, 바로 이 무엇인가를 볼 수 있는 누군가에게 보여준다는 사실

352

에는 위험과 덕——요컨대 가치——이 있어야만 한다. 최소한 가장 뿌리 뽑을 수 없는 신념이 남아 있다면, 시각적인 것을 '읽는' 것을 배우고 메시지를 '해독'하는 것을 배운다는 것은 어떤 쓸모가 있는가? 그 신념은 보는 것이 어쨌거나 보지 않는 것보다는 낫다는 것이다. '제때에' 보지 못한 것은 앞으로도 절대 보지 못하게 될 것이다. 영화는 현재의 예술이다. 그리고 영화에 향수가 들어설 자리가 없다면, 그것은 멜랑콜리가 그 즉각적인 대역이기 때문이다.

내가 이런 담론을 처음이자 마지막으로 격렬하게 전개했던 일이 생각난다. 그곳은 테헤란의 영화학교였다. 초대받은 기자들과 크마이스 K. Khemaïs와 내 앞에는, 수염이 자라나고 있는 남학생들과 검은 옷들——분명 여학생들——로 이루어진 좌중이 있었다. 이란에서 엄격하게 시행되고 있는 분리 정책에 따라 남학생들은 왼쪽, 여학생들은 오른쪽에 앉아 있었다. 가장 흥미로운 질문은 여학생들이 한 것이었는데, 이것은 은밀한 작은 종이에 씌어져 우리에게 전달되었다. 이들 여학생이 주의를 집중하고 있으며 또 너무도 멍청하게 얼굴을 가리고 있는 것을 보면서 나는 대상 없는 분노에 사로잡혔다. 이 분노는 이들 여학생에 대한 것이 아니라 권력을 가진 모든 사람에 대한 것이었는데, 이들 권력자에게 가시적인 것le visible은 우선 읽혀야 하는 것, 즉 배신을 의심해야 하는 것이고, 따라서 차도르나 기호의 경찰의 도움을 받아 축소되어야 하는 것이다. 나는 그 낯선 순간과 낯선 장소에 힘입어, 자기 생각으로 의견을 개진하는 베일을 쓴 군중을 위해 가시적인 것을 옹호하는 설교를 했다.

때 늦은 분노. 최후의 분노. 왜냐하면 의심의 시대는 어쨌거나 끝났기 때문이다. 우리는 이제 진리에 대한 어떤 이념이 문제가 되는 지점에서만 의심을 한다. 교조주의자들이나 속 좁은 사람들, 혹은 스콜세지의 「예수 그리스도의 최후의 유혹」[34]이나 고다르의 「성모님께 인사드립니다」[35]에 싸움을 거는 사람들 말고는, 오늘날에는 전혀 그렇지 않다. 이미지는 '본 것'과 '보여주는 것'이라는 변증법적 진리의 편에 있지 않고 전적으로 세일이나 광고, 다시 말해 권력의 편으로 넘어가버렸다. 따라서 너무 늦어버려서 남아 있는 것에 힘을 기울이는 것, 다시 말해 영화가 이랬었다는 금박이 입혀진 사후의 전설에 힘을 기울이는 것을 다시 시작하지 않을 수 없다. 영화가 이전에 이랬으며, 이렇게 될 수 있었을 것이라는 전설. "우리의 일은 어둠 속〔영화관〕에 모여든 개인들이 현실을 다시 데우기 위해 가상을 어떻게 불태웠는가를 보여주는 것이다——이것이 무성영화였다. 그리고 이들이 이 불꽃을 작은 불로 유지하는 데 만족하면서 사회적 정복의 리듬에 맞춰 이 불꽃이 꺼져가는 것을 방치해버리고 말았는가——이것이 유성영화이고 방구석에 놓인 텔레비전이다." 역사가歷史家 고다르가 바로 이런 기획을 정했을 때——이때는 얼마 전인 1989년이었다——, 그는 여기에 "결국 영화만이!"라고 덧붙일 수 있었을 것이다.

나로 말하면 '「카포」의 트래블링'이라는 공리가 재검토되어야 하며 '현대 영화'의 기반 개념을 수정해야 한다는 것을 알았던 정확한 순간이 기억난다. 프랑스 텔레비전은 1979년 마빈 촘스키의 미국 연속극 「홀로코스트」[36]를 방영했다. 이때 나에게 모든 출발점을 가리키면서 한

---

34) 마틴 스콜세지Martin Scorsese, 「예수 그리스도의 마지막 유혹The Last Temptation of Christ」, 미국, 1988, 160분.
35) 장-뤽 고다르, 「성모님께 인사드립니다Je vous salue, Marie」, 프랑스/스위스/영국, 1985, 105분.

매듭이 지어졌다. 왜냐하면 미국인들은 1945년 조지 스티븐스에게 앞서 인용한 놀라운 다큐멘터리를 찍으라고 허용했지만, 냉전 때문에 이 다큐멘터리를 전혀 배포하지 않았던 것이다. 스펙터클 분야의 미국 기업가들은 어쨌거나 자신들의 역사는 아니었던 이 역사를 '다룰' 수 없었기 때문에 이 다큐멘터리를 유럽의 예술가들에게 임시로 넘겨주었다. 이들은 이 다큐멘터리에 대해 모든 이야기에 대해서처럼 선매권을 가지고 있었고, '텔레비전-할리우드 기계'는 〔「홀로코스트」에서〕 감히 '우리' 이야기를 하려고 했던 것이다. 이들은 전 세계를 고려해서 이 이야기를 하겠지만, 우리에게 이를 또 하나의 미국 이야기로 팔지 않을 수 없었다. 따라서 「홀로코스트」는 한 유대인 가정에 들이닥쳐 이들을 갈라놓고 절멸시킨 〔개인적〕 불행에 지나지 않게 된다. 너무 뚱뚱한 인물들이 나오고, 배우의 연기가 있으며, 철저한 휴머니즘, 그리고 액션과 멜로의 장면이 있다. 그러면 사람들이 동정하게 될 것이다.

따라서 바로 미국식 '다큐-드라마'의 형식으로서만 이 이야기는 시네클럽 밖으로 나올 수 있고 텔레비전을 통해 위성중계의 관객인 '온 인류'에 복무하는 이 판본과 관계를 가질 수 있게 된다. 물론 이 위장된 「홀로코스트」는 더 이상 자기 자신에 대해 범죄를 저지를 수 있는 인류의 기이함과 충돌하지 않으며, 그것은 하나하나 각자 자기만의 이야기와 자기만의 얼굴과 자기만의 이름을 가지고 있는 독창적 존재들, 즉 절멸된 유대인들을 이 이야기 밖으로 떠오르게 하는 데 고집스럽게도 무력하다. 다른 한편, 이 존재들을 다시금 독창적으로 만들어주는 유익한 행위를 이후에 감히 시도했던 것은 만화 한 편——아트 슈피겔

36) 마빈 촘스키Marvin Chomsky, 「홀로코스트Holocauste」, 미국, 1978, 475분.

만Art Spiegelman의 「마우스Maus」——이다. 미국영화는 그만큼 독창성을 경멸하는 것이 사실이기 때문에 영화가 아닌 만화다. 「홀로코스트」와 함께 마빈 촘스키는 영원한 우리의 미적 적敵을 겸손하면서도 성공적으로 복귀시켰다. 사회학적으로 크고 보기 좋은 포스터, 고통스러워하는 표본들을 잘 연구한 캐스팅, 로봇처럼 살아 움직이는 초상화에 불어넣은 빛과 어둠이 그것이다. 증거를 대라고? 바로 이 시기 즈음해서 역사를 왜곡한 글들이 떠돌기 시작했고 우리를 분개시키기 시작했다.

따라서 내 '「카포」의 트래블링'에서 비난할 수 없는 「홀로코스트」까지 오는 데에는 나에게 20년이 걸렸다. 나는 내 시간을 쓴 것이다. 내 선사시대의 문제였던 강제수용소의 '문제'도 나에게 여전히 제기될 것이지만, 더 이상 영화를 통해서는 제기되지 않을 것이다. 그런데 이 역사가 어떤 점에서 나와 관련되는지, 어떤 실마리를 통해 나를 끌어들이고 그것이 어떤 형식——약간의 과도한 트래블링——으로 나에게 나타나는지를 내가 이해했던 것은 바로 영화를 통해서다. 어느 날 우리를 소름끼치게 했던 얼굴visage에 대해서는 충실해야만 한다. 그리고 모든 '형식'은 우리를 바라보는 얼굴이다. 이 때문에 나는 고등학교 시네클럽 시절부터, 영화의 '내용'보다 영화 '형식'이 주는 개인적 쾌락을 선호했다는 이유로 '형식주의자'에 열광한 자들을 오만함에 가득 찬 목소리로 단칼에 단죄했던 사람들——이때도 이들을 우려했지만——을 결코 믿어본 적이 없다. 일찍부터 형식의 폭력에 충돌했던 자만이 이 폭력이 또한 어디에 '기반'을 두고 있는지를 알게 될 것——그러나 여기에도 한 평생이 걸릴 것이다——이다. 그리고 자기 역사의 독창적 형상들의 수수께끼를 진부한 '사회의-반영으로서의-영화'나 어쩔 수 없이 답이 없는 다른 심각한 질문과 맞바꾸고 나서 회복된 채 죽는 순간이 그에게 항상 아주 일찍 오게 될 것이다. 형식은 욕망이며, 우리가 더 이상 거기 없을 때 내용은 화폭에 지나지 않는다.

이것이 바로 며칠 전에, 비통에 잠긴 채 〔마이클 잭슨 등〕 정말 유명한 가수들의 이미지와 정말 굶주린 아프리카의 아이들의 이미지를 뒤섞는 텔레비전의 짧은 클립을 보면서 내가 혼자서 말했던 것이다. 부유한 가수들——"우리는 모두 이 아이들, 우리는 세계"——은 자신들의 이미지와 기아에 허덕이는 아이들의 이미지를 뒤섞었다. 사실상 이들이 아이들의 자리를 차지해서 이들을 대체하고 지워버렸던 것이다. 두 이미지들을 하나로 만들고자 시도하는 형상의 깜박거림 속에서 뼈만 남은 아이들과 스타들을 오버랩시키면서 이 클립은 우아하게 〔부유한〕 북의 세계와 〔가난한〕 남의 세계의 전자적 일체화를 실행했다. 내가 혼잣말을 했던 것은, 바로 이것이 천함의 현재 얼굴이며 내 '「카포」의 트래블링'의 진화된 형태라는 것이다. 내가 이 이미지들에 역겨움을 느끼기를 바라는 사람들은 오늘날의 어떤 청소년일 뿐이며, 이 청소년들이 적어도 이 이미지들에 수치심을 느끼기를 바란다. 배불리 먹고 부유하다는 것에 수치심을 느낄 뿐 아니라, 그 어떤 것도 사람이라는 의식——심지어 나쁜 의식까지도——을 불러일으키지 않는 곳에 자신이 〔관객으로서〕 미적으로 이끌리지 않을 수 없도록 간주된다는 데에도 수치심을 느끼기를 바란다.

그러나 결국 나는 내 모든 이야기가 여기에 있다고 혼잣말로 말하게 된다. 1960년에 카메라 움직임 하나가 시체를 미화했고 30년 뒤에는 오버랩 하나가 죽어가는 사람들과 부자들을 춤추게 한다. 아무것도 바뀌지 않았다. 여기서 중세적이면서도 초현대적인 '죽음의 춤'의 사육제를 볼 수 없는 나 역시도 바뀌지 않았다. 합의된 '아름다움'을 잘 고려하는 저속한 채색화의 지배적 개념도 바뀌지 않았다. 형식 자체는 약간 바뀌었다. 「카포」에서는 아직 '지켜야 했던' 거리를 미세하게 없애려 했다고 폰테코르보를 원망하는 것이 가능했다. 이 트래블링은 감독인 그와 관객인 나를 우리가 없었던 곳에 위치시키기 때문에 비도덕적인 것이었다. 이곳은 어쨌거나 내가 있을 수도 없었고 있고 싶지도 않았던 곳이다. 왜냐하면 그림 속에 나를 강제로 포함시키기 위해 폰테코르보는 증인으로 참여한 관객의 내 실제 상황으로부터 나를 '강제이주시켰기' 때문이다. 그런데 우리 자리가 있지 않는 곳에 자리 잡아서는 안되며 다른 사람들의 자리에서 말해서는 안 된다는 것이 아니면, 고다르의 정식〔"트래블링은 도덕의 문제다"〕은 도대체 어떤 의미를 가질 수 있겠는가?

트래블링을 하기로 결정하고 이를 자기 손으로 흉내 내는 폰테코르보의 동작을 상상하면서 나는 더욱더 그를 원망한다. 1961년에는 트래블링이 레일과 기계장치, 한마디로 신체적 노력을 뜻했기 때문이다. 그러나 이보다는 "우리는 모두 이 아이들"의 전자적 오버랩의 책임자의 동작을 상상하기 어렵다. 나는 손가락 끝에 이미지를 놓고 키보드 위의 버튼을 누르는 모습으로 그를 짐작하는데, 그는 이미지가 재현하는 모든 것에서 결정적으로 단절된 채, 우리가 자동적 동작의 노예라고 그 자신을 원망할 수 있다는 것을 의심조차 할 수 없는 것이다. 그것은 그가, 타자성이 점차 사라졌기 때문에 이미지의 조작에 대해 좋은 과정도 나쁜 과정도 존재하지 않는 하나의 세계——텔레비전——에 속해 있기 때문이다. 이미지는 더 이상 '타자의 이미지'가 아니며, 검인 표시가 붙은 이미지 시장에서 다른 많은 이미지 중 하나에 불과하다. 나를 더 이상 분개시키지 않고 단지 내 안에서 피로와 근심만을 불러일으킬 뿐인 이 세계는 정확하게는 '영화 없는' 세계다. 다시 말해서 영화라고 불리는 부가적 나라를 통해 인류에 속해 있다는 느낌이 없는 세계. 그리고 나는 내가 왜 영화를 입양했는지를 안다. 그것은 영화가 그 보답으로 나를 입양해주기를 바라서였다. 타자가 나로부터 어떠한 거리에서 시작되는지를 지칠 줄 모르게 시선視線으로 만지는 법을 영화가 나에게 가르쳐주기를 바랐기 때문에.

물론 이 이야기는 나치 강제수용소에서 시작되고 끝난다. 왜냐하면 강제수용소는 내 인생의 서두에서, 그리고 유년기가 끝나갈 무렵 나를 기다리고 있었던 한계 사례이기 때문이다. 유년 시절을 다시 정복하려면 나에게는 또 하나의 인생이 필요할 것이다. 이 때문——이것은 장-루이 쉐퍼에게 던지는 메시지다——에 나는 결국에는 「밤비」를 보게 될 것이다.

14-1장
천함에 대하여(1961)

자크 리베트

최소한 우리가 말할 수 있는 것은, 이런 주제(아우슈비츠 강제수용소)로 영화를 만들려고 할 때 몇몇 예비적 질문을 제기하지 않기가 어렵다는 것이다. 그러나 모든 것은 마치 조리가 없고 어리석어서 혹은 비열해서 폰테코르보가 과감하게 이런 질문들을 제기하지 않으려 했던 것처럼 진행된다.

예를 들면 리얼리즘의 문제가 있다. 쉽게 이해할 수 있는 수많은 이유 때문에, 이런 주제를 다룰 때 절대적 리얼리즘이나 영화에서 이를 대신할 수 있는 것은 불가능하다. 이런 방향으로 나아가고자 하는 모든 시도는 어쩔 수 없이 이루어질 수 없으며("따라서 부도덕하며"), 〔아우슈비츠를〕 재건하거나 일탈되고 그로테스크하게 변형하려는 어떤 시도나, '스펙터클'을 만들려는 어떤 전통적 접근도 관음증이나 포르노그래피가 되어버린다. 감독은 그가 감히 '현실'로서 〔스크린에〕 제시하는 것을 관객이 신체적으로 견딜 만한 것으로 약화시켜야 하는 의무가 있다. 아마도 관객이 이후 무의식적으로, 이 야만적 독일인들은 물론 고통스러웠지만 결국 견딜 수 없었던 것은 아니며 약간의 꾀나 인내심을 가지고 여기에서 슬기롭게 벗어나야 한다는 결론을 내리게 될 수도 있다. 각자가 교활하게 공포에 익숙해짐과 동시에 이것도 점차 풍속에 속하게 되고, 이윽고 현대인의 정신적 풍경의 일부가 될 것이다. 실제로 더 이상 **충격적**이지 않은 것에 대해 누가 놀라거나 분개할 것인가?

바로 여기서 「밤과 안개」의 힘이 〔이 영화에 사용된〕 자료에서 나왔다기보다는, 몽타주와 과학 — 바로 이 과학과 함께, 슬프게도 실제로 일어났던 날것 그대로의 사실이 이 현상〔대학살〕을 이해할 수도 인정할 수도 없게 해준 (거의 비非개성에 가까운) 명료한 의식의 운동 속에서 시선에 제시된다 — 에서 나왔다는 것을 이해할 수 있다. 우리는 다른 곳에서 레네가 이용했던 자료보다 더 잔인한 자료를 볼 수 있다. 그러나 인간이 어떤 것에 익숙해질 수 없겠는가? 그런데 우리는 「밤과 안개」가 익숙하지 않다. 감독은 자신이 보여주는 것을 판단하며, 그것을 보여주는 방식에 의해 〔관객에 의해〕 판단되기 때문이다.

다른 것은 이렇다. 우리는 좌파든 우파든 대개는 아주 멍청한 방식으로 뤽 물레Luc Moullet의 문장 하나를 수도 없이 인용했다. "도덕은 트래블링의 문제다"(혹은 이 말에 대한 고다르의 버전은 "트래블링은 도덕의 문제다"). 여기서 형식주의의 극치를 보고자 한 사람도 있었지만, 장 폴랑Jean Paulhan의 표현을 빌려서 이 문장의 '테러리스트적' 남용을 비판할 수도 있을 것이다. 그러나 「카포」에서 리바Riva가 스스로 전기 철조망에 몸을 던져 자살하는 장면을 보자——바로 이 순간, 마지막 프레임의 앵글에 정확하게 〔시체의〕 올려진 손을 잡으려고 갖은 신경을 쓰면서 시체를 잡기 위해 앙각으로 트래블링-인을 하기로 결심한 사람, 바로 이 사람은 가장 깊은 경멸만을 받을 수 있을 뿐이다.

몇 달 전부터 형식과 내용, 리얼리즘과 동화童話, 시나리오와 '연출,' 자유로운 배우와 감독의 지시를 받는 배우 그리고 기타 다른 헛소리 같은 잘못된 문제들이 우리를 귀찮게 해왔다. 〔영화의〕 모든 주제는 자유롭고 동등한 권리로 태어날 수 있을 것이다. 중요한 것은, 이것을 뭐라고 부르건 간에 톤이고 악센트며 뉘앙스다. 다시 말해 한 사람의 관점, 즉 필요악必要惡인 작가의 관점이며, 자신이 찍는 것, 따라서 세계와 모든 것에 대해 이 사람이 취하는 태도다. 즉 상황의 선택, 플롯의 구성, 대사, 배우의 연기, 간단하고 단순한 기술 등을 통해 '구별 없이 그러나 꼭 그만큼' 표현될 수 있는 것이 중요하다. 불안과 동요動搖로만 접근되어야 하는 것들이 있다. 아마도 죽음이 그중 하나다. 이처럼 신비로운 것을 찍는 순간에 어떻게 스스로 사기꾼이 된 것 같은 기분을 느끼지 않을 수 있을까? 어쨌든 이 질문을 제기하는 것이 낫고, 이 의문을 어떤 식으로든 자신이 찍는 것 속에 포함시키는 것이 낫다. 그러나 폰테코르보나 그와 같은 부류의 사람들에게 가장 부족한 것은 의심이다.

따라서 영화를 찍는다는 것은 어떤 것을 보여줌과 동시에 바로 이 동일한 활동을 통해 어떤 것을 어떤 관점으로 보여주는 것이다. 이 두 행위는 엄밀하게 말해 분리할 수 없다. 여기서 미장센의 절대치가 있을 수 없다. 왜냐하면 절대적인 것 속에는 미장센이 있을 수 없기 때문이다. 이와 마찬가지로 영화는 절대로 '언어'가 될 수 없을 것이다. 즉 기의에 대한 기호의 관계는 여기서 전혀 통용될 수 없고, 단지 작은 「지하철에 탄 차치」[1]와 같은 슬픈 이단에 도달할 뿐이다. 종합을 부가물로 대체하고 통일성을 분석으로 대체하려는 영화적 사건의 접근은 우리에게 즉시, 마치 기계도면이 회화적 사건과 아무 관련이 없는 것처럼, 영화적 사건과 아무 관련이 없는 이미지의 수사학을 가리킨다. 이런 수사학이 스스로를 '좌파 평론가'라고 칭하는 사람들에게 왜 그렇게 소중하게 남아 있을까? 아마도 이들이 결국 무엇보다도 요지부동한 교사들이기 때문에 그런지도 모른다.

그러나 우리가 예를 들면 푸도프킨, 데 시카, 와일러, 리차니Lizzani, 국립영화학교Idhec의 옛 투사들을 항상 증오해왔다면, 그것은 폰테코르보가 이러한 형식주의의 논리적 귀결이기 때문이다. 신속한 신문기자가 어떻게 생각하든 영화사映畵史는 8일에 한 번씩 혁명에 돌입하지 않는다. 모래톱의 물결이 심연의 평화를 흔들지 못하는 것만큼이나, 로지Joseph Losey 같은 감독의 메커니즘, 뉴욕의 실험은 영화사를 흔들지 못한다. 왜일까? 어떤 사람은 스스로 형식적 문제들만 제기하는 반면에, 다른 사람은 어떤 질문도 제기하지 않으면서 이 문제들을 미리 해결해버리기 때문이다. 그러나 오히려 진짜 역사를 만드는 사람들, 우리가 또한 '예술가'라고 부르는 사람들은 뭐라고 말을 할까? '이 주週의 영화' 같은 영화가 관객의 흥미를 끌지라도 레네는 안토니오니 앞에서 자신이 아마추어일 뿐이라는 감정을 갖는다고 고백할 것이다. 트뤼포는 아마도 르누아르에 대해서, 고다르는 로셀리니에 대해서, 드미는 비스콘티에 대해서 같은 말을 하게 될 것이다. 그리고 모든 기자와 문

---

1) 루이 말, 「지하철에 탄 차치Zazie dans le métro」, 프랑스, 1960, 89분.

예란 담당 기자에 맞섰던 세잔이 모든 화가에게 점차 존경심을 불러일으켰던 것처럼, 영화감독들은 무르나우나 미조구치의 역사에 고개가 숙여질 것이다……

1장 세르게이 에이젠슈테인, 「영화의 원리와 표의문자」, 1929.

Sergei Eisenstein, "The Cinematographic principle and the Ideogram," *Film Form*, New York: A Harvest Book, 1949.

2장 루돌프 아른하임, 「영화와 현실」(『예술로서의 영화』, 1장), 1932/1957.

Rudolf Arnheim, "Film and Reality," *Film as Art*, Berkeley: University of California Press, 1957.

(불어판) Rudolf Arnheim, "Film et réalité," *Cinéma: théorie, lectures*, textes réunis et présentés par Dominique Noguez, Paris: Klincksieck, 1978.

3장 에르빈 파노프스키, 「영화에서 양식과 매체」, 1934/1947.

Erwin Panofsky, "Style and Medium in the Motion Pictures," *Film Theory and Criticism*, edited by Gerald Mast, Marshall Cohen & Leo Braudy, New York: Oxford University Press, 1992.

(불어판) Erwin Panofsky, "Style et matériau au cinéma," *Cinéma: théorie, lectures*, textes réunis et présentés par Dominique Noguez, Paris: Klincksieck, 1978.

4장 발터 벤야민, 「기계복제 시대의 예술작품」, 1936.

Walter Benjamin, "L'œuvre d'art à l'époque de sa reproductibilité mécanisée," *Ecirts français*, Paris: Gallimard, 1991.

5장 앙드레 말로, 「영화의 심리학 개요」, 1939.

André Malraux, *Esquisse d'une psychologie du cinéma*, Paris: Nouveau Monde Editions, 2003.

6장 모리스 메를로-퐁티, 「영화와 새로운 심리학」, 1945.

Maurice Merleau-Ponty, "Le cinéma et la nouvelle psychologie," *Sens et non-sens*, Paris: Nagel, 1966.

(영어판) Maurice Merleau-Ponty, "The Film and the New Psychology," *Sense and Nonsense*, translated by Herbert Dreyfus & Patrica Dreyfus, Evanston: Northwestern University Press, 1964.

7장 앙드레 바쟁, 「사진적 이미지의 존재론」, 1945.

André Bazin, "Ontologie de l'image photographique," *Qu'est-ce que le cinéma?*, Paris: Les Editions du Cerf, 1985/2002.

(영어판) André Bazin, "Ontology of the photographic image," *What is Cinema?*, esssays selected and translated by Hugh Gray, Berkeley: University of California Press, 1971.

8장 크리스티앙 메츠, 「영화기호학의 몇몇 문제」, 1966.

Christian Metz, "Quelques points de sémiologie du cinéma," *La linguistique*, Paris: Presses Universitaires de France, 1966, fasc. 2; Christian Metz, *Essais sur la significations au cinéma*(tome I, Paris: Klincksieck, 1968/1994)에 재수록.

(영어판) Christian Metz, "Some Points in the Semiotics of the Cinema," *Film Language: A Semiotics of the Cinema*, translated by Michael Taylor, New York: Oxford University Press, 1974.

9장 장-피에르 우다르, 「봉합」, 1969.

Jean-Pierre Oudart, "La Suture," *Cahiers du cinéma*, n° 211(avril 1969), n° 212(mai 1969).

(영어판) Jean-Pierre Oudart, "Cinema and Suture," *Screen*, n° 18, winter 1978.

10장 장-루이 코몰리 & 장 나르보니, 「영화/이데올로기/비평」, 1969.
Jean-Louis Comolli & Jean Narboni, "Cinéma/Idéologie/Critique," *Cahiers du cinéma*, n° 216, octobre 1969.
(영어판) Jean-Louis Comolli & Jean Narboni, "Cinema/Ideology/Criticism," *Screen*, vol. 13, n° 3, 1972.

11장 장-루이 보드리, 「기본적 영화 장치가 만들어낸 이데올로기적 효과」, 1970.
Jean-Louis Baudry, "Effets idéologiques produits par l'appareil de base," *Cinéthique*, n° 7~8, 1970; Jean-Louis Baudry, *L'Effet Cinéma*(Paris: Éditions Albatros, 1978)에 재수록.

12장 장-프랑수아 리오타르, 「반反영화」, 1973.
Jean-François Lyotard, "L'acinéma," *Révue d'esthétique*, n° 2~4, 1973; *Cinéma: théorie, lectures*, textes réunis et présentés par Dominique Noguez, Paris: Klincksieck, 1978에 재수록.

13장 질 들뢰즈, 「창조 행위란 무엇인가?」, 1987.
Gilles Deleuze, "Qu'est-ce que l'acte de création?," *Trafic*, n° 27, automne 1998, P.O.L.

14장 세르주 다네, 「「카포」의 트래블링」, 1992.
Serge Daney, "Le travelling de Kapo, *Trafic*, n° 4, automne 1992, P.O.L.; Serge Daney, *Persévérance*(Paris: P.O.L., 1994)에 재수록.

14-1장 자크 리베트, 「천함에 대하여」, 1961.
Jacques Rivette, "De l'abjection," *Cahiers du cinéma*, n° 120, juin 1961.